BUCEANDO A MAYOR PROFUNDIDAD

UN SALTO DIARIO A UNA VIDA MÁS ABUNDANTE

I0560412

Stephen E. Canup

Quieres aprender más acerca de ser un discípulo de Jesucristo?

UN "DISCÍPULO" ES UN "APRENDIZAJE DISCIPLINADO".

¿Qué tres temas te interesan?

Estos no son Cursos por correspondencia bíblica a los que envía lecciones; simplemente necesita estar dispuesto a estudiarlos, aprender algo nuevo y compartirlos con los demás.

Elija solo tres temas. Envíenos una carta con los números de los temas y los nombres que desea que le enviemos.

Después de seleccionar no más de *tres* enseñanzas, envíe su solicitud a:

Freedom in Jesus Prison Ministries
Attn: Teachings
P.O. Box 939
Levelland, TX 79336

Asegúrese de escribir claramente su nombre completo, I.D. Número, nombre completo de la instalación y su dirección postal completa.

1. Empoderamiento del Espíritu Santo
2. Jesús viene de nuevo
3. Perdón
4. ¿Conoce a Jesús?
5. Santificación y santidad
6. Lidiando con la tentación
7. No temas - Dios tiene el control
8. No te dejes engañar
9. Los últimos días
10. Se acerca el juicio
11. El Evangelio de Jesucristo
12. Discipulos de Cristo
13. El amor de Dios por ti
14. Ayuno Biblico
15. Oración Efectiva
16. El modelo y el propósito de la oración
17. Fe
18. Guerra Espiritual – Parte 1
19. Guerra Espiritual – Parte 2
20. Guerra Espiritual – Parte 3
21. Cielo

Freedom
IN JESUS
PRISON MINISTRIES

Esta publicación es proporcionada por:

Libertad en los Ministerios de la Prisión de Jesús

www.fijm.org

info@fijm.org

Buceando a mayor profundidad
Un salto diario a una vida más abundante

Guía de campo
de discipulado diario

Stephen E. Canup

**Autor de *Religión de la Casa de la Cárcel:
Desde Park Avenue...
del Banco del Parque... a la Cárcel***

**Un agradecimiento especial al reverendo
Don Castleberry, fundador de
Freedom in Jesus Prison Ministries**

I

AGRADECIMIENTOS

Todo el mundo necesita un mentor espiritual maduro y un compañero amo y aprecio a Don Castleberry por cumplir este papel para mi. Su confianza, tiempo y compromiso conmigo han sido invaluables. Él y su esposa, Donna, se han convertido en algunos de mis mejores amigos.

El reverendo Don Castleberry es el fundador de Freedom in Jesus Prison Ministries. Obtenga más información sobre este ministerio penitenciario ungido en www.fijm.org; o, escribir a Freedom in Jesus Prison Ministries, P.O. Box 939, Levelland, TX 79336. Puede enviarnos un correo electrónico info@fijm.org.

Un agradecimiento especial a Kevin Rhoads, de Dream Taxi Media + Marketing, por el diseño de la portada. Para obtener más asistencia creativa y de marketing, póngase en contacto con Kevin Rhoads: kevin@creativeguy.com

Un agradecimiento especial a Chris Manley por su ayuda con la conversión de texto, la edición de textos y la asistencia de maquetación y diseño. Para consultas sobre su trabajo, puede ponerse en contacto con chris@camlargraphics.com.

También se expresa agradecimiento por los servicios de impresión de Perfection Press. Para más información, póngase en contacto con Robert Riggs, rriggs@ printedtoperfection.com

TABLA DE CONTENIDOS

Información para estudios
y aplicaciones posteriores

TABLA DE TÍTULOS

TABLA DE TÍTULOS

TABLA DE TÍTULOS

TABLA DE TÍTULOS

TABLA DE TÍTULOS

TABLA DE TÍTULOS

TABLA DE TÍTULOS

TABLA DE TÍTULOS

TABLA DE TÍTULOS

TABLA DE TÍTULOS

TABLA DE TÍTULOS

TABLA DE TÍTULOS

INTRODUCCIÓN

En Mateo 28:18, el último mandamiento que Jesús dio a sus seguidores fue "ir y hacer discípulos". Un "discípulo" es un "aprendiz disciplinado". Un miembro de la iglesia no es necesariamente un "discípulo".

Esta **"Guía de campo de discipulado"** es para cualquier persona que quiera convertirse en un "aprendiz más disciplinado" al crecer en el conocimiento de las Escrituras y al ser guiado por el Espíritu para aplicar la Palabra a cada situación de la vida.

La Biblia nos da orientación en cuanto a los atributos de un discípulo:

- Los discípulos son probados por su fruto (Juan 15:8).
- Los discípulos son probados por su amor mutuo (Juan 13:34-35).
- Los discípulos son odiados por el mundo (Juan 15:18-19).
- Los discípulos son perseguidos por aquellos que no conocen a Dios (Juan 15:20-21).
- Los discípulos deben ser como su maestro (Lucas 6:40).
- Los discípulos deben obedecer a su maestro (Lucas 6:46).[1]

Jesús vino a restaurarnos a la relación con nuestro Padre. El Espíritu Santo es nuestro Maestro, Consejero, Amigo, Ayudante y Guía. La práctica de dedicar un bloque de tiempo diario con Él es la clave para crecer en la relación con nuestro Padre Celestial.

Este libro ayuda al creyente a establecer la disciplina de pasar tiempo diariamente en la Palabra y con el Espíritu Santo. Buscar a Dios fervientemente todos los días resulta en crecimiento espiritual personal y recompensas (Hebreos 11:6).

Baceando a Mayor Profundidad demuestra cómo obtener la libertad de toda forma de esclavitud. Estuve encerrado en prisiones de mi propia creación -adicciones, orgullo, depresión, ira, enfermedad bipolar, falta de perdón, vergüenza, arrepentimiento, etc.- mucho antes de ser encarcelado detrás de las rejas de acero y el alambre de púas de una institución penal. La Verdad que encontré en Jesús y Su Palabra por Su Espíritu Santo me liberó mucho antes de ser liberado al mundo libre.

Tú también puedes obtener resultados positivos y medibles en tu vida a través de la aplicación diaria y personal de las Escrituras; y el empoderamiento personal de la presencia del Espíritu Santo. Pablo concluye su segunda carta a los Corintios subrayando la importancia de la presencia, la comunión, el compartir y la comunión con el Espíritu Santo:

"La gracia (favor y bendición espiritual) del Señor Jesucristo y el amor de Dios y la presencia y comunión (la comunión y el compartir juntos, y la participación) en el Espíritu Santo sean con todos vosotros. Amén (que así sea)". (2 Corintios 13:14)

Acompáñame hoy en Diving Deeper... Demos un salto diario hacia una vida más abundante!!

---

[1] Chip Brogden, www.chipbrogden.com, de su enseñanza sobre el Evangelio de Juan.

Transformación

El "Hombre Viejo"

Seis meses antes de la cárcel (2007)

Stephen Canup

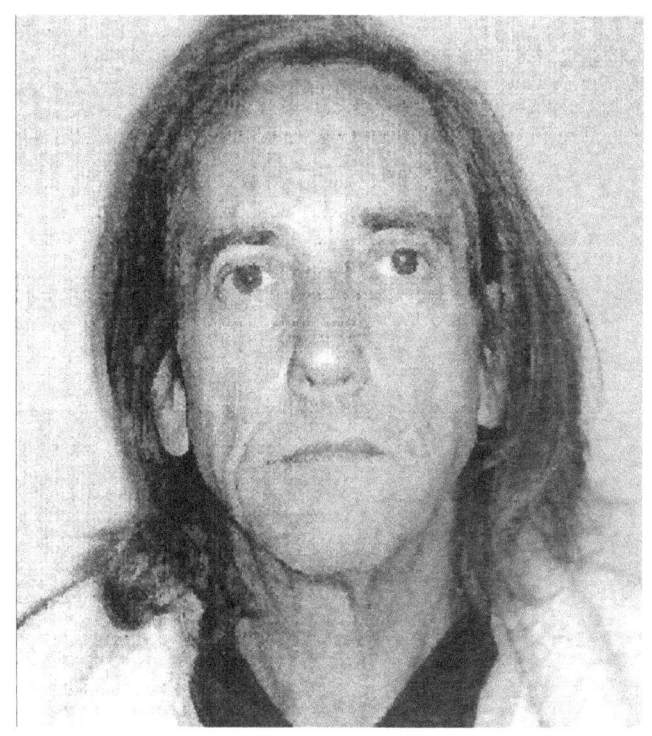

Culpable y condenado a muerte por el pecado

Romanos 6:23

"Porque la paga del pecado es muerte...

CULPABLE DE ESTOS PECADOS CONTRA DIOS, LOS DEMÁS Y CONTRA UNO MISMO:

Adicciones a las drogas, al alcohol, al sexo, a la pornografía, a los hombres, al trabajo

Orgullo	Juicio	Robo
Preocuparse	Odio a mi mismo	Adulterio
Miedo	Resentimiento	Identidad sexual
Depresión	Arrepentimiento	Confusión
Desesperanza	Enojo	Mentiroso
Ansiedad	Codicia	Presunción
Profanidad	Depravación	Intelectualismo
Fornicación	Reprobación	Humanismo
Deseos lujuriosos	Falta de perdón	Vergüenza
Perversión	Inmoralidad	Remordimiento
Idolatría	Autoabuso	Culpa
Egoísmo	Amargura	Ofensa

LA VIDA PECAMINOSA Y MALDITA QUE ESTABA VIVIENDO ANTES DE LA CÁRCEL RESULTÓ EN QUE:

• Sin hogar, viviendo en las calles de Nashville, Tennessee, durante 3 años antes de ir a prisión.

• Desempleado durante 7 años antes del encarcelamiento.

• Se arruinó después de haberse declarado en bancarrota dos veces.

• Desamparado con todas mis posesiones terrenales contenidas en 1 bolsa de ropa colgada en la habitación de la propiedad de la prisión, esperando el día de mi liberación.

• Desolada por haber abandonado a toda mi familia y amigos, dejándome solo y completamente abandonado.

• Deprimido tan profundamente por estas condiciones de vida que había intentado suicidarme varias veces.

• Desesperanzado y absolutamente convencido de que nada cambiaría o mejoraría de ninguna manera.

El "Hombre Nuevo"
Un año después de la cárcel (2012)

Stephen Canup

Un Hombre Libre – Vivo en Cristo

... mas la dádiva de Dios es vida eterna en Cristo Jesús Señor nuestro". Romanos 6:23

"Con Cristo estoy juntamente crucificado, y ya no vivo yo, mas vive Cristo en mí; y lo que ahora vivo en la carne, lo vivo en la fe del Hijo de Dios, el cual me amó y se entregó a sí mismo por mí". (Gálatas 2:20)

"Por lo tanto, si alguno está en Cristo, es una nueva creación. ¡Lo viejo ha pasado, ha llegado ya lo nuevo!" (II Corintios 5:17)

"Así que, si el Hijo os libertare, seréis verdaderamente libres".
(Juan 8:36)

La nueva vida en Cristo que comenzó en la cárcel en 2009 ha traído muchas bendiciones. A principios de 2024, algunas de estas realidades de vida abundante incluyen:

- ¡¡Mi renacimiento espiritual 20 de abril de 2009!!

- Relaciones restauradas con cada miembro de la familia.

- Un mentor y compañero de responsabilidad, Don Castleberry, que dice la verdad con amor.

- Aceptación en lugar de rechazo.

- Alegría y esperanza en lugar de depresión y desesperanza.

- Propósito y pasión por ayudar a liberar a los demás.

- Paz, audacia y confianza en lugar de ansiedad y miedo.

- La justicia de Cristo Jesús en lugar de perversión y depravación.

- Amor y compasión por los demás en lugar de egoísmo y Odio hacia uno mismo.

- Libre de adicciones al alcohol, las drogas, la pornografía, el tabaquismo y el juego.

- Una lengua de bendiciones y respeto en lugar de orgullo, crítica y blasfemias.

- Una hermosa casa de tres habitaciones, dos baños que se ofrece sin alquiler, excepto por los servicios públicos.

- Se me han proporcionado tres vehículos de último modelo de forma gratuita, en excelentes condiciones, con bajo kilometraje.

- Una casa llena de buenos muebles, y un armario lleno de buena ropa.

- Libre de deudas, con también algo de dinero en ahorros.

- Una mente renovada y libre de todos los malos efectos de las adicciones y depresión.

- Buena salud.

- Cristianos maduros, puedo llamar para orar o pedir consejo en cualquier momento sobre cualquier cosa.

- Licenciado y ordenado en 2012 como ministro del Evangelio de Jesucristo.

- Presidente de los Ministerios de la Libertad en la Cárcel de Jesús.

- Autor de ocho libros para animar al cuerpo de Cristo detrás alambre de púas.

Buceando a mayor profundidad

Guía de campo de discipulado diario

1 de enero

RELIGIÓN EN LA CÁRCEL

Lucas 19:10 - *"Porque el Hijo del hombre vino a buscar y a salvar lo que se había perdido".*

Los líderes religiosos de la época querían saber por qué Jesús comía con los "pecadores" y les ministraba. ¿Dónde estamos muchos de nosotros, pecadores perdidos? Encerrado en prisión. ¡Jesús está tratando de salvarnos!

Aquí estamos sobrios y en nuestras mentes sanas. Estamos "quietos". ¡Si escuchamos, podemos escucharlo aquí!

¿No es este el momento y el lugar que tiene más sentido para clamar a Dios?

¿Puede alguien realmente encontrar a Dios en una cárcel o prisión? ¿Está Dios lo suficientemente cerca de nosotros aquí para escuchar nuestro clamor sincero? ¿Podemos realmente ser escuchados por Él mientras nos comprometemos, o volvemos a dedicar, nuestros corazones a caminar con Cristo? ¿Puede Él realmente usar a un convicto, que permite que el Espíritu Santo cambie su vida, para avanzar la causa de Su Reino?

La "religión de la cárcel", un término que todos hemos escuchado de manera negativa, no tiene por qué ser una imitación barata. Más bien, puede ser "la cosa real". Dios PUEDE cambiarte para siempre, ¡pero debes DEJARLO! Debes QUERER que te cambien. Comienza con la entrega absoluta y la sumisión a Su Voluntad para ti.

EL RETO DE HOY:

¿Estás listo para rendirte a Dios? Dile a nuestro Padre Celestial que estás dispuesto a someter tu vida y tu propia voluntad a Su plan para ti. Confía en Él un día a la vez para guiarte a Su futuro por Su Espíritu Santo.

Comienza hoy mismo.

Profundice más: Estudiar Lucas 19.

2 de enero

BUSCA A DIOS

Dios nos dice que si lo buscamos (lo buscamos mucho), ¡lo encontraremos! No importa dónde estemos, qué edad tengamos, cuáles sean nuestros problemas, si lo buscamos, Él será encontrado por nosotros.

Isaías 55:6-7
"Busquen al Señor mientras se deje encontrar,llámenlo mientras esté cercano. Que abandone el malvado su camino y el perverso sus pensamientos Que se vuelva al Señor, a nuestro Dios, que es generoso para perdonar y de él recibirá compasión".

Jer. 29:11-14
"Porque yo conozco los planes que tengo para ustedes', afirma el Señor', planes de bienestar y no de calamidad, a fin de darles un futuro y una esperanza. Entonces ustedes me invocarán, vendrán a suplicarme y yo los escucharé. Me buscarán y me encontrarán cuando me busquen de todo corazón. Me dejaré encontrar', afirma el Señor' y los haré volver del cautiveri Yo los reuniré de todas las naciones y de todos los lugares adonde los haya dispersado y los haré volver al lugar del cual los deporté», afirma el Señor."

En otras palabras, cuando buscamos a Dios con todo nuestro corazón, lo encontraremos, incluso cuando estemos encerrados.

Nunca tendrás más tiempo para buscar a Dios fervientemente que ahora.

EL RETO DE HOY:

Dile al Padre que deseas encontrarlo. Pídele que te dé hambre y sed de Él y de Su Palabra. Pídele al Espíritu Santo que te enseñe a buscar a Dios con ligereza.

Profundice más: Estudiar Jeremías 29:1-14; Isaías 55.

3 de enero

¿PUEDE DIOS USARTE?

2 Samuel 12:9

(Dijo Dios a David): "¿Por qué, entonces, despreciaste la palabra del Señor haciendo lo que le desagrada? ¡Asesinaste a Urías el hitita para apoderarte de su esposa! ¡Lo mataste con la espada de los amonitas!"

A lo largo de toda la Biblia, una y otra vez, encontramos a Dios usando a algunas de las personas más improbables para cumplir Su voluntad de hacer avanzar Su Reino. Ha usado a asesinos, adúlteros, ladrones, pastores humildes, ha odiado a los recaudadores de impuestos; Y muchos de ellos, en un momento u otro, habían estado en alguna forma de confinamiento o cautiverio.

Pero estos hombres se arrepintieron, entregaron sus vidas a Dios y clamaron a Él desde sus propias circunstancias miserables. Personas como Pedro, Pablo, Sansón, Santiago, Juan el Bautista, José y Jeremías habían sido encarcelados igual que nosotros. Líderes como Moisés, David y Jacob, que una vez fueron asesinos, adúlteros y ladrones, fueron utilizados poderosamente una vez que invocaron a Dios y volvieron sus vidas a Él. Incluso Jesús fue arrestado y llevado a juicio.

A Dios no le importa tu historial. A diferencia de los hombres, Dios no discrimina contra los oprimidos, los humildes, los olvidados, nosotros que somos etiquetados como delincuentes, prisioneros, convictos y reclusos.

Sí, Dios puede usarme incluso a mí y a ti.

EL RETO DE HOY:

Confiesa tus pecados a Dios. De todos modos, él ya lo sabe. A medida que te humillas verdaderamente ante Él, agradécele por Su perdón que se encuentra solo en Jesucristo. Sé real. Ten una conversación honesta con Él.

Pídele a Dios que te use en Su Reino.

Profundice más: Estudiar 2 Samuel capítulos 11 y 12; Salmo 51.

4 de enero

DIOS AMA A LOS PRISIONEROS

Dios debe tener un amor y una atención especiales reservados para personas como nosotros: prisioneros, convictos, reclusos y cautivos. De hecho, la Concordancia de Strong enumera más de 340 versículos donde la palabra "prisión", "prisionero", "cautivo" o "cautiverio" es una palabra clave.

Estos son algunos ejemplos:

Salmo 102:19-20 – *"Miró el Señor desde su altísimo santuario; contempló la tierra desde el cielo, para oír los lamentos de los cautivos y liberar a los condenados a muerte…"*

Salmo 69:33 – *"Porque el Señor oye a los necesitados y no desprecia a su pueblo cautivo".*

Salmo 146:7 – *"El Señor hace justicia a los oprimidos, da de comer a los hambrientos y pone en libertad a los cautivos".*

Zacarías 9:11-12 – *"En cuanto a ti, por la sangre de mi pacto ontigo libraré de la cisterna seca a tus cautivos.Vuelvan a su fortaleza, cautivos de la esperanza, pues hoy mismo anuncio que les devolveré el doble".*

Mateo 25:36 – *Jesús dijo: "… necesité ropa y me vistieron; estuve enfermo y me atendieron; estuve en la cárcel y me visitaron".*

Además, en uno de sus primeros discursos en la sinagoga, Jesús citó:

Isaías 61:1 *"… El Espíritu del Señor y Dios está sobre mí, por cuanto me ha ungido para anunciar buenas noticias a los pobres. Me ha enviado a sanar los corazones heridos, a proclamar libertad a los cautivos y la liberación de los prisioneros…"*

Dios tiene compasión por los que están en cautiverio. Él escucha. ¡Él quiere liberarlos! Aunque esté encarcelado, de hecho puede ser libre. Estuve en varias prisiones de mi propia creación mucho antes de oír una sucesión de puertas de acero que se cerraban detrás de mí. Ir a la cárcel me liberó para siempre después de que Dios me encontró y me salvó allí mismo, en mi litera de la prisión.

EL RETO DE HOY:

Dile al Padre que quieres la verdadera libertad a través de Jesús por Su Espíritu Santo. Sé libre por dentro.

Profundice más: Estudiar Isaías 61; Zacarías 9.

5 de enero

RESCÁTAME

Dios tiene mucha experiencia sacando a las personas de su propio pozo fangoso, oscuro, húmedo y profundo. David, un hombre conforme al corazón de Dios, debe haber sabido exactamente cómo era:

Salmo 69:14-15 " *Sácame del lodo; no permitas que me hunda. Líbrame de los que me odian y de las aguas profundas. No dejes que me arrastre la corriente; no permitas que me trague el abismo ni que el foso cierre sus fauces sobre mí".*

Salmo 40:1-2 " *Puse en el Señor toda mi esperanza; él se inclinó hacia my escuchó mi clamor. Me sacó de la fosa fatal, del lodo y del pantano; puso mis pies sobre una roca, y me plantó en terreno firme..."*

Antes de ir a prisión, viví durante años en la desesperanza y la desesperación. Habiendo sido diagnosticado previamente como bipolar, vivía en un estado casi constante de depresión suicida. Sin hogar e indefenso, pensé que nada mejoraría de ninguna manera. Congelado por el miedo de lo que podría suceder si alguna vez intentaba salir, me hundí más y más en lo que estaba seguro de que era un pozo de agujero negro sin fondo.

Cuando finalmente admití que no podía evitarlo, y me volví a Él con verdadera humildad, Dios estaba listo, dispuesto y capaz de intervenir, agacharme y sacarme.

¿Te ves hundiéndote? ¿Estás atascado? ¿Finalmente estás listo para dejar de intentar salvarte? Clama por ayuda.

EL RETO DE HOY:

Acércate a Dios. Invoca el Nombre de Jesús. Él os dará la Paz. Él te rescatará.

Déjalo.

Profundice más: Estudiar el Salmo 40; Salmo 69.

6 de enero

DEJA DE ESCUCHAR A LOS OTROS

Marcos 5:40

" Entonces empezaron a burlarse de él (Jesús)..."

Lucas 23:11

"Entonces Herodes y sus soldados, con desprecio y burlas..."

Muchos reclusos se burlan de los cristianos con cosas como: "No estabas leyendo tu Biblia en la calle"; o: "No ibas a la iglesia o a la capilla antes de que te encerraran"; o, "Hombre, esa es precisamente esa vieja religión de la cárcel, se desvanecerá muy pronto. No es real. Es lo mismo que hemos visto antes". Yo también escuché todo eso.

En un aspecto tenían razón. No sé ustedes, pero si yo hubiera sido atrapado en la Palabra de Dios en lugar de en mis adicciones, no habría terminado en prisión. Si hubiera ido a la iglesia todas las semanas en lugar de salir a mendigar, pedir prestado o robar lo suficiente para obtener mi próximo éxito, no habría terminado aquí. ¿Estás harto y cansado de lugares como este?

Después de que me salvé en la cárcel y mientras todavía estaba encerrado, comencé a ver que las personas que ridiculizaban a los cristianos eran las que estaban satisfechas con sus circunstancias. Ya pensaban que iban a volver. No hicieron nada para cambiar. Burlarse de los demás les dio la excusa que querían para rechazar a Dios.

¿Quieres ser una mejor persona para tu familia? ¿Te das cuenta de tu necesidad de Jesús? ¿Quieres cambiar?

EL RETO DE HOY:

Deja de escuchar a las personas que no tienen el valor de cambiar. Sigue fuerte a Dios.

Profundice más: Estudiar Mark 5; Lucas 23 y 24.

7 de enero

LA REALIDAD

Romanos 12:2

"No se amolden al mundo actual, sino sean transformados mediante la renovación de su mente. Así podrán comprobar cómo es la voluntad de Dios: buena, agradable y perfecta."

La "religión de la cárcel" puede ser "la cosa real" o "una imitación barata". Todos hemos visto productos de imitación, "imitaciones": zapatillas de tenis Nike falsas, imitaciones de Air-Jordan, bolsos de diseñador falsos como Gucci, etc. Puedes distinguir las falsificaciones con el tiempo, tal vez no tanto al principio, pero con el tiempo la imitación se descompone, se desmorona y se desecha. Ya no lo usamos. Queda claro por qué era tan barato para empezar.

A diferencia de cuando podríamos haber sido engañados para comprar una "imitación" falsa, en nuestra nueva relación con Dios determinamos a través de nuestras propias acciones, hábitos y creencias, si obtenemos "lo real" o "una imitación barata".

Por último, quería "lo real". Dios llamó mi atención. Quería que el resto de mi vida fuera lo opuesto a mi pasado. No quería volver a la cárcel.

Debemos decidir dejar de conformarnos con el mundo que nos rodea. Durante demasiado tiempo nos hemos preocupado demasiado por lo que dicen los demás. En cambio, debemos preocuparnos por lo que Dios dice. Debemos desear ser transformados por Su Palabra.

EL RETO DE HOY:

Dile a Dios el Padre que realmente quieres la cosa real. Dile que no vas a jugar más y que estás lista para dejar que Él te transforme.

Sé sincero con Dios. Dios se pondrá sincero contigo.

Profundice más: Estudiar Romanos 12.

8 de enero

LA ÚNICA MANERA

Juan 14:6

"Yo soy el camino, la verdad y la vida —contestó Jesús—. Nadie llega al Padre sino por mí".

Dicen que la locura es hacer lo mismo una y otra vez, pero esperando resultados diferentes.

Al igual que "El hijo pródigo" en Lucas 15:17-20, cuando finalmente "volví en sí" después de mis primeros diez meses de encarcelamiento, quise volver a casa con mi Padre. Volví a Él.

Decidí que iba a hacer las cosas de manera diferente, para poder ser diferente y para finalmente poder marcar la diferencia en la vida de mi familia y en mi comunidad.

¡La única manera en que esto puede suceder es a través de una relación personal con Jesucristo como Salvador y Señor! Cada uno de nosotros debe tomar su propia decisión. ¿Has tomado esta decisión? ¿Has decidido ir «con todo» por Jesús?

No hay mejor momento para clamar por Dios. Él te escuchará. Su Palabra dice que usted es especial para Él. Él te ayudará. Él te ama dondequiera que sea, y como sea, y quienquiera que seas ahora. No tienes que "cambiar" antes de encontrar a Jesús. Él te cambiará si tú se lo permites. Solo ve a Él. Él se encargará del resto.

EL RETO DE HOY:

Dile a Dios Padre que crees, y confiesa, que Jesús es el único camino hacia Él. Pídele al Espíritu Santo que te revele a Jesús.

Deja de huir de Dios. Levántate, quítate el polvo y vete a casa.

Profundice más: Estudiar Juan 14; Lucas 15.

9 de enero

ARREPENTIRSE

Mateo 3:3

"Juan era aquel de quien había escrito el profeta Isaías: «Voz de uno que grita en el desierto: "Preparen el camino para el Señor, háganle sendas derechas"».

El verdadero arrepentimiento debe suceder para ver o entrar en el Reino de Dios.

La Biblia dice "arrepentirse y creed en el evangelio", "arrepentirse y sed salvos", "arrepentirse y bautizados" y "si no os arrepientes, también pereceréis".

El arrepentimiento es un giro de 180 grados lejos del pecado y hacia Dios. Es como hacer un giro en U en una autopista. Arrepentirse es cambiar de opinión para estar de acuerdo con Dios acerca del pecado y tomar la decisión sincera de cambiar.

Debe haber un día en el que estés enfermo y cansado de estar enfermo y cansado, y tomes la decisión decidida de seguir a Dios en lugar de continuar en el mismo viejo camino donde el enemigo espera para robar, matar y destruir tu vida. En una dirección está la muerte y la oscuridad. En la otra dirección se encuentra la Vida y la Luz.

Cuando se haya producido el verdadero arrepentimiento, verás cambios positivos en la forma en que piensas, hablas y actúas. Los demás verán y escucharán algo diferente de ti. El arrepentimiento tiene que ver con el cambio.

Si no te has arrepentido verdaderamente, no eres salvo.

EL RETO DE HOY:

Pregúntate si alguna vez te has arrepentido verdaderamente. Pídele al Espíritu Santo que te convenza de la verdad sobre esto en tu vida. Dile al Padre que estás listo para renunciar a tu pasado y a tu camino anterior.

Haz un cambio de sentido.

Profundice más: Estudiar Mateo 3.

10 de enero

RENDIRSE

Isaías 64:8

"A pesar de todo, Señor, tú eres nuestro Padre; nosotros somos el barro y tú el alfarero. Todos somos obra de tu mano".

Antes de que me salvaran en prisión, quería cambiar mi vida, pero no podía hacerlo. Aprendí que no podía cambiarme. Si hubiera podido cambiarme, lo habría hecho mucho antes de que me volviera adicto, deprimido, suicida, sin hogar, solitario, perdido y, finalmente, encarcelado. ¿Es esto también cierto para ti? ¿Has intentado cambiarte a ti mismo?

Traté de cambiarme a mí mismo un número interminable de veces, pero fallé cada vez. ¡Así que fue una gran noticia para mí que Dios no esperara que yo me cambiara a mí mismo! Realmente. Él solo quería que permitiera que Su Espíritu Santo me poseyera, que estuviera dispuesta diariamente a permitir que Él me guiara por el camino correcto y que hiciera todo lo posible por ser obediente instantáneamente a Sus impresiones.

Cuando nos rendimos voluntariamente a Dios el Espíritu Santo en nosotros, y nos sometemos diariamente a ser guiados por Su Espíritu en lugar de ser guiados por nuestra "carne", ¡Él comenzará Su obra de santificación en nosotros! En otras palabras, cuando nos rendimos al Espíritu y nos sometemos a Su liderazgo momento a momento, Él nos cambiará. No somos responsables de cambiarnos a nosotros mismos.

EL RETO DE HOY:

Pídele al Espíritu Santo que te ayude a aprender a rendirte diariamente a Su liderazgo. Decídete hoy a someterte a Dios en todo sentido, todos los días.

Deja que Él te cambie. Deja de tratar de cambiarte a ti mismo.

Profundice más: Estudiar Isaías 64.

11 de enero

SUMISIÓN

Romanos 9:20

"Respondo: ¿Quién eres tú para pedirle cuentas a Dios? «Acaso le dirá la olla de barro al que la modeló: "¿Por qué me hiciste así? "»

La mejor imagen de la sumisión es la de arcilla en las manos de un alfarero. El alfarero transforma la arcilla de un puñado informe de barro feo en un exquisito objeto de bellas artes. El alfarero está totalmente a cargo de la transformación, y el producto final está determinado en gran parte por su paciencia y habilidad. Como seguidores de Jesús, ¡podemos estar seguros de que tenemos al mejor Maestro Alfarero!

A veces, Dios permite que circunstancias extremas, como la cárcel u otras dificultades de la vida, llamen nuestra atención. A menudo, estos pueden ser consecuencia de malas decisiones tomadas por nosotros mismos o por otros, pero es mejor verlos como oportunidades para un cambio positivo. Para ser transformado, un trozo de arcilla debe estar blando para que ceda. Debemos someternos a Dios consciente y voluntariamente.

Es posible que no entendamos por qué Dios nos hizo de la manera en que lo hizo, o qué está tratando de enseñarnos en medio de nuestras pruebas y circunstancias. Sin embargo, debemos confiar en Él para que nos moldee en un vaso de honor que Él pueda usar y trabajar para impactar positivamente a los demás.

EL RETO DE HOY:

¿Te someterás a la Mano del Alfarero? Ponte en Sus Manos diariamente y permítele pacientemente que Él te forme. A medida que te sometes voluntariamente al fuego endurecedor de las pruebas y las circunstancias, confía en Él hoy para hacer una hermosa vasija.

El Alfarero sabe lo que está haciendo.

Profundice más: Estudiar Romanos 9.

12 de enero

EL BARRO DEL ALFARERO

Jeremías 18:1-6
"Esta es la palabra que vino a Jeremías de parte del Señor: «Levántate y baja ahora mismo a la casa del alfarero y allí te comunicaré mi mensaje». Entonces bajé a la casa del alfarero y lo encontré trabajando en el torno. Pero la vasija que estaba modelando se deshizo en sus manos; así que volvió a hacer otra vasija, hasta que le pareció que había quedado bien. En ese momento la palabra del Señor vino a mí y me dijo: «Pueblo de Israel, ¿acaso no puedo hacer con ustedes lo mismo que hace este alfarero con el barro?», afirma el Señor. «Ustedes, pueblo de Israel, son en mis manos como el barro en las manos del alfarero."

Independientemente de lo mal que hayamos hecho de nuestras vidas, y de lo lejos que hayamos huido de Dios, nunca estamos tan quebrantados o tan perdidos en el mundo que Dios no pueda encontrarnos, aceptar con gozo nuestro regreso a Él (Lucas 15:32), hacernos una nueva creación (2 Corintios 5:17) y establecer Su plan para nuestras vidas (Jeremías 29:11-14a).

Sin embargo, debemos ser *humildes con gratitud, sumisos en oración y obedientes con fe*.

Con *humildad* debemos reconocer que no podemos rehacernos a nosotros mismos y estar *agradecidos de* que Él pueda hacerlo. En *sumisión*, debemos ponernos en Sus manos con oración y permitir pacientemente que Él nos forme y nos someta al fuego endurecedor de las pruebas y las circunstancias. Debemos ser siempre *fieles* en *obediencia* para seguir Sus instrucciones a fin de que experimentemos la mejor de Sus intenciones a medida que Él cumple Su voluntad a través de nosotros, formándonos a la imagen de Su Hijo, Jesús (Romanos 8:29).

EL RETO DE HOY:

Mantente en el torno de alfarero. El sigue trabajando.

Profundice más: Estudiar Lucas 15:11-24, 32; Jeremías 18; 2 Corintios 5:17; Romanos 8:29; Jeremías 29:11-14a.

13 de enero

RAZONES PARA RENDIRSE

Job 10:8-9
"Tú me hiciste con tus propias manos; tú me diste forma. ¿Vas ahora a cambiar de parecer y a ponerle fin a mi vida? Recuerda que tú me hiciste del barro; ¿vas ahora a devolverme al polvo?"

Como ex recluso, me identifico con el término "rendición". ☐ En ese entonces, recuerdo haberme entregado antes de ser detenido para ser encarcelado. Me vi obligado a obedecer sus órdenes y seguir su ejemplo. Yo era un cautivo. ¿Te acuerdas?

Sin embargo, ahora que hemos aceptado lo que el Padre nos ha provisto en salvación, nos rendimos completamente al Señorío de Jesús y a las manos del Alfarero para nuestro beneficio, de hecho, para nuestra libertad en lugar de nuestro cautiverio o encarcelamiento. Como una nueva creación en Cristo, cumplimos voluntariamente con Sus mandamientos. Deseamos seguir la dirección del Espíritu Santo.

Dios tiene todo el derecho de exigir que le demos todo. Él nos hizo. Estamos bajo Su autoridad, ya sea que elijamos someternos a ella o no. Lo mejor para nosotros es rendirnos voluntariamente. Él nos salvó. Él tiene una visión de un vaso perfectamente terminado, listo para Su uso, y estamos mejor cuando le permitimos que haga de nosotros lo que Él quiere.

EL RETO DE HOY:

Alguien dijo una vez: "Pídele a Dios, Quien se entregó completamente a ti, que te ayude a entregarte completamente a Él". Simplemente diga: "Sí, Señor" cuando Él le hable a través de Su Espíritu Santo.

Ríndete completamente a Dios. Te alegrarás de haberlo hecho.

Profundice más: Estudiar Job 9 y 10.

14 de enero

PRESÉNTATE

Romanos 12:1
"Por lo tanto, hermanos, tomando en cuenta la misericordia de Dios, ruego que cada uno de ustedes, en adoración espiritual ofrezca su cuerpo como sacrificio vivo, santo y agradable a Dios."

Mi entrega total al sistema de justicia requería que me sometiera a sus reglas y a su forma de hacer las cosas. Antes de "nacer de nuevo" en prisión, no siempre estaba dispuesto y obediente a sus demandas. No tenía una buena actitud y tenía poco respeto por la autoridad. Cumplir con la condena era difícil. ¿Te sientes identificado?

Sin embargo, una vez que comencé a entender la Palabra de Dios, supe que debía respetar las posiciones de autoridad porque Dios las había colocado allí. Empecé a someterme y a cumplir. Cumplir con mi tiempo se volvió más fácil.

Como cristianos, el apóstol Pablo nos insta a sacrificar nuestra voluntad propia y a presentar voluntariamente nuestras vidas a Dios. Nos rendimos completamente a Él. Al respetar su máxima autoridad, nos posicionamos para permitir que su Espíritu Santo santifique gradualmente nuestras vidas para que lleguemos a ser cada vez más agradables, santos y aceptables a nuestro Padre.

Jesús dijo que debemos adorar al Padre en espíritu y en verdad. Nuestros corazones deben desear verdaderamente vivir sacrificialmente por y para Él.

EL RETO DE HOY:

La verdadera adoración a Dios resulta cuando vivimos nuestras vidas con la eternidad firmemente en mente. Es decir, nos preocupamos cada vez más por la obediencia, la santidad y el sacrificio personal para agradar más a nuestro Padre. Nos preocupamos menos por complacer a los demás.

Presenta tu vida diariamente a Dios.

Profundice más: Estudiar Romanos 11:33 – 13:6.

15 de enero

RENUEVA TU MENTE

Romanos 12:2

"No se amolden al mundo actual, sino sean transformados mediante la renovación de su mente. Así podrán comprobar cómo es la voluntad de Dios: buena, agradable y perfecta."

Antes de ir a prisión, gran parte de mi vida se centraba en el deseo de ser aceptado en y por "el mundo". Quería "encajar". Estaba convencido de que tenía que "seguir la corriente para llevarme bien".

Nunca sentí que Dios tuviera ningún plan para mi vida, aunque recuerdo muchas veces deseando saber lo que Él quería y por qué estaba aquí en esta tierra. Tenía un fuerte deseo interno de "marcar la diferencia" en este mundo, pero no sabía cómo.

Cuando comencé a estudiar la Palabra, me di cuenta de que "el mundo" tiene muchas maneras de distraernos de la misión de Dios para nuestras vidas. En su mayor parte, los caminos de vida en "el mundo" se oponen a los caminos de vida abundante y eterna en el Reino de Dios.

A medida que permitimos que el Amor de Dios y Su Palabra renueven nuestras mentes; nuestra forma de pensar, hablar y vivir nos posicionará para conocer y recibir la Voluntad de Dios: Su plan perfecto, agradable y aceptable para nuestras vidas.

EL RETO DE HOY:

Pregúntale al Padre cuál es Su perfecta Voluntad para ti hoy. Empieza por decirle que quieres vivir menos en "el mundo" y más en Su Reino. Realmente es una elección que se hace minuto a minuto.

Deja de conformarte. Transfórmate.

Profundice más: Estudiar 1 Pedro 2:9-12; 2 Corintios 6:14-18; Romanos 8:5-8; Santiago 1:26-27.

16 de enero

UNA NUEVA ACTITUD

Efesios 4:22-23

"Con respecto a la vida que antes llevaban, se les enseñó que debían quitarse el ropaje de la vieja naturaleza, la cual está corrompida por los deseos engañosos; ser renovados en la actitud de su mente..."

Cuando comenzamos el proceso de transformación en la renovación de nuestra mente por la Palabra de Dios, a menudo nos vemos asediados por viejas formas de pensar de nuestra antigua forma de vida. Las influencias del "mundo, la carne y el diablo" siguen tratando de dirigir nuestros pensamientos, palabras y acciones.

Estas actitudes negativas son frecuentes en la prisión. Rodeados de conversaciones constantes sobre ofensas pasadas, juicios presentes y planes futuros para "levantarse", a veces es difícil pensar positivamente sobre nuestra propia situación. Podemos desanimarnos fácilmente si no nos separamos de la multitud.

Pablo nos instruye a recordarnos conscientemente que nuestro viejo hombre está muerto y nuestro nuevo hombre está vivo en Cristo Jesús. Podemos optar por ignorar los intentos engañosos de la enemiga de apelar a los deseos carnales de nuestro viejo hombre.

Debemos adoptar una nueva actitud hacia la vida, una basada sólidamente en la sabiduría, la esperanza, la paz y el amor que se encuentran en la verdad de la Palabra de Dios.

EL RETO DE HOY:

Comienza hoy a tomar decisiones positivas para divorciarte del tipo de pensamiento que ha estado destruyendo tu vida y que ahora te ha llevado a la cárcel. Sepárese de aquellos que todavía están pensando y hablando como lo hacía usted antes de ser salvo.

Adopta una nueva actitud. Ser hecho nuevo.

Profundice más: Estudiar Efesios 4.

17 de enero

PIENSEN EN ESTO

Filipenses 4:8-9

"Por último, hermanos, consideren bien todo lo verdadero, todo lo respetable, todo lo justo, todo lo puro, todo lo amable, todo lo digno de admiración, en fin, todo lo que sea excelente o merezca elogio. Pongan en práctica lo que de mí han aprendido, recibido y oído, además de lo que han visto en mí y el Dios de paz estará con ustedes".

"Basura adentro. Basura a fuere".

En los primeros días de la programación de computadoras, esta expresión familiar se usaba a menudo para advertir a los programadores que estuvieran seguros de que estaban ingresando datos buenos y confiables en el sistema. De la misma manera, lo que permitimos que entre en nuestra mente a través de nuestros ojos y oídos afecta directamente a lo que pensamos, lo que decimos y cómo actuamos.

¿Tienes problemas con pensamientos lujuriosos, ensoñaciones impuras, discursos de odio y acciones incorrectas? En la cárcel, es difícil no ceder ante ello, pero debemos ser proactivos para luchar y ganar esta batalla.

Pablo nos dice que programemos nuestras mentes con pensamientos que sean verdaderos, nobles, correctos, puros, amables, admirables, excelentes y dignos de alabanza. Asegúrate de que estás introduciendo los datos correctos en tu propio ordenador personal y potente: tu mente.

¿Qué tipo de material de lectura tienes? ¿Qué tipos de programación televisiva ocupan su tiempo? Examina los temas de los que hablas y las conversaciones a las que escuchas.

EL RETO DE HOY:

Como dice Joyce Meyers, debemos "pensar en lo que estamos pensando". El campo de batalla realmente está en tu mente. Pídele al Padre que te ayude a examinar el tipo de información que tus ojos y oídos reciben en tu cerebro.

Hay una buena razón por la que nos ponemos el yelmo de la salvación. Protege nuestras mentes. Piensen en esto.

Profundice más: Estudiar Filipenses 4.

18 de enero

ESTABLEZCAN SUS MENTES

Colosenses 3:2-3
"Concentren su atención en las cosas de arriba, no en las de la tierra, pues ustedes han muerto y su vida está escondida con Cristo en Dios".

Las "mentalidades" equivocadas están disponibles en abundancia en la prisión. Para contrarrestar esto, debemos "poner nuestras mentes".

La Palabra nos anima a "poner nuestra mente" en las cosas de arriba, no en las cosas terrenales que prevalecen a nuestro alrededor. Otra versión dice que "fijemos nuestros corazones". Creo que las mentalidades correctas afectan nuestro corazón, nuestro núcleo más profundo del ser.

Poner nuestra mente y nuestro corazón en las cosas de arriba se puede hacer adoptando las prioridades del Cielo y rechazando las influencias y demandas mundanas. Nos concentramos en cosas de importancia eterna en lugar de distracciones y tentaciones temporalmente insignificantes. Como cristianos, nuestro verdadero hogar es donde está Jesús. La Palabra dice que estamos sentados con Él en los lugares celestiales.

Cuando pienses que tu viejo hombre está muerto, y te des cuenta de que ahora estás vivo en Cristo Jesús, tendrás tan poco deseo por las cosas mundanas como el que tiene un cadáver: ninguno. Es cierto que esto no se logra de la noche a la mañana, especialmente en la cárcel. Es un proceso que requiere práctica y perseverancia.

Observa el mundo que te rodea a través de la lente del amor y la santidad de Dios.

EL RETO DE HOY:

Pídele a Dios el Padre que te ayude a ver y evaluar todo desde una perspectiva profunda y eterna. Decídete a hacer lo mejor que puedas hoy para ver las cosas a través de Sus ojos. Pídele que ame a los demás a través de ti hoy por Su Espíritu Santo en ti.

Supera las mentalidades equivocadas poniendo tu mente en las cosas de arriba.

Profundice más: Estudiar Colosenses 3:1 – 4:6.

19 de enero

CAPTURA LOS PENSAMIENTOS ERRÓNEOS

2 Corintios 10:5

"destruimos argumentos y toda altivez que se levanta contra el conocimiento de dios, y llevamos cautivo todo pensamiento para que obedezca a cristo".

En la cárcel hay muchos argumentos, falsas enseñanzas, injusticia y fortalezas espirituales que son diametralmente opuestas a los principios y la verdad de Jesucristo. ¿Cómo los demolimos? ¿Cómo superamos?

Las únicas armas capaces no son las normales y mundanas con las que estamos familiarizados; más bien, tenemos la autoridad del Nombre de Jesús, el poder de Su Sangre, la palabra de nuestro propio testimonio y los poderosos dones espirituales ejercidos por el Espíritu Santo en nosotros.

Las armas son inútiles a menos que se usen. En nuestra guerra, Dios es nuestro Comandante en Jefe, e incluso nuestros pensamientos deben estar sometidos a Su dirección. Debemos arrestar rápidamente cualquier pensamiento que trate de dominarnos, y entregarlos inmediatamente a Cristo.

Cuando estamos expuestos a ideas u oportunidades que podrían conducir a deseos o acciones equivocadas, nos enfrentamos a una elección. ¿Estaremos de acuerdo con el mundo y su forma de hacer las cosas; ¿O elegiremos ejercer nuestra autoridad de Rey?

EL RETO DE HOY:

Admita ante Dios nuestro Padre cualquier pensamiento, fantasía o deseo inapropiado que no sea consistente con una vida en Cristo. Dile que quieres tomar mejores decisiones hoy y pídele que te ayude por medio de Su Espíritu Santo.

Decídete a rechazar cualquier pensamiento malsano. Captúralos y somételos rápidamente a la Luz de Cristo.

Profundice más: Estudiar 2 Corintios 10.

20 de enero

SOMÉTETE PRIMERO, LUEGO RESISTE

Santiago 4:7-8

"Así que sométanse a Dios. Resistan al diablo y él huirá de ustedes. Acérquense a Dios y él se acercará a ustedes. ¡Pecadores, límpiense las manos! ¡Ustedes, los indecisos, purifiquen su corazón!"

Mientras estaba en prisión, la gente a menudo me decía que "resista al diablo y él huirá". Ciertamente, hay muchas oportunidades diarias en las que nos enfrentamos a tentaciones. Resistirlos con nuestro propio poder a menudo no funciona. ¿Por qué?

Los versículos incompletos sacados de contexto pierden su poder de liberarnos. Primero, se nos dice arriba que nos sometamos a Dios. Entonces, resistimos. Se requiere que Satanás huya del poder de Dios el Padre y de la autoridad de Jesús. Él no tiene que irse si estamos operando en nuestro propio poder y autoridad en lugar de la ejercida a través de nosotros por Dios el Espíritu Santo.

A continuación, se nos instruye a acercarnos a Dios. A medida que nos acercamos cada vez más a Él, Él se acerca a nosotros. Cuando nos sometemos humildemente a Dios y nos acercamos a Él, Él nos da todo lo que necesitamos para resistir con éxito la tentación y salir victoriosos en cada situación de la vida.

El diablo no puede leer mis pensamientos, pero cuando me oye someterme verbalmente a Dios, tiene que huir.

EL RETO DE HOY:

Hoy, asegúrate de someter primero a Dios cada situación y tentación que el enemigo te presente. Permítete escuchar que te vuelves a Dios en sumisión y gratitud porque Él ya ha derrotado a tu adversario, el diablo.

Sométete primero, luego resiste.

Profundice más: Estudiar Santiago 4; 1 Pedro 5:8-9; Efesios 6:10-18.

21 de enero

CUANDO AÚN ÉRAMOS PECADORES

Romanos 5:8

"Pero Dios demuestra su amor por nosotros en esto: en que cuando todavía éramos pecadores, Cristo murió por nosotros".

En el pobre estado espiritual y emocional que viví durante tanto tiempo antes de nacer de nuevo en prisión, creía que había "ido demasiado lejos y hecho demasiado" para que Dios me perdonara. Me invadió la culpa, el arrepentimiento, el remordimiento y la vergüenza. ¿Alguna vez te has sentido así?

Leí en un folleto de RBC Ministries, "El Perdón de Dios", que "Si creemos en nuestras emociones, podemos sentir que hemos ido demasiado lejos. Nuestro autodesprecio parece merecido. Pero hay esperanza. Dios quiere que creamos en su capacidad para perdonar pecados que no podemos olvidar". Nuestro Padre Celestial está enojado con el pecado, pero "Su ira no es una negación de Su amor... La verdad es que Su amor es igual a Su ira, y debido a Su amor encontró una manera de mostrar misericordia". Él envió a Su Hijo, Jesús.

Fue una gran noticia para mí cuando supe que mi pecado había sido perdonado. Mi culpa fue eliminada. ¡Por un hombre, de una vez por todas!

Nunca podría ser "lo suficientemente bueno" para ser salvado; Jesús murió por mí incluso cuando todavía era un pecador horrible. ¡Es una buena noticia!

EL RETO DE HOY:

Pídele al Padre que te ayude a recibir Su gran Don. Dile que estás agradecido de que Jesús haya pagado por todos tus pecados, pasados, presentes y futuros. Jesús quitó tu pecado. Todo. Para siempre.

Elige hoy creer y recibir.

Profundice más: Estudiar Romanos 5; 1 Juan 4:9-10.

22 de enero

JUSTIFICADO POR SU SANGRE

Romanos 5:9

"Y ahora que hemos sido justificados por su sangre, ¡con cuánta más razón, por medio de él, seremos salvados del castigo de Dios!"

He oído la palabra "justificado" explicada como "como si-yo" nunca hubiera pecado.

La Sangre de Jesús es tan poderosa que Dios el Padre me ve a través de la lente de la obra terminada de Cristo como siendo puro, inmaculado y santo. Me trata como si nunca hubiera pecado. ¿Qué tan increíblemente maravilloso es eso?

En el folleto al que me referí anteriormente de RBC Ministries, "El Perdón de Dios", escribieron que "en el momento en que confiamos en Cristo como Salvador, se nos da inmunidad contra el castigo. El asunto está zanjado: nuestro caso está cerrado y Dios no volverá a abrir los archivos de nuestra culpa. Así como los tribunales de la tierra honran el principio de la doble incriminación, el cielo no juzgará dos veces a aquellos cuyos pecados han sido castigados en Cristo. No seremos juzgados de nuevo por los pecados que Él llevó en nuestro lugar".

Después de haber estado en numerosos tribunales, puedo relacionarme con el concepto de doble incriminación. ¿Puedes tu?

Dios es mucho más justo y misericordioso que cualquier juez terrenal. Jesús ya ha recibido el castigo que yo merecía. El ha terminado mi sentencia. Mi tiempo está descargado. Puedo ir libre.

EL RETO DE HOY:

Habla con el Padre acerca de lo agradecido que estás de ser visto por Él como un hijo que ha sido perdonado. Piensa en el alto precio que Jesús pagó para que esto pudiera ser verdad para ti.

Estás justificado. Respira hondo y recíbelo.

Profundice más: Estudiar Romanos 3:21 - 5:11.

22 de enero

JUSTIFICADO POR SU SANGRE

2 Corintios 5:21

"Al que no cometió pecado alguno, por nosotros Dios lo trató como pecador, para que en él recibiéramos la justicia de Dios".

Jesús fue hecho pecado con nuestra pecaminosidad, para que nosotros pudiéramos ser hechos justos con Su justicia. El Padre declara justos a todos los que apelan a la muerte de Cristo como pago por sus pecados. Ningún pecado está excluido. Somos salvos solo por gracia a través de la fe solo en Jesucristo.

No hay nada en todo el universo más poderoso que la Sangre de Jesús que quita nuestro pecado. Cuando no negamos el Espíritu, y por lo tanto aceptamos por fe lo que Jesús hizo por nosotros, no hay pecado (ni pecador) más allá del amor y el perdón de Dios.

¡Mis muchos pecados fueron quitados! Esto fue un «gran avance» para mí. Sabía que podía empezar de nuevo. ¡Encontré la esperanza presente y eterna, y la libertad en Jesús, cuando acepté el perdón del Padre! ¿Has aceptado finalmente y completamente Su misericordia, amor y perdón?

En Cristo Jesús, yo tengo la misma justicia que Él tiene. Puedo estar ante el Padre sin vergüenza y libre de condenación como si nunca hubiera pecado. ¡Tú también puedes! Dios no discrimina. ¡Lo que Él hace por uno, lo hará por todos!

EL RETO DE HOY:

Da gracias a Dios el Padre por aceptarte como justo porque estás en Cristo Jesús. Deja que el Espíritu Santo te cambie hoy para que puedas darte cuenta más plenamente del increíble poder de la justicia.

Profundice más: Estudiar 2 Corintios 5; Isaías 52:13 – 53:12.

24 de enero

OLVIDA EL PASADO

Filipenses 3:13-14

"Hermanos, no pienso que yo mismo lo haya logrado ya. Más bien, una cosa hago: olvidando lo que queda atrás y esforzándome por alcanzar lo que está delante, sigo avanzando hacia la meta para ganar el premio que Dios ofrece mediante su llamamiento celestial en Cristo Jesús".

Después de que acepté verdaderamente el perdón del Padre, Él comenzó a mostrarme la importancia de perdonarme a mí mismo, para que mi pasado quedara en el pasado. De esa manera, podría liberarme de la culpa, la vergüenza, el arrepentimiento, el remordimiento y la vergüenza que había estado cargando durante tanto tiempo. Cuando finalmente dejé atrás mi pasado, comencé a confiar en Dios un día a la vez con mi futuro.

Nuestro pasado puede mantenernos encarcelados incluso después de ser liberados. Debemos decidir poner el pasado en el pasado y dejarlo ahí. Pablo enfatizó lo importante que era diciendo "una cosa", como si fuera la cosa más importante. Luego, a medida que se olvida de lo que queda atrás, se esfuerza por concentrarse en la carrera de ese día, confiando en que Dios se encargará del resultado futuro.

Dios es omnipresente, es decir, está presente en todas partes todo el tiempo. Si el enemigo puede mantenernos avergonzados y arrepentidos de nuestro pasado, no podemos disfrutar de una relación en el presente con nuestro Padre.

EL RETO DE HOY:

Pídele a Dios el Padre que te ayude a seguir adelante con tu nueva vida en Cristo. Permite que el Espíritu Santo te ayude a tomar la decisión de enterrar tu pasado.

De lo contrario, tu pasado te enterrará.

Profundice más: Estudiar Filipenses 3:1 – 4:1.

25 de enero

NO TE DETENGAS EN EL PASADO

Isaías 43:18

"Olviden las cosas de antaño;ya no vivan en el pasado.¡Voy a hacer algo nuevo!Ya está sucediendo, ¿no se dan cuenta?"

Después de haber estado en prisión el tiempo suficiente para estar libre de todos los efectos físicos de mis adicciones, comencé a pensar con más claridad. Fui honesto conmigo mismo y con Dios. Me di cuenta de que me odiaba a mí misma por lo que había hecho para arruinar mi vida. Nunca culpé a nadie más, solo a mí, por las malas decisiones que tomé, una tras otra, que finalmente me llevaron a la cárcel. Tal vez te sientas así ahora.

Había roto relaciones con todos mis amigos y familiares, y los había alejado. Habiendo estado sin hogar durante la mayor parte de los tres años previos a mi encarcelamiento, me quedé sin más posesiones materiales que las que estaban cerradas dentro de una sola bolsa de ropa colgante en la sala de la propiedad de la prisión. Estaba convencido de que no había esperanza de que algo mejorara. Pensé que mi futuro nunca podría ser mejor que mi pasado.

Dios estaba listo para hacer algo nuevo en mi vida, pero yo no podía verlo si seguía mirando mi pasado. Él no reveló todos sus planes para mí de una sola vez. ¡Me habría volado la cabeza!

EL RETO DE HOY:

Dile a Dios Padre que estás dispuesto a dejar de mirar tu pasado. Pídele que te guíe por Su Espíritu un día a la vez hacia el futuro que Él ha planeado para ti. Confía en Él para que lo haga.

No te detengas en el pasado.

Profundice más: Estudiar Isaías 43.

26 de enero

DIOS DECLARA COSAS NUEVAS

Isaías 42:9

"Las cosas pasadas se han cumplido y ahora anuncio cosas nuevas; las anuncio antes que sucedan".

Nunca olvidaré el primer rayo de esperanza que experimenté cuando comencé a aceptar el perdón del Padre hacia mí y la eliminación de todos mis pecados, pasados, presentes y futuros.

Nunca había experimentado la paz, la libertad emocional y la liberación mental que sentí cuando Él me mostró que debía perdonarme a mí mismo, para poder confiar en Él y seguir adelante como la "nueva criatura" que me hizo cuando "nací de nuevo". Tuve que tomar la decisión deliberada y decidida de "dejar que el pasado sea el pasado".

Estaba claro para mí que Dios me había perdonado, pero no podía perdonarme a mí mismo. ¿Alguna vez te has sentido así?

Debemos creer que nuestro Padre ya no tiene nuestro pasado en contra de nosotros. Él quiere que nos demos cuenta de que no podemos hacer nada para cambiar el pasado, pero si confiamos en Él, Él declarará cosas nuevas para nuestro futuro. A medida que lo buscamos diligentemente todos los días, Él revelará cada nueva parte de Su plan para nosotros en el momento justo. Por lo tanto, caminamos por fe, no por vista.

EL RETO DE HOY:

Pídele a Dios Padre que te perdone por ser implacable contigo mismo. Agradécele que la Sangre de Jesús es tan poderosa como para quitar todos tus pecados. Hoy, deja que el Espíritu Santo te muestre cosas nuevas que el Padre ha declarado.

Perdónate a ti mismo. Sigue adelante.

Profundice más: Estudiar Isaías 42.

27 de enero

NO MIRES ATRÁS

Lucas 9:62

"Jesús respondió: 'Nadie que mire atrás después de poner la mano en el arado es apto para el reino de Dios'".

Cuando un granjero está arando su campo, no puede hacer una fila recta si está mirando hacia atrás. Debe mantenerse concentrado en un punto que tiene delante. De la misma manera, Jesús dice que no somos capaces de funcionar eficazmente en Su Reino si miramos hacia atrás por encima del hombro a nuestro pasado.

Finalmente me di cuenta de que no había absolutamente nada que pudiera hacer con el pasado. La culpa, la vergüenza, el arrepentimiento, el remordimiento y la vergüenza me habían abrumado durante demasiado tiempo. Me había paralizado con miedo, ansiedad y depresión, todo lo cual me impedía avanzar. Estaba atascado. Decidí que, más que cualquier otra cosa, necesitaba y quería confiarle a Dios mi futuro.

Acepté la verdad de Su Palabra de que ya no tenía mi pasado en mi contra. Me mostró que yo también tenía que dejar de retener mi pasado contra mí mismo. Necesitaba aceptar Su perdón, perdonarme a mí misma y seguir adelante. ¿Estás atascado? ¿Te has perdonado a ti mismo?

Si no nos enfocamos en el camino que tenemos por delante, todavía seremos impactados por la torcedura de nuestro pasado.

EL RETO DE HOY:

Dile a Dios el Padre que quieres ser eficaz en Su Reino, y que te enfocarás en lo que Él tiene para ti hoy. Cuando el diablo te recuerde tu pasado, ¡recuérdale su futuro!

Quítate del atasco. Deja de mirar atrás.

Profundice más: Estudiar Lucas 9.

28 de enero

BUSCA HUMILDEMENTE EL PERDÓN

Santiago 4:6

"Dios se opone a los orgullosos, pero da gracia a los humildes".

Muchas veces no queremos admitir que nos equivocamos. Por lo general, esto se debe a nuestro orgullo. Dios odia el orgullo y se opone a los que insisten en caminar en él. Si nos aferramos a ella, nos preparamos para una caída destructiva.

En mi pecado, de una forma u otra, había ofendido a toda mi familia y amigos. Había empujado o ahuyentado a todos. A medida que comencé a aprender sobre el perdón, sentí que necesitaba superar mi orgullo para poder humillarme y pedir perdón a aquellos a quienes había ofendido y a quienes pudiera contactar desde dentro de la prisión. Al principio, eran mis dos hermanos mayores y mi hermana menor. Sentí que una carga comenzaba a quitarse de encima mientras escribía y enviaba esas primeras cartas pidiendo perdón.

Fue una gran experiencia escuchar mi nombre por primera vez en los diez meses que había estado encarcelado. Mis dos hermanos me respondieron rápidamente y me hicieron saber que no tenían nada en contra mía. Ambos expresaron su arrepentimiento por dónde estaba y por qué estaba allí, pero también me preguntaron si podían hacer algo para ayudarme.

Dios me mostró que podría ser posible recibir el perdón de los demás si lo pidiera humildemente.

EL RETO DE HOY:

Pídele al Padre que te muestre a quién podrías contactar para pedirle humildemente que te perdone.

Deja tu orgullo a un lado.

Profundice más: Estudiar Santiago 4; Isaías 57:15; Isaías 66:1-2; Salmo 51:17; Mateo 5:3.

29 de enero

SÉ AMABLE Y COMPASIVO

Efesios 4:32

"Más bien, sean bondadosos y compasivos unos con otros y perdónense mutuamente, así como Dios los perdonó a ustedes en Cristo".

Ayer aprendimos que el orgullo a menudo nos impide humillarnos y pedir a los demás que nos perdonen por lo que hicimos para herirlos u ofenderlos. Si haces esto desde tu corazón, no te preocupes de que no se apresuren a perdonar. Habrás hecho tu parte. Puede llevarles un tiempo hacer el suyo.

Si lo manejaste con Dios, y les has pedido humildemente que te perdonen, deja que Dios obre en sus corazones para que eventualmente puedan llegar a perdonarte. Habrás limpiado tu lado de ella.

Si bien es muy importante, siempre que sea posible, que nos humillemos y pidamos perdón a aquellos a quienes hemos lastimado, debemos usar el buen juicio al respecto. Sobre todo, siempre debemos tratar de ser amorosos, amables y compasivos.

Si la persona contra la que pecaste no sabe lo que hiciste, puede que no siempre sea prudente decírselo, ya que podría herirla muy profundamente. Sin embargo, es muy importante que estemos bien con Dios el Padre confesándole lo que le hicimos mal a la otra persona, y resolviendo no volver a comportarnos de esa manera. Pídele al Espíritu Santo que te guíe.

EL RETO DE HOY:

Si tienes pecados no confesados y relaciones rotas, confiésalos a Dios el Padre y arrepiéntete. Pídele que te dé el don del discernimiento del Espíritu Santo en cuanto a cómo proceder con los demás.

Sé amable y compasivo.

Profundice más: Estudiar Efesios 4; Colosenses 3:12-14.

30 de enero

PERDONAR

Colosenses 3:13

"...de modo que se toleren unos a otros y se perdonen si alguno tiene queja contra otro. Así como el Señor los perdonó, perdonen también ustedes".

Creo que es seguro decir que todos hemos sido heridos por alguien, y probablemente muchas veces.

A medida que continué estudiando la Palabra durante mi encarcelamiento, aprendí que necesitaba perdonar a aquellos que me habían ofendido y lastimado a lo largo de mi vida. Eso fue difícil al principio, pero tomé la decisión consciente de perdonarlos. Todos los malos sentimientos y el deseo de desquitarme que había estado cargando solo me lastimaban a mí. Decidí dejarlo todo y dejarlo ir.

Lo que descubrí fue que cuando no perdonamos a alguien, eso causa una raíz de amargura en nosotros, una fortaleza para el enemigo. Al igual que el siervo que no perdona en Mateo 18:21-35, nos entregamos a "los verdugos" de la ira, el resentimiento, el odio, el temperamento y el control, todo lo cual puede llevar a represalias, violencia e incluso asesinato.

Ya que Jesús nos ha perdonado, nosotros debemos perdonar a los demás. Al ejercitar paciencia, demostrar amor y extender el perdón, estamos ejemplificando las cualidades de Cristo. Nuestro mejor testimonio a los demás no es necesariamente algo que predicamos, sino que es una vida bien caminada en Cristo.

EL RETO DE HOY:

Pídele al Espíritu Santo que traiga a tu memoria los eventos y las personas de tu vida en los que has sido herido. Haz una lista y ora al Padre acerca de cada una de ellas. Dile que perdonas y pídele que sane el dolor que sentiste cuando sucedió.

Pídele a Dios Padre que te perdone por no perdonar.

Profundice más: Estudiar Colosenses 3; Efesios 4:22-32.

31 de enero

PERDONA, SER PERDONADO

Mateo 6:14-15

"Porque si perdonan a otros sus ofensas, también los perdonará a ustedes su Padre celestial. Pero si no perdonan a otros sus ofensas, tampoco su Padre perdonará a ustedes las suyas".

El versículo anterior es muy aleccionadora. Está claramente dicho. Si queremos el perdón del Padre, debemos perdonar a los demás. No hay termino medio.

Una "semilla" de falta de perdón plantada en un "terreno de dolor" nos da un "cosecha" de dolor. Entristece nuestro espíritu, atormenta nuestra mente y nos angustia emocionalmente. Todo esto, combinado con un deseo de venganza o represalia, nos lastimó a nosotros, no a la persona que nos ofendió. A menudo, ni siquiera se dan cuenta de su ofensa. ¡Esto se ha comparado con beber veneno nosotros mismos, pensando que matará a la otra persona!

Una de las razones principales por las que Jesús vino fue para que pudiéramos tener perdón a través de Su sangre. Una de las últimas cosas que hizo Jesús fue clamar a Dios, pidiéndole a Su Padre que perdonara a aquellos que le habían escupido, ridiculizado, golpeado, burlado de Él y clavado en esa cruz. Estoy seguro de que él no "sintió" ganas de perdonarlos, sin embargo, eso es lo que eligió hacer, y oró a Su Padre de la misma manera. También debemos estar dispuestos a perdonar y orar por aquellos que nos han hecho daño. ¿No hay personas a las que tú también deberías elegir perdonar?

EL RETO DE HOY:

A pesar de tus sentimientos, toma la decisión de perdonar a aquellos que te han lastimado. Pídele al Padre que te ayude por Su Espíritu Santo.

Perdona, ser perdonado.

Profundice más: Estudiar Mateo 6; Marcos 11:20-25.

1 de febrero

SÉ LIBRE

Juan 8:36

"Así que, si el Hijo los libera, serán ustedes verdaderamente libres".

Jesús tomó todas nuestras cargas sobre sí mismo para que pudiéramos ser libres para vivir y caminar en la vida abundantemente bendecida que Él planeó para nosotros.

Muchas personas en el "mundo libre" están en prisiones autoimpuestas y autoconstruidas. Ya sea que estemos en una prisión real detrás de alambre de púas, o no, las personas en todas partes luchan con "adicciones" que impactan negativamente sus vidas, como el orgullo, el egoísmo, la depresión, la ira, la pornografía, el alcohol, los medicamentos recetados, las drogas ilegales y muchas otras. Es posible que hayamos sido esclavizados por ellos durante muchos años. Sé que ciertamente estuve en una prisión de mi propia creación muchos años antes de ser encarcelado.

A menudo, nos entregamos a un comportamiento adictivo para tratar de llenar el vacío que sentimos por dentro y/o para evitar pensar y lidiar con las causas fundamentales de las adicciones. Al principio, lidiar con los problemas subyacentes es emocionalmente doloroso, y nuestra tendencia natural es evitar el dolor, incluso cuando algo bueno como la libertad nos espera al otro lado. Pero la Palabra de Dios es clara en que Jesús cargó con todo nuestro dolor, vergüenza, culpa y pecado sobre sí mismo cuando colgó de la cruz.

El enemigo de tu alma quiere mantenerte en esclavitud. Recuerden, él es el padre de las mentiras.

EL RETO DE HOY:

Pídele a tu Padre Celestial que te ayude a entender y apreciar plenamente todo lo que Jesús logró por ti en la Cruz. Pídele a tu Ayudador, el Espíritu Santo, que te dé discernimiento para rechazar las mentiras del enemigo.

Sé libre.

Profundice más: Estudiar Juan 8.

2 de febrero

AFÉRRATE A SUS ENSEÑANZAS

Juan 8:31-32

"Jesús se dirigió entonces a los judíos que habían creído en él, y les dijo: 'Si se mantienen fieles a mis palabras, serán realmente mis discípulos; y conocerán la verdad, y la verdad los hará libres'".

La mayoría de nosotros estamos familiarizados con la última parte de Juan 8:31-32, "conoceréis la verdad y la verdad os hará libres". Casi todos los que hemos estado encarcelados lo hemos visto citado en los tribunales. En realidad, la verdad no me hizo libre; ¡Más bien me encerraron!

No me di cuenta de que la libertad prometida como resultado de conocer la verdad depende del versículo que la precede con respecto a la obediencia a las enseñanzas de Jesús. Si nos "aferramos" a Su enseñanza, somos verdaderos seguidores, la condición previa para "conocer la verdad". ¿Quién es la Verdad? Jesús (Juan 14:6). Así que eso significa que en la medida en que conozcamos, obedezcamos y sigamos a Jesús, ¡la verdad de Sus enseñanzas nos hará libres! Esta fue verdaderamente una nueva revelación de lo que siempre había sido un versículo muy familiar, incluso para un "pagano" como yo lo fui una vez.

Jesús no nos da la libertad de hacer lo que queramos, sino que nuestra obediencia a Él nos da el poder para seguirlo verdaderamente. La verdad no nos hace libres, pero la obediencia a la verdad sí.

EL RETO DE HOY:

Dile a tu Padre Celestial que quieres obedecer lo mejor que puedas hoy. Hazle saber que realmente quieres seguir a Jesús siguiendo el liderazgo de Su Espíritu Santo hoy.

Aférrate a Sus enseñanzas.

Profundice más: Estudiar y compare Juan 8:31-32, 47, 51; Juan 9:31; Juan 10:22; Romanos 8:14; y Santiago 1:22-25.

3 de febrero

LIBERTAD EN EL ESPÍRITU

2 Corintios 3:17

"Ahora bien, el Señor es el Espíritu, y donde está el Espíritu del Señor, allí hay libertad".

En 2009 decidí seguir radicalmente a Jesús y hacer todo lo posible por obedecer sus enseñanzas. Ciertamente, estaba creciendo en el conocimiento de Él como "la Verdad" a medida que estudiaba Su Palabra y pasaba tiempo de calidad en Su Presencia todos los días. En consecuencia, durante bastante tiempo, me había dado cuenta dentro de mí de una libertad que nunca antes había experimentado, acompañada de una verdadera alegría y una verdadera paz por su Espíritu Santo.

El Espíritu me impulsó a hacer una lista de opresiones, fortalezas y restricciones a las que una vez estuve esclavizado, pero de las que ahora he sido liberado. La lista que viste anteriormente en este libro fue el resultado. Créanme, al igual que Pablo, yo era "el primero de los pecadores" -es una lista muy larga- y la voy ampliando a medida que el Espíritu lo revela. ¿Por qué he elegido ser tan vergonzosamente directo y transparente contigo? Porque quiero que sepas que si Dios puede cambiarme tan milagrosamente por dentro y por fuera, ¡Él puede cambiar a cualquiera! ¿Quieres terminar para siempre con ser un esclavo de viejas fortalezas y adicciones?

Busca más de Dios el Espíritu Santo. Déjate guiar por el Espíritu. Ora en el Espíritu. Camina en el Espíritu.

EL RETO DE HOY:

Dile a tu Padre Celestial que deseas ser libre de las antiguas ataduras. Tómate tu tiempo. Sé específico.

Pídele al Espíritu Santo que te ayude a mantenerte libre.

Profundice más: Estudiar y compara 2 Corintios 3:17; 1 Pedro 2:16; Romanos 6:7,11,18; Romanos 8:1-4; Gálatas 5:13; e Isaías 61:1.

4 de febrero

TU VIEJO HOMBRE HA MUERTO

Gálatas 2:20

"He sido crucificado con Cristo, y ya no vivo yo, sino que Cristo vive en mí. Lo que ahora vivo en el cuerpo, lo vivo por la fe en el Hijo de Dios, quien me amó y dio su vida por mí".

La lista que hice de los pecados y ataduras del "viejo" era muy larga. Estoy verdaderamente libre de todas esas cosas y no me he sentido seriamente tentado a volver a ninguna de ellas porque rápidamente tomo cautivo cada pensamiento de "viejo hombre" que el enemigo trae.

Ahora sé que esos pensamientos y tentaciones que el enemigo me lanza diario pertenecen al "viejo hombre" que ahora está "muerto" (Romanos 6:6-7. ¡Soy una nueva criatura (2 Corintios 5:17)! ¡No permito que Satanás me convenza de resucitar a ese viejo hombre muerto! Por lo tanto, ¡ahora experimento diariamente la libertad de una VIDA abundante y desbordante en Cristo! ¡Sé quién soy ahora en Él!

Esto solo se logra entregándome totalmente diariamente al liderazgo del Espíritu Santo en mi vida. Estoy muerto, y la vida que vivo ahora no soy yo, sino Cristo viviendo en mí, por Su Espíritu Santo.

Jesús nos ha liberado para vivir una vida abundante. No permanezcas esclavizado. ¡Deja que Jesús te libere y elige permanecer libre!

EL RETO DE HOY:

Agradece a tu Padre Celestial por enviar a Jesús para liberarte del pecado y de toda forma de esclavitud. Pídele al Espíritu de Cristo, el Espíritu Santo, que viva en ti y a través de ti.

¡Eres nuevo!

Profundice más: Estudiar Gálatas 2; Romanos 6:6-7; 2 Corintios 5:17.

5 de febrero

LLEVA CAUTIVOS LOS PENSAMIENTOS

2 Corintios 10:5

"...levanta contra el conocimiento de Dios, y llevamos cautivo todo pensamiento para que obedezca a Cristo".

Una de las cosas más importantes que tuve que aprender para mantenerme libre de adicciones, resistir tentaciones y vencer la depresión fue cómo "llevar mis pensamientos cautivos a la obediencia de Cristo". Ver 2 Corintios 10:3-5.

Como describió Joyce Meyers, ¡el campo de batalla está en la mente! A veces puede parecer que luchamos contra probabilidades imposibles. El enemigo quiere que creas que siempre es una batalla, y siempre es cuesta arriba. Pero quiero que sepan que Dios ya ha provisto la victoria y es relativamente fácil mantenerla. ¿Quieres conocer el secreto?

A menudo escuchamos a la gente decir "resiste al diablo y huirá" (Santiago 4:7b), pero muchos no se dan cuenta de que el enemigo no tiene que huir si primero no te "sometes a Dios" (Santiago 4:7a); y luego, después de resistir al diablo y a sus demonios, debemos "acercarnos a Dios para que Dios se acerque a nosotros" (Santiago 4:8).

Así que el secreto que he aprendido es "someterme a Dios" primero tan pronto como discierno el ataque del enemigo cuando trata de plantar sus mentiras y pensamientos engañosos en mi mente. Al someterme primero a Dios, puedo reconocer y resistir con éxito los pensamientos erróneos, y llevarlos cautivos rechazándolos y llenando mi mente con los pensamientos de Dios.

EL RETO DE HOY:

Pídele al Padre que te dé sabiduría y poder por medio de Su Espíritu Santo para llevar cautivos los malos pensamientos en obediencia a Cristo.

¡Sométete a Dios!

Profundice más: Estudiar 2 Corintios 10.

6 de febrero

SOMÉTETE A DIOS

Santiago 4:7
"Así que sométanse a Dios. Resistan al diablo y él huirá de ustedes".

¿Cómo se «somete uno a Dios»? Contrarrestando las mentiras, acusaciones y desesperanza del enemigo con la verdad, la aceptación y la esperanza eterna de la Palabra de Dios. Debemos saber lo que Dios dice acerca de nosotros en Su Palabra para que podamos combatir y llevar cautivo con éxito lo que el enemigo dice de nosotros, o con lo que nos acusa. Y cuando confesamos la Palabra de Dios acerca de nuestra situación, somos capaces de «acercarnos a Dios». ¿No tiene esto mucho sentido?

Por ejemplo, leemos en Lucas 4:1-14, que Jesús mismo contrarrestó con éxito las tentaciones del enemigo cuando salió del desierto reconociendo la voz del diablo y respondiéndole con la Palabra de Dios. Nótese que la escritura que Jesús utilizó era muy específica para el área de la tentación. Jesús sabía lo que decía la Palabra y la usó para contrarrestar al enemigo. Nosotros debemos hacer lo mismo.

El Verbo opera junto al Espíritu. Cuando proclamamos la Palabra, nos estamos sometiendo a Dios el Padre, y el Espíritu Santo nos da poder para resistir al diablo. Cuando conozcamos la Verdad, que es la Palabra Viva, Jesús, aplicaremos Su enseñanza a nuestras vidas, y la verdad nos hará libres (Juan 8:31-32).

EL RETO DE HOY:

Pídele al Padre que te dé hambre y sed de Su Palabra. Habla con tu Amigo y Maestro, el Espíritu Santo, para que te muestre las Escrituras específicas que necesitas para contrarrestar las mentiras del enemigo.

¡La Palabra es un arma! Úsalo.

Profundice más: Estudiar Santiago 4; y, compárese con Santiago 4:7-8; 1 Pedro 5:8-9; Efesios 6:10-18; Hebreos 10:19-22; y Jeremías 29:13.

7 de febrero

CONFIESA LA PALABRA

Salmo 119:11

"En mi corazón atesoro tus dichos para no pecar contra ti".

Entonces, ¿cuál es el secreto para conocer la verdad revelada en la Palabra de Dios con respecto a Sus pensamientos acerca de nosotros como "nuevas creaciones en Cristo"? Creo que el secreto es confesar diariamente en voz alta lo que la Palabra de Dios dice sobre nosotros, y hacer oraciones diarias personalizadas para pedirle al Padre que nos ayude a aplicar la Palabra a nuestras vidas en cada situación.

Déjame recomendarte algo. Mientras todavía estaba encarcelado, dos ministros diferentes me animaron a comenzar la práctica de estar de acuerdo diariamente con Dios acerca de lo que Su Palabra dice acerca de mí, y hacer oraciones diarias poderosas y personales sobre mi vida. Los escribí a máquina después de mi publicación, y los adjunto cerca del final de este libro para su revisión y uso.

Te animo a que los repitas diariamente durante seis meses, incluso si solo silbas lo suficientemente alto donde solo tú lo escuchas. "La fe es por el oír, y el oír, por la palabra de Dios" según Romanos 10:17. Estas confesiones diarias son muy poderosas porque todas provienen directamente de la Palabra de Dios. ¡Y orar la Palabra de Dios es la petición más poderosamente efectiva del Padre que usted podría orar!

EL RETO DE HOY:

Pídele al Padre que te dé la mente de Cristo para que puedas recordar y confesar Su Palabra sobre tu vida. Abre tu corazón a Su Sabiduría.

Llena tu corazón y tu boca con la Palabra.

Profundice más: Estudiar el Salmo 119.

8 de febrero

LA PALABRA ES PODEROSA

Hebreos 4:12
"Sin duda, la palabra de Dios es viva, eficaz y más cortante que cualquier espada de dos filos. Penetra hasta lo más profundo del alma y del espíritu, hasta la médula de los huesos, y juzga los pensamientos y las intenciones del corazón".

Ayer, te animé a usar las Confesiones Diarias y las Oraciones Personalizadas en la parte posterior de este libro como parte de tu tiempo diario con el Padre. ¡La Palabra es tan poderosa! Es crucial confesarlo, meditar en ello, orar a Dios y aplicarlo a nuestra vida diaria.

Debemos saber lo que Dios dice de nosotros para que podamos reconocer y rechazar las mentiras del enemigo, llevando cautivo todo pensamiento a la obediencia de Cristo. Te reto a que confieses y ores esto diariamente durante un período prolongado. Después de seis meses, continúe recitándolos al menos una vez por semana a partir de entonces. Te prometo que cambiarán la forma en que hablas, piensas, oras y actúas.

La Palabra no es solo una colección de palabras de Dios, está viva y tiene dentro de sí la capacidad de crear algo bueno para nuestro futuro a partir de las malas ruinas de nuestro pasado. Brilla Luz en la oscuridad que una vez habitó nuestras almas. La Palabra nos ayuda a amar a Dios, a los demás y a nosotros mismos desde nuestro corazón, lo más profundo del ser.

EL RETO DE HOY:

Dile al Padre cuánto amas y aprecias Su Palabra. Pídele al Espíritu Santo que te ayude a tomar decisiones sabias usando Su Palabra. Dile que quieres que la Palabra moldee tu vida desde el nivel más profundo de tu alma.

Recibe la Palabra. Úsalo hoy.

Profundice más: Estudiar y compara Hebreos 4:12; 2 Timoteo 3:16-17; 2 Pedro 1:19-21; Romanos 15:4; Josué 1:7-9; Salmo 1:1-3; Salmo 19:7-11; Proverbios 4:20-23; Isaías 55:11: Jeremías 15:16.

9 de febrero

CAMBIA

Lucas 15:17-18

"Por fin recapacitó y se dijo: "¡Cuántos jornaleros de mi padre tienen comida de sobra y yo aquí me muero de hambre! [18] *Me levantaré e iré a mi padre y le diré: Papá, he pecado contra el cielo y contra ti".*

Claramente, todo lo que sucedió en mi vida antes de ir a la cárcel no fue lo que Dios había planeado y querido para mí. Más bien, fue el resultado de mi lenta y constante espiral descendente hacia la depravación absoluta. Ver Romanos 1:18-32. Si su Biblia tuviera imágenes en ella, la mía estaría allí, porque esta era ciertamente una imagen mía.

Dios me entregó a mis propios deseos egoístas pervertidos y equivocados que me llevaron a una mente "réproba", una que puede racionalizar y hacer las cosas más malvadas y despreciables y aún así convencerse a sí misma de que son buenas y aceptables. Estaba "muerto", como un zombi andante, en mi pecado y autoengaño.

Al igual que el hijo pródigo, cuando volví en sí en la cárcel, estaba vacío. Tenía un "anhelo" por algo más de lo que tenía disponible para mí en mi pecado, mi desorden. Anhelaba "volver a casa". La parábola del hijo pródigo me llamó mucho la atención. Realmente podía identificarme con él. Él me demostró que el verdadero arrepentimiento es "quebrantamiento" y un cambio de dirección de vida.

EL RETO DE HOY:

Dile al Padre que te arrepientes de tu vida pasada de pecado y que quieres volver a casa. ¡Él te recibirá con los brazos abiertos!

Cambia. Vete a casa.

Profundice más: Estudiar Lucas 15; y compare Lucas 15:17-18; Salmo 34:18; y Salmo 51:17.

10 de febrero

JESÚS PREDICÓ EL ARREPENTIMIENTO

Mateo 4:17

"Desde entonces comenzó Jesús a predicar: 'Arrepiéntanse, porque el reino de los cielos está cerca'".

Para poder experimentar el Reino de los Cielos debemos arrepentirnos. Debemos estar de acuerdo con Dios en que hemos estado yendo por el camino equivocado.

Aprendí que el arrepentimiento no es una emoción, por ejemplo, no es el sentimiento de "lo siento" o "me siento mal por lo que he hecho", sino que es una decisión. Es como decidir hacer un "cambio de sentido" en una autopista. Entonces te diriges en la dirección opuesta a donde ibas. Alguien en verdadero arrepentimiento no solo dice: "Lamento haber hecho eso"; también vivirán una vida diferente demostrando una nueva mentalidad de "no lo volveré a hacer".

Las palabras griegas traducidas como "arrepentimiento" en el Nuevo Testamento significan "pensar de manera diferente", "cambiar de opinión", "cambiar de un camino intencionado"; y, el Diccionario Webster lo define como "apartarse del pecado y resolver reformar la vida de uno".

Para poder regresar al Padre, tuve que ir por el camino del arrepentimiento. El verdadero arrepentimiento es el único camino a la salvación en y a través de Jesucristo. ¿Ha cambiado tu dirección el verdadero arrepentimiento? ¿Has dado un "giro en U"?

EL RETO DE HOY:

Hazle saber al Padre que te das cuenta de que una vez te estabas yendo en la dirección equivocada, alejándote de Él. Dile que siempre te estás alejando de tu pasado. Cuando caigas en este nuevo camino, resuelva arrepentirse rápidamente, levántate y sigue dirigiéndose hacia Dios.

Arrepiéntete, para que experimentes el Reino.

Profundice más: Estudiar y compare Mateo 3:2; Marcos 1:15; Lucas 13:3; Hechos 2:38; Hechos 3:19; Hechos 17:30-31; Hechos 20:20-21; Hechos 26:18; 2 Pedro 3:9; Apocalipsis 2:5, 16; Apocalipsis 3:19.

11 de febrero

NO OS DEJÉS ENGAÑAR

Mateo 24:4

"Tengan cuidado de que nadie los engañe 'les advirtió Jesús'".

Cuando cuatro de los discípulos más cercanos de Jesús fueron a verlo en privado para preguntarle cuáles serían las señales de su segunda venida y del "fin del mundo", Jesús les advirtió varias veces que no se dejaran engañar. Ciertamente, incluso ahora estamos viendo que todas las señales se cumplen ante nuestros propios ojos, tal como Él lo predijo. Del mismo modo, ya estamos viendo señales del gran engaño.

Creo que la mayor parte de este engaño es tratar de convencer al mundo de que hay más caminos hacia Dios y el Cielo que solo a través de Jesús. ESO ES MENTIRA. NO OS DEJÉIS ENGAÑAR. El único camino a Dios Padre es a través de la obra terminada de Jesucristo de Nazaret en la cruz y a través de Su resurrección.

Muchos están sugiriendo que Jesús es solo un camino al Cielo, no necesariamente el único. ¡Se ha reportado que esto ha venido incluso de unos pocos líderes influyentes dentro de los círculos "cristianos"! Es una herejía abrazar este punto de vista.

Jesús nos dijo que si fuera posible, incluso "los elegidos" serían engañados (Mateo 4:24). El engaño está aquí. No caigas en la trampa. Es eternamente importante para ti estar seguro de que eres parte de "los elegidos".

EL RETO DE HOY:

Pídele al Padre que te dé el espíritu de discernimiento a través de Su Espíritu Santo para que no seas engañado. Reafirma tu deseo de ser incluido entre "los elegidos" de los que habló Jesús.

Estén atentos. No te dejes engañar.

Profundice más: Estudiar Juan 14:6; Mateo 24.

12 de febrero

LOS FARISEOS FUERON OFFENDIDOS

Mateo 15:12

"Entonces se le acercaron los discípulos y dijeron: '¿Sabes que los fariseos se escandalizaron al oír eso?'"

En esta época de humanismo secular en la que la humanidad dice que determina su propio destino y futuro, no Dios, nosotros, como cristianos, somos susceptibles a sus intentos de convencer a todo el mundo de que la verdad es "relativa" a lo que está sucediendo en la sociedad, y por lo tanto cambia con los tiempos. Se nos insta a ser tolerantes con todos por todas las razones. Nadie debe sentirse "ofendido". Se nos dice que todos deben ser "incluidos" y no "confrontados" de ninguna manera por nada.

Si bien ciertamente debemos tratar a aquellos que no están de acuerdo con nosotros con respeto, amabilidad y gentileza, debemos tener mucho cuidado de no transigir con Quien sabemos que es la Verdad: el Hijo de Dios, Jesucristo. Jesús deja muy claro que Él es el único camino, la única verdad y la única vida. Él nos asegura que nadie llega al Padre sino por Él (Ver Juan 14:6.

Pedro predicó esta verdad acerca de Jesús en Hechos 4:12 cuando dijo: "En ningún otro se halla la salvación, porque no hay otro nombre bajo el cielo, dado a los hombres, en que podamos ser salvos". Isaías cita a Jehová, Dios Padre, en Isaías 43:11 diciendo: "Yo, yo mismo soy el Señor, y fuera de mí no hay salvador".

EL RETO DE HOY:

Pídele al Padre que te dé sabiduría y coraje a través de Su Espíritu Santo para que puedas mantenerte firme en la Verdad, Jesús.

Oren por aquellos que se ofenden.

Profundice más: Estudiar Mateo 15:1 – 16:4.

13 de febrero

JESÚS VIENE PRONTO

Apocalipsis 22:12
"'¡Miren que vengo pronto! Traigo conmigo mi recompensa y le pagaré a cada uno según lo que haya hecho'".

¡Nuestro Rey de reyes y Señor de señores regresará pronto por nosotros! Estamos viendo la profecía bíblica cumplida ante nuestros propios ojos. El pastor David Jeremiah dice que todo lo que debe cumplirse antes del regreso de nuestro Señor, de hecho, ya ha sucedido.

El mundo nunca ha estado en tal confusión. Terremotos, incendios, tormentas devastadoras, terror, guerras, engaños y pecaminosidad desenfrenada abundan como nunca antes. La persecución de los cristianos es frecuente y está aumentando drásticamente.

Jesús regresará por su pueblo (Juan 14:1-3).

Él viene rápidamente, en un instante de tiempo (Mateo 24:27).

Jesús vendrá pronto, en cualquier momento (Apocalipsis 22:12-13).

¿Estás seguro de que estás listo (Mateo 24:42-44)?

Les insto a que estudien cuidadosamente lo que Jesús reveló en Mateo 24, Marcos 13 y Lucas 21.

Lee las visiones del profeta Daniel en los capítulos 7, 11 y 12 de Daniel. Por supuesto, Juan nos habla del fin de los tiempos en Apocalipsis. Después de estudiar estos pasajes, estoy seguro de que estarás de acuerdo en que seguramente estos tiempos en los que estamos viviendo son "los últimos días". Ahora estamos más cerca que nunca.

EL RETO DE HOY:

Dile al Padre que anhelas la aparición de Su Hijo, Jesús. Pídele al Espíritu Santo que atraiga a los perdidos hacia Él. Háblale a alguien acerca de Jesús.

Profundice más: Estudiar Apocalipsis 21 – 22; 1 Tesalonicenses 4:13 – 5:11; 2 Tesalonicenses 2:1-17; 1 Timoteo 4:1-2; 2 Timoteo 3:1-5.

14 de febrero

EL AMOR VIENE DE DIOS

1 Juan 4:7

"Queridos hermanos, amémonos los unos a los otros, porque el amor viene de Dios y todo el que ama ha nacido de él y lo conoce".

Nuestro Padre Dios nos amó tanto que sacrificó a Su único Hijo para salvarnos de nuestro pecado y abrir la puerta para que volviéramos a una relación personal e íntima con Él, la misma cercanía que Adán y Eva tuvieron en el Jardín del Edén. Lo hizo incluso cuando todos estábamos todavía irremediablemente perdidos en el pecado.

Como dice una canción reciente: "¡Oh, el abrumador, interminable e imprudente amor de Dios!" Cuanto más creamos y recibamos el amor eterno e inconmensurable de nuestro Padre, más podremos amarlo a Él y amar a los demás. El amor viene de Dios.

Jesús nos mandó amar a Dios y amar a los demás como nos amamos a nosotros mismos. De hecho, mandó a sus seguidores que se amaran unos a otros como él los amaba. Si hacemos esto, Él dijo que el mundo sabrá que somos Sus discípulos.

El amor es el primer y principal fruto producido en nuestras vidas por el Espíritu Santo. De hecho, todos los demás frutos producidos por el Espíritu proceden del amor. Debemos rendirnos al Espíritu y permanecer apegados a la Vid, Jesús, para que Su Poder fluya en nosotros y, a través de nosotros, hacia los demás. El amor es el mejor regalo. El amor lo conquista todo.

EL RETO DE HOY:

Dile al Padre que estás abrumado por su amor interminable e imprudente. Agradécele por su supremo regalo de amor en Su Hijo, Jesús. Pídele al Espíritu Santo que produzca más amor en ti.

Profundice más: Estudiar 1 Juan 4.

15 de febrero

SER BAUTIZADO EN EL ESPÍRITU

Hechos 1:5
Jesús dijo: "Juan bautizó con agua, pero dentro de pocos días ustedes serán bautizados con el Espíritu Santo".

Cuando todavía estaba encarcelado, vi a varios cristianos que fueron liberados antes que yo sali, solo para regresar a la cárcel dentro de un año más o menos. También había oído hablar de otras personas que habían estado siguiendo a Jesús en la cárcel conmigo que, después de su liberación, se apartaron de su relación con Jesucristo y regresaron al "mundo". No sé si regresaron a una prisión física, pero regresaron a sus prisiones emocionales y espirituales de las que una vez habían sido liberados. Sé que la mayoría de ellos tenían toda la intención buena y honesta de seguir caminando con Él, pero muchos eran impotentes para resistir los viejos hábitos, lugares y personas.

Sin embargo, desde que fui liberado, conozco personalmente a muchos ex delincuentes que fueron transformados en prisión, y que todavía están caminando en Cristo muchos años después. Son soldados fuertes en el ejército de Dios. He visto a Dios obrando en la vida de sus familias. Los he visto continuar prosperando y experimentar la vida abundante que Jesús vino a darnos (Juan 10:10). Muchos tienen sus propios ministerios efectivos ahora. Las relaciones rotas han sido restauradas. Los corazones rotos han sido sanados.

¡El bautismo del Espíritu Santo hace toda la diferencia!

EL RETO DE HOY:

Pídele al Padre, a través de Jesús, que te dé más de Él, y Su poder para vivir una vida santificada, bautizándote en Su Espíritu Santo.

Recibe más.

Profundice más: Estudiar Hechos 2:1-22; y compare Lucas 11:9-13, Lucas 24:49; Juan 1:32-34.

16 de febrero

RECIBE EL ESPÍRITU SANTO

Hechos 8:15-16

"Estos, al llegar, oraron por ellos para que recibieran el Espíritu Santo, porque el Espíritu aún no había descendido sobre ninguno de ellos; solamente habían sido bautizados en el nombre del Señor Jesús".

Creo firmemente que el nivel adicional de empoderamiento que se produce al ser bautizado (sumergido) en el Espíritu Santo marca la diferencia en permitirnos y empoderarnos para caminar nuestra fe de manera efectiva y genuina en la cárcel y luego, después de nuestra liberación, en "el mundo libre".

Cuando aceptamos la obra terminada de Jesús en la cruz y confesamos su resurrección como el Hijo de Dios, el Espíritu Santo viene a vivir en nosotros. "Poseemos" el Espíritu, y Él comienza Su obra continua de santificación para hacer que nuestro "nuevo hombre" se conforme constantemente a la imagen de Cristo.

Sin embargo, el verdadero empoderamiento, el propio poder de Dios, llega a nosotros, y para nosotros, cuando nos sometemos totalmente al Espíritu Santo y le permitimos que nos "posea", un paso gigante más allá de que simplemente lo "poseamos" dentro de nosotros. ¡De hecho, podemos permitir que Él nos "posea"!

Somos Su Templo. ¿No deberíamos darle voluntariamente el control total de Su hogar? El Espíritu Santo de Dios es un Caballero. Él no se impondrá a nosotros, pero responde a nuestra invitación.

EL RETO DE HOY:

Jesús es el Bautista del Espíritu Santo con fuego y poder. Pídele que te bautice en Su Espíritu Santo.

No te detengas en el bautismo en agua. Da el siguiente paso.

Profundice más: Estudiar Hechos 8.

17 de febrero

DOS BAUTISMOS

Hechos 19:4-6

"Pablo les explicó: 'Juan bautizó con un bautismo de arrepentimiento, y le indicaba a la gente que creyera en el que vendría después de él, es decir, en Jesús'. Al oír esto, fueron bautizados en el nombre del Señor Jesús. Cuando Pablo les impuso las manos, el Espíritu Santo vino sobre ellos y empezaron a hablar en lenguas y a profetizar".

Somos bautizados (sumergidos) en el agua como una representación externa del cambio interno en nosotros. Somos sepultados con Cristo en el bautismo (nuestro "viejo hombre" murió); Y somos resucitados para caminar en novedad de vida (nuestro "hombre nuevo" cobró vida).

Pero el libro de los Hechos deja claro que también debemos desear ser bautizados (sumergidos) en el Espíritu Santo para recibir el mismo poder que resucitó a Jesús de entre los muertos: el poder de caminar esta nueva vida de la manera que Él desea para nosotros. ¡Él en nosotros, y nosotros en Él!

Conocemos el versículo que dice: "Mayor es el que está en mí que el que está en el mundo" (1 Juan 4:4). Entonces, el Espíritu Santo está en nosotros. Lo poseemos. Pero otro versículo que conocemos es: "Todo lo puedo en Cristo que me fortalece" (Filipenses 4:13). Ese versículo también se traduce como: "Todo lo puedo a través de Aquel que me da poder en mi interior". ¡Es el Espíritu Santo el que nos da poder interiormente para que podamos hacer todo lo que el Padre desea que hagamos, y como nos indica que hagamos!

Pero debemos dejar que Él nos dé poder. Debemos dejar que Él nos posea.

EL RETO DE HOY:

Busca el pleno empoderamiento de Dios. Recibir.

Profundice más: Estudiar Hechos 19.

18 de febrero

RECIBIRÁS PODER

Hechos 1:8

Jesús dijo: "Pero cuando venga el Espíritu Santo sobre ustedes, recibirán poder y serán mis testigos tanto en Jerusalén como en toda Judea y Samaria, hasta en los confines de la tierra".

Cuando Jesús terminó Su obra en la tierra y regresó al Padre, el Padre envió el Espíritu Santo a la tierra por cada uno de nosotros. A los seguidores de Jesús en ese momento se les instruyó que esperaran hasta que fueran investidos con poder de lo Alto antes de comenzar a llevar a cabo el ministerio de Jesús.

Nosotros deberíamos hacer lo mismo; es decir, debemos buscar el poder del Espíritu Santo antes de movernos entre la gente en el nombre de Jesús. Necesitamos el poder del Espíritu Santo. Usando solo nuestras propias fuerzas, nos agotaremos rápidamente, no seremos efectivos e incluso podemos hacer daño a Su Reino.

Sobre todo, debemos recordar que el Espíritu Santo es una persona, tiene una personalidad y puede ser afligido. Su propósito al venir era enseñar, liderar, guiar, corregir, proteger y consolar, el Ayudador que caminaría a nuestro lado y moraría dentro de nosotros.

Sin embargo, debemos rendirnos a Él y permitirle que haga Su obra en nosotros. Si lo rechazamos, nos resistimos a Él o lo entristecemos, restringiremos la obra que el Padre quiere que Él haga en nuestras vidas. ¡Él es un regalo del Padre, y lo necesitamos!

EL RETO DE HOY:

Dile a tu Padre que quieres hacer toda la obra que Él ha planeado para ti. ¡Agradécele por el Ayudador!

Recibirás poder.

Profundice más: Estudiar Hechos 1:1-11; Lucas 24:36-49; Marcos 16:15-20.

19 de febrero

NECESITAMOS EL ESPÍRITU SANTO

Hechos 9:17

"Ananías se fue y cuando llegó a la casa, le impuso las manos a Saulo y dijo: 'Hermano Saulo, el Señor Jesús, que se te apareció en el camino, me ha enviado para que recobres la vista y seas lleno del Espíritu Santo'".

"Saulo" no solo recibió poder con el Bautismo del Espíritu Santo, ¡sino que su nombre fue cambiado a "Pablo"!

Pablo dependía del poder del Espíritu Santo para su vida y ministerio. Ver, por ejemplo, Romanos 15:17-19; 2 Corintios 12:9; Efesios 3:16-21; y, Colosenses 1:29. De hecho, Pablo le advirtió a Timoteo que se mantuviera alejado de las personas religiosas en los últimos días que niegan el poder de Dios, el Espíritu Santo (ver 2 Timoteo 3:1-7).

¡Jesús también necesitaba el poder del Espíritu Santo! Ver Mateo 3:16-17; Mateo 4:1; Lucas 4:1; Lucas 4:14; Lucas 4:18-19; y Hechos 10:38.

Si Jesús, Pablo y los otros apóstoles necesitaron el Espíritu Santo, seguramente nosotros también debemos tener todo de Dios, el Espíritu Santo, que Él nos dará. ÉL es el "cambio de juego" para nuestro caminar en la vida cristiana.

Te insto a que aprendas todo lo que puedas sobre tu Ayudante, Maestro, Consejero, Guía y Amigo.

EL RETO DE HOY:

Pídele a Dios Padre que te ayude a aprender más acerca de Su Espíritu de Verdad, tu Maestro, Ayudador, Guía y Amigo.

Necesitas el Espíritu Santo.

Profundice más: Estudiar Hechos 9:1-31; Hechos 22:3-16; Hechos 26:12-18; Romanos 15:17-19; 2 Corintios 12:9; Efesios 3:16-21; Colosenses 1:29; 2 Timoteo 3:1-7; Mateo 3:16-17; Mateo 4:1; Lucas 4:1, 14, 18-19; Actos 10:38.

20 de febrero

RECIBE EL REGALO

Hechos 1:4-5

Jesús dijo: "No se alejen de Jerusalén, sino esperen la promesa del Padre, de la cual les he hablado: Juan bautizó con agua, pero dentro de pocos días ustedes serán bautizados con el Espíritu Santo".

Damos gracias al Padre por Sus dones. Él no solo nos dio a Su Hijo, Jesús, sino que nos dio Su Espíritu Santo. ¡Qué Padre tan maravilloso es Él!

Cuando pienso en ello, me doy cuenta de lo crédulos que somos al creer en la mentira del enemigo, la mentira de que el Espíritu Santo no es para hoy, que no lo necesitamos. En todo caso, la verdad es que lo necesitamos aún más porque estamos viviendo en el último de los últimos días cuando las Escrituras nos dicen que muchos serán engañados.

El Espíritu Santo puede ayudarnos a no ser engañados si dejamos que Él nos guíe, y reconocemos que lo "hospedamos" como la misma Presencia de Dios en nosotros. Lo necesitamos. Lo necesitamos en Su plenitud.

¿Le has pedido al Padre que Jesús te bautice con el Espíritu Santo (Lucas 3:16)? Si le pides al Padre, Él te lo dará (Lucas 11:13). ¿Has permitido que los «ríos de agua viva» fluyan desde tu interior (Juan 7:38-39)?

Nuestro Padre desea que caminemos en toda Su plenitud por Su Espíritu Santo.

EL RETO DE HOY:

Dile a tu Padre Celestial que estás agradecido por el Don que Él y Jesús te dieron: su Espíritu Santo.

Recibe el regalo de Dios.

Profundice más: Estudiar Hechos 1:1-11; Hechos 2:1-41; Lucas 3:16; Lucas 11:13; Juan 7:38-39.

21 de febrero

SER SANTIFICADOS POR EL ESPÍRITU

1 Pedro 1:2

"...según el conocimiento previo de Dios el Padre, mediante la obra santificadora del Espíritu, para obedecer a Jesucristo y ser rociados con su sangre..."

Es la obra santificadora del Espíritu la que nos permite ser obedientes a Jesucristo (1 Pedro 1:2). Como hijos obedientes, Su Santo Espíritu nos anima y nos da poder a no "conformarnos a los malos deseos que una vez tuvimos cuando vivíamos en la ignorancia. Pero así como el que os llamó es santo, sed santos en todo lo que hagáis". (1 Pedro 1:14-15).

Con nuestras propias fuerzas, esto es imposible, pero todas las cosas son posibles con Dios el Espíritu Santo haciendo la obra de santificación en nosotros.

La Palabra nos dice que "su divino poder nos ha dado todo lo que necesitamos para la vida y para la piedad" (2 Pedro 1:3) y que "nos enseña a decir 'No' a la impiedad y a las pasiones mundanas, y a vivir en este siglo sobrio, recto y piadoso" (Tito 2:12). Debemos recibir todo lo que Él nos ha dado y estar dispuestos a decir "No" a las tentaciones mundanas. Él nos ayudará si se lo permitimos.

Cerca de la parte posterior de este libro he incluido dos oraciones para la presentación que creo que le resultarán útiles. Es Su trabajo cambiarte. Tu trabajo es rendirte voluntariamente, someterte y ser obediente a lo que Él quiere hacer en Su proceso continuo de santificación en ti.

EL RETO DE HOY:

Reza las Oraciones de Sumisión cerca de la parte posterior del libro.

Permita que el Espíritu haga Su obra.

Profundice más: Estudiar 2 Pedro 1:1-10; 1 Pedro 1:13-25; Tito 2:11-14.

22 de febrero

SER TRANSFORMADO

Romanos 12:2

"No se amolden al mundo actual, sino sean transformados mediante la renovación de su mente. Así podrán comprobar cómo es la voluntad de Dios: buena, agradable y perfecta".

Estoy muy agradecido de que Dios me haya impresionado para usar esos últimos 20 meses de confinamiento como un tiempo para crecer espiritualmente en Su Palabra y, por lo tanto, para ser "transformado por la renovación" de mi mente (Romanos 12:1-2). Dejé de dejar que mi "tiempo me hiciera" y comencé a "hacer mi tiempo".

Dejé de ver la tele y de jugar a las cartas. En cambio, el Espíritu me motivó a pasar ese tiempo en programas de educación espiritual y capacitación para la vida cristiana patrocinados por el Capellán. Además, muchos cursos bíblicos por correspondencia, la asistencia frecuente al servicio de la capilla y las intensas horas de estudio personal de la Biblia prepararon una base sólida para mí y sembraron semillas en tierra fértil.

Ahora soy un testigo vivo de la gracia, la misericordia, el perdón y el poder del Padre en Cristo Jesús. El Espíritu Santo nunca ha sido más real para mí. Las diferencias en mí son reales y permanentes. Dios me ha cambiado de adentro hacia afuera. Mis actitudes, pensamientos, deseos y forma de hablar han cambiado drásticamente. Verdaderamente soy una "nueva criatura en Cristo, las cosas viejas pasaron, todo fue hecho nuevo" (2 Corintios 5:17).

EL RETO DE HOY:

Pídele al Padre que revele por medio de Su Espíritu Santo las áreas de tu vida en las que todavía estás conformado al mundo. Sé sensible a la dirección del Espíritu en cuanto a cómo Él desea que participes con Él en la renovación de tu mente.

No se conforme. Transfórmate.

Profundice más: Estudiar Romanos 11:33-12:21.

23 de febrero

HAZ TU TIEMPO SABIAMENTE

Efesios 5:15-17

"TAsí que tengan cuidado de su manera de vivir. No vivan como necios, sino como sabios, aprovechando al máximo cada momento oportuno, porque los días son malos. Por tanto, no sean insensatos, sino entiendan cuál es la voluntad del Señoren mucho cuidado, pues, de cómo vives, no como imprudente, sino como sabio, aprovechando al máximo cada oportunidad, porque los días son malos. Por tanto, no seáis insensatos, sino entended cuál es la voluntad del Señor".

A menudo me preguntan qué tipo de cosas hice en la cárcel después de ser salvo, pero antes de irme a casa. Como dije antes, planeaba todos los días cómo podía buscar más de Dios durante mis horas de vigilia. Traté de separarme lo mejor que pude de todas las actividades mundanas que ocurrían a mi alrededor, como ver la televisión, leer periódicos, jugar a las cartas y las conversaciones habituales que la mayoría de los reclusos tienen en prisión. Estoy seguro de que sabes de lo que estoy hablando.

El versículo citado anteriormente realmente llamó mi atención y traté de aplicarlo a mi situación. Todos sabemos cuánto mal hay a nuestro alrededor, especialmente en prisión. La voluntad de Dios es que nos separemos de ella y usemos nuestro tiempo sabiamente para vivir para Él. Sería una tontería no prestar atención a esta advertencia, especialmente porque queremos saber cuál es la Voluntad del Señor para nuestras vidas.

No dejes que tu tiempo te haga tontamente. En su lugar, toma el control y haz tu tiempo sabiamente.

EL RETO DE HOY:

Pídele al Padre que te muestre por medio de Su Espíritu Santo algunas cosas que puedes comenzar a implementar en tu agenda diaria para usar mejor tu tiempo. Pídele que te ayude a aprovechar al máximo cada oportunidad.

Haz tu tiempo sabiamente.

Profundice más: Estudiar Efesios 5.

24 de febrero

CAMPAMENTO DE ENTRENAMIENTO BÍBLICO

2 Timoteo 2:15

"Esfuérzate por presentarte a Dios aprobado, como obrero que no tiene de qué avergonzarse y que interpreta rectamente la palabra de verdad".

Después de ser salvado en prisión, consideré el resto de mi tiempo como un Campo de Entrenamiento Bíblico, o incluso como un Colegio Bíblico.

Traté de concentrarme tanto como fuera posible en estudiar la Palabra, memorizar versículos de las Escrituras y asistir a todo tipo de clases de capellanía y a casi todos los servicios de adoración cristiana disponibles para mí. Completé muchos cursos de Estudio Bíblico de Correspondencia, y en uno de ellos obtuve una Biblia de Estudio por completar satisfactoriamente el curso. ¡Qué riqueza de información contenía en sus comentarios en versos, artículos, concordancia, índice de temas y mapas!

Mientras todavía esté encarcelado, por muy breve o prolongado que sea, tome la decisión ahora de usar su tiempo sabiamente. Amplíe su educación. Estudia la Palabra y aprende a aplicarla a tu vida diaria. Busca al Padre diligentemente con todo tu corazón.

Cultiva una relación íntima y personal con el Padre a través de Su Espíritu Santo viviendo en ti. Escoge ser guiado por el Espíritu momento tras momento, en lugar de ser influenciado constantemente por los deseos carnales, el mundo o el diablo y sus huestes demoníacas.

EL RETO DE HOY:

Dile al Padre que quieres saber más acerca de Él y de Su Palabra Viva, Jesús. Pídele por Su Espíritu que te muestre maneras de invertir tu tiempo y talentos aprendiendo la Palabra. Pídele al Espíritu Santo que te muestre cómo aplicar lo que Él te enseña.

Inscríbete en el Campamento de Entrenamiento Bíblico.

Profundice más: Estudiar 2 Timoteo 2.

25 de febrero

ESCUCHA A TU PROFESOR

Job 6:24

"Instrúyanme y me quedaré callado; muéstrenme en qué estoy equivocado".

El Espíritu Santo es tu maestro y guía. Él te ayudará. Él es capaz de instruirte gentilmente dónde te has desviado en el pasado. Mantente abierto a lo que Él te mostrará sobre las áreas de cambio necesario en tu vida para que Él pueda guiarte hacia el futuro que Dios quiere para ti.

Ore a menudo por la sabiduría, el conocimiento, la comprensión, la verdad, la revelación, el discernimiento y cómo aplicarlos a su vida. Estas son todas las cosas que Dios quiere que tengas, así que Él se las dará si las pides. Él tiene un plan y un futuro lleno de esperanza para ti.

Ciertamente, hay maneras de ser más activo en el Reino, incluso justo donde estás ahora. Si comienzas ahora, es más probable que continúes con los buenos hábitos cuando seas liberado.

Si su unidad ofrece un área de vivienda basada en la fe, solicítela. Asistir a todo tipo de programas y servicios de capellanía que se ofrezcan. Lee tantos libros cristianos como sea posible. Si su centro ofrece un programa de mentoría espiritual, aplíquelo también. Ofrézcase como voluntario para su capellán. Involúcrate con la iglesia interior. Inscríbete en cursos bíblicos por correspondencia.

EL RETO DE HOY:

Pídele al Padre que te perdone por lo que te has equivocado en el pasado, y confía en Él por Su Espíritu para que te revele Su mejor futuro. Dile al Espíritu Santo que estás listo para aprender. Pídele que te enseñe.

Escucha a tu Maestro.

Profundice más: Estudiar los capítulos 6 y 7 de Job.

26 de febrero

ESTÉ PREPARADO

2 Timoteo 4:2

"Predica la palabra; persiste en hacerlo, sea o no sea oportuno; corrige, reprende y anima con mucha paciencia, sin dejar de enseñar".

Dios quiere usarte justo donde estás. Muchas personas me dicen que quieren "hacer ministerio en las prisiones" cuando sean liberadas. Pero les digo que la persona más importante en el ministerio de prisiones es el cristiano excitado y comprometido que todavía está encerrado. Esa es la persona que puede ver de primera mano quién necesita ayuda, quién necesita oración, quién necesita aliento, allí mismo, en su interior.

De hecho, creo que si no estás participando en el ministerio de las prisiones en el interior, no lo harás de manera efectiva, si es que lo haces, en el exterior.

Debes convertirte en un guerrero de oración orando con valentía y diligencia por las almas perdidas que te rodean, por los oficiales de tu unidad, por la administración de la instalación y por tu familia. De hecho, orar por tu familia es uno de los regalos más poderosos y beneficiosos que puedes darles. A medida que aprendí a orar dentro de la prisión, vi al Señor moverse de maneras poderosas que fortalecieron mi fe y me hicieron querer orar más.

Dios te está preparando justo donde estás. Si te rindes completamente a Él en obediencia, Él logrará resultados notables. ¡Eres parte de las Fuerzas Especiales de Dios que operan detrás de las líneas enemigas!

EL RETO DE HOY:

Dile al Padre que te estás rindiendo completamente a Él para que Él pueda ministrar a otros a través de ti por Su Espíritu Santo. Pídele que te muestre cómo puedes ser más eficaz.

Esté preparado.

Profundice más: Estudiar 2 Timoteo 3:1 – 4:8.

27 de febrero

CAMINA LO QUE HABLAS

1 Pedro 2:11-12

"Queridos hermanos, les ruego como a extranjeros y peregrinos en este mundo que se aparten de los deseos pecaminosos[d] que combaten contra el alma. [12] Mantengan entre los incrédulos[e] una conducta tan ejemplar que, aunque los acusen de hacer el mal, ellos observen las buenas obras de ustedes y glorifiquen a Dios en el día de su visitación".

No esperes perfección de nadie en la iglesia. Solo haz lo mejor que puedas para predicar con el ejemplo (1 Pedro 2:11-12). Como sabes, la gente está mirando y queriendo saber si tu compromiso es real. De hecho, muchos esperan en privado que sea real porque significaría más esperanza para ellos de que ellos también podrían ser cambiados por un encuentro real con nuestro Señor Jesús viviente.

A pesar de que se apresuran a criticar a cualquiera que realmente trate de seguir a Jesucristo, su intento honesto de vivir una vida entregada causa una impresión más positiva de lo que podría pensar. Esto es especialmente cierto cuanto más tiempo le sirves. Cuando tropieces, acéptate rápidamente a admitirlo y déjalo. Reconoce tus errores y comprométete a hacerlo mejor.

Si te equivocas, levántate, confiesa tu pecado al Padre (I Juan 1:9), y mantente en la dirección correcta. No prestes atención a los comentarios sarcásticos de los demás. En el día del juicio, estarás solo frente al Rey. Concéntrate en complacerlo diariamente en lugar de complacer a los demás.

EL RETO DE HOY:

Pídele a tu Padre Celestial que te dé poder para seguir más fielmente a Jesús por medio de Su Santo Espíritu. Dile que quieres ser auténtico al vivir tu testimonio cristiano.

Predica con el ejemplo.

Profundice más: Estudiar 1 Pedro 1:22 – 2:25.

28 de febrero

REZA POR TU PRISIÓN

Jeremías 29:7

"Además, busquen el bienestar de la ciudad adonde los he deportado y pidan al Señor por ella, porque el bienestar de ustedes depende del bienestar de la ciudad".

Jehová Dios permitió que su pueblo entrara en cautiverio porque le habían dado la espalda en rebelión. Habían seguido a ídolos, dioses hechos por manos humanas. Optaron por desobedecer. Las decisiones tienen consecuencias.

Aunque los israelitas merecían su castigo, Dios Padre les dio instrucciones específicas en Jeremías 29 sobre cómo sacar el máximo provecho de una mala situación. Los animó a establecerse y comenzar a cambiar sus vidas para mejor. Quería que prosperaran incluso en medio de sus circunstancias.

Una de las claves de su prosperidad fue rezar por el lugar que los mantenía cautivos. Si prosperaba, ellos también prosperarían. Es importante que los seguidores de Jesús oren por la prisión donde están cautivos. Nunca subestimes el poder de la oración para cambiar a las personas, los lugares y las cosas.

Comiencen a orar regularmente por su instalación, los Guardianes, los oficiales de rango, los oficiales correccionales, los maestros y el personal administrativo. Estas personas tienen sus propios problemas familiares, asuntos personales, fortalezas espirituales, estrés financiero y la necesidad de más de Cristo. Algunos son cristianos fuertes. Muchos no lo son. Lucha de rodillas en oración. ¡Mira a Dios moverse!

EL RETO DE HOY:

Pídele a tu Padre Celestial que te muestre cómo orar más poderosamente por medio de Su Santo Espíritu. Pídele que bendiga y prospere las instalaciones y a todos los que trabajan allí. Sé específico. Sé diligente.

Reza por tu prisión.

Profundice más: Estudiar Jeremías 29:1-14.

29 de febrero

SALTO DE ALEGRÍA

Salmo 28:7

"El Señor es mi fuerza y mi escudo; mi corazón en él confía; de él recibo ayuda. Mi corazón salta de alegría, y con cánticos le daré gracias".

El año bisiesto solo llega cada cuatro años, ¡pero nuestros corazones pueden saltar de alegría en alabanza a nuestro Señor y Salvador todos los días!

A medida que comprendamos y recibamos plenamente a nuestro Señor como nuestra fuerza y escudo de protección, confiaremos más en Él. A medida que contemos con Su ayuda y la recibamos, nuestro gozo y alabanza aumentarán naturalmente.

Todos los días podemos declarar que elegimos regocijarnos por el nuevo día que Dios ha hecho y nos ha permitido compartir. ¡Él nos usará otro día! Podemos elegir ser felices todos los días a pesar de nuestras circunstancias. Ver Salmo 118:24.

Santiago nos dice que estemos alegres cuando enfrentamos pruebas de muchos tipos, porque las pruebas producen perseverancia y paciencia, que nos ayudan a crecer hacia la madurez y la plenitud en Cristo, ¡donde nada nos faltará! Ver Santiago 1:2-4.

Jesús nos enseña que frente a la persecución podemos "regocijarnos y alegrarnos en gran manera, porque grande es vuestra recompensa en el cielo". Ver Mateo 5:12. Además, ¡Pablo nos anima a regocijarnos siempre! Incluso lo repite en el mismo versículo: "otra vez os digo que os regocijéis". Ver Filipenses 4:4.

EL RETO DE HOY:

Pídele a tu Padre Celestial que te llene de más gozo. Dile que sabes que el gozo es un fruto del Espíritu, y que, en sumisión, le permitirás producir más de este fruto en tu vida.

¡Salta de alegría!

Profundice más: Estudiar los Salmo 28 y 29; Salmo 118:24; Santiago 1:2-4; Mateo 5:12; Filipenses 4:4.

1 de marzo

VOLVER A CASA

Jeremías 29:14
"Me dejaré encontrar", afirma el Señor, "y los haré volver del cautiverio".

Mientras esperas con ansias el día en que serás liberado, si eres como yo, puedes preguntarte si realmente puedes seguir a Cristo allá afuera "en el mundo libre". Puedes. Pero requerirá concentración y compromiso diarios.

Si tuviera que nombrar las nueve cosas más importantes para ayudarte a ser coherente y fiel a tu compromiso de seguir a Cristo en "el mundo libre", serían:

1. Únase a una iglesia y asista con la mayor frecuencia posible.
2. Restaure las relaciones rotas y trabaje para mantenerlas una vez restauradas.
3. Separarse total y permanentemente de las malas influencias anteriores de ciertas personas, lugares y cosas.
4. Mantener fielmente la oración, el estudio de la Biblia y el culto privado todos los días.
5. Mantén una actitud constante y de oración de gratitud y humildad hacia Dios.
6. Consiga un socio responsable y reúnase regularmente. Tener un compañero de responsabilidad de confianza es un factor importante para mantener un caminar fiel. No camines solo.
7. Involúcrate activamente en servir en un ministerio ungido como voluntario. A medida que te dediques a los problemas y desafíos de los demás, el gozo del Señor te fortalecerá y enriquecerá. El Espíritu Santo te acercará más al Padre, y tu testimonio personal animará a los demás.
8. Si caes, confiesa rápidamente y arrepiéntete de verdad. Vuelve a tu caminar cristiano.
9. Perdónate a ti mismo. Cumpliste tu tiempo, ¡deja el pasado atrás y sigue adelante! ¡Eres una nueva creación (2 Corintios 5:17)!

EL RETO DE HOY:

Pídele a tu Padre Celestial sabiduría para prepararte para tu liberación.

Profundice más: Estudiar Jeremías 29:4-14; Jeremías 24:4-7.

2 de marzo

VOLVER A CASA: ÚNIRSE A UNA IGLESIA

Hebreos 10:24-25

"Preocupémonos los unos por los otros, a fin de estimularnos al amor y a las buenas obras. No dejemos de congregarnos, como acostumbran hacer algunos, sino animémonos unos a otros, y con mayor razón ahora que vemos que aquel día se acerca".

Es muy importante ser parte de un cuerpo de creyentes de ideas afines, comenzando mientras estás encarcelado y continuando después de tu liberación al "mundo libre".

Asegúrate de estar en un grupo que exalte a Jesucristo y honre al Espíritu Santo.

No esperes la perfección. Se ha dicho que la iglesia no es una colección de santos, sino un hospital para pecadores. Recibe la gracia. Da gracia.

Estar con otros que están tratando diligentemente de caminar con Dios es crucial. Pueden convertirse en una nueva familia para ti. Aprender a dar y recibir amor es un beneficio importante. Unirse para lograr buenos proyectos de trabajo para el Reino es gratificante y divertido.

Reunirse regularmente es refrescante, instructivo y alentador. Puede ser para ti como un agradable oasis en medio de un largo y seco viaje por el desierto.

Sentarse bajo la enseñanza regular de un pastor ungido de Dios debería equiparlo mejor para representar a Jesús todos los días a medida que realiza su trabajo y su vida diaria. Los grupos pequeños y los estudios bíblicos con su nueva familia durante la semana también son importantes.

EL RETO DE HOY:

Pídele a tu Padre que te dé discernimiento por medio de Su Espíritu para seleccionar el grupo de creyentes que te ayudará a honrarlo mejor en tu vida diaria.

Profundice más: Estudiar Hebreos 10.

3 de marzo

VOLVER A CASA: RESTAURAR LAS RELACIONES

Mateo 5:23-24

"Por lo tanto, si estás presentando tu ofrenda en el altar y allí recuerdas que tu hermano tiene algo contra ti, ²⁴ deja tu ofrenda allí delante del altar. Ve primero y reconcíliate con tu hermano; luego vuelve y presenta tu ofrenda".

Antes de ir a la cárcel, mis pecados, acciones y adicciones destruyeron las relaciones con mi familia y amigos. Durante el primer año de encarcelamiento, no recibí cartas, ni visitas, ni dinero en mis libros. ¿Tú también has estado en esta posición? Tal vez todavía lo seas.

Es muy importante hacer todo lo posible para tratar de reparar las relaciones rotas. Esto debe iniciarse mientras aún está encarcelado y debe perseguirse después de ser liberado.

El versículo de hoy indica que las relaciones rotas obstaculizan nuestra relación con Dios. Estamos siendo hipócritas si decimos amar a Dios pero odiamos a los demás. No estamos amando a los demás si estamos satisfechos con dejar que las relaciones personales sufran y no se reconcilien.

El primer paso más importante es humillarnos y pedir perdón por nuestra parte en el problema que nos llevó a una mala relación. Puede que a la otra persona le tome un tiempo perdonar, pero ser el primero en tender la mano con el amor de Cristo puede ser un testimonio muy poderoso.

EL RETO DE HOY:

Pídele a tu Padre Celestial que te muestre cómo identificar las relaciones que necesitan restauración. Pídele al Espíritu Santo que te enseñe a pedir perdón con humildad y que te dé la paciencia para esperar que Él se mueva en el corazón de la otra persona.

Profundice más: Estudiar Mateo 5; Efesios 4:32; Colosenses 3:13.

4 de marzo

VOLVER A CASA: SEPÁRESE

2 Corintios 6:17
"Por tanto el Señor añade; '¡Salgan de en medio de ellos y apártense!
No toquen nada impuro y yo los recibiré'".

Una de las cosas más importantes que debemos hacer para mantenernos fuera de la cárcel después de haber sido liberados es separarnos total y permanentemente de ciertas personas, lugares y cosas. De hecho, este proceso debe comenzar mientras todavía estamos encarcelados.

También lo he oído expresado de esta manera: "debemos cambiar nuestro patio de recreo, las cosas de juego y las personas con las que solíamos jugar". ¿Te resulta familiar?

En este pasaje (versículos 14-18) Pablo insta a los creyentes a no formar relaciones vinculantes con los incrédulos porque puede debilitar nuestro propio compromiso con la integridad, el carácter y las normas de Dios. Esto no significa que debamos aislarnos totalmente de los incrédulos.

Como creyentes, debemos ser activos en nuestro testimonio a los incrédulos, pero debemos tener cuidado de no encerrarnos en relaciones personales y comerciales con ellos. Imagínese parado en un taburete tratando de alcanzar a un incrédulo. Es mucho más fácil para el enemigo usarlos para derribarnos que para que nosotros los levantemos.

Si estamos solteros, todo esto se vuelve aún más crítico cuando consideramos a un compañero de vida. (ver 2 Corintios 6:14). Espera que Dios traiga a la persona correcta.

EL RETO DE HOY:

Dígale a su Padre Celestial que desea comenzar la vida de nuevo en Cristo Jesús rodeándose de personas piadosas, realizando las actividades correctas y yendo habitualmente a los lugares correctos. Pídele al Espíritu Santo discernimiento y sabiduría.

Sepárense.

Profundice más: Estudiar 2 Corintios 6:14-18; Santiago 4.4-5, 8-9; 1 Juan 2:15-17; Colosenses 3:1-2; Juan 15:19; Romanos 8:5-7; 1 Pedro 1:14-17; 1 Pedro 2:11-12; 1 Pedro 4:4-5; 1 Juan 5:19, 21; Hebreos 12:14.

5 de marzo
VOLVER A CASA:
MANTENER EL TIEMPO PRIVADO

Marcos 1:35

"Muy de madrugada, cuando todavía estaba oscuro, Jesús se levantó, salió de la casa y se fue a un lugar solitario donde se puso a orar".

Comenzar nuestro día en privado y en tiempo personal con nuestro Padre Celestial es muy importante, necesario y gratificante. Si Jesús necesitó pasar tiempo temprano con Su Padre, con mayor razón nosotros también deberíamos hacerlo. Espero que ya estés estableciendo esto como una prioridad personal justo donde estás.

Cuando nos hemos vuelto a cimentar en Cristo Jesús temprano en el día, es mucho más probable que respondamos apropiadamente a los ataques del enemigo más adelante. Es demasiado fácil permitir que muchos otros compromisos y distracciones mundanas nos impidan dedicar nuestro tiempo diario a las prioridades celestiales.

Estas distracciones son especialmente desafiantes en el entorno cerrado de la prisión. A pesar de que un lugar de soledad total es raro o incluso imposible en la prisión, debemos elegir retirarnos en un sentido espiritual a un lugar apartado en el que estamos buscando a Dios con todo nuestro corazón, mente y alma.

Es posible que necesitemos levantarnos más temprano o quedarnos despiertos hasta más tarde para experimentar un poco más de paz y tranquilidad. Para mí, hacer esto temprano en el día funciona mejor. La lectura de la Palabra, la oración y la adoración son formas importantes de pasar este tiempo.

EL RETO DE HOY:

Pídele a tu Padre que te muestre cómo dedicar y cultivar más tiempo con Él cada día. Decídete a organizar tu horario para acomodar esta importante práctica diaria.

Atesora tu tiempo privado con Dios. Mantenlo fielmente.

Profundice más: Estudiar Marcos 1; compare el versículo de hoy con el Salmo 91.

6 de marzo

VOLVER A CASA: SÉ AGRADECIDO Y HUMILDE

Hebreos 12:28-29

"Puesto que nosotros estamos recibiendo un reino inconmovible, seamos agradecidos. Inspirados por esta gratitud, adoremos a Dios como a él le agrada, con temor reverente, porque nuestro 'Dios es fuego consumidor'".

El agradecimiento en sí mismo es un signo de humildad. La Palabra dice que debemos revestirnos de humildad porque "Dios se opone a los soberbios, pero da gracia a los humildes". Ver 1 Pedro 5:5-6. Si deseas más gracia en tu vida, sé más humilde.

Se ha dicho, "la humildad no es pensar menos en ti mismo, es pensar menos de ti mismo". Damos crédito a Dios y a los demás por nuestros éxitos en lugar de a nosotros mismos. Darnos cuenta cada día más plenamente de que todo en nuestra vida proviene de Dios, naturalmente aumentará nuestro agradecimiento a Él.

Cuando nuestros corazones rebosen de gratitud, la paz de Cristo reinará en nuestros corazones". Ver Colosenses 2:6-7 y 3:15. Nuestro Padre ya os ha hecho "libres por dentro" incluso donde estáis ahora. Sé intencional todos los días al contar tus bendiciones. Nómbralos una por una a nuestro Padre en oración.

Mientras anticipas y esperas ser liberado al mundo libre, tu corazón se llenará de paz si mantienes tu mente enfocada en Dios con gratitud y verdadera humildad. Ver Isaías 26:3. Mantén a Dios primero en tu vida todo el resto de tus días.

EL RETO DE HOY:

Dile a tu Padre lo agradecido que estás hoy por todas las bendiciones que te ha dado. Tómate tu tiempo. Considera incluso las cosas más simples.

No des nada por sentado.

Profundice más: Estudiar Hebreos 12; Santiago 4:4-10; 1 Pedro 5:5-6; Isaías 26:3, 57:15, 66:1-2; Salmo 51:17; Mateo 5:3; Colosenses 2:6-7, 3:15.

7 de marzo

VOLVER A CASA: SER RESPONSABLE

Eclesiastés 4:9-10

"Mejor son dos que uno, porque obtienen más fruto de su esfuerzo. Si caen, el uno levanta al otro. ¡Ay del que cae y no tiene quien lo levante!"

Tener un compañero de responsabilidad es un factor importante para mantener un caminar fiel, tanto dentro como fuera de la prisión. Esto requiere una actitud de respeto y humildad hacia los demás. Debemos comprometernos a ser transparentes y honestos los unos con los otros.

Para muchos, la idea de compartir información personal parece restrictiva, o incluso una invasión de nuestra privacidad. Sin embargo, la Biblia dice que debemos confesarnos nuestras faltas los unos a los otros, para que podamos ser sanados. Ver Santiago 5:16. Creo que esto se refiere principalmente a la sanación de nuestras almas heridas.

Pablo nos dice que nos sometamos los unos a los otros. Ver Efesios 5:21. Los discípulos estaban sometidos y eran responsables ante Jesús. Jesús estaba sometido y era responsable ante el Padre. Independientemente de la posición de uno, todos son responsables ante alguien.

El enemigo ve nuestras debilidades y sabe cómo explotarlas. Una de sus estrategias más exitosas es convencernos de que mantengamos nuestros fracasos en secreto. No debemos cooperar con el enemigo. Podemos superarlo siendo honestos con un socio de responsabilidad de confianza que nos ayude y nos anime. En general se acepta que los asociados en la rendición de cuentas deben ser del mismo género.

EL RETO DE HOY:

Dígale a su Padre Celestial que desea ser responsable ante Él y ante los demás en el Cuerpo de Cristo.

Sé responsable de tus pensamientos, palabras y acciones.

Profundice más: Estudiar Eclesiastés 4; Efesios 5:21; Santiago 5:13-16; Hebreos 10:24; Gálatas 6:1-10; Mateo 25:14-30.

8 de marzo

VOLVER A CASA: INVOLÚCRATE

1 Pedro 4:10

"Cada uno ponga al servicio de los demás el don que haya recibido, administrando bien la gracia de Dios en sus diversas formas".

Les insto a que participen activamente en el servicio a los demás. Jesús demostró servidumbre en cada parte de su vida y ministerio. Ser parte del Cuerpo de Cristo implica que estás activamente involucrado en funciones que permiten a otros.

Mientras estuve encarcelado, busqué maneras de servir a la iglesia interna, a nuestro capellán y a mis celdas. Anteponer las necesidades de los demás a las nuestras quita el foco de atención a nosotros mismos y a nuestros propios problemas, y con razón dirige nuestra atención hacia los demás.

En el versículo de hoy, Pedro nos dice que Dios nos ha dado a cada uno de nosotros dones, talentos y habilidades únicos que debemos usar para servir a los demás. Como mayordomos de la gracia de Dios, debemos dar generosamente a los demás la gracia que hemos recibido.

A medida que nos involucramos intencionalmente en los problemas y desafíos de los demás, ¡el gozo del Señor nos fortalece y nos anima! Al servir a los demás, Su Santo Espíritu nos acerca más al Padre, y nuestro testimonio personal da esperanza y aliento a muchos.

Te recomiendo que te comprometas a participar activamente ahora. Comenzarás a ver tus dones y talentos en acción, y te sentirás humillado por la maravillosa manera en que Dios usa incluso las palabras o acciones más simples.

EL RETO DE HOY:

Pídele a tu Padre Celestial que te muestre cómo puedes involucrarte en las necesidades y desafíos de los demás, y comprométete con Él a comenzar hoy.

Sal de ti mismo. Involúcrate.

Profundice más: Estudiar 1 Pedro 4; Romanos 12:6-8; Efesios 4:11-16; 1 Corintios 12:27 – 13:13.

9 de marzo

VOLVER A CASA: CONFIESA Y ARREPIENTETE

1 Juan 1:9
"Si confesamos nuestros pecados, Dios, que es fiel y justo, nos los perdonará y nos limpiará de toda maldad."

Permítaseme sugerir que sería muy útil en este momento detenerse y repasar el devocional del 9 de enero para aprender más sobre el verdadero arrepentimiento.

Después de habernos arrepentido verdaderamente, nos alejamos de la dirección de la vida a la que nos dirigíamos y nos comprometemos a seguir constantemente al Espíritu mientras Él nos guía en la dirección opuesta a través de Cristo a una intimidad más profunda de relación personal con nuestro Padre.

Si tropezamos, y todos lo hacemos a veces, debemos confesarnos rápidamente al Padre y arrepentirnos verdaderamente. No podemos permitir que el enemigo nos detenga o nos convenza de que es mejor que regresemos a nuestras viejas formas de vida lejos de Dios.

Nuestro Padre no se enoja con vosotros cuando tropezáis. De hecho, ¡Él está loco POR ti! Él nos anima pacientemente a permitir que Su Espíritu Santo nos levante, nos quite el polvo y nos lleve rápidamente de vuelta al camino correcto.

El verdadero arrepentimiento trae consigo el compromiso de no andar más en franca rebelión y pecado. Una persona verdaderamente salva y arrepentida no hace una práctica de pecado. Ver 1 Juan 5:18.

Me gusta decir: "Cuando te equivoques, ¡confiesa! Admítelo y déjalo".

EL RETO DE HOY:

Dile a tu Padre Celestial que quieres agradarle hoy. Comprométete a ir a Él rápidamente y a confesar todos y cada uno de los casos de fracaso personal.

Sé rápido todos los días para confesar y arrepentirte

Profundice más: Estudiar 1 Juan 1; 1 Juan 5:18; Romanos 4:7-8; Proverbios 28:13; Salmo 32:5; Isaías 59:1-2.

10 de marzo

VOLVER A CASA: PERDÓNATE A TI MISMO

Isaías 43:18

"Olviden las cosas de antaño; ya no vivan en el pasado".

Después de que somos verdaderamente salvos, Dios ya no tiene nuestro pasado en contra de nosotros. Debemos tomar una decisión positiva y comprometida para dejar de retener nuestro pasado contra nosotros mismos. Dios te ha perdonado. Perdónate a ti mismo. Pon el pasado en el pasado y mantenlo ahí.

El enemigo quiere que permanezcamos sumidos en la culpa, y la vergüenza de nuestro pasado. Si nos detenemos en el pasado, no podemos disfrutar del hermoso regalo de cada día presente en relación con nuestro Padre Siempre Presente.

Jesús nos dice que el que mira hacia atrás después de poner su mano en el arado no es apto para servir en el Reino de Dios. Ver Lucas 9:62. Estoy seguro de que usted recuerda lo que le sucedió a la esposa de Lot cuando miró hacia atrás. Ver Génesis 19:26.

Pablo mismo enfatizó la importancia crucial de este concepto. Su dedicación y compromiso provenían en parte de esta decisión: *"Una cosa hago: olvidando lo que queda atrás y esforzándome por alcanzar lo que está por delante, prosigo hacia la meta para ganar el premio para el cual Dios me ha llamado al cielo en Cristo Jesús".* Ver Filipenses 3:12-14.

El mundo, y el enemigo, son implacables y pueden tratar de mantener tu pasado en tu contra. Estás descargando tu deuda legal con la sociedad, y Dios ya te ha perdonado en Cristo Jesús. Perdónate a ti mismo.

EL RETO DE HOY:

Pídele a tu Padre Celestial una revelación más profunda de Su amor ilimitado y perdón incondicional.

Pon tu pasado en el pasado. Deja de mirar por el espejo retrovisor.

Profundice más: Estudiar Isaías 43; Filipenses 3:12-14; Génesis 19:26; Lucas 9:60-62; Isaías 42:9.

11 de marzo

USTED ES NOMBRADO

1 Timoteo 1:12
"Doy gracias al que me fortalece, Cristo Jesús nuestro Señor, pues me consideró digno de confianza al ponerme a su servicio".

Cuando realmente ponemos nuestro pasado en el pasado, nos damos cuenta de que Dios ha estado esperando que lo busquemos a Él y a Su plan para nuestras vidas. Él nos ha designado a todos y cada uno de nosotros para que le sirvamos de varias maneras únicas.

Nadie está excluido. Si Él puede usar a Pablo, quien como "Saulo" fue uno de los peores perseguidores de los primeros seguidores de Cristo, ¡Él puede usar a todos nosotros! Este hecho me sorprende, pero cada día me doy cuenta más de lo cierto que es.

Cuando por primera vez rendimos verdaderamente nuestras vidas a Dios, debemos aprender a confiar en Él un día a la vez para que camine con nosotros hacia nuestro futuro. Él no revela todos sus planes para nosotros a la vez; si lo hiciera, probablemente nos dejaría boquiabiertos. Pensaríamos que tenemos que lograrlo todo nosotros mismos, y podríamos sucumbir a la presión que estaríamos sintiendo.

Pero en Su gracia, Él asume la responsabilidad de nuestro futuro pidiendo solo que seamos obedientes momento a momento a la guía de Su Espíritu Santo. Rendir diariamente. Escucha atentamente Sus impresiones. Toma la decisión de ser obediente al instante. Él cumplirá Su plan a través de ti.

EL RETO DE HOY:

Date cuenta de que tu Padre Celestial tiene un plan perfecto diseñado específicamente para ti. Pregúntale qué quiere que hagas hoy para participar con Él en Su obra por ti, en ti y, a través de ti, por los demás.

Profundice más: Estudiar 1 Timoteo 1; Lucas 7:36-50.

12 de marzo

DIOS MUESTRA MISERICORDIA

1 Timoteo 1:13-14

"Anteriormente, yo era un blasfemo, un perseguidor y un insolente; pero Dios tuvo misericordia de mí porque yo era un incrédulo y actuaba con ignorancia. Ciertamente la gracia de nuestro Señor se derramó sobre mí con abundancia, junto con la fe y el amor que hay en Cristo Jesús".

Dios no es el Dios de las segundas oportunidades. Más bien, Él es el Dios de la otra oportunidad... Y otra... ¡Y otra! Él no nos reprocha nuestro pasado.

Cuando vivimos en la ignorancia y la incredulidad, estamos ciegos a nuestro pecado. Pero nuestro Señor es paciente con nosotros, dándonos muchas oportunidades para responderle. Cometemos muchos actos increíblemente estúpidos, hirientes y rebeldes antes de que finalmente respondamos al amor y la gracia de Dios.

Él siempre perdona cuando nos arrepentimos de nuestros fracasos. Él derrama Su misericordia sobre nosotros abundantemente junto con Su amor. ¡Cuán precioso es Su perdón para nosotros cuando elegimos creer y recibirlo!

Su amor, gracia y misericordia ilimitados están siempre disponibles para cualquiera que se acerque a Él con humildad y sinceridad. Dios Padre nos da un número ilimitado de oportunidades.

Él nos da libremente una medida de fe para creer en Él, y Su bondad nos lleva al arrepentimiento. Jesús pagó el precio para que digamos «Sí» a todo lo que nuestro Padre nos ofrece.

EL RETO DE HOY:

Dile a tu Padre Celestial que estás agradecido por otra oportunidad. Agradécele por no darte por vencido cuando "el mundo" estaba listo para descartarte. ¡Pídele que te enseñe cómo recibir Su misericordia!

Profundice más: Piensa en el amor, la misericordia y el perdón de Dios hacia David, Pedro y Saulo (Pablo). Piensa en lo que podría haber sucedido si Adán y Judas se hubieran arrepentido con humilde sinceridad.

13 de marzo

JESÚS VINO A SALVAR A LOS PECADORES

1 Timoteo 1:15-16

"Este mensaje es digno de crédito y merece ser aceptado por todos: que Cristo Jesús vino al mundo a salvar a los pecadores, de los cuales yo soy el primero. Pero precisamente por eso Dios fue misericordioso conmigo, a fin de que en mí, el peor de los pecadores, pudiera Cristo Jesús mostrar su paciencia infinita. Así llego a servir de ejemplo para los que, creyendo en él, recibirán la vida eterna".

¡Uno de mis problemas era cuánto sabía de mi engañoso corazón de piedra antes de venir a Cristo Jesús! Debido a que sabía lo depravada y pecadora que había sido, era difícil entender cómo Él podía perdonarme y aceptarme en Su familia. Seguramente, yo era uno de los peores pecadores.

Sin embargo, saber cuánto pecador era en realidad se convirtió en un beneficio en el sentido de que, incluso hoy, me hace estar muy agradecido por Su perdón. Lo que una vez fue un corazón duro ha sido reemplazado por uno suave y obediente. Su Palabra nos dice que aquellos que han sido perdonados mucho, ¡aman mucho! Ver Lucas 7:36-50.

¿Alguna vez te has parado a considerar cuánto te han perdonado? Sé que a veces es difícil creer en «las Buenas Nuevas» cuando se trata de tu propia pecaminosidad, ¡pero Jesús realmente murió para perdonar cada uno de tus pecados!

EL RETO DE HOY:

Dile a tu Padre Celestial lo agradecido que estás de que Jesús pagó el precio de TODOS tus pecados. Pídele que te dé el coraje para decirle a otra persona lo agradecido que estás por tu salvación.

Profundice más: Estudiar 1 Timoteo 1; Lucas 7:36-50; Juan 21:15-22; Ezequiel 36:22-32; Ezequiel 11:19-20; Jeremías 31:31-34.

14 de marzo

EL ESPÍRITU SANTO Y EL FUEGO

Mateo 3:11

"o los bautizo a ustedes con[b] agua como señal de su arrepentimiento. Pero el que viene después de mí es más poderoso que yo y ni siquiera merezco llevarle las sandalias. Él los bautizará con el Espíritu Santo y con fuego".

Después de que nos arrepentimos y somos salvos, se nos instruye a seguir a nuestro Señor en el bautismo con agua. Esta es una manifestación externa del cambio interno que se está produciendo en nuestras vidas. Pablo nos enseña que, simbólicamente, somos sepultados con Cristo en el bautismo, y resucitados para caminar en novedad de vida. Ver Romanos 6:4.

Alguien que es salvo tiene el Espíritu de Cristo, el Espíritu Santo, viviendo en su corazón. Podríamos decir que el Espíritu está inmerso en ellos.

Pero, además, Jesús desea bautizarte con el Espíritu Santo. Él está "en ti", pero ¿estás inmerso "en Él"? Este es un bautismo que le da al ser un gran poder para vivir y dar testimonio de Cristo.

Muchos creen que el "fuego" al que Juan se refiere en el versículo anterior es el efecto purificador y purificador del bautismo del Espíritu Santo. Nuestras costumbres viejas, como la paja del trigo, necesitan ser quemadas.

Este "fuego" también puede referirse al proceso continuo de santificación que el Espíritu Santo continúa haciendo en la vida del creyente. Como la plata refinada en el fuego, nuestras impurezas son removidas.

EL RETO DE HOY:

Pídele a tu Padre Celestial que te enseñe más acerca de Su Santo Espíritu. Dígale a Jesús que quiere más poder para servirle fielmente y testificar de Él eficazmente.

¿Eres bautizado en el Espíritu Santo? ¿Está Su fuego obrando en ti?

Profundice más: Estudiar Mateo 3:1-12; Marcos 1:8; Lucas 3:1-17; Juan 1:29-34; Hechos 19:1-7; 1 Pedro 1:1-2; Romanos 6:4.

15 de marzo

JESÚS NECESITABA EL ESPÍRITU SANTO

Mateo 3:16-17

" Tan pronto como Jesús fue bautizado, subió del agua. En ese momento se abrió el cielo y vio al Espíritu de Dios bajar como una paloma y posarse sobre él. ¹⁷ Y una voz desde el cielo decía: 'Este es mi Hijo amado; estoy muy complacido con él'".

¡El corazón amoroso del Padre por el Hijo se revela en Su precioso don del Espíritu Santo! Dios el Padre sabía que Jesús necesitaría todo Su Poder para llevar a cabo Su obra en la Tierra.

Como hombre, Jesús necesitaba el Espíritu Santo. Nosotros también. El Padre y el Hijo nos enviaron al Espíritu Santo como nuestro Ayudador. Ver Juan 14:16-17. El Espíritu Santo es nuestro Amigo, Consejero y Guía. Él es el Espíritu de Verdad.

Todo lo que Jesús hizo, su predicación, sus sanidades, su sufrimiento, su victoria sobre el pecado, lo hizo por el poder del Espíritu Santo. Ver Hechos 10:38. Si Jesús no pudo hacer nada sin el poder del Espíritu, ¿cuánto más necesitamos el poder del Espíritu en nuestras vidas?

¡El poder todopoderoso del Padre en esta tierra se manifiesta en el Espíritu Santo y es administrado por él! ¡Qué maravilloso misterio que Él quisiera morar en nosotros! Ver 1 Corintios 3:16. Debido a que Su Espíritu vive en nosotros y pertenecemos a Dios, desearemos vivir una vida que agrade a Dios.

EL RETO DE HOY:

Pídele al Padre que te llene continuamente con Su Espíritu Santo y que te muestre cómo rendirte más al liderazgo del Espíritu en tu vida diaria.

Profundice más: Estudiar Mateo 3; Juan 14:16-17; Hechos 10:38; 1 Corintios 3:16; 1 Corintios 6:19-20.

16 de marzo

JESÚS FUE GUIADO POR EL ESPÍRITU SANTO

Mateo 4:1
"Luego el Espíritu llevó a Jesús al desierto para ser tentado por el diablo."

Inmediatamente después del bautismo en agua de Jesús, y la declaración audible del Padre de Su amor y complacencia con Él, el Espíritu Santo, como una paloma, descendió sobre Jesús y lo llevó al desierto para ser tentado, y probado por el diablo.

Después de mi salvación en prisión, miré hacia atrás en mi vida y me di cuenta de cuántas veces fui tentado, y probado por el Diablo en el desierto de mi pasado. Vagé por un desierto de mi propia creación durante la mayor parte de cuarenta años. Casi siempre reprobaba los exámenes. ¿Te identificas con esto?

Jesús, el hombre, pasó todas sus pruebas y tribulaciones. No cayó en las trampas de la tentación del Diablo. Creo que la diferencia más importante para Él fue Su obediencia a la dirección del Espíritu Santo. Del mismo modo, ¡necesitamos ser guiados por el Espíritu!

Otro factor crítico fue cómo el Espíritu lo impulsó a responder a cada una de las tres tentaciones específicas de las que se nos habla en las Escrituras (estoy seguro de que tenía muchas más que no conocemos específicamente). Su respuesta, guiada por el Espíritu, fue responderle al Diablo con un pasaje de las Escrituras muy específico para el área de la tentación.

Del mismo modo, debemos poner las Escrituras en lo profundo de nuestro corazón todos los días para que el Espíritu Santo pueda ayudarnos a acceder a ellas cada vez que seamos tentados y probados.

EL RETO DE HOY:

Habla con el Padre acerca de tu necesidad y deseo de ser guiado diariamente por el Espíritu. Dígale que desea ser obediente de inmediato a los susurros del Espíritu. Pídele que te ayude a aprender las Escrituras.

Profundice más: Estudiar Mateo 4:1-17; Lucas 4:1-14; Hebreos 4:12-13; Proverbios 4:20-23; Isaías 55:10-11.

17 de marzo

JESÚS ESTABA LLENO DEL ESPÍRITU SANTO

Lucas 4:14

"Jesús regresó a Galilea en el poder del Espíritu y se extendió su fama por toda aquella región".

Después de que el Espíritu Santo ayudó a Jesús a resistir todas las tentaciones del Diablo en el desierto, Jesús regresó a Galilea para comenzar su ministerio en el poder del Espíritu Santo. La eficacia de su ministerio, de principio a fin, dependía de la morada del Espíritu Santo.

Vemos en la escritura de hoy cómo las noticias acerca de Jesús se propagan rápidamente. Con nuestras propias fuerzas, seremos pobres imitaciones de Cristo a medida que nos ocupamos de nuestras propias vidas diariamente. Sin embargo, las personas verán una diferencia real en nosotros cuando estemos llenos del Espíritu Santo y estemos siguiendo Su dirección momento a momento.

Cuando regresé al "mundo libre" después de haber sido salvado y lleno del Espíritu Santo en prisión, aquellos que me habían conocido antes no podían creer la diferencia en mí. En realidad, ¡yo tampoco me conocía a mí mismo!

Incluso mientras estaba encarcelado, mis "celdas" vieron a Dios comenzar Su transformación en mí por medio de Su Espíritu. Todo en mí iba cambiando a medida que me dedicaba a buscar a Dios con todo mi corazón. Habiendo sido bautizado en el Espíritu, tuve una unción que nunca antes había tenido, y tenía más poder para ministrar a los demás.

¿Estás lleno del Espíritu Santo?

EL RETO DE HOY:

Pídele al Padre que te guíe hoy por Su Espíritu Santo. Sé sensible a Su liderazgo. Obedezca Sus impresiones, ya que Él desea ministrar a los demás hoy a través de usted.

Profundice más: Estudiar Lucas 4; Mateo 4:12-25.

18 de marzo

EL ESPÍRITU DEL SEÑOR ESTABA SOBRE JESÚS

Lucas 4:18-19

"El Espíritu del Señor está sobre mí por cuanto me ha ungido para anunciar buenas noticias a los pobres. Me ha enviado a proclamar libertad a los cautivos y dar vista a los ciegos, a poner en libertad a los oprimidos, a pregonar el año del favor del Señor".

Después de regresar del desierto, el primer mensaje público que conocemos fue el que estamos leyendo hoy. ¿No es interesante que él seleccionó el pasaje del rollo de Isaías que había sido profetizado de Él 700 años antes? Ver Isaías 61:1-2.

Fíjate en la primera frase. Jesús mismo reconoció lo importante que era para Él reconocer la verdadera fuente de Su unción y poder. Él conocía su misión y la declaró públicamente.

¿No te alegras de que el Espíritu del Señor estuviera sobre Él para proclamar la libertad de los prisioneros y liberar a los oprimidos?!? La primera vez que leí esto en la cárcel, mi corazón estaba lleno de asombro y rebosante de gratitud. ¿Lo sientes?

Si vamos a ser seguidores exitosos de Cristo, y hacer el tipo de obras que Él hizo, debemos darnos cuenta de que nuestra misma fuente de poder es Su Espíritu Santo. Dios tiene un plan diseñado exclusivamente para cada uno de nosotros. Él no quiere que tratemos de lograr con nuestras propias fuerzas, sino con el Espíritu del Señor.

EL RETO DE HOY:

Pídele al Padre que te muestre Su plan para ti hoy, justo donde estás. ¡Dile que no tienes el poder dentro de ti, pero sabes que Su Espíritu está sobre ti!

Profundice más: Estudiar Lucas 4:14-44; Isaías 61; Hechos 2:22, 32; Hechos 10:37-38.

19 de marzo

JESÚS FUE UNGIDO

Hechos 10:38

"Me refiero a Jesús de Nazaret: cómo lo ungió Dios con el Espíritu Santo y con poder, y cómo anduvo haciendo el bien y sanando a todos los que estaban oprimidos por el diablo, porque Dios estaba con él".

Pedro nos está relatando en este pasaje el secreto mismo del exitoso ministerio de Jesús: ¡Dios el Padre ungió a Su Hijo, Jesús, con el Espíritu Santo y poder! Jesús era capaz de hacer el bien dondequiera que iba porque Dios estaba con Él. Su poder sanador provenía del Espíritu. Los demonios tenían que obedecer porque el Espíritu del Padre siempre estaba con Jesús.

Isaías 10:27 indica que es el poder de la unción que quita la carga y destruye el yugo lo que nos libera de la influencia del Diablo. La unción del Espíritu Santo sobre nosotros nos permite llevar a cabo el propósito y el plan de Dios para nosotros. El Espíritu nos ayuda a ejercer la autoridad de Jesús sobre todo el poder del enemigo.

Con todos los desafíos que se nos presentan en la cárcel, donde hay muchas personas influenciadas por el enemigo, ¡necesitamos toda la ayuda que tenemos a nuestra disposición! No estás solo cuando sirves a Jesús. ¡Siempre tienes la presencia y el poder de Dios el Padre en la forma de Su Espíritu Santo!

¿Está utilizando este poder? Estad quietos, y sabed que Él es Dios.

EL RETO DE HOY:

¡Agradécele a tu Padre Celestial por ungirte con Su Santo Espíritu! Pídele que demuestre Su poder sobre el enemigo a través de ti hoy mientras te rindes al liderazgo del Espíritu Santo y al Señorío de Jesús.

Profundice más: Estudiar Hechos 10; Hechos 1:4-5, 8; Lucas 24:45-49; Isaías 10:27.

20 de marzo

UN BUEN PADRE DA LOS MEJORES REGALOS

Lucas 11:11-13

¿Quién de ustedes que sea padre, si su hijo pide un pescado, le dará en cambio una serpiente? ¿O si pide un huevo, le dará un escorpión? Pues si ustedes, aun siendo malos, saben dar cosas buenas a sus hijos, ¡cuánto más el Padre celestial dará el Espíritu Santo a quienes se lo pidan!"

En este pasaje de las Escrituras, Jesús había estado enseñando a sus discípulos a orar, y les había enfatizado la importancia de que pidieran, buscaran y llamaran. "Porque todo el que pide, recibe..." Para contexto, Ver Lucas 11:1-10.

Como padres terrenales, podemos relacionarnos con las peticiones de nuestros hijos. A veces su inocencia te derrite el corazón, ¿no? Si está a nuestro alcance y no les hace daño, les daremos lo que pidan.

Nuestro versículo de hoy probablemente no se refiere a la morada del Espíritu cuando volvemos a nacer, ya que todos recibimos esto automáticamente. Por lo tanto, muchos creen que Jesús está hablando del bautismo del Espíritu Santo que promete a sus seguidores.

Si como padres terrenales imperfectos, damos buenas dádivas a nuestros hijos, ¿cuánto más nuestro perfecto y gran Padre Celestial dará las mejores dádivas a Sus hijos que se lo pidan?

En mi opinión, después de la salvación, el Bautismo del Espíritu Santo puede ser el mejor regalo.

EL RETO DE HOY:

Pídele a tu Padre Celestial Su Santo Espíritu. Él desea darte los mejores regalos. Él sabe lo que necesitas. Él nunca te daría nada que te hiciera daño.

Recibe Su mejor regalo para ti.

Profundice más: Estudiar Lucas 11; Lucas 24:49; Juan 14:26; Juan 15:26; Juan 16:7.

21 de marzo

VALE LA PENA TENER SED

Juan 7:37-39

"En el último día, el más solemne de la fiesta, Jesús se puso de pie y exclamó: '¡Si alguno tiene sed, que venga a mí y beba! De aquel que cree en mí, como dic^j la Escritura, de su interior brotarán ríos de agua viva. Con esto se refería al Espíritu que habrían de recibir más tarde los que creyeran en él. Hasta ese momento el Espíritu no había sido dado, porque Jesús no había sido glorificado todavía'".

La sed es un poderoso motivador. Alguien puede vivir varias semanas sin comida, pero solo 3-4 días sin agua. Durante el día, nos encontramos bebiendo líquidos con mucha más frecuencia que comiendo. Junto al aire para respirar, el agua es el ingrediente más importante para sostener la vida.

Jesús nos ofrece agua espiritual en la forma de Su Espíritu Santo para sostenernos y satisfacer nuestras necesidades más básicas. ¿Cómo sería nuestra vida si dependiéramos de la Presencia Misma de Dios, el Espíritu Santo, de la misma manera que dependemos del agua?

Esta dependencia constante de Dios es parte de lo que Jesús quiso decir cuando dijo que Él era la vid y nosotros los sarmientos. La rama está conectada a la vid y la fuente de vida de la vid fluye dentro y fuera de la rama para sostener la vida y dar fruto. Debemos permanecer conectados y desear la fuerza vital para vivir fructíferamente.

EL RETO DE HOY:

Dile al Padre que necesitas y quieres más de Él cada día. Pídele que te permita beber continuamente de Su Agua Viva. Pedid y recibiréis.

Vale la pena tener sed.

Profundice más: Estudiar Juan 7; Juan 4:13-14; Isaías 12:3; Isaías 35:3-6; Isaías 43:19-21; Apocalipsis 21:6-7.

22 de marzo

VEN, BEBE, VIVE

Apocalipsis 22:17
"El Espíritu y la novia dicen: '¡Ven!'; y el que escuche diga: '¡Ven!'. El que tenga sed, venga; y el que quiera, tome gratuitamente del agua de la vid".

El Espíritu Santo nos llama constantemente, pero suavemente, a "Ven". Él quiere que escojamos Su camino, escuchemos Su voz y sigamos Su guía. Él desea llevarnos a un nivel cada vez mayor de intimidad de relación personal con el Padre.

La Novia de Cristo, es decir, el verdadero cuerpo de creyentes, nos llama corporativamente a "Venir" y unirnos en una comunión significativa unos con otros y con el Espíritu.

Otros que han escuchado y respondido al llamado del Espíritu, y han tomado esta decisión, nos instan y alientan a "Venir" y unirnos a ellos en el camino. Pero, para que podamos responder, debemos reconocer el profundo anhelo interior, el profundo vacío y desear con todo nuestro corazón estar llenos de algo que sustente la vida permanentemente.

¿Realmente deseas ser llenado? Piensa en cuántas veces te has animado a profundizar en Cristo, a ir «con todo». Es un regalo gratuito y es tuyo para que lo tomes. Siempre hay más de Dios, no importa cuánto tiempo hayas estado en relación con Él. Beba profundamente todos los días.

EL RETO DE HOY:

Pídele al Padre que te revele la fuente del vacío y la soledad en lo más profundo de tu ser. Dile que deseas desesperadamente ser llenado para siempre. Pídele el agua pura y viva de Su Espíritu y Su Palabra.

Acércate a Él. Bebe profundamente. Vive eternamente lleno.

Profundice más: Estudiar Apocalipsis 22; Mateo 11:28-30; Efesios 5:18-20.

23 de marzo

EL CONSEJERO DE LA VERDAD

Juan 14:16-17

"Y yo rogaré al Padre, y él os dará otro Consolador para que os ayude y esté con vosotros para siempre, el Espíritu de verdad. El mundo no puede aceptarlo, porque ni lo ve ni lo conoce. Pero vosotros lo conocéis, porque vive con vosotros y estará en vosotros".

¿Te imaginas lo que los discípulos deben haber estado pensando cuando Jesús les dijo que es mejor para ellos si Él se va? Habían estado con Él casi constantemente durante tres años o más. Habían estado aprendiendo de Él, viéndolo obrar poderosos milagros, viéndolo demostrar misericordia, amor y compasión, y escuchándolo hablar la verdad a todos en todo momento. ¡Todo fue genial!

Pero solo podían experimentar esto en Su inmediate presencia fiscica. A veces se separaban de Él y las cosas no salían tan bien. Por ejemplo, se tambalearon en medio de la tormenta en el mar cuando Jesús los envió adelante al otro lado.

Jesús les dice en la escritura de hoy que tendrán Su Espíritu viviendo dentro de ellos cuando Él se vaya, por lo tanto, Su Espíritu nunca los abandonará. Ellos siempre tendrán Su Presencia.

Esto es exclusivo de los verdaderos discípulos. "El mundo" no acepta a Jesús, no tiene relación con Él y, por lo tanto, no puede tener Su Espíritu. No pueden reconocer la Verdad que tan desesperadamente necesitan.

EL RETO DE HOY:

Dile al Padre que estás agradecido por tener a Su Consejero de la Verdad viviendo dentro de ti. Pídele que te ayude a escuchar atentamente Su sabiduría y a seguir Su dirección.

Profundice más: Estudiar Juan 14.

24 de marzo

RECIBE EL DON DEL PODER

Hechos 1:4-5

"Una vez, mientras comía con ellos, ordenó: 'No se alejen de Jerusalén, sino esperen la promesa del Padre, de la cual les he hablado: Juan bautizó con agua, pero dentro de pocos días ustedes serán bautizados con el Espíritu Santo.'"

Jesús ya les había dicho a sus discípulos que fueran por "todo el mundo" para hacer otros discípulos y representarlo a Él y al Reino de Dios. Sin embargo, les dijo que esperaran. Esto parece contradictorio a primera vista.

Deben haber estado rebosantes de emoción después de Su Resurrección, y listos para contarle al mundo las Buenas Nuevas. Habían sido entrenados durante más de tres años en la mejor Escuela de Cristo jamás disponible. Probablemente pensaron que estaban listos, pero Jesús les dijo que esperaran.

Todavía había algo que necesitaban: el mejor regalo del Padre que aún no habían recibido. Jesús sabía que necesitaban el Bautismo del Espíritu Santo antes de que tuvieran el Poder necesario para cumplir lo que Él les había ordenado hacer.

Muchas veces, después de nuestra salvación y bautismo en agua, estamos emocionados y queremos hacer cosas para el Señor y Su Reino. Pero realmente no tenemos poder para tener éxito por nosotros mismos. Por nosotros mismos no podemos hacer nada, pero con Él todas las cosas son posibles.

EL RETO DE HOY:

Pídele al Padre que te revele todo Su Poder disponible para ti en y a través de Su Espíritu Santo. Dile que quieres ser lleno de nuevo diariamente con Su Espíritu.

Recibe el don del poder.

Profundice más: Estudiar Hechos 1:1 – 2:47.

25 de marzo

EL PODER DE PENTECOSTÉS

Hechos 2:1-4

"Cuando llegó el día de Pentecostés, estaban todos juntos en el mismo lugar. De repente, vino del cielo un ruido como el de una violenta ráfaga de viento y llenó toda la casa donde estaban reunidos. Aparecieron entonces unas lenguas como de fuego que se repartieron y se posaron sobre cada uno de ellos. Todos fueron llenos del Espíritu Santo y comenzaron a hablar en diferentes lenguas, según el Espíritu les concedía expresarse.

Durante diez días después de su ascensión, los discípulos esperaron tal como habían sido instruidos por Jesús. Se les dijo que había un Don que venía del Padre y del Hijo, por lo que permanecieron juntos en fe y unidad. Esto debe haber requerido una gran cantidad de autocontrol y paciencia.

Todavía no sabían cuál sería la gran recompensa por su obediencia, pero habían pasado suficiente tiempo con Jesús para saber con certeza que sería magnífica. Se les había hablado del Poder, y se les había enseñado acerca de una Persona: un Consejero, un Defensor y un Ayudador.

Entonces, de repente, vieron y sintieron que el Poder y la Persona eran Uno. El Espíritu Santo descendió sobre ellos en el aposento alto donde estaban reunidos, y les demostró individualmente Su Poder y Presencia.

Siempre hay una recompensa por nuestra obediencia, pero nosotros también debemos ejercer fe, paciencia y dominio propio.

EL RETO DE HOY:

Pídele al Padre que te dé poder con Su Presencia hoy. Dígale que está esperando voluntaria y obedientemente recibir Su Don antes de comenzar su día.

El poder de Pentecostés te espera. Recíbelo.

Profundice más: Estudiar Hechos 2.

26 de marzo

ESPÍRITU INTERIOR

Juan 20:21-22

"A los judíos y a los que no son judíos les he instado a arrepentirse ante Dios y a creer en nuestro Señor Jesús.'Y ahora tengan en cuenta que voy a Jerusalén obligado por el Espíritu, sin saber lo que allí me espera'".

Poco después de la resurrección de Jesús, se apareció a sus discípulos. Una vez que se recuperaron de lo que debe haber sido un gran shock, su desesperanza, desesperación y soledad se convirtieron en esperanza, alegría y paz desbordantes. Ahora eran verdaderos creyentes, los primeros en encontrarse personalmente con el Señor resucitado.

En este momento nació "la Iglesia". El Cuerpo de Cristo debe contener el Espíritu de Jesús que mora en nosotros para que haya vida verdadera y abundante. Sabiendo que Sus discípulos debían ser capaces de tener éxito en su misión mucho después de que Él ascendiera al Cielo, Jesús les dio el mismo poder que moraba en Él y que se le había dado: el Espíritu del Padre, el Espíritu Santo.

Jesús quería enviarlos con paz, ¡así que sopló sobre ellos el mismo Espíritu de Paz! De manera similar a la forma en que el Padre insufló vida a Adán en el Huerto al compartir Su misma Esencia, Jesús sopló sobre Sus discípulos la vida sobrenatural de la Tercera Persona de la Deidad, el Espíritu Santo.

Por primera vez, un seguidor del "Camino" (que más tarde se llamaría "cristianos") fue habitado permanentemente por el mismo Espíritu del Padre y del Hijo, el Espíritu Santo. Jesús lo necesitaba, y nosotros también.

EL RETO DE HOY:

Agradece a tu Padre Celestial hoy que el mismo Espíritu que Jesús tenía también te fue dado permanentemente si eres un verdadero creyente.

Jesús nos envía con Su Paz y Poder.

Profundice más: Estudiar Juan 20; 1 Corintios 3:16; 1 Corintios 6:19-20; Efesios 2:22.

27 de marzo

VEN ESPÍRITU SANTO

Hechos 8:14-17

"Cuando los apóstoles que estaban en Jerusalén se enteraron de que los samaritanos habían aceptado la palabra de Dios, les enviaron a Pedro y a Juan. Estos, al llegar, oraron por ellos para que recibieran el Espíritu Santo, porque el Espíritu aún no había descendido sobre ninguno de ellos; solamente habían sido bautizados en el nombre del Señor Jesús. Entonces Pedro y Juan les impusieron las manos y ellos recibieron el Espíritu Santo".

Los samaritanos eran tratados como ciudadanos de segunda clase y, lo que es peor, a menudo eran vistos como "perros" comunes. El hecho de que llegara a Jerusalén la noticia de que incluso los samaritanos habían aceptado el Evangelio debió de sorprender a los discípulos. Dos de los primeros líderes de la Iglesia, Pedro y Juan, fueron enviados a reunirse con ellos.

Debe haber sido claro para los dos de Jerusalén que los creyentes en Samaría aún no habían sido bautizados con "poder de lo alto" como Pedro, Juan y los demás lo habían sido en Pentecostés, por lo que oraron. Deben haber estado preguntándole al Padre si este poder era para todos los que realmente creían, no solo para los judíos.

Al enterarse de que habían sido bautizados en el Nombre de nuestro Señor Jesús, Pedro y Juan pusieron sus manos sobre ellos para que los samaritanos recibieran el segundo bautismo de fuego y poder. Una vez más, vieron la prueba de que Dios no discrimina.

EL RETO DE HOY:

Dile al Padre que quieres todo lo que Él tiene para darte. Si no has recibido este segundo bautismo, pregúntale a Él. Su poderoso Espíritu es para todos los que creen y los que desean más de la vida abundante que Jesús vino a darnos.

Profundice más: Estudiar Hechos 8; Hechos 10; Hechos 19:1-7.

28 de marzo

BAUTISMOS

Hechos 19:1-6

"Mientras Apolos estaba en Corinto, Pablo recorrió las regiones del interior y llegó a Éfeso. Allí encontró a algunos discípulos. '¿Recibieron ustedes el Espíritu Santo cuando creyeron? —preguntó. —No, ni siquiera hemos oído hablar del Espíritu Santo —respondieron. —Entonces, ¿qué bautismo recibieron? —preguntó. —El bautismo de Juan —respondieron'. Pablo les explicó: —Juan bautizó con un bautismo de arrepentimiento, y le indicaba a la gente que creyera en el que vendría después de él, es decir, en Jesús. Al oír esto, fueron bautizados en el nombre del Señor Jesús. Cuando Pablo les impuso las manos, el Espíritu Santo vino sobre ellos y empezaron a hablar en lenguas y a profetizar. Eran en total unos doce hombres."

Cuando Pablo se encontró con estos creyentes, parece que se le dio discernimiento espiritual para notar algo diferente en ellos. Tal vez sintió que faltaba algo, o Alguien.

Aparentemente, no dudó de si eran creyentes en base a la forma en que hizo esta primera pregunta tan importante. Tal vez estaba sorprendido y emocionado de que "ni siquiera habían oído que hay un Espíritu Santo".

Al enterarse de que se habían arrepentido de sus pecados, fueron bautizados de nuevo en agua para demostrar su decisión de seguir a Jesús. Pablo debe haber estado lleno de gozo al poder ser usado por Dios para luego también empoderar a estos jóvenes creyentes con Su Espíritu Santo. Los dones espirituales se manifestaron inmediatamente con este bautismo de fuego y poder.

EL RETO DE HOY:

Siempre hay más que recibir de Su Presencia para aquellos que sinceramente buscan conocer mejor a Dios. Dile al Padre que anhelas más de Él y que estás listo para recibir.

Profundice más: Estudiar Hechos 19; Lucas 11:9-13; Hechos 1:4-5, 8.)

29 de marzo

EL ESPÍRITU SANTO HABLA

Hechos 13:2
"Mientras participaban en el culto al Señor y ayunaban, el Espíritu Santo dijo: 'Apártenme ahora a Bernabé y a Saulo para el trabajo al que los he llamado'".

Isaías 30:21
"Ya sea que te desvíes a la derecha o a la izquierda, tus oídos percibirán a tus espaldas una voz que te dirá: 'Este es el camino; síguelo'".

Juan 15:26
Jesús dijo: "Cuando venga el Consolador que yo les enviaré de parte del Padre, el Espíritu de verdad que procede del Padre, él testificará acerca de mí..."

Nunca he oído la voz audible de Dios el Padre, o de Dios el Hijo. Pero, definitivamente escucho diariamente la voz de Dios, ¡el Espíritu Santo! Sí, como lo demuestran los versículos anteriores, el Espíritu Santo nos habla. ¿Estás escuchando?

Esta "voz apacible y delicada" del Espíritu viene a mí en mis pensamientos desde lo más profundo de mi corazón o espíritu humano. Allí Él (el Espíritu del Padre y del Hijo) habita en mí, siempre listo y dispuesto a guiarme, instruirme y señalarme a Jesús.

Es el ruido y las distracciones del "mundo" los que compiten por nuestra atención. El pecado, el yo y Satanás hacen todo lo posible para ahogar la preciosa voz del Espíritu. Él es un "caballero", y como tal, no se impone a nuestro libre albedrío. Es por eso que es tan importante que constantemente elijamos buscar Su voz y recibir Sus instrucciones obedientemente.

EL RETO DE HOY:

Quédate quieto. Quédate muy callado por dentro. Escuchar. Escuchar. Escuchar. Él sembrará Sus semillas de amor e instrucción en tu corazón. Debes preparar constantemente el terreno. Sumérgete en Su presencia.

Profundice más: Estudiar Juan 14; Juan 16:12-15; 1 Reyes 19:11-13.

30 de marzo

NO ENTRISTEZCAS EL ESPÍRITU

Efesios 4:29-31

"Eviten toda conversación obscena. **Por el contrario, que sus palabras contribuyan a la necesaria edificación y sean de bendición para quienes escuchan.** *No agravien al Espíritu Santo de Dios con el que fueron sellados para el día de la redención. Abandonen toda amargura, ira y enojo, gritos y calumnias y toda forma de malicia".*

El Espíritu Santo es una Persona igual a Dios el Padre y a Dios el Hijo. Como tal, es posible entristecerlo con nuestras palabras, acciones y pensamientos. En lugar de decepcionarlo, debemos hacer todo lo posible por complacerlo.

En nuestra vida diaria, debemos estar constantemente conscientes de cómo estamos interactuando con las personas a lo largo de nuestro camino y lidiando con los desafíos en el camino. La enemistad de nuestras almas siempre está al acecho, esperando cualquier oportunidad que le demos para tentarnos a actuar de manera similar a nuestro "viejo hombre" antes de Cristo. Cuando lo hacemos, entristecemos al Espíritu Santo que vive en nosotros.

No caigas en los trucos, señuelos y artilugios del enemigo. El Espíritu de Cristo dentro de ti conoce las palabras y respuestas correctas. Busca Su guía y Su paz en medio de la batalla. Decídete a hacer lo mejor que puedas para agradar a Dios en tus pensamientos, palabras y obras.

EL RETO DE HOY:

Dile al Padre, en voz alta, que deseas ser guiado por el Espíritu hoy, y no por la carne, el mundo o el diablo. Vuelve a dedicarte y vuelve a comprometerte diariamente a agradar al Padre, al Hijo y al Espíritu.

Profundice más: Estudiar Efesios 4; Gálatas 1:10; Colosenses 1:10; 1 Tesalonicenses 2:4; 1 Tesalonicenses 4:1; Hebreos 13:16.

31 de marzo

EL ESPÍRITU DECIDE

1 Corintios 12:11
" Todo esto lo hace un mismo y único Espíritu, quien reparte a cada uno según él lo determina ".

Hechos 16:7
"Cuando llegaron cerca de Misia, intentaron pasar a Bitinia, pero el Espíritu de Jesús no se lo permitió".

Dios, el Espíritu Santo, toma decisiones que nos ayudan y nos guían en Su camino para nuestras vidas. Él escoge caminos que tal vez no podamos ver, o que no seamos lo suficientemente sabios para elegir. Se vuelve cada vez más importante para nosotros esperar, escuchar y estar de acuerdo con Su Voluntad para nuestras vidas.

El Espíritu tiene muchos dones, Él se manifestará en y a través de nosotros en el momento correcto, en el lugar correcto y con las personas correctas. Pero Él decide cuándo, dónde y cómo. A medida que aprendemos a escuchar Su voz apacible y delicada, somos capaces de asociarnos con Él en Su obra.

En Hechos 16:6-10, aparentemente Pablo y sus compañeros tenían un plan para ministrar el Evangelio en Asia, pero fueron impulsados a no ir por el Espíritu Santo. Luego, llegaron a la frontera de otra región, y no se les permitió entrar, de nuevo por el Espíritu. Finalmente, el Espíritu usó una visión con Pablo para indicarle que fuera a Macedonia.

¿Buscas la guía de Dios diario? Si es así, ¿se apresura a obedecer?

EL RETO DE HOY:

Pídele al Padre que te ayude a aprender cómo escuchar mejor al Espíritu de Jesús, el Espíritu Santo, a medida que Él toma decisiones para beneficiarte. ¡Dile a tu Padre Celestial que hoy deseas tomar buenas decisiones guiado por Su Espíritu que está contigo y dentro de ti!

Profundice más: Estudiar Hechos 16; 1 Corintios 12:7-11; Hebreos 2:4.

1 de abril

DÍA DE LOS INOCENTES

1 Corintios 1:18
" Me explico: El mensaje de la cruz es una locura para los que se pierden; en cambio, para los que se salvan, es decir, para nosotros, este mensaje es el poder de Dios. "

1 Corintios 4:10
"Por causa de Cristo nosotros somos los ignorantes... "

Antes de que me salvaran de verdad en la cárcel, mientras ascendía en el escalafón corporativo, el 1º de abril me parecía un signo de cambio positivo cada año. Invariablemente, en esta época del año se anunciaban los aumentos de sueldo y los ascensos. Siempre parecía ocurrir algo importante en la primavera. Pensé que el Día de los Inocentes era "mi día de suerte".

En ese momento, pensé que tenía todo bajo control y que estaba haciendo un buen trabajo dirigiendo mi vida. No creía que necesitara a Dios.

El orgullo era el centro de mi mundi. Me dominable el orgullo y me encaminaba hacie la destruccion. Creia ser sabio, pero era un tonto.

En mi litera en la cárcel en la primavera de 2009, comencé a enfrentarme a la verdad. No estaba haciendo un gran trabajo al dirigir mi propia vida, tuve que enfrentarme a los hechos de dónde terminé y cómo llegué allí.

Hoy la cruz ya no es una tontería para mí, y me alegra decir que soy un tonto por Cristo.

EL RETO DE HOY:

Habla con tu Padre Celestial acerca de cuál es tu posición con respecto a Él y a Su Hijo, Jesús, quien es la Verdad. Pídele al Espíritu Santo que revele sabiduría a través del Espíritu de Cristo.

Dile al Padre que estás dispuesto a ser un tonto por Cristo por toda la eternidad. ¡Nunca te arrepentirás!

Profundice más: Estudiar 1 Corintios capítulos 1 y 4.

2 de abril

NO LE MIENTAS A DIOS

Hechos 5:3-4

" 'Ananías' le reclamó Pedro, '¿cómo es posible que Satanás haya llenado tu corazón para que mintieras al Espíritu Santo y te quedaras con parte del dinero que recibiste por el terreno? ¿Acaso no era tuyo antes de venderlo? Y una vez vendido, ¿no estaba el dinero en tu poder? ¿Cómo se te ocurrió hacer esto? ¡No has mentido a los hombres, sino a Dios!'"

Mentirle a Dios el Espíritu Santo tiene graves consecuencias. No le engañamos; Solo nos estamos engañando a nosotros mismos.

En este pasaje, Pablo confronta claramente al espíritu mentiroso del enemigo que influyó en Ananías para que mintiera sobre la naturaleza y la cantidad de su don. El enemigo engañó a Ananías, y trató de engañar a los líderes ungidos por el Espíritu para pastorear la Iglesia. Claramente, Pablo señala que el Espíritu Santo es Dios.

¿Por qué sentimos que podemos salirnos con la desobediencia? ¿Realmente creemos que Dios no ve lo que estamos haciendo? ¿Cerramos nuestros ojos y lo hacemos de todos modos con la esperanza de que Dios haya cerrado Sus ojos? Por lo general, las consecuencias de nuestro autoengaño y de mentirle a Dios no son tan graves como lo fueron para Ananías en la muerte física, pero ¿qué le estamos haciendo a nuestro hombre espiritual?

EL RETO DE HOY:

Pídele al Padre que te ayude a enfrentar las áreas de tu vida en las que no estás siendo honesto contigo mismo y con Dios. Jesús te dio el Espíritu como tu Ayudador. Sé honesto con Él. Sé honesto contigo mismo.

No le mientas a Dios.

Profundice más: Estudiar Hechos 5; Isaías 63:10; Mateo 12:30-32; Marcos 3:28-30.

3 de abril

LA GLORIA DEL SEÑOR

2 Corintios 3:18

"Así, todos nosotros, que con el rostro descubierto reflejamos como en un espejo la gloria del Señor, somos transformados a su semejanza con más y más gloria por la acción del Señor, que es el Espíritu".

En este pasaje, Pablo declara que la gloria del Señor es el Espíritu. La esencia misma de nuestro Señor es Su Espíritu Santo, Su Gloria. Por Su Gloria, que es el Espíritu, Él nos está transformando diariamente a la imagen de Cristo.

Esto se confirma como el propósito de Dios para nosotros en Romanos 8:29, donde Pablo dice que Dios nos ha predestinado para ser conformados a la imagen de Su Hijo. La Gloria de Dios mora en nosotros, y es Su trabajo cambiarnos progresivamente a la misma semejanza de Jesús. Este es el proceso conocido como santificación.

El Espíritu desea eliminar todo lo que hay en nosotros que no es como Cristo, para que su semejanza aumente cada vez más en nosotros, permitiendo así que su gloria sea una luz en las tinieblas. Él quita las impurezas de nosotros con el tiempo para que seamos un reflejo cada vez más puro de la Gloria de Dios.

En la medida en que vemos a Jesús más claramente a través de Su Espíritu Santo, nos sentimos atraídos por Su Belleza y Gloria. Esta atracción, como un fuerte imán hacia el metal, nos atrae cada vez más hacia Él.

EL RETO DE HOY:

Dile a tu Padre Celestial que deseas ser lleno hoy de Su Gloria, Su Espíritu Santo, para que puedas ser transformado cada vez más a la imagen de Jesús. Pídele al Espíritu Santo que te revele las áreas en las que necesitas "negarte a ti mismo" y seguir a Jesús.

Recibe Su gloria.

Profundice más: Estudiar 2 Corintios 3; Romanos 8:29; Efesios 4:22-24.

4 de abril

DIOS REVELA POR SU ESPÍRITU

1 Corintios 2:9-10

"Sin embargo, como está escrito: 'Ningún ojo ha visto, ningún oído ha escuchado, ningún corazó[J] ha concebido lo que Dios ha preparado para quienes lo aman'. Ahora bien, Dios nos ha revelado esto por medio de su Espíritu, pues el Espíritu lo examina todo, hasta las profundidades de Dios".

Este pasaje se usa a menudo en los sermones para presagiar los misterios del Cielo que se revelarán cuando dejemos nuestra asignación terrenal temporal. Ciertamente, nos esperan muchas sorpresas tremendas.

Sin embargo, Pablo también nos está informando que el Espíritu de Dios el Padre conoce todas las cosas, y desea comenzar a revelárnoslas ahora, en esta vida. Al revisar todo el pasaje de 1 Corintios 2:6-16, vemos que Pablo está hablando acerca de la Sabiduría de Dios revelada por Su Espíritu que nos permite tener la mente de Cristo.

Pablo nos dice en los versículos 11 y 12: *"Nadie conoce los pensamientos de Dios, sino el Espíritu de Dios. No hemos recibido el espíritu del mundo, sino el Espíritu que es de Dios, para que entendamos lo que Dios nos ha dado gratuitamente".*

Hermanos y hermanas, esta es una verdad emocionante. ¡El Espíritu de Dios en ti desea revelarte las cosas profundas de Dios, para que puedas vivir mejor la vida abundante que Jesús vino a darte (Juan 10:10)!

EL RETO DE HOY:

Pídele a tu Padre Celestial que te dé la mente de Cristo. Dile que deseas entender las cosas profundas de Dios que pueden ayudarte hoy.

Permita que Dios los revele por Su Espíritu.

Profundice más: Estudiar 1 Corintios 2.

5 de abril

EL ESPÍRITU DE DIOS VIVE EN TI

1 Corintios 3:16
"¿No saben que ustedes son templo de Dios y que el Espíritu de Dios habita en ustedes?"

En el Jardín, Dios caminó personalmente con Adán y Eva hasta que el pecado les impidió estar en Su Presencia. En el desierto, la Presencia de Dios moraba dentro del tabernáculo en el Lugar Santísimo, y luego de manera similar en el Templo, pero Él no estaba entre la gente; y, Ezequiel más tarde ve la visión de la Gloria de Dios saliendo incluso del Templo en Ezequiel capítulo 10.

El Padre siempre ha deseado habitar entre Su pueblo. Pero Él no puede vivir en pecado. Jesús vino para restaurarnos a la relación con el Padre para siempre. Jesús se convirtió en el mismo pecado que el Padre ni siquiera podía soportar contemplar para que pudiéramos ser hechos la justicia de Dios en Cristo (ver 2 Corintios 5:21).

El velo de separación de la Presencia de Dios en el Templo se ha abierto para siempre para nosotros a través del Cuerpo desgarrado de Su Hijo, Jesús.

Dios mismo ha preparado una morada de nuevo para siempre. ¡Su Presencia, Su Espíritu Santo, habita en ti! ¡El Espíritu del Padre, y el Espíritu del Hijo, viven en nosotros que verdaderamente nos hemos arrepentido y hemos creído en el Evangelio!

¿Realmente te has detenido a meditar en esta asombrosa Verdad? ¡Ustedes son el Templo de Dios!

EL RETO DE HOY:

Estad quietos y sabed que Él es Dios. Agradezca al Padre por hacer de su cuerpo un lugar para que viva Su Espíritu Santo. Medita en el asombroso milagro de la Presencia de Dios contigo hoy.

¡El Espíritu de Dios vive en ti!

Profundice más: Estudiar 1 Corintios 3; Juan 20:21-22; 1 Corintios 6:19-20; Efesios 2:22; Ezequiel 10:18; 2 Corintios 5:21.

6 de abril

EL ESPÍRITU DE VERDAD

Juan 15:26

"Cuando venga el Consolador que yo les enviaré de parte del Padre, el Espíritu de verdad que procede del Padre, él testificará acerca de mí."

El Padre y Jesús, el Hijo, determinaron en su Sabiduría que necesitaríamos un Ayudador. ¡Cuán magnífico es que nuestro Ayudador, Maestro, Consejero y Guía venga a nosotros como el Espíritu del Padre y el Espíritu del Hijo!

Jesús representaba perfectamente al Padre y siempre señalaba a la gente hacia el Padre. Del mismo modo, el Espíritu Santo siempre dirigirá a las personas a Jesús. El Espíritu de la Verdad representa perfectamente a Aquel que es la Verdad.

Por lo tanto, el Espíritu Santo siempre nos aconsejará y nos ayudará, en perfecta armonía con Jesús, quien es la Palabra Viva. Podemos estar seguros de que la voz del Espíritu nunca contradecirá la Palabra de Dios.

Dado que Jesús nos dijo repetidamente que Él solo hace lo que hace el Padre, y dice lo que dice el Padre, podemos estar seguros de que el Espíritu Santo también representa perfectamente al Padre. Sin embargo, el Padre y el Hijo tienen tan buena opinión del Espíritu que acordaron enviarlo para ayudarnos.

Las tres Personas de la Trinidad están en armonía y desean ayudarnos en nuestra relación restaurada con Dios proclamando siempre la Verdad y guiándonos hacia Aquel que es la Verdad.

EL RETO DE HOY:

Pasa un tiempo tranquilo con el Padre agradeciéndole a Él y a Jesús por enviarte el Espíritu de Verdad. Pídele al Padre que te dé un hambre y una sed renovadas de Su Palabra para que reconozcas y obedezcas mejor la voz del Espíritu Santo.

Profundice más: Estudiar Juan 15.

7 de abril

EL ESPÍRITU ETERNO

Hebreos 9:14

"¡Si esto es así, ¡cuánto más la sangre de Cristo, quien por medio del Espíritu eterno se ofreció sin mancha a Dios, purificará nuestra conciencia de las obras que conducen a la muerte, a fin de que sirvamos al Dios viviente!"

Dios siempre lo ha sido, y siempre lo será. Él es eternamente "YO SOY".

Por lo tanto, las tres personas de Dios son eternas. El Padre, el Hijo y el Espíritu Santo no fueron creados y nunca dejarán de serlo. Son la Primera Causa incausada de todo. Son interminables y eternos.

A.W. Tozer escribió: "Dios habita en la eternidad, pero el tiempo habita en Dios. Él ya ha vivido todos nuestros mañanas como ha vivido todos nuestros ayeres... De la eternidad, nuestro Señor vino al tiempo para rescatar a sus hermanos humanos, cuya locura moral los había hecho no sólo tontos del mundo que pasaba, sino también esclavos del pecado y de la muerte.[1]

Jesús voluntaria y obedientemente se ofreció a Dios como el sacrificio final e inmaculado por todos nuestros pecados, por todos los tiempos. La Palabra nos dice que Él cumplió esto a través del Eterno Espíritu Santo para que podamos servir al Dios vivo.

El Espíritu Santo que vive en vosotros es el que puede servir perfectamente al Padre. Nuestro desafío es rendirnos más perfectamente a Él diariamente a medida que Él logra esto en y a través de nosotros.

EL RETO DE HOY:

Pídele al Padre que te ayude a aprender cómo rendirte más plenamente a Su Espíritu Eterno para que puedas servirle mejor. Agradécele que la Sangre de Jesús limpia tu conciencia y te ha liberado para siempre del tiempo, del pecado y de la muerte.

Profundice más: Estudiar Hebreos 9.

---

[1] A.W. Tozer, The Knowledge of the Holy, Harper and Row Publishers, copyright 1961.

8 de abril

EL ESPÍRITU ES TODOPODEROSO

Lucas 1:35

" Y el ángel dijo: 'El Espíritu Santo vendrá sobre ti y el poder del Altísimo te cubrirá con su sombra. Así que al santo niño que va a nacer lo llamarán Hijo de Dios. También tu parienta Elisabet va a tener un hijo en su vejez; de hecho, la que decían que era estéril ya está en el sexto mes de embarazo. Porque para Dios no hay nada imposible'".

¿Alguna vez te has detenido a considerar la frase «el poder del Altísimo»?

Tradicionalmente, el énfasis de este versículo se centra en el hecho de que el Espíritu Santo "cubrió con su sombra" a María, lo que por supuesto habla del nacimiento virginal. Pero hoy, consideremos el Poder de Dios.

Teológicamente, el poder de Dios se conoce como "omnipotente", que significa "tener todo el poder". La palabra deriva del latín, a menudo se traduce como "todopoderoso" en nuestra Biblia, y nunca se usa con nadie más que con Dios. Solo Dios es Todopoderoso.

A.W. Tozer escribió: "La soberanía y la omnipotencia deben ir juntas. Uno no puede existir sin el otro. Para reinar, Dios debe tener poder, y para reinar soberanamente, Él debe tener todo el poder... Puesto que Dios también es infinito, todo lo que tiene debe ser ilimitado; por lo tanto, Dios tiene un poder ilimitado, Él es omnipotente".[1]

Detente y considera este hecho asombroso: ¡Aquel con poder ilimitado habita en ti! Ese solo hecho debería hacer que sea más fácil para nosotros querer rendirnos a Su liderazgo todos los días. El darnos cuenta de lo débiles que somos en nosotros mismos debería animarnos a dejar que Su poder tome el control.

EL RETO DE HOY:

Agradece al Padre por Su poder ilimitado que reside en ti en la forma de Su Espíritu Santo. Pídele que te ayude a ser un canal claro a través del cual Su poder pueda fluir para influir positivamente y ministrar a quienes te rodean.

Profundice más: Estudiar Lucas 1.

---

[1] A.W. Tozer, The Knowledge of the Holy, Harper and Row Publishers, copyright 1961.

9 de abril
EL ESPÍRITU ESTÁ PRESENTE
EN TODAS PARTES

Salmo 139:7-10

"¿A dónde podría alejarme de tu Espíritu? ¿A dónde podría huir de tu presencia? Si subiera al cielo, allí estás tú; si tendiera mi lecho en el fondo de los dominios de la muerte   también estás allí. Si me elevara sobre las alas del alba, o me estableciera en los extremos del mar, aun allí tu mano me guiaría, ¡me sostendría tu mano derecha! "

No hay ningún lugar en el que podamos estar donde no esté la Presencia de Dios el Espíritu Santo.

Dios es omnipresente. A. W. Tozer explica: "Dios está en todas partes, aquí, cerca de todo, al lado de todos... no hay lugar en el cielo, ni en la tierra, ni en el infierno, donde los hombres puedan esconderse de su presencia. Las Escrituras enseñan que Dios está a la vez lejos y cerca, y que en Él los hombres se mueven, viven y tienen su ser".[1]

Me consuela pensar en cómo Dios estuvo conmigo incluso en medio de todos mis pecados. Esperó pacientemente a que finalmente llegara al final de mí mismo en la cárcel y clamara a Él en rendición. Del mismo modo, Su presencia me mantuvo a salvo, me enseñó y me liberó incluso cuando todavía estaba encarcelado.

¡Dios también está contigo en este momento, justo donde estás! Créete eso.

EL RETO DE HOY:

Estad quietos y sabed que Él es Dios. Él está contigo. Él nunca te abandonará. Dile que quieres reconocer Su Presencia contigo todo el día.

Profundice más: Estudiar el Salmo 139; Salmo 46:10.

---

[1] A.W. Tozer, The Knowledge of the Holy, Harper and Row Publishers, copyright 1961.

10 de abril

EL ESPÍRITU AMA

Romanos 15:30

"Les ruego, hermanos, por nuestro Señor Jesucristo y por el amor del Espíritu, que se unan conmigo en esta lucha y que oren a Dios por mí".

El Espíritu Santo ama. Juan nos dice que Dios es amor. El amor es un atributo de Dios. Sabemos que el amor no es todo lo que Él es porque también es Gracia, Verdad, Misericordia, Justicia y muchos otros atributos.

El amor no es Dios, pero Dios es amor. Dios es amor perfecto. Su amor es acertada y bellamente descrito por Pablo en 1 Corintios 13:4-10. Detente y medita en oración en ese pasaje. No te apresures.

A.W. Tozer escribe: "De los otros atributos conocidos de Dios podemos aprender mucho acerca de Su amor. Podemos saber, por ejemplo, que debido a que Dios existe por sí mismo, su amor no tuvo principio; porque Él es eterno, Su amor no puede tener fin; porque Él es infinito, no tiene límite; porque Él es santo, es la quintaesencia de toda pureza inmaculada; porque Él es inmenso, Su amor es un mar incomprensiblemente vasto, sin fondo, sin orillas, ante el cual nos arrodillamos en gozoso silencio y del cual la más alta elocuencia se retira confusa y avergonzada". [1]

Jesús nos dijo en Juan 13:34-35, que debemos amar a los demás de la manera en que Él nos ama. Con mis propias fuerzas eso parece imposible, pero el Espíritu Santo es capaz de amar perfectamente a los demás a través de mí si se lo permito.

EL RETO DE HOY:

Agradezca al Padre por Su amor perfecto en Su Hijo por Su Espíritu Santo. ¡Él te ama!

Profundice más: Estudiar Romanos 15; 1 Juan 4:7-21; 1 Corintios 13:4-10.

---

[1] A.W. Tozer, The Knowledge of the Holy, Harper and Row Publishers, copyright 1961.

11 de abril

EL ESPÍRITU HABLA

Hechos 8:29
" El Espíritu dijo a Felipe: 'Acércate y júntate a ese carro'".

Hechos 13:2
"Mientras participaban en el culto al Señor y ayunaban, el Espíritu Santo dijo: 'Apártenme ahora a Bernabé y a Saulo para el trabajo al que los he llamado'".

Aprender a escuchar al Espíritu Santo cuando Él habla es crucial para construir una relación personal íntima con Dios el Padre. Jesús pagó el precio más alto del universo para que pudiéramos ser restaurados al Padre. Creo que esta intimidad de relación solo es posible a través del Espíritu de Dios que habita en nosotros.

Construir una relación con cualquier persona requiere alguna forma de comunicación efectiva. En su mayor parte, esto implica principalmente alguna forma de comunicación verbal, la capacidad de oír y una respuesta. Si bien hay algunas personas que tienen discapacidades auditivas y del habla graves, aprenden a comunicarse de maneras muy especializadas. Las relaciones requieren comunicación.

La mayoría de los seguidores de Cristo nunca han oído una voz audible, sino que sienten palabras o instrucciones distintas en su mente que su corazón entiende como de origen divino. El Espíritu Santo da ideas e impresiones que nunca entran en conflicto con la Palabra, y generalmente no son lo que su inclinación natural, o deseo carnal, normalmente sería.

Programar tiempo todos los días para estar quieto, escuchar y hablar con Dios son primeros pasos importantes.

EL RETO DE HOY:

Pídele al Padre que te ayude a escuchar y responder a Su Santo Espíritu hoy. Pregúntale algo, luego quédate quieto y escucha. Dale una respuesta. Anhela conversar contigo.

Profundice más: Estudiar Hechos 8.

12 de abril

LA PALOMA

Mateo 3:16

"Tan pronto como Jesús fue bautizado, subió del agua. En ese momento se abrió el cielo y vio al Espíritu de Dios bajar como una paloma y posarse sobre él".

Es imposible en este mundo definir completamente a Dios, pero podemos tratar de comunicar Sus atributos diciendo que Él es "como" algo con lo que estamos más familiarizados. Juan el Bautista expresó su reconocimiento de la venida del Espíritu Santo a Jesús después de su bautismo "como" una paloma. La paloma es un símbolo del Espíritu Santo.

"Las palomas han sido durante mucho tiempo un símbolo de **paz eterna.** Dios escogió a la **paloma blanca** para representar al Espíritu Santo La **paloma** se ve comúnmente en el arte con María como símbolo de **cuidado, devoción, pureza y paz".**[1]

"Si la naturaleza **afable** y **mansa** de la personalidad de la paloma evoca alguna desilusión de las aves más agresivas, se gana **el respeto** debido a su asociación con la paz, y como símbolo de unión en **armonía**, las palomas se liberan en muchas ocasiones para simbolizar **la cooperación** y **la no agresión".**[2]

En las descripciones seculares anteriores, se destacan las palabras y frases clave: paz eterna, paloma blanca, cuidado, devoción, pureza, paz, afable, manso, respeto, armonía y no agresión. ¿Sabías que todas estas son características de una paloma?

Otro hecho que he observado es que las palomas se alteran o perturban fácilmente. Cultiva y hospeda cuidadosamente la Presencia del Espíritu.

EL RETO DE HOY:

Dígale al Padre que desea aprender más acerca de las características y atribuciones de Su Espíritu Santo. Pídele que te ayude a cultivar el aprecio por Su pureza, calma, paz y sensibilidad.

Profundice más: Estudiar Mateo 3.

---

[1]Simbolismo de la Paloma – Espíritu Puro, www.pure-spirit.com/more-animal-symbolism/602-dove- simbolismo, 1/11/19.

[2]palomas – Browse the Animals, https://animalinyou.com/animals/dove/, 1/11/19.

13 de abril

VIENTO Y FUEGO

Hechos 2:1-4

"Cuando llegó el día de Pentecostés, estaban todos juntos en el mismo lugar. De repente, vino del cielo un ruido como el de una violenta ráfaga de viento y llenó toda la casa donde estaban reunidos. Aparecieron entonces unas lenguas como de fuego que se repartieron y se posaron sobre cada uno de ellos. ⁴ Todos fueron llenos del Espíritu Santo y comenzaron a hablar en diferentes lenguas, según el Espíritu les concedía expresarse".

A menudo en la Biblia, el viento y el fuego son símbolos del Espíritu Santo de Dios. El pasaje de hoy los tiene a ambos en evidencia en el mismo evento. A medida que leas otros pasajes de las Escrituras, haz una pausa y considera las implicaciones de que esas palabras aparezcan en cuanto a cómo el pasaje podría describir algo acerca del Espíritu.

Cuando pienso en el viento, recuerdo los efectos positivos y negativos. Por ejemplo, una brisa fresca en un día caluroso frente a una ráfaga fría en invierno. Pienso en el viento sosteniendo las majestuosas alas de un águila en vuelo, en contraposición a la muerte y la destrucción causadas por un tornado. El viento se lleva la paja inútil mientras aventadora el trigo, en lugar de llevar el polen y las esporas que dan vida a las plantas.

Cuando pienso en el fuego, pienso en su capacidad para refinar las impurezas del metal, endurecer el acero y destruir los desechos inútiles. El fuego proporciona luz y calor. Impone respeto.

EL RETO DE HOY:

Pídele al Padre que te ayude a ver atributos similares de viento y fuego en Su Espíritu Santo. Tómate un tiempo para reflexionar sobre cómo el Espíritu Santo trabaja contigo para refrescar, apoyar, distribuir, refinar, endurecer, iluminar y calentar tu vida.

Profundice más: Estudiar Hechos 2; compare con 1 Reyes 19:11-13.

14 de abril

AGUA VIVA

Juan 7:38-39

"De aquel que cree en mí, como dice la Escritura, de su interior brotarán ríos de agua viva. Con esto se refería al Espíritu que habrían de recibir más tarde los que creyeran en él. Hasta ese momento el Espíritu no había sido dado, porque Jesús no había sido glorificado todavía".

1 Corintios 12:13

"Todos fuimos bautizados por un solo Espíritu para constituir un solo cuerpo —ya seamos judíos o no, esclavos o libres—, y a todos se nos dio a beber de un mismo Espíritu.

Otro símbolo del Espíritu Santo es el agua, o agua viva. En las Escrituras, es instructivo considerar la palabra "agua" para determinar si, en el contexto, la palabra podría estar simbolizando algo acerca del Espíritu Santo de Dios.

En Juan 7, Jesús se refiere a ríos de agua viva que fluirán de un verdadero ser creyente. A medida que nos rendimos a Su Espíritu Santo, Jesús es capaz de impactar positivamente y ministrar a los que nos rodean. Creo que esto también puede referirse al lenguaje del amor individual, o al lenguaje de la oración, que el Espíritu trae con el bautismo del Espíritu Santo. Orar "en el Espíritu" puede edificar y traer vida a nuestro propio hombre espiritual (ver Judas 1:20-21).

En el pasaje de hoy, Pablo usa el agua y el Espíritu juntos para referirse a la nueva vida en el bautismo, y que todos tenemos acceso al Único y Mismo Espíritu para beber de su flujo vivificante de poder, pureza y unidad.

En Juan 4, Jesús le dijo a la mujer en el pozo que le pidiera agua vivificante que saciara para siempre la sed espiritual y se convirtiera en un manantial de vida eterna. ¿Tienes sed?

EL RETO DE HOY:

Dile al Padre que deseas beber de Su Agua Viva en la forma de Su Espíritu Santo hoy. Deja que Él satisfaga tus anhelos más profundos.

Profundice más: Estudiar los capítulos 4 y 7 de Juan.

15 de abril

NO BLASFEMES CONTRA EL ESPÍRITU

Mateo 12:31

"Por eso digo que a todos se les podrá perdonar todo pecado y toda blasfemia, pero la blasfemia contra el Espíritu no se le perdonará a nadie."

En este versículo, Jesús dice que es un pecado muy grave blasfemar contra el Espíritu Santo; tan grave que no será perdonado. La obra griega de la que se traduce aquí "blasfemia" significa charla maliciosa, calumnia, insulto o maldición. Por inferencia, también puede significar abusar, rechazar o negar.

Debido al contexto que rodea este versículo, algunos teólogos creen que la blasfemia "implica atribuir el ministerio y el poder milagroso del Espíritu Santo (como la autoridad para expulsar demonios y el poder para sanar a los enfermos) a Satanás en lugar de a Dios. Implica un rechazo deliberado del testimonio del Espíritu Santo sobre Cristo y el evangelio".[1]

A menudo he oído decir que si te preocupa blasfemar tan seriamente contra el Espíritu que no has sido perdonado, entonces es una buena señal de que, de hecho, no lo has blasfemado. A alguien en esa condición nunca le importaría si lo había hecho o no.

Si usted está preocupado, entonces para estar seguro de su posición segura en Cristo, arrepiéntase ante el Padre de cualquier manera que pudiera haber hecho esto en el pasado, y cúbralo bajo la Sangre. No hay pecado que la Sangre de Jesús no pueda limpiar. Los que no han sido perdonados nunca se han arrepentido.

EL RETO DE HOY:

Habla con el Padre acerca de tu deseo de honrarlo y reverenciarlo siempre a Él y a Su Espíritu Santo. Arrepiéntete ante Él si sientes alguna convicción del pasado con respecto a palabras o acciones blasfemas que hayas tenido. Agradécele por la seguridad de tu salvación en Cristo Jesús.

Profundice más: Estudiar Mateo 12; considere el versículo de hoy a la luz de Isaías 63:10; Marcos 3:28-30; Hechos 5:3-5; Efesios 4:30; 1 Tesalonicenses 5:19; 1 Timoteo 1:13.

---

[1] Nota explicativa de Mateo 12:31, <u>La Biblia de Estudio de la Vida en el Espíritu</u>, por Zondervan Publishing, copyright 1992, 2003 por Life Publishers International.

16 de abril

NO RESISTAS AL ESPÍRITU

Hechos 7:51

¡Tercos, duros de corazón y torpes de oídos! Ustedes son iguales que sus antepasados: ¡Siempre resisten al Espíritu Santo!"

Para ser guiados por el Espíritu Santo (en lugar del mundo, la carne o el diablo), debemos estar atentos, dispuestos y obedientes. El orgullo y la terquedad nos impiden seguir la guía del Espíritu.

Como cristianos, las actitudes carnales de nuestro corazón son cortadas por el Espíritu Santo en Su obra progresiva de hacernos más semejantes a Cristo Jesús. Este proceso es "santificación", y su propósito es apartarnos para servir a Dios con todo nuestro corazón, y hacernos más santos.

Mientras pensemos con orgullo que podemos manejar nuestras propias vidas a nuestra manera, resistiremos la voz apacible y delicada del Espíritu en su intento de guiarnos por el camino angosto. El éxito en el caminar cristiano llega cuando apartamos nuestras atenciones de las distracciones del mundo, escuchamos atentamente la voz del Espíritu y elegimos ser obedientes a Sus instrucciones.

Aprender a hacer esto se vuelve más fácil cuando nos detenemos y consideramos dónde nos dejaron nuestros propios esfuerzos por dirigir nuestras propias vidas: en prisiones de nuestra propia creación mientras estábamos "en el mundo libre", y finalmente detrás de rejas de acero, muros de concreto y alambre de púas.

EL RETO DE HOY:

Pídele a tu Padre Celestial que te ayude a aprender a escuchar y obedecer Su Santo Espíritu. Dile que quieres ser más como Jesús hoy. Decídete a esforzarte por escuchar constantemente al Espíritu a medida que realizas tu rutina hoy.

No resistas al Espíritu Santo.

Profundice más: Estudiar Hechos 7.

17 de abril

NO INSULTES AL ESPÍRITU SANTO

Hebreos 10:29

"¿Cuánto mayor castigo piensan ustedes que merece el que ha pisoteado al Hijo de Dios, que ha profanado la sangre del pacto por la cual había sido santificado y que ha insultado al Espíritu de la gracia?"

El Diccionario Webster define "insultar" como tratar con desprecio, grosería o falta de respeto. La palabra griega traducida en este pasaje como "insultado" también significa maltratar o dañar. El contexto del pasaje que rodea este versículo se refiere a alguien que continúa pecando a sabiendas y deliberadamente después de haber recibido el Espíritu Santo en salvación.

Este tipo de comportamiento no trata a Dios con respeto e ignora el precio tremendamente alto que Jesús pagó con Su Sangre para comprar nuestra libertad del pecado. Es el tipo de actitud que permite el engaño personal de que la gracia continuará cubriendo el pecado intencional después de la salvación, a pesar de lo que uno haga o de la frecuencia con que lo haga.

Este enfoque irrespetuoso, grosero e insultante de la vida no muestra ningún temor reverente por Dios, frente a Quien un día todos seremos juzgados. Considere cuidadosamente Hebreos 10:30-31.

La gracia no nos da licencia para pecar, ¡nos da el poder de no pecar! Este poder de Dios es Su Espíritu Santo. En este pasaje, se hace referencia a Él como el "Espíritu de gracia".

EL RETO DE HOY:

Dile al Padre que te arrepientes de todas las formas en que has insultado a Su Santo Espíritu. Da gracias al Padre por el sacrificio de Jesús. Pídele que identifique y te ayude a alejarte del pecado intencional en tu vida.

No insultes al Espíritu Santo.

Profundice más: Estudiar Hebreos 10.

18 de abril

NO ENTRISTEZCAS AL ESPÍRITU SANTO

Efesios 4:30

"No agravien al Espíritu Santo de Dios con el que fueron sellados para el día de la redención."

El Diccionario Webster define "llorar" como causar angustia emocional, dolor o carga excesiva. La palabra griega traducida en este pasaje como "entristecer" también significa causar tristeza. El contexto del pasaje que rodea este versículo contiene instrucciones específicas y prácticas para la vida cristiana.

En Efesios 4:29-32, Pablo nos está instruyendo acerca del comportamiento que no debe ser parte de nuestro caminar diario, y la mayor parte de él involucra nuestras palabras y acciones que se derivan de conversaciones malsanas de cualquier tipo. Por ejemplo, nuestras palabras pueden representar ira y llevarnos a peleas, tanto físicas como verbales. Es posible que estemos albergando amargura y resentimiento por algo que otra persona hizo o dijo. Podríamos estar "hablando basura" o deseando venganza hacia ellos.

Todo este comportamiento y lenguaje entristece al Santo Espíritu de Dios. Estas cosas se oponen directamente a los atributos y frutos del Espíritu Santo que Él desea producir en nuestras vidas. Pablo nos dice que seamos amables y compasivos los unos con los otros, y que estemos dispuestos a perdonar toda ofensa contra nosotros de la misma manera que Cristo nos ha perdonado.

Las palabras que hablamos deben ser cuidadosamente seleccionadas para edificar a los demás, no para derribarlos. Nuestros pensamientos, palabras y acciones deben ser positivos en todos los sentidos, no negativos en ningún aspecto.

EL RETO DE HOY:

Pídele al Padre que te ayude a ser más sensible hoy a las palabras y acciones que le agradarán y, por lo tanto, representará positivamente a Cristo ante todos los que te rodean.

No entristezcas al Espíritu Santo.

Profundice más: Estudiar Efesios 4; Isaías 63:10; 1 Tesalonicenses 5:19.

19 de abril

NO APAGUES EL ESPÍRITU SANTO

1 Tesalonicenses 5:16-19

"Estén siempre alegres, oren sin cesar, [18] den gracias a Dios en toda situación, porque esta es su voluntad para ustedes en Cristo Jesús. No apaguen el Espíritu".

El Diccionario Webster define "apagar" como extinguir o someter. La palabra griega traducida en este pasaje como "apagar" también significa apagar. El contexto del pasaje que rodea este versículo contiene las instrucciones de Pablo a los cristianos de Tesalónica con respecto a su interacción entre sí, con el mundo y con Dios.

Uno de los frutos del Espíritu, y un atributo del carácter de Jesús, es el gozo. Expresar alegría puede convertirse en una expresión más natural y constante de un cristiano cuanto más se concentre uno en las cosas que importan para la eternidad. Pensar en la fidelidad constante de Dios hacia nosotros, incluso cuando fallamos en nuestra fe hacia Él, nos hace estar alegres en medio de las pruebas.

A primera vista, "orar continuamente" parece imposible, o al menos, muy poco práctico. Sin embargo, la oración es una conversación con Dios, y dado que Su Espíritu Santo siempre está en nosotros y con nosotros, una conversación continua con Él durante nuestro día normal puede convertirse en un proceso natural. Después de todo, Él es nuestro Amigo, Ayudante y Consejero, alguien con quien podemos conversar a menudo.

Una actitud de gratitud, o un agradecimiento sincero y continuo hacia Dios, resulta naturalmente cuanto más nos enfocamos en cada cosa buena que Él ha hecho y está haciendo en nuestras vidas.

Si no estamos alegres, orando y agradecidos, apagamos el Espíritu Santo de Dios.

EL RETO DE HOY:

En una actitud de constante conversación con el Espíritu, expresa hoy alegría y agradecimiento sincero.

Esta es la voluntad de Dios para ti hoy.

Profundice más: Estudiar 1 Tesalonicenses 5.

20 de abril

ESPERANZA Y FUTURO

Jeremías 29:11

"Porque yo conozco los planes que tengo para ustedes —afirma el Señor—, planes de bienestar y no de calamidad, a fin de darles un futuro y una esperanza".

Declaro el 20 de abril de 2009 como mi "día de renacimiento" en prisión, cuando entregué totalmente mi vida para servir a mi Señor y Salvador, Jesucristo. ¡Resulta que también es mi fecha de nacimiento real 57 años antes!

Aproximadamente un mes antes, después de haber escrito a mi familia para pedir perdón por las muchas formas en que los había herido y ofendido, recibí cartas de mis dos hermanos expresando su perdón hacia mí y extendiendo su amor y ayuda.

Las lágrimas brotaron de mis ojos al leer sus amables palabras de misericordia y compasión. Había pasado mucho tiempo desde que fui capaz de aliviar mi corazón a través de las lágrimas. Estando solo, acostado en mi litera, Dios comenzó a animar mi corazón a través de un versículo que mi hermano escribió en su carta.

Creo que esta fue la primera vez que leí o escuché acerca del versículo escrito arriba, Jeremías 29:11. Necesitaba esperanza. Necesitaba ánimo. Pensé que mi vida, para todos los propósitos prácticos, había terminado debido a un pasado lleno de malas decisiones y pecado. No sabía que Dios todavía tenía un plan para mí, un plan para prosperarme y no para hacerme daño.

Ese mismo día elegí creer que Dios había perdonado mi pasado y que podía confiar en que Él me daría esperanza y un buen futuro. ¡Qué tremendo regalo de cumpleaños!

EL RETO DE HOY:

Cree en Dios. Él perdona tu pasado y tiene un buen plan para tu futuro. Recibe esperanza.

Profundice más: Estudiar Jeremías 29:1-23; Romanos 15:4, 13; Job 42:10, Isaías 61:7; Zacarías 9:12; Hebreos 6:18-20, 7:18-19; 10:23; Salmo 16:8-9, 11; 31:24; 25: 3-5; 33:18-22; 42:5; 62:5-8; Proverbios 10:28; 11:7; 23:18; 24:14, 20; Tito 1:2, 2:13

21 de abril

EL DON DE DIOS

Mateo 1:18, 20

"El nacimiento de Jesucristo fue así: Su madre, María, estaba comprometida para casarse con José; pero, antes de unirse a él, resultó que estaba embarazada por el poder del Espíritu Santo. [20] *Pero cuando él estaba considerando hacerlo, se le apareció en sueños un ángel del Señor y le dijo: 'José, hijo de David, no temas recibir a María por esposa, porque ella ha concebido por el poder del Espíritu Santo...'"*

En nombre de la humanidad, una niña inocente recibió el regalo más magnífico: Jesús fue concebido en María por Dios, el Espíritu Santo.

Esta Intervención Divina en la historia debe ser el evento más significativo para toda la eternidad. Dios se inyecta a sí mismo en un espacio caído, restrictivo y tridimensional para tomar sobre sí mismo el castigo por todos los pecados, por todos los tiempos, para que podamos tener la oportunidad de elegir si tendremos una relación personal íntima con nuestro Padre Celestial Dios.

Su Espíritu Santo ejerció el máximo Poder Creativo para lograr esto. De manera similar a la Creación en el principio, donde el Espíritu se cernía sobre el abismo esperando llevar a cabo la Palabra, la Presencia del Espíritu vino sobre María para crear la Palabra Viva, Jesús. Más adelante en el Nuevo Testamento, aprendemos que el Espíritu Santo también estuvo íntimamente involucrado en la creación de Su Cuerpo: la Iglesia.

¡Al igual que María, recibamos este Regalo Supremo de Dios, Su Hijo, Jesús!

EL RETO DE HOY:

Dile al Padre que deseas recibir obedientemente Su Regalo Más Precioso. Pídele que te ayude a apreciar más plenamente todas las formas en que ejerce Su Poder Creador para salvarte a ti y a toda la humanidad.

Profundice más: Estudiar Mateo 1:18-25; Lucas 1:26-38; Génesis 1:1-2; Juan 20:21-22; Hechos 2:1-4.

22 de abril

EL ESPÍRITU SOBRE JESÚS

Mateo 3:16

"Tan pronto como Jesús fue bautizado, subió del agua. En ese momento se abrió el cielo y vio al Espíritu de Dios bajar como una paloma y posarse sobre él".

Ayer aprendimos cómo el Espíritu Santo vino sobre María para beneficio de toda la humanidad. Hoy, vemos al Espíritu viniendo sobre Jesús por Él; y, a través de Él, por nosotros.

Cuando Jesús estaba listo para comenzar oficialmente su ministerio terrenal, se presentó en una demostración pública de sumisión a Dios el Padre. Nuestro Padre expresó toda Su complacencia con Su Hijo y envió Su Espíritu para que estuviera sobre Jesús. Para Juan el Bautista, el Espíritu se apareció como una paloma y permaneció sobre Jesús.

El Padre empoderó al Hijo con todo lo que necesitaría para completar su misión de rescate. En el Antiguo Testamento, vemos el poder de unción del Espíritu que viene sobre alguien para una tarea en particular, pero se retira más tarde. Cuando Él vino a Jesús, el Espíritu permaneció.

En Pentecostés, bajo un cielo abierto, el Espíritu Santo descendió sobre nosotros como creyentes para que pudiéramos ser capacitados para cumplir nuestra misión. Jesús nos envió a discipular y bautizar a otros, pero no nos envió solos; Él y el Padre nos dieron Su Espíritu Santo. ¡El Padre está complacido con nosotros cuando le permitimos que permanezca!

EL RETO DE HOY:

Habla con el Padre hoy acerca de cómo puedes hospedar más fielmente Su Presencia en tu vida. Pídele que te muestre cómo permitir que el Espíritu te guíe con más libertad, y dile al Padre que lo seguirás obedientemente.

Profundice más: Estudiar Mateo 3; Lucas 3:21-22.

23 de abril

EL ESPÍRITU GUIÓ A JESÚS

Lucas 4:1-2

"Jesús, lleno del Espíritu Santo, volvió del Jordán y fue llevado por el Espíritu al desierto. ²Allí estuvo cuarenta días y fue tentado por el diablo. No comió nada durante esos días, pasados los cuales tuvo hambre".

Jesús estaba lleno del Espíritu Santo y guiado por el Espíritu. Si Jesús necesitó el Espíritu Santo, ¡nosotros también!

Los comienzos de la primera etapa del ministerio de Jesús no fueron en el Templo, ni entre las multitudes de personas que más tarde lo rodearían; más bien, Él estaba en el desierto con solo el Espíritu Santo de Su Padre. Allí, en el desierto, el hombre Jesús aprendió a seguir al Espíritu Divino.

Fue sostenido durante cuarenta días de prueba, y con poder para decir "no" a las tentaciones de Satanás. Cuando el enemigo presentó un argumento tentador, Jesús fue guiado por el Espíritu a usar la Palabra para contrarrestar específicamente a Satanás para tener éxito. No necesitó nada más que la Palabra y el Espíritu para vencer toda tentación.

De manera similar, en nuestra propia experiencia en el desierto, debemos ser guiados por el Espíritu y animados por la Palabra de Dios. Debemos ser capaces de contrarrestar tentaciones específicas con pasajes específicos de las Escrituras para la victoria. Debemos estar dispuestos a ser guiados por el Espíritu para que aprendamos y crezcamos a través de cada prueba y tribulación.

Diariamente debemos ser llenos del Espíritu. Ver Efesios 5:15-20.

EL RETO DE HOY:

Pídele al Padre que te revele más de Sí mismo a través de Su Espíritu Santo hoy. Dile que quieres ser continuamente lleno y guiado por Su Espíritu. Cuando te encuentres con tentaciones y pruebas hoy, utiliza la Palabra y el Espíritu para vencer. ¡Él te sostendrá!

Profundice más: Estudiar Lucas 4; Mateo 4:1-17; Efesios 5:15-20.

24 de abril

EL ESPÍRITU UNGIÓ A JESÚS

Lucas 4:14, 18

"Jesús regresó a Galilea en el poder del Espíritu y se extendió su fama por toda aquella región... (Jesús dijo,) [18] 'El Espíritu del Señor está sobre mí, por cuanto me ha ungido para anunciar buenas noticias a los pobres. Me ha enviado a proclamar libertad a los cautivos y dar vista a los ciegos, a poner en libertad a los oprimidos...'"

La unción de Jesús por el Espíritu Santo debe haber sido tan evidente para todos aquellos con quienes entró en contacto, que inmediatamente comprendieron que no era un rabino o profeta ordinario. La gente se sentía atraída por Él y por Su singularidad.

En su primer discurso público en una sinagoga, proclamó que Él era el ungido que Isaías había escrito unos 700 años antes. Encontró el lugar en el rollo de Isaías, leyó la profecía y proclamó que se había cumplido en Él.

La misma unción disponible para Jesús también está disponible para nosotros. Nuestro desafío es aprender a someternos, permitir que Su Espíritu Santo nos guíe y estar dispuestos a ser obedientes rápidamente. Hay multitudes que necesitan escuchar las Buenas Nuevas para poder ser liberadas de toda forma de esclavitud. A medida que vean la unción en nosotros mientras cada día nos parecemos más a Jesús, el Espíritu los atraerá al Padre.

EL RETO DE HOY:

Dar gracias al Padre que por Su gracia el mismo Espíritu que ungió a Jesús vive en ti. Pídele que te ayude a ser más sumisa y obediente para que Su Espíritu impacte a los demás a través de ti hoy.

¡Eres ungido y designado! Vive como tal.

Profundice más: Estudiar Lucas 4:14-44; Isaías 61:1-4; Hechos 2:22; Hechos 10:37-38.

25 de abril

EL ESPÍRITU DA TESTIMONIO DE JESÚS

Juan 15:26

Jesús dijo: "Cuando venga el Consolador que yo les enviaré de parte del Padre, el Espíritu de verdad que procede del Padre, él testificará acerca de mí".

El Espíritu Santo siempre testificará de Jesús. El Espíritu nos señala a Cristo, nos guía por los caminos de Cristo y desea conformarnos cada vez más a la imagen misma de Cristo Jesús. Si usted siente una "guía" que no coincide con Cristo Jesús y Sus Caminos, no está siguiendo la voz del Espíritu Santo.

Jesús nos envió un Ayudador, Abogado, Amigo y Guía. El Espíritu Santo es el Don Supremo disponible para nosotros de la Persona del Sacrificio Supremo, quien se proclamó a sí mismo como la Verdad.

La Fuente de toda Verdad es el Espíritu del Padre, de quien nos fue dado el Don más Preeminente, Jesús. El corazón del Padre es Jesús. El Espíritu del Padre es la Verdad. ¿Cómo podría Él testificarnos de Alguien más que de Jesús?

Nuestro deseo supremo debe ser la búsqueda diaria de una relación más profunda e íntima con Dios el Padre, Dios el Hijo y Dios el Espíritu Santo. La escritura de hoy revela más acerca de cada Persona en la Deidad.

Conocer a cada una de las Personas de Dios nos ayuda a tener una relación más profunda y significativa con Dios. Estudia a las personas. Aprende a relacionarte con la singularidad de cada persona.

EL RETO DE HOY:

Agradezcan al Padre por el Espíritu de Verdad, el Espíritu Santo, que siempre les enseñará acerca de Jesús. Pídele al Padre que te muestre cómo desarrollar una relación más íntima con cada una de las Tres Personas de Dios.

Se trata de una relación, no de una religión.

Profundice más: Estudiar Juan 15; Juan 14:6; Juan 8:32; Juan 1:14, 17.)

26 de abril

EL ESPÍRITU RESUCITÓ A JESÚS

Romanos 8:11
Y si el Espíritu de aquel que levantó a Jesús de entre los muertos vive en ustedes, el mismo que levantó a Cristo de entre los muertos también dará vida a sus cuerpos mortales por medio de su Espíritu, que vive en ustedes".

Romanos 1:4
"... pero según el Espíritu de santidad, fue designado con poder Hijo de Dios por la resurrección. Él es Jesucristo nuestro Señor".

Si realmente te detienes a considerar el significado y la realidad de estas dos escrituras, casi te dejará boquiabierto y abrumará tu corazón. Léelos de nuevo. Pídele a tu Maestro, el Espíritu Santo, que te explique su significado.

La vida abundante que Jesús vino a darnos (Ver Juan 10:10) está disponible instantáneamente para nosotros ahora que continuamos nuestro viaje terrenal. ¿Cómo? Por el mismo Espíritu que fue instrumental en devolverle la vida a nuestro Salvador y Señor.

Fue la resurrección de Jesús la que asestó el golpe mortal a nuestro enemigo. La Palabra nos dice que el Poder de Dios para lograr esto fue administrado a través del Espíritu de Santidad, Su Espíritu Santo, quien por este acto solidificó a Jesús como el Hijo de Dios, y lo coronó Rey de reyes.

¡Santo de Dios, este es el mismo Espíritu que habita en ti! Medita en 1 Corintios 3:16.

EL RETO DE HOY:

Dar gracias al Padre por Su Espíritu de Santidad que resucitó a Jesús de entre los muertos. A la luz de esta verdad, ponte la meta de aprender a rendirte totalmente al liderazgo del Espíritu en tu vida momento a momento. Agradécele al Padre que todo lo que necesitas para la vida abundante ya habita en ti.

Profundice más: Estudiar Romanos 8; 2 Corintios 4:13-14; 1 Pedro 3:18; Juan 10:10; 1 Corintios 3:16.

27 de abril

NO ERES TUYO

1 Corintios 6:19-20

"¿Acaso no saben que su cuerpo es templo del Espíritu Santo, quien está en ustedes y al que han recibido de parte de Dios? Ustedes no son sus propios dueños; fueron comprados por un precio. Por tanto, glorifiquen con su cuerpo a Dios".

Dios ya no habita en templos hechos por el hombre; más bien, Él vive en el cuerpo del creyente renacido, un templo hecho por Dios. El precio que Él pagó por esto fue la Sangre de Su Hijo, Jesús.

Cuando nacemos de lo alto, Dios envía a Su Espíritu Santo para que viva en nosotros. Quiere vivir en un cuerpo limpio. La obra del Espíritu de santificación progresiva nos hace cada vez más santos y nos aparta para un mayor servicio de Dios.

Nuestro trabajo es participar con el Espíritu Santo en este trabajo de limpieza al buscar una relación íntima con Él diariamente para que entreguemos cada parte de nuestras vidas a Él de manera más voluntaria y completa. Someterse a Su voz apacible y delicada para guiarnos por el camino angosto es crucial.

Debemos darnos cuenta de que ya no nos pertenecemos a nosotros mismos; pertenecemos a Dios. Es Su elección y responsabilidad hacernos a la imagen de Jesús. Debemos ser buenos mayordomos de nuestro templo.

EL RETO DE HOY:

Dile al Padre cuánto atesoras Su Presencia. Pídele que te haga más consciente de que Su Espíritu Santo te acompaña dondequiera que vayas. Pídele que te ayude a recordar que Él está ahí contigo en lo que sea que estés haciendo.

Piensa a dónde vas y qué haces. Dios está contigo.

Profundice más: Estudiar 1 Corintios 6; 1 Corintios 3:16; Efesios 2:22; Juan 20:21-22.

28 de abril

DONES DE MANIFESTACIÓN ESPIRITUAL

1 Corintios 12:7-11

"A cada uno se le da una manifestación especial del Espíritu para el bien de los demás. A unos Dios da por el Espíritu palabra de sabiduría; a otros, por el mismo Espíritu, palabra de conocimiento; a otros, fe por medio del mismo Espíritu; a otros, y por ese mismo Espíritu, dones para sanar enfermos; a otros, poderes milagrosos; a otros, profecía; a otros, el discernir espíritus; a otros, el hablar en diversas lenguas; y a otros, el interpretar lenguas. Todo esto lo hace un mismo y único Espíritu, quien reparte a cada uno según él lo determina".

El Espíritu Santo manifiesta Su Poder en los creyentes para el beneficio de los demás a través de varios dones visibles y/o audibles. Él escoge el momento y la persona a través de la cual manifestarlos dependiendo de las circunstancias particulares, y de la voluntad de un creyente humilde de permitirle mostrar Su don a través de ellas.

Si nosotros, por nuestra propia voluntad, tratamos de ejercerlas, no estamos operando en Su unción. Sin embargo, debemos ser sensibles para responder a Su inspiración cuando Él está tomando la decisión de qué hacer y cuándo hacerlo. Entonces Él obrará en nosotros y a través de nosotros para lograr lo que Él determine.

Esta sumisión y obediencia de nuestra parte requiere una fe como la de un niño. Solo como niños entraremos en la obra del Reino que Dios está haciendo en la tierra.

EL RETO DE HOY:

Agradezca al Padre por los muchos dones que manifiesta por medio de Su Espíritu Santo en y a través de nosotros para el beneficio de los demás. Pídele que te muestre cómo participar mejor en la obra de Su Reino.

Esté dispuesto. Estar disponible. Sé obediente.

Profundice más: Estudiar 1 Corintios 12.

29 de abril

DIOS RESTAURA

Zacarías 9:12

"Vuelvan a su fortaleza, cautivos de la esperanza, pues hoy mismo anuncio que les devolveré el doble".

Abandoné a mi hijo, Andy, cuando solo tenía dos años. El orgullo, el egoísmo y el autoengaño me llevaron por el camino de la destrucción total.

Hasta que cumplió doce años, me mantuve en contacto y pasé tiempo con él con cierta regularidad durante los años, pero estuve en gran parte ausente de su vida. De los doce a los veinticuatro años lo vi una sola vez. Estaba demasiado involucrado en una vida de pecado y de mí mismo como para preocuparme, y demasiado "atrapado en la estupidez" para cambiar.

Después de que me salvaron en prisión, comencé a escribirle todos los meses, pero nunca supe nada de él. De todos modos, seguí escribiendo. Yo rezaba regularmente por el restablecimiento de nuestra relación.

Un año después de mi liberación de la prisión, Dios hizo arreglos para que yo pudiera ir a una reunión relacionada con el ministerio a la ciudad donde vivía Andy. Me había comunicado con Andy por mensaje de texto ya que nunca respondió a mis llamadas. ¡Respondió a un mensaje de texto! Tuvimos un reencuentro maravilloso, y me dijo que había guardado cada una de mis cartas.

Hoy en día, Dios sigue restaurando nuestra relación, y soy paciente para esperar con fe. En los ocho años transcurridos desde mi liberación, he estado con él unas cinco veces. Todavía no se pone en contacto conmigo, pero a veces responde a medida que continúo comunicándome con él. Hoy es su cumpleaños.

No renuncies a las relaciones familiares. Dios puede restaurar y lo hará en Su tiempo. Sé paciente y fiel.

EL RETO DE HOY:

Agradezca al Padre porque cumplirá su promesa de restaurar a su familia. Mantén tus ojos en Él. Deja que Él obre en sus corazones mientras te transforma.

Profundice más: Estudiar Zacarías 9; Malaquías 4:6.

30 de abril

FRUTO ESPIRITUAL

Gálatas 5:22-23

"En cambio, el fruto del Espíritu es amor, alegría, paz, paciencia, amabilidad, bondad, fidelidad, humildad y dominio propio. No hay ley que condene estas cosas".

He oído que se enseña que hay un solo fruto espiritual, el amor, y que los otros ocho atributos fluyen de ese único don. Otros enseñan que la palabra "fruto" aquí es en realidad plural en el griego, y que los nueve atributos son frutos individuales que el Espíritu produce.

De cualquier manera, estos atributos deben ser comprendidos en nosotros como cualidades de carácter de Cristo. El Espíritu desea producirlos en una medida cada vez mayor en las vidas de los creyentes totalmente entregados. La voluntad de Dios es que seamos hechos a la imagen de Su Hijo. Ver Romanos 8:29.

Como pámpanos, debemos permanecer, en la Vid, Jesús. La fuerza vital, la savia, que fluye a través de las ramas de la vid ha sido comparada con el Espíritu Santo. El creyente no se esfuerza por producir fruto por sus propios esfuerzos. Más bien, el Espíritu Santo produce fruto naturalmente a medida que nos mantenemos conectados con Jesús.

La Palabra nos dice que así como Jesús es, así somos nosotros en este mundo (1 Juan 4:17). Cuando Él sea revelado, seremos semejantes a Él (1 Juan 3:2). No hay ninguna ley natural que impida que el Espíritu Santo produzca en nosotros todas las cualidades de carácter de Cristo.

EL RETO DE HOY:

Agradécele al Padre por el fruto que produce por medio de Su Espíritu Santo en ti y a través de ti para hacerte más como Jesús. Pídele que te ayude a morar intencionalmente en la Vid para que el Espíritu fluya.

No te interpongas en su camino. Permítele obrar.

Profundice más: Estudiar Gálatas 5; Colosenses 3:12-17; Juan 15:1-17; Romanos 8:29; 1 Juan 4:17; 1 Juan 3:2.

1 de mayo

EL AMOR DEL ESPÍRITU

Romanos 15:30

"Les ruego, hermanos, por nuestro Señor Jesucristo y por el amor del Espíritu, que se unan conmigo en esta lucha y que oren a Dios por mí..."

Hemos visto anteriormente que el Espíritu Santo es el Espíritu de Verdad (Ver 6 de abril), y sabemos que Él también es el Espíritu del Padre (Ver 5 de abril). Puesto que Dios es Amor, el amor de Su Espíritu será un factor importante en nuestras vidas como cristianos.

El Cuerpo de Cristo debe unirse en amor. El amor permanece para siempre, y nunca falla. El Espíritu Santo, en amor, convence suavemente a los creyentes de pecado, en lugar de condenarlos con vergüenza. El fruto más importante del Espíritu es el amor (ver 30 de abril), y la evidencia de que seguimos a Jesús será nuestro caminar de amor (ver Juan 13:34-35).

Pablo insta a los cristianos a unirse en oración para propósitos específicos. No se puede exagerar el poder del acuerdo en la oración. Nótese que Pablo les pide que "se esfuercen" en oración. La oración prevaleciente requiere diligencia, fe y paciencia. Es un componente clave en nuestra armadura espiritual.

A través del Señor Jesucristo, quien está lleno de gracia y verdad, Pablo sabe que los creyentes que se esfuerzan juntos en oración y caminan en amor, verán la victoria.

¿Ves áreas en tu vida donde hay una necesidad de unidad, oración y amor?

EL RETO DE HOY:

Dile al Padre que estás agradecido por el amor del Espíritu Santo en tu vida. Pídele que identifique las áreas en las que necesitas más unidad con el cuerpo de Cristo, y que te dé sabiduría en cuanto a cómo prevalecer en la oración y caminar en amor hoy.

Profundice más: Estudiar Romanos 15; Juan 13:34-35, 1 Corintios 13.

2 de mayo

EL MAESTRO PERFECTO

Juan 14:26
"Pero el Consolador, el Espíritu Santo, a quien el Padre enviará en mi nombre, les enseñará todas las cosas y les hará recordar todo lo que he dicho".

Salmo 32:8
"Yo te instruiré, yo te mostraré el camino que debes seguir; yo te daré consejos y velaré por ti".

Incluso nuestros maestros favoritos cometieron errores. El Espíritu Santo nunca lo hace. Esos mismos profesores se especializaban en una o dos materias. ¡El Espíritu Santo lo sabe todo perfectamente!

Jesús quería que sus discípulos supieran con certeza que no se les dejaría solos para llevar a cabo la Gran Comisión. Les aseguró que Él y el Padre sabían que necesitaban un Ayudador, Maestro y Consejero que les enseñara diariamente a aplicar las verdades que Jesús les había dado, y que les recordara todo lo que Él les había enseñado. Quería que tuvieran consejo continuo para una dirección clara, y el Poder de Dios para el éxito del Reino.

Era tan importante para ellos, que se les instruyó que no fueran a ningún lugar ni hicieran nada hasta que hubieran recibido el poder de lo alto y el don que el Padre había prometido: el Espíritu Santo.

Del mismo modo, necesitamos dirección, instrucción y consejo para llevar a cabo los planes que el Padre y el Hijo tienen para nosotros. A medida que continuamos leyendo y absorbiendo la Palabra, necesitamos que nuestro Ayudador nos recuerde los versículos clave en momentos críticos cuando el enemigo nos tienta. ¿No te alegras de tener al Maestro Perfecto?

EL RETO DE HOY:

Dile al Padre cuánto necesitas Su dirección hoy. Agradécele por enviarte Su Espíritu Santo, y dile que quieres escuchar y obedecer a tu Maestro.

Profundice más: Estudiar Juan 14; Salmo 32.

3 de mayo

LA ÚNICA GUÍA VERDADERA

Juan 16:13
"Pero cuando venga el Espíritu de la verdad, él los guiará a toda la verdad, porque no hablará por su propia cuenta, sino que dirá solo lo que oiga y les anunciará las cosas por venir".

Aunque la Deidad está compuesta por tres Personas distintas del Padre, el Hijo y el Espíritu Santo, siempre están en perfecto acuerdo al instante. Nunca tienen que tener una reunión de estrategia o una votación sobre qué hacer.

En consecuencia, Jesús les dijo a sus discípulos que cada vez que el Espíritu les hablaba o los guiaba de alguna manera, podían estar seguros de que estaba hablando en nombre del Padre y del Hijo. Además, podían saber con certeza que Él siempre proclamaría o revelaría la verdad absoluta porque Él es el Espíritu de Verdad.

Puesto que el Espíritu es también el Espíritu de Profecía en el sentido de que siempre tiene el testimonio de Jesús (Ver Apocalipsis 19:10), podemos estar seguros de que Él conoce los acontecimientos futuros y puede guiarnos con eso en mente. Podemos confiar en que Él nos dirá las cosas que vendrán a través de una palabra de profecía o sabiduría.

Siempre debemos buscar la guía del Espíritu Santo, incluso para las decisiones diarias más simples. Esta es una imagen de verdadera rendición, sumisión y humildad. Lo mejor que debemos saber es que "por nosotros mismos no podemos hacer nada", pero "con Él todo es posible".

EL RETO DE HOY:

Agradécele al Padre que te ha dado el Espíritu de Verdad para vencer todas las mentiras del enemigo. Dile que confías en Él para que te guíe un día a la vez en tu futuro.

Profundice más: Estudiar Juan 16; Isaías 30:19-21; Juan 14:26; Apocalipsis 19:10.

4 de mayo

CONVICCIÓN

Juan 16:8

"Y cuando él venga, convencerá al mundo de su error[a] en cuanto al pecado, a la justicia y al juicio..."

Aquellos de nosotros que hemos estado presos, todos tuvimos un momento específico en el que nos enteramos de que habíamos sido condenados por los cargos que se nos imputaban. Otra persona, o grupo de personas, nos condenó y declaró castigo. Cuando esto sucedió, primero nos etiquetaron como "convictos".

Para un cristiano, la palabra "convicto" en el versículo de hoy no implica condena y castigo. Para aquellos de nosotros que estamos en Cristo Jesús, y somos guiados por el Espíritu, no hay condenación. Ver Romanos 8:1-2.

Más bien, el Espíritu Santo suavemente nos expone, refuta y convence de las áreas de nuestra vida en las que estamos desatando la justicia de Cristo para que no volvamos a la culpa del pecado continuo. Nuestro Salvador nos ha librado del poder del pecado, y somos libres de tomar decisiones correctas bajo el liderazgo del Espíritu Santo.

El Espíritu nos hace conscientes de la norma de justicia de Dios en Cristo Jesús, nos muestra lo que es el pecado y nos da el poder para vencer al mundo.[1] Cuando fallamos, Él nos llama al arrepentimiento. Siempre debemos tener un corazón que desee ser obediente y debemos arrepentirnos rápidamente cuando no lo seamos. Ver 1 Juan 1:9.

EL RETO DE HOY:

Pídele al Padre que te dé poder hoy para caminar en la justicia de Cristo. Escucha la dirección del Espíritu Santo por el camino correcto, y Su dulce convicción si comienzas a divagar.

Profundice más: Estudiar Juan 16; Romanos 8:1-2; 1 Juan 1:9.

---

[1] Biblia de Estudio La vi

5 de mayo

UN VERDADERO AMIGO

Proverbios 18:24
"Hay amigo que llevan a la ruina y hay amigos más fieles que un hermano".

Los verdaderos amigos son difíciles de encontrar. Por ejemplo, ¿cuántos de nuestros "amigos" nos visitan mientras estamos encarcelados, o depositan dinero en nuestra cuenta para que podamos hacer llamadas telefónicas o comprar artículos de higiene? Muy pocos, si es que hay alguno, ¿verdad?

Sin embargo, si realmente somos bendecidos, finalmente encontramos a alguien que se queda con nosotros a través de las dificultades, nos anima cuando estamos deprimidos, nos da dirección cuando estamos inseguros, nos brinda consejos sabios cuando los buscamos y no nos abandona cuando es difícil llevarnos bien con nosotros. Ellos también nos enseñan a ser un verdadero amigo. Un amigo así es raro e invaluable.

Habiendo sido una vez tan egoísta y manipulador con las personas, ahora me sorprende cómo Dios me ha dado varios amigos verdaderamente desinteresados e incondicionalmente amorosos. Nunca soñé que las personas pudieran ser tan genuinas y cariñosas como aquellas a quienes Dios ha traído a mi vida. Una vez que lo ponemos a Él en primer lugar en todo, Él nos transforma para que podamos ser un verdadero amigo de los demás y coloca a las personas correctas en nuestras vidas.

El Espíritu Santo es nuestro mejor amigo. Él nunca nos abandona, y nos ama incondicionalmente, incluso cuando a veces actuamos de manera poco digna de ser amada. Nos anima y nos da esperanza.

EL RETO DE HOY:

Agradezca al Padre por Su amor incondicional y amistad a través de Su Espíritu Santo.

Aprecia a tus verdaderos amigos y a Aquel que es Verdadero.

Profundice más: Estudiar Juan 15:9-17; 1 Corintios 13; 1 Juan 4:7-12.

6 de mayo

EL ESPÍRITU INTERCEDE POR NOSOTROS

Romanos 8:26

"Así mismo, en nuestra debilidad el Espíritu acude a ayudarnos. No sabemos qué pedir, pero el Espíritu mismo intercede por nosotros con gemidos que no pueden expresarse con palabras".

Como creyentes, nunca nos quedamos solos porque siempre tenemos el Espíritu Santo. Esto también es cierto cuando se trata de la oración.

En el Cielo, tenemos a Jesús intercediendo por nosotros (ver Hebreos 7:25; 1 Juan 2:1), y en la tierra, tenemos al Espíritu Santo para ayudarnos cuando no sabemos cómo orar. A veces es difícil expresarnos completamente desde lo más profundo de nuestro ser. Nos quedamos sin palabras antes de sentir una liberación profunda en el anhelo y el esfuerzo asociados con la solicitud.

El Espíritu Santo es capaz de expresar nuestros sentimientos más profundos por nosotros en intercesión cuando "oramos en el Espíritu" con gemidos, sílabas y frases en las que nuestra mente no se involucra. Pablo se refiere a orar con su espíritu y cantar con su espíritu en 1 Corintios 14:15.

Judas 1:20 dice: "Edificaos en vuestra santísima fe y orad en el Espíritu Santo". ¡La intercesión del Espíritu Santo por nosotros nos hace más fuertes!

EL RETO DE HOY:

Pídele al Padre que te ayude a expresar tus peticiones de oración de manera más completa por la intercesión de Su Espíritu Santo. Dígale que quiere aprender a orar poderosa y eficazmente de cualquier manera que Él provea. Ríndete a la expresión por el Espíritu Santo de tus necesidades y preocupaciones más profundas.

Profundice más: Estudiar Romanos 8:26-28; Hebreos 7:23-25; 1 Juan 2:1-2; 1 Corintios 14:14-15; Judas 1:20.

7 de mayo

EL ESPÍRITU ORA LA VOLUNTAD DE DIOS

Romanos 8:27

" Y Dios, que examina los corazones, sabe cuál es la intención del Espíritu, porque el Espíritu intercede por los creyentes conforme a la voluntad de Dios".

Nótese que el versículo de hoy comienza con la palabra "Y", por lo que está asociado con el versículo anterior y es un pensamiento continuo. En consecuencia, le sugiero que vuelva a leer Romanos 8:26 y el devocional de ayer.

Nuestro Padre escudriña nuestros corazones. Él nos conoce completamente, y también lo hace Su Espíritu Santo que vive dentro de cada creyente. Debido a que Él es el Espíritu del Padre, y el Espíritu del Hijo, nuestro intercesor, el Espíritu Santo, conoce la perfecta voluntad de Dios para nosotros y ora por nosotros en consecuencia.

Nuestros deseos y anhelos espirituales encuentran su fuente en el Espíritu Santo que habita en nosotros. El Espíritu Santo se une a nosotros para ayudarnos y darnos poder para ser vencedores en lugar de víctimas en nuestras circunstancias. Pero también actúa en dirección a nosotros o aparte de nosotros para interceder e intervenir por nosotros apelando al Padre en nuestro nombre de nuestras necesidades de acuerdo con la voluntad de Dios. Cuando estamos indefensos, el Espíritu Santo es verdaderamente nuestro Ayudador.[1]

¡Qué tremendo beneficio es para nosotros orar en el espíritu y permitir que el Espíritu Santo ore la perfecta voluntad y plan de Dios para nuestras vidas! ¡El Espíritu conoce el Plan!

EL RETO DE HOY:

Agradézcale a nuestro Padre Celestial por Su Espíritu Santo en ustedes. Dile que confías en Su perfecta voluntad y plan para tu vida. Pídele al Espíritu Santo que te ayude a orar por la manifestación completa diaria de Su voluntad y plan.

Profundice más: Estudiar Romanos 8:26-28; 1 Corintios 14:14-15; Judas 1:20.

---

[1] Biblia de Estudio La vida en el Espíritu, publicada por Zondervan.

8 de mayo

TRABAJANDO JUNTOS POR EL BIEN

Romanos 8:28

"Ahora bien, sabemos que Dios dispone todas las cosas para el bien de quienes lo aman, los que han sido llamados de acuerdo con su propósito".

Al igual que ayer, note que el versículo de hoy comienza con "ahora bien", por lo que este versículo continúa el pensamiento iniciado en Romanos 8:26. Por lo tanto, sería útil repasar los devocionales de los dos días anteriores para fines de continuidad.

Cuando permitimos que el Espíritu Santo interceda con suspiros, gemidos y sílabas pronunciadas por y a través de nosotros, sabemos que Él está orando la perfecta voluntad de Dios sobre nuestras vidas. Debido a que Él es Dios y conoce la mente del Padre, el Espíritu sabe exactamente qué orar en el momento justo en cada circunstancia y cómo expresarlo perfectamente.

Por lo tanto, como verdaderos creyentes en el amor y dependientes de nuestro Padre, podemos estar seguros de que Él tomará incluso las peores circunstancias y las usará para nuestro bien cuando permitamos que el Espíritu Santo interceda por nosotros.

En la fe, siempre debemos elegir confiar en Dios con el resultado de cada situación cuando hemos orado a fondo con nuestra mente y con nuestro espíritu.

EL RETO DE HOY:

Dile al Padre que confías en Él para implementar Su plan perfecto para tu vida. Ríndete completamente a la intercesión en tu nombre por Su Espíritu. Vuelve a comprometer tu amor total por y para el Padre, y depende de Él para que todo funcione para bien en tu vida hoy.

Profundice más: Estudiar Romanos 8:26-28; 1 Corintios 14:14-15; Judas 1:20.

9 de mayo

DIRECCIÓN DEL ESPÍRITU SANTO

Hechos 13:2

"Mientras participaban en el culto al Señor y ayunaban, el Espíritu Santo dijo: 'Apártenme ahora a Bernabé y a Saulo para el trabajo al que los he llamado'".

A fin de que seamos guiados diariamente por el Espíritu en lugar de por la carne, debemos ser obedientes a seguir Su dirección. Cuando Él habla, nosotros escuchamos y hacemos lo que Él dice.

Los discípulos buscaban al Señor y Su Presencia mediante la adoración y el ayuno. En respuesta a su insistencia por más de Él, el Espíritu Santo les dio dirección. Saulo, que más tarde se llamó Pablo, y Bernabé, respondieron a esta dirección. Por esto, todos deberíamos estar muy agradecidos porque Pablo terminó escribiendo más de la mitad del Nuevo Testamento que estudiamos hoy; y ayudaron a llevar el Evangelio a las naciones.

Muchas personas dicen que nunca han oído al Espíritu hablarles. Personalmente, nunca he escuchado una voz audible, pero a diario, siento Sus impresiones en mi mente y corazón, y trato de responder con obediencia instantánea.

Una relación íntima y personal con el Padre sólo es posible gracias a Jesús; y se desarrolla a través de la comunicación continua del Espíritu con noso-tros y nuestra respuesta obediente a Él.

Cuanto más tiempo pasemos a solas con Dios en oración, estudio de la Biblia, adoración y/o ayuno, mejor escucharemos la dirección del Espíritu para nuestras vidas.

EL RETO DE HOY:

Pídele al Padre que te ayude a aprender a escuchar y obedecer Su dirección para tu vida a través de Su Espíritu Santo. Quédate quieto y escucha la pequeña voz dentro de la parte más profunda de tu ser.

Sigue su dirección.

Profundice más: Estudiar Hechos 13; Isaías 30:19-21; Juan 15:26-27; Juan 16:12-15.

10 de mayo

LA PALABRA VIVA

Juan 1:1, 14

"Había un hombre enfermo llamado Lázaro, que era de Betania, el pueblo de María y su hermana Marta... ¹⁴ Por eso les dijo claramente: —Lázaro ha muerto".

Jesús, el Nombre por encima de todos los nombres, se convirtió en el Verbo Vivo del Padre cuando se encarnó y vino a habitar entre nosotros. El Espíritu Santo inició el proceso físico de esta milagrosa encarnación de Jesús con su visitación a María.

Jesús manifestó la Gloria del Padre; y la gracia y la verdad del Padre para la humanidad se manifestaron a través de la vida de Jesús. El poder del Espíritu Santo llevó a cabo las poderosas obras de Dios a través de Jesús, quien intencional y voluntariamente se humilló a sí mismo para ser un hombre guiado por el Espíritu de Dios.

Jesús personificó todo lo que el Padre quiso para nosotros, y fue la manifestación de la Palabra de Dios viva y activa. Su Verdad traspasó los corazones de aquellos a quienes ministraba, y fue capaz de discernir los pensamientos y las intenciones de los corazones de todos los que se encontraron con Él. Fue ungido y guiado por el Espíritu Santo en todos los sentidos, todos los días.

¡Qué magnífico ejemplo tenemos en Cristo Jesús! Nosotros también veremos que la Palabra Viva produce fruto en nuestras vidas cuando somos guiados por el Espíritu diariamente.

EL RETO DE HOY:

Pídele al Padre que te dé más revelación acerca de Su Hijo a través de Su Palabra hoy. Escuchen al Espíritu Santo para exponer la Verdad.

Aprecia la Palabra Viva.

Profundice más: Estudiar Juan 1:1-14; Isaías 55:10-11; Apocalipsis 19:13; Hebreos 1:1-3; Colosenses 1:15-18; Colosenses 2:9; Salmo 33:6; Salmo 107:20; Salmo 147:18; Hechos 10:37-38.

11 de mayo

EL AGENTE ACTIVO EN LA CREACIÓN

Génesis 1:2

"La tierra no tenía forma y estaba vacía, las tinieblas cubrían el abismo y el Espíritu de Dios se movía sobre la superficie de las aguas".

Ayer se nos recordó que Jesús, el Verbo, estaba en el principio con Dios en el momento de la Creación. Hoy, vemos que el Espíritu Santo también estaba presente, y esperando que el Padre hablara la Palabra.

Nuestro versículo dice que el Espíritu de Dios se cernía sobre las aguas. Con el aire y el agua está el potencial para la vida, y todo el potencial en el Universo fue sacado de la boca del Padre cuando Él habló la Palabra Viva para que el Espíritu Santo la implementara. El aliento de Dios, el Espíritu Santo, llevó el Verbo a crear. El Espíritu Santo es el poder activo y creador del Padre.

El Espíritu no sólo actuó en la Creación. También participó activamente en la encarnación de Jesús, el último Adán (Ver Mateo 1, 18-23). El Espíritu participó activamente en la morada de los primeros creyentes (Ver Juan 20:21) y de todos los creyentes desde entonces. La creación de "la Iglesia" con poder fue iniciada por el Espíritu Santo en Pentecostés (ver Hechos 1:4-8 y 2:1-4).

En la Resurrección, el Espíritu Santo fue la fuerza activa que el Padre usó para crear al "Segundo Hombre" al resucitar a Jesús de entre los muertos (ver Romanos 8:11, 29; Hebreos 9:14; y Colosenses 1:18). Finalmente, el Espíritu Santo estuvo involucrado en la creación del "nuevo tú" (ver Juan 3:5 y 2 Corintios 5:17).

EL RETO DE HOY:

Agradece al Padre por Su Palabra, Jesús, y el poder activo de la Creación, Su Espíritu Santo.

Permite que Su poder activo y creativo te guíe hoy.

Profundice más: Estudiar Mateo 1:18-23; Juan 20:21-22; Hechos 1:4-8; Hechos 2:1-4; Romanos 8:11, 29; Hebreos 9:14; Colosenses 1:18; Juan 3:5-8; 2 Corintios 5:17.

12 de mayo

EL ESPÍRITU Y LA PALABRA

2 Pedro 1:20-21
"Ante todo, tengan muy presente que ninguna profecía de la Escritura surge de la interpretación particular de nadie. Porque la profecía no ha tenido su origen en la voluntad humana, sino que los profetas hablaron de parte de Dios, impulsados por el Espíritu Santo".

2 Timoteo 3:16
"Toda la Escritura es inspirada por Dios..."

Ayer aprendimos que el aliento de Dios, el Espíritu Santo, llevó la Palabra del Padre. La palabra hebrea traducida como Espíritu en Génesis 1:2 significa aliento o viento. De manera similar, las palabras griegas traducidas como Espíritu y Soplado por Dios en las Escrituras de hoy tienen esencialmente el mismo significado. Es decir, la Escritura proviene de la inspiración divina, no de la inspiración de los hombres.

Sabemos que el hombre puede cometer errores; El hombre es falible. Dios es infalible y Sus palabras no tienen error. Por lo tanto, podemos confiar en que las Escrituras son verdaderas e infalibles porque fueron inspiradas por Dios, o dadas divinamente a través del Espíritu Santo.

Los profetas y discípulos que contribuyeron a las Escrituras canonizadas fueron ungidos poderosamente, guiados por el Espíritu Santo y totalmente comprometidos con su llamado. De hecho, estaban tan sometidos y apartados para Dios que se enfrentaron a graves burlas y persecuciones por hablar. Estoy seguro de que hubo muchas veces que desearon poder estar en silencio, pero se sintieron obligados a hablar o escribir de todos modos.

A lo largo de los siglos, muchos han pagado un alto precio para escribir, publicar y compartir la Palabra de Dios. ¡Ciertamente, el Espíritu de Dios continúa velando por Su Palabra!

EL RETO DE HOY:

Dígale al Padre cuánto aprecia tener acceso a través de su Biblia a lo que Él ha elegido revelar de sí mismo a través de las Escrituras inspiradas por el Espíritu.

Profundice más: Estudiar 2 Pedro 1; Romanos 15:4; Hebreos 4:12; 1 Tesalonicenses 2:13; Juan 10:34-36; Salmo 12:6.

13 de mayo

EL ESPÍRITU DA LUZ AL ESPÍRITU

Juan 3:6

"Lo que nace del cuerpo es cuerpo; lo que nace del Espíritu es espíritu".

Juan 1:12-13

"Mas a cuantos lo recibieron, a los que creen en su nombre, les dio el derecho de ser hechos hijos de Dios. [13] Estos no nacen de la sangre, ni por deseos naturales, ni por voluntad humana, sino que nacen de Dios".

Cuando la Biblia se refiere a que somos "nacidos de Dios", "nacidos de lo alto" y "nacidos de nuevo", está comunicando la verdadera naturaleza de nuestro nuevo hombre espiritual. El Espíritu Santo nos lleva a la salvación y nos crea de nuevo, espiritualmente hablando. Ver 2 Corintios 5:17.

Como agente activo en la Creación (ver 11 de mayo), el papel del Espíritu Santo en convertirnos en una nueva creación es crucial y primario. No podemos recrearnos a nosotros mismos, pero cuando finalmente nos sometemos a Dios, Su Espíritu Santo comienza a hacer Su obra.

Después de haber "nacido de Dios", el Espíritu Santo comienza en nosotros el proceso de santificación para apartarnos para Dios y hacernos progresivamente más santos.

Los "nacidos de Dios" no pueden hacer del pecado una práctica habitual en sus vidas. Como creyente, los deseos de uno cambian para amar a Dios sinceramente y esforzarse de corazón por agradar a Dios y evitar el mal. Esto se logra solo a través de la gracia dada a los creyentes en Cristo, a través de una relación sostenida con Cristo y a través de la dependencia del Espíritu Santo.[1] ¿Estás experimentando una nueva vida en Cristo?

EL RETO DE HOY:

Piensa en cómo ha cambiado tu vida desde que has "nacido de Dios". Dile al Padre que te rendirás más y más al proceso de santificación de Su Espíritu Santo.

Profundice más: Estudiar Juan 3; 2 Corintios 5:17-21; Juan 1:10-13.

---

[1] Biblia de Estudio de la vida en el Espíritu, publicada por Zondervan, artículo sobre "Regeneración".

14 de mayo

LA ENCARNACIÓN Y EL ESPÍRITU

Mateo 1:18, 20

"El nacimiento de Jesucristo fue así: Su madre, María, estaba comprometida para casarse con José; pero, antes de unirse a él, resultó que estaba embarazada por el poder del Espíritu Santo... ²⁰ Pero cuando él estaba considerando hacerlo, se le apareció en sueños un ángel del Señor y le dijo: 'José, hijo de David, no temas recibir a María por esposa, porque ella ha concebido por el poder del Espíritu Santo'".

El Espíritu Santo ha estado involucrado con Jesús desde el principio. Estuvieron juntos en la Creación (ver 11 de mayo), y el Espíritu Santo fue el poder activo de Dios para venir sobre María y concebir a su precioso hijo, Jesús.

¿Por qué es importante el nacimiento virginal para la fe cristiana? Jesucristo, el Hijo de Dios, tenía que ser libre de la naturaleza pecaminosa transmitida a todos los demás seres humanos por Adán. Debido a que Jesús nació de una mujer, era un ser humano; pero como Hijo de Dios, Jesús nació sin ningún rastro de pecado humano. Jesús es a la vez completamente humano y completamente divino.[1]

La única manera de que Jesús naciera sin pecado era que Él fuera concebido por el Espíritu Santo. No hubo iniquidades transmitidas a Él en el linaje de un padre natural. Sabiendo esto, querremos cooperar con el proceso del Espíritu Santo de santificarnos para hacernos más santos.

EL RETO DE HOY:

Agradece a tu Padre Celestial por la concepción sobrenatural y el nacimiento de Jesús. Pídele que te ayude a comprender y apreciar más plenamente el significado de que Jesús es tanto humano como divino.

Profundice más: Estudiar Mateo 1:18-25; Lucas 1:26-38.

---

[1] Biblia de Estudio de Aplicación a la Vida, publicada por Zondervan.

15 de mayo

COMPLETO, LIDERADO Y EMPODERADO

Lucas 4:1, 14

"Jesús, lleno del Espíritu Santo, volvió del Jordán y fue llevado por el Espíritu al desierto... Jesús regresó a Galilea en el poder del Espíritu y se extendió su fama por toda aquella región".

¡Oh, a qué Dios tan asombroso servimos! ¡Al igual que Jesús, podemos estar llenos del Espíritu, guiados por el Espíritu y fortalecidos por el Espíritu! Somos el templo viviente donde podemos albergar la presencia misma de Dios, llenos hasta rebosar con Su unción, y animados a difundir las Buenas Nuevas a todos.

Si Jesús necesitaba ser lleno, guiado y empoderado, ¿no es así? ¿Cómo podríamos esperar realmente hacer las cosas que Él hizo sin todo Su Espíritu? Ver Juan 14:12.

Para aquellos de nosotros que estamos, o hemos estado, encarcelados, hay un día en el que dejaremos nuestro propio "Jordán" y regresaremos al desierto del mundo. Ciertamente, debemos buscar todo el poder y la unción del Espíritu Santo para hacer una transición exitosa de regreso a la libertad.

Cuando nuestros "cellies", familias, amigos antiguos y compañeros de trabajo vean la transformación que Dios hizo en nosotros, ¡las noticias de Él se extenderán a nuestro alrededor! Nuestro testimonio de una vida verdaderamente cambiada por el poder del Espíritu Santo traerá gloria a Dios el Padre y agradará a nuestro Señor y Salvador, Jesús.

EL RETO DE HOY:

Hable con el Padre acerca de su necesidad y deseo de ser lleno, guiado y fortalecido por Su Espíritu Santo al igual que Jesús. Busca aprender todo lo que puedas sobre cómo ser anfitrión de Su Presencia para que tu vida sea totalmente y para siempre transformada.

Profundice más: Estudiar Lucas 4; Juan 14:12-14; Hechos 10:37-38.

16 de mayo

LIMPIANDO NUESTRA CONCIENCIA

Hebreos 9:14

"¡Si esto es así, ¡cuánto más la sangre de Cristo, quien por medio del Espíritu eterno se ofreció sin mancha a Dios, purificará nuestra conciencia de las obras que conducen a la muerte, a fin de que sirvamos al Dios viviente!"

Debido a la muerte sacrificial, la vida resucitada y la Sangre de Jesús, somos limpiados de nuestro pasado y se nos ha dado el Espíritu Santo para que podamos servir a nuestro Padre con una conciencia limpia.

Esa es casi una verdad increíble para mí porque recuerdo cuán depravada, pervertida y pecaminosa era mi vida antes de que Jesús me encontrara y me salvara en prisión en 2009. Sin embargo, testifico que Él ha limpiado mi conciencia; y, cuando el diablo me recuerda mi pasado, yo le recuerdo su futuro.

El Espíritu Santo nos santifica progresivamente después de que nos arrepentimos verdaderamente y nos sometemos a Dios. Él nos enseña la verdad de la purificación de nuestra conciencia por la Sangre, y el poder disponible para nosotros para servir a Dios con todo nuestro ser. A través de la santificación, somos apartados y hechos progresivamente más santos.

El Espíritu revela la justicia de Dios en Cristo Jesús, ofrecida a nosotros por causa de su sacrificio sin mancha. Solo en Él somos contados como justos, para que podamos acercarnos al Padre con confianza. Ver Hebreos 4:16.

EL RETO DE HOY:

Dile al Padre lo agradecido que estás por la Sangre purificadora de Jesús que te permite vivir con una conciencia limpia. Prométele que te arrepentirás rápidamente cada vez que seas convencido por Su Espíritu cada vez que comiences a desviarte de Su estrecho sendero. ¡Agradécele por la nueva vida que se te ha dado en Cristo!

Profundice más: Estudiar Hebreos 9; Hebreos 4:16; Hebreos 6:10-12; 1 Pedro 1:1-2; 2 Pedro 1:3-4.

17 de mayo

GRAN PODER INCOMPARABLE

Efesios 1:18-20

"Pido también que les sean iluminados los ojos del corazón para que sepan a qué esperanza él los ha llamado, cuál es la riqueza de su gloriosa herencia entre pueblo santo, y cuán incomparable es la grandeza de su poder a favor de los que creemos. Ese poder es la fuerza grandiosa y eficaz que Dios ejerció en Cristo cuando lo resucitó de entre los muertos y lo sentó a su derecha en las regiones celestiales..."

Durante muchos años me sentí impotente. Mucho antes de ser encarcelado detrás de alambre de púas y barras de acero, estaba aprisionado por las adicciones, la desesperanza, la depresión, la vergüenza, el orgullo, la codicia y una miríada de otras ataduras. No pensé que nada cambiaría porque no tenía el poder de cambiarlos. ¿Alguna vez te has sentido así?

Después de rendirme completamente a Dios mientras estaba en prisión, comencé a aprender sobre el Poder de Dios el Padre disponible para mí a través de Su Espíritu Santo que vivía en mí. ¡Ahora tengo el Poder! Este poder es el mismo Poder que resucitó a Jesús de entre los muertos y lo sentó para siempre en los lugares celestiales. Dios es Todopoderoso, es decir, posee todo el poder.

El hecho de que este mismo Poder en la Persona del Espíritu Santo me guiará, me enseñará, me consolará y me ayudará está casi más allá de la comprensión, ¡pero es verdad! Lo veo manifestarse más de esto diariamente en mi vida a medida que aprendo a rendirme y someterme más completamente en obediencia a Él.

¿Lo estás experimentando cada día más? Buscar. Rendirse. Enviar. Obedecer.

EL RETO DE HOY:

Pregúntale a nuestro Padre Celestial cómo puedes conocer más de Su incomparable poder de resurrección para vivir la vida abundante que Jesús vino a darte. Búscalo hoy con todo tu corazón. Él será encontrado por ti y revelará Su Poder en la forma de Su Espíritu Santo.

Profundice más: Estudiar Efesios 1:3 – 2:10.

18 de mayo

ENTREGA TU VIDA

Juan 10:17-18

"Por eso me ama el Padre: porque entrego mi vida para volver a recibirla. Nadie me la arrebata, sino que yo la entrego por mi propia voluntad. Tengo autoridad para entregarla y tengo también autoridad para volver a recibirla. Este es el mandamiento que recibí de mi Padre".

Jesús no fue asesinado. Él voluntariamente dio su vida como sacrificio. Él tomó Su cuerpo glorificado en la Resurrección.

Dios el Padre le dio la autoridad para hacer esto. En la cruz murió como "el último Adán", pero en la resurrección resucitó como "el segundo hombre", "el primogénito entre muchos hermanos". Ver 1 Corintios 15:45, 47; y Romanos 8:29.

Dios no crucificará a nuestro "viejo hombre". Él nos pide que lo hagamos voluntariamente. Su intención no es mejorar a nuestro viejo hombre, sino que es hacernos una "nueva creación" después de que nos negamos a nosotros mismos y nos sometemos voluntariamente a nuestra muerte en la cruz con Jesús. Ver 2 Corintios 5:17.

Él nos ha dado autoridad en Cristo Jesús para dejar nuestra vida vieja y retomarla en la forma de una nueva persona. ¡Qué verdad tan magníficamente poderosa es esta!

¿Te has negado a ti mismo? Debemos hacer esto diariamente para que tengamos nuestra vida nueva.

EL RETO DE HOY:

Dile al Padre que estás contento de ser una nueva creación en Cristo Jesús por Su Espíritu Santo viviendo en ti. Pídele que te ayude a aprender a negarte a ti mismo todos los días.

Vuelve a dedicar tu vida a Él hoy. Niégate a ti mismo.

Profundice más: Estudiar Juan 10; Romanos 8:29; 1 Corintios 15:45, 47; 2 Corintios 5:17-21.

19 de mayo

EL ESPÍRITU DE SANTIDAD

Romanos 1:4
"... pero según el Espíritu de santidad, fue designado[a] con poder Hijo de Dios por la resurrección. Él es Jesucristo nuestro Señor".

1 Pedro 1:15
Más bien, sean ustedes santos en todo lo que hagan, como también es santo quien los llamó..."

Fue muy intimidante cuando leí por primera vez lo que Pedro escribió para "ser santos". ¿Por qué? Porque sabía lo impío que solía ser, y que nunca seré perfeccionado hasta que vea a Jesús.

La santidad es el objetivo principal de la santificación, que es un proceso continuo. Comienza cuando primero nos rendimos al Señorío de Jesús y al Liderazgo del Espíritu Santo. Ser "santificado" es ser "apartado", para ser "santificado".

Para nosotros mismos, esta es una tarea imposible. Pero tenemos el Espíritu de Santidad morando en nosotros. Esta es una de sus tareas principales. En Cristo, el Espíritu nos está haciendo progresivamente más santos.

He escuchado a la gente decir que todos somos hijos de Dios, pero eso no es cierto. Todos somos "creaciones de Dios", pero Romanos 8:14 dice: *"...los que son guiados por el Espíritu de Dios son los hijos de Dios."*

¿Estás dispuesto a ser guiado por el Espíritu? ¿Estás permitiendo que Él haga su obra en ti para hacerte santo? Él no te obligará. Debes desearlo.

EL RETO DE HOY:

Dile al Padre que quieres permitir que Su Espíritu de Santidad, Su Espíritu Santo, haga Su obra de santificación en ti hoy. Pídele al Padre que te ayude a someterte voluntariamente a Su Mano como el Alfarero.

Sé arcilla moldeable hoy. Mantente en el torno del alfarero.

Profundice más: Estudiar 1 Pedro 1:13 – 2:12; Romanos 12:1-2; Colosenses 3:1-17; Romanos 8:5-17.

20 de mayo

EL ESPÍRITU GLORIFICA A JESÚS

Juan 16:13-14

"Pero cuando venga el Espíritu de la verdad, él los guiará a toda la verdad, porque no hablará por su propia cuenta, sino que dirá solo lo que oiga y les anunciará las cosas por venir. Él me glorificará porque tomará de lo mío y se lo dará a conocer a ustedes».

Jesús, quien es "la Verdad" (Juan 14:6), sabía que necesitaríamos un Ayudador y Guía después de que Él ascendiera. Él y el Padre enviaron "el don que el Padre prometió" (Hechos 1:4), el "Espíritu de verdad" para cumplir este papel en nuestras vidas.

Jesús terminó su obra perfecta y completamente, y el Padre reconoció esta verdad resucitándolo de la tumba y sentándolo sobre todas las cosas para siempre en el cielo. Jesús reconcilió a la humanidad con el Padre a través de Él mismo por la Cruz y la Resurrección. En esta vida, debemos elegir dónde pasaremos la eternidad, y Jesús nos permitió elegir el Cielo solo por gracia, solo por fe, ¡solo en Él!

Sin embargo, hasta el Cielo, el Espíritu de Cristo, y el Espíritu del Padre, el Espíritu Santo, nos ha sido dado para representar y glorificar a Jesús. Cuando recibimos guía e instrucción del Espíritu, podemos estar seguros de que viene directamente de Jesús. ¡Cuando obedecemos, estamos glorificando a Dios!

EL RETO DE HOY:

Agradece al Padre por Su increíble Don, Su Espíritu Santo. Dígale que escuchará la guía y la verdad de Jesús a través de Su Espíritu Santo. Toma la decisión de ser guiado por el Espíritu hoy, y resuelva firmemente que serás obediente a Sus impresiones.

Profundice más: Estudiar Juan 16; Juan 14:6; Hechos 1:4.

21 de mayo

POR TU BIEN

Juan 16:7

"Pero digo la verdad: les conviene que me vaya porque, si no lo hago, el Consolador no vendrá a ustedes; en cambio, si me voy, se lo enviaré".

Imagina por unos minutos que eres uno de los doce discípulos originales de Jesús. Después de haber pasado todos los días en la presencia muy cercana de Jesús durante más de tres años, estás con Él en la víspera de la Pascua.

Finalmente se da cuenta de que Jesús "se va" después de habérselo dicho varias veces antes de esta misma noche. La ansiedad, la preocupación, la preocupación, el miedo y la confusión deben haberlos atacado a todos en diversos grados.

¿Por qué va y a dónde? ¿Realmente regresará por ellos, y cuándo? ¿Cómo se las arreglarán hasta que Él regrese? ¿Podrán continuar su comunión y vivir de la manera nueva que Jesús había estado demostrando diariamente? Jesús les había estado diciendo que serían odiados, perseguidos y expulsados de la sinagoga. ¿Qué les pasaría sin Jesús?

Entonces Jesús dice que es mejor para ellos si Él se va. ¿¡¿¡¿QUÉ?!?!? ¿Cómo podría ser esto posible?

Jesús solo podía estar en un lugar a la vez mientras estaba restringido a su cuerpo terrenal. Pero, explicó, Él enviaría a otro Consolador como Él, quien podría estar con ellos en todo lugar, en todo momento, sin importar cuán lejos pudieran estar físicamente el uno del otro.

Tuvieron que pasar unos cincuenta y tres días, hasta Pentecostés, para que esta verdad finalmente se manifestara. ¡Realmente era mejor para ellos (y para nosotros) que Jesús fuera!

EL RETO DE HOY:

Piensa profundamente en esto hoy.

Profundice más: Estudiar Juan 16.

22 de mayo

USTEDES SON TESTIGOS

Hechos 1:4-5, 8

"na vez, mientras comía con ellos, ordenó: 'No se alejen de Jerusalén, sino esperen la promesa del Padre, de la cual les he hablado: [5] *Juan bautizó con[a] agua, pero dentro de pocos días ustedes serán bautizados con el Espíritu Santo'. ...* [8] *Pero cuando venga el Espíritu Santo sobre ustedes, recibirán poder y serán mis testigos tanto en Jerusalén como en toda Judea y Samaria, hasta en los confines de la tierra".*

Cuando eres bautizado con el Espíritu Santo, recibes poder. De hecho, la Biblia indica que el Espíritu Santo es el poder mismo de Dios Todopoderoso presente en esta Tierra. Todo lo que el Padre hace es en y a través del poder de Su Espíritu.

Necesitamos este poder para vivir la vida abundante que Jesús vino a darnos. Nuestras vidas deben ser transformadas tan gloriosamente que nuestras acciones, carácter, amor y compasión hablen más alto a los demás que incluso las mismas palabras que salen de nuestras bocas. Las personas deberían ver tal diferencia en nuestras vidas que supieran que "hemos estado con Jesús". Ver Hechos 4:13.

Esto es parte de lo que significa ser un "testigo". Un testigo es aquel que testifica y que da testimonio. Un testigo es alguien que estuvo presente en un evento o transacción en particular, que testificará que ha tenido lugar.

¿Testificará usted hoy?

EL RETO DE HOY:

Agradece al Padre por Su Espíritu Santo y pídele que te dé el poder de ser testigo de toda la gloriosa obra que Él está haciendo en tu vida.

Profundice más: Estudiar Hechos 1:4 – 2:41; Hechos 4:13.

23 de mayo

MARÍA NECESITABA EL ESPÍRITU

Hechos 1:14

"Todos, en un mismo espíritu, se dedicaban a la oración, junto con las mujeres, y con los hermanos de Jesús y su madre María".

En el Cenáculo, el día de Pentecostés, había 120 hombres y mujeres que esperaban obedientemente "recibir el poder de lo alto" que Jesús había prometido (ver Lucas 24, 49). María, la madre de Jesús, y sus otros hijos, estaban allí ese día en la asamblea de discípulos llenos de fe.

Durante el ministerio terrenal de Jesús, su madre debe haber estado orgullosa de Él, se maravilló de sus milagros y se asombró de su sabiduría y enseñanzas. Pero, podemos imaginar, también estaba preocupada por las amenazas de los líderes religiosos contra alguien tan descarado como para llamar a Dios Su Padre, ¡y equipararse con Dios!

Al pie de la cruz, su dolor y su tristeza debieron abrumarla hasta el punto de no haber podido mantenerse en pie ni caminar sin la ayuda de Juan, el discípulo amado y amigo de Jesús.

Las Buenas Nuevas de la Resurrección al tercer día debió de ser inverosímil hasta que ella misma lo presenció. ¿Te imaginas lo que les dijo a sus otros hijos y cómo podrían haber respondido?

Sin embargo, sabemos una cosa con certeza. María y sus otros hijos se vieron obligados por su esperanza y alegría a esperar en el Cenáculo para recibir a Aquel con Poder que Jesús envió.

EL RETO DE HOY:

Pídele al Padre que te llene más de Su poder, gozo y esperanza a través de Su Espíritu Santo viviendo en ti.

María necesitaba el Espíritu. Nosotros también.

Profundice más: Estudiar Hechos 1; Lucas 24:49.

24 de mayo

LENGUAS HABILITADAS POR EL ESPÍRITU

Hechos 2:1-4

"Cuando llegó el día de Pentecostés, estaban todos juntos en el mismo lugar. De repente, vino del cielo un ruido como el de una violenta ráfaga de viento y llenó toda la casa donde estaban reunidos. Aparecieron entonces unas lenguas como de fuego que se repartieron y se posaron sobre cada uno de ellos. ⁴ Todos fueron llenos del Espíritu Santo y comenzaron a hablar en diferentes lenguas, según el Espíritu les concedía expresarse".

Ha habido bastante discurso y escritos acerca de esta primera aparición de lenguas habilitadas por el Espíritu en el Nuevo Testamento, así como mucha controversia y confusión.

No conozco todas las respuestas o ramificaciones con respecto a este don que vino con el Poder, pero conozco algunas verdades primordiales que me llevan a querer saber más. Estoy dispuesta a mantener una mente abierta porque quiero absolutamente todo lo que el Espíritu Santo quiera empoderar y bendecirme. ¿Y tú?

Esto, de hecho, fue profetizado unos 700 años antes en Isaías 28:11, pero también ver Isaías 28:1-15 para contextualizar todo el capítulo. ¡El versículo 12 indica que hay descanso y refrigerio para nosotros!

Isaías 28:13 implica que el conocimiento de Su Palabra lo acompaña, y me imagino que esto incluye el "Rhema", la Palabra hablada por Dios a la que se hace referencia en Romanos 10:17, donde se nos dice que "la fe es por el oír...". Isaías 28:15 habla de la protección. Judas 1:20-21 habla de ser edificados.

El descanso, el refrigerio, el conocimiento, la protección y la edificación, ¿crees tu que todo esto puede ser parte de los muchos beneficios de las lenguas?

EL RETO DE HOY:

Dígale al Padre que quiere que Él revele progresivamente por qué Él y Jesús enviaron al Espíritu Santo con el don de lenguas.

Dios tiene todas las respuestas. Pregúntale a Él.

Profundice más: Estudiar Hechos *2:1-22;* Isaías 28:1-15; Judas 1:20-21; Romanos 10:17.

25 de mayo

DIOS NO CAMBIA

Hebreos 6:17
"Por eso Dios, queriendo demostrar claramente a los herederos de la promesa que su propósito nunca cambia, confirmó con un juramento esa promesa".

Malaquías 3:6
"Yo, el Señor, no cambio. Por eso ustedes, descendientes de Jacob, no han sido exterminados".

No hay duda de que aprenderemos más acerca de Dios por toda la eternidad. Por ahora, sin embargo, Dios se ha revelado a sí mismo a través de Su Palabra y Su Espíritu. Jesús dijo que si lo hemos visto a Él, la Palabra Viva, hemos visto al Padre. Él nos ha dado suficiente Verdad en el aquí y ahora para que podamos elegir entrar en una relación eterna con Él.

Dios no cambia. Su propia naturaleza es inmutable. Él lo ha confirmado. Podemos contar con Dios para aplicar constantemente el amor, la misericordia, la gracia, la justicia y el juicio.

Lo que aprendemos de la fidelidad, los principios, la justicia y el juicio de Dios en el Antiguo Testamento nos prepara para descubrir Su amor incondicional, su misericordia y su gracia demostrados en y a través de Jesús, tal como se relaciona con nosotros en el Nuevo Testamento. ¡Él siempre preserva un remanente de aquellos que lo buscarán con todo su corazón, se rendirán al Señorío de Jesús y seguirán el liderazgo del Espíritu Santo!

La naturaleza inmutable de Su propósito es ofrecer la intimidad de la relación eterna con el Padre a los herederos de la salvación a través de Jesucristo por Su Espíritu Santo.

EL RETO DE HOY:

Adora al Padre en agradecimiento por Su amor, gracia y misericordia inmutables e incondicionales hacia ti. Dile que deseas por encima de todo aceptar Su oferta de tener una relación íntima con Él.

Profundice más: Estudiar Malaquías 3; Hebreos 13:8; Santiago 1:17; Salmo 102:25-27; Salmo 90:2.

26 de mayo

ÉL SIEMPRE ESTÁ CON NOSOTROS

Mateo 28:20

"... enseñándoles a obedecer todo lo que les he mandado a ustedes. Y les aseguro que estaré con ustedes siempre, hasta el fin del mundo".

En Juan 14:15-20, Jesús había explicado que Él y el Padre iban a enviar el Espíritu de Verdad para ayudarlos y estar con ellos para siempre.

Jesús sabía que Su obra en Su cuerpo terrenal estaba a punto de terminarse, pero quería que Sus discípulos, y aquellos que creían en Él a través de ellos, supieran que siempre tendrían un Ayudador, Abogado, Consejero y Amigo. El Espíritu del Padre, y el Espíritu de Cristo, es decir, el Espíritu Santo, cumplirían todos estos papeles prometidos, y Él nunca los abandonaría.

Jesús, como hombre, solo podía estar en un lugar a la vez. En Juan 14:12, Jesús dijo que aquellos que lo siguen harían obras mayores que las que Él hizo. Bastante increíble, ¿verdad? Sin embargo, cuando se multiplican todos los esfuerzos de todos los discípulos en diferentes lugares manifestando milagros a través del mismo poder del Espíritu Santo que ungió a Jesús, uno podría imaginar estos como "las obras más grandes".

Jesús mismo dijo que todo esto era posible "porque voy al Padre". Él sabía que el Espíritu Santo que había estado con ellos como la unción de Jesús ahora estaría en ellos (Juan 14:17).

¿Podría ser esta una razón por la que les dijo que esperaran hasta que recibieran poder de lo alto antes de salir a cumplir la Gran Comisión (Mateo 28:18-19)?

EL RETO DE HOY:

Agradécele al Padre que nunca estás solo. Dígale que quiere tener el poder completo para hacer las obras de Jesús por el poder y la unción del Espíritu Santo.

Profundice más: Estudiar Mateo 28:18-20; Juan 14:15-20; Juan 14:12; Éxodo 33:15-16; Josué 1:5-9; Sofonías 3:17; Deuteronomio 31:8.

JESÚS ES SIEMPRE EL MISMO

Hebreos 13:8

"Jesucristo es el mismo ayer, hoy y por siempre".

En este mundo de cambios constantes, la consternación y la confusión parecen ser el orden del día. Sin embargo, se obtiene un gran consuelo cuando consideramos la profunda verdad de que Jesús nunca cambiará.

Al considerar esto, estoy agradecido de que Jesús siempre amará a los pecadores, pero nunca tolerará el pecado. No tenía miedo de estar con personas pecadoras, desobedientes y rebeldes, pero un verdadero encuentro con Él las dejaba cambiadas y dispuestas a obedecerle cuando Él decía: "Vete y no peques más".

Puesto que Él es la Verdad, encuentro confianza al saber que la verdad no cambia. No evoluciona. No es relativo a lo que está sucediendo en la sociedad. Es fijo y constante porque Él es.

Saber que Su obra está terminada para siempre, completa y perfecta me permite poner toda mi fe en Él. Nadie ha hecho nunca lo que Él hizo, ni lo hará jamás. No es necesario agregar nada y no se puede cambiar. Es siempre suficiente para mi salvación.

Mi fe, lealtad y lealtad a Jesús nunca estarán fuera de lugar porque Él está siempre en Su Lugar, muy por encima de todo lo demás con todo bajo Sus pies. Al darme cuenta de que estoy sentado con Él en lugares celestiales (Efesios 2:6), estoy agradecido de ser para siempre el receptor indigno de Su misericordia, amor, bondad y gracia.

EL RETO DE HOY:

Pídele al Padre que te ayude a comprender y apreciar plenamente la naturaleza eterna e inquebrantable de Jesús. Dile al Espíritu Santo que te gustaría una revelación más completa de esta verdad.

Piensa profundamente en lo que esto significa para ti.

Profundice más: Estudiar Hebreos 13; Malaquías 3:6; Santiago 1:17; Hebreos 6:17; Salmo 90:2; Salmo 102:25-27.

28 de mayo

DEJA QUE EL ESPÍRITU TRAVAJE

Filipenses 2:13

"... pues Dios es quien produce en ustedes tanto el querer como el hacer para que se cumpla su buena voluntad".

Zacarías 4:6

"Así que el ángel me dijo: 'Esta es la palabra del Señor para Zorobabel: 'No será por la fuerza ni por ningún poder, sino por mi Espíritu'. dice el Señor de los Ejércitos".

Me asombra que Dios haya decidido llevar a cabo Su obra en la tierra a través de personas imperfectas que están completamente entregadas a Él. Jesús les dijo a sus discípulos que no fueran a ningún lugar ni hicieran nada hasta que recibieran poder de Dios en la forma de su Espíritu Santo.

De la misma manera, cuando estamos rendidos, escuchando y obedientes, el Espíritu Santo en nosotros nos guiará a donde Él quiere que vayamos para que Él pueda hacer lo que quiera hacer a través de nosotros por los demás. No es nuestra fuerza o poder, sino Su Espíritu.

Dios mismo está obrando en nosotros para cumplir Su voluntad en y a través de nuestras vidas. A medida que aprendemos a someternos completamente a Su liderazgo y Señorío, Él es capaz de producir el fruto en nuestras vidas a través del cual desea beneficiar y bendecir a los demás: amor, gozo, paz, paciencia, bondad, mansedumbre, fidelidad y dominio propio. Este fruto ciertamente nos enriquece, pero estas cualidades de carácter de Cristo son principalmente beneficiosas para aquellos con quienes estamos en contacto diario.

Debemos permanecer apegados a la Vid (Juan 15:1-5), para que Él pueda dar fruto. Sin Él no podemos hacer nada. Él produce fruto que permanece (Juan 15:16).

EL RETO DE HOY:

Pídele al Padre que haga lo que Él quiera en tu vida que le traiga placer. Dígale que quiere que Su Espíritu haga la obra.

No te interpongas en su camino.

Profundice más: Estudiar Filipenses 2; Juan 15:1-5, 16; Zacarías 4:1-7.

29 de mayo

USTEDES SON SELLADOS POR EL ESPÍRITU

Efesios 4:30
"No agravien al Espíritu Santo de Dios con el que fueron sellados para el día de la redención."

¿De qué manera nos sella el Espíritu para el día de la redención?

La palabra griega traducida en este pasaje significa "sellar, poner una marca en un objeto para mostrar posesión, autoridad, identidad o seguridad".

Después de que venimos a Cristo en verdadero arrepentimiento, nos rendimos a Su Señorío sobre nuestras vidas y nos sometemos al liderazgo del Espíritu, podemos saber que estamos eternamente seguros. Él nos ha marcado como Suyos para siempre. Debemos dejarnos "poseer" volun-tariamente. Antes de Cristo, estaba poseído por espíritus malignos, ¡ahora solo quiero ser poseído por el Espíritu Santo!

Una vez sellado, debemos permitirle que tenga total autoridad sobre nosotros. También debemos reconocer y recibir la autoridad que Cristo Jesús nos ha dado (Ver Mateo 28:18). En consecuencia, el enemigo no tiene autoridad sobre nosotros, excepto la autoridad que le damos cuando abrimos la puerta a través del pecado.

El Espíritu Santo nos sella también como signo de identidad. Debemos saber quiénes somos en Cristo. No podemos creer las acusaciones del enemigo contra nosotros; más bien, debemos confesar y creer lo que Dios dice acerca de quiénes somos en Cristo. Meditar y memorizar diariamente los pasajes de las Escrituras relacionados con nuestra nueva identidad es importante para combatir las constantes acusaciones y mentiras del enemigo.

EL RETO DE HOY:

Gracias a nuestro Padre que estás sellado para el día de la redención por el Espíritu Santo. Pídele que te ayude a entender la autoridad y la nueva identidad que tienes ahora en Cristo.

Profundice más: Estudiar Efesios 4.

30 de mayo

EL ESPÍRITU SANTO TESTIFICA

Hebreos 10:15-17

"También el Espíritu Santo nos da testimonio de ello. Primero dice: 'Este es el pacto que haré con ellos después de aquel tiempo», afirma el Señor, 'pondré mis leyes en su corazón y las escribiré en su mente'. Después añade:'Y nunca más me acordaré de sus pecados y maldades'".

Con el Espíritu Santo, tenemos un testigo interno que nos da testimonio sobre el Camino estrecho asociado a nuestro caminar cristiano; y nos recuerda el amor incondicional y el perdón de Dios cuando nos desviamos.

Después de ser salvos, tenemos la gran bendición de la guía diaria del Espíritu Santo, ¡y Él testifica a nosotros y por nosotros! La palabra griega traducida en el versículo 15 como "testifica" significa testificar, dar testimonio, elogiar, hablar bien y dar fe de ello.

Hemos aprendido que el Espíritu Santo siempre testificará de Jesús, por lo que contamos con su ayuda para saber cómo vivir la vida cristiana de la manera que Jesús instruyó. Aunque tenemos Su Palabra en nuestras Biblias, también tenemos el testimonio interior para hablar bien de la ley del Espíritu de vida en Cristo Jesús y recomendarnos a nosotros.

También tenemos el Espíritu para dar fe del hecho de que nuestros pecados son perdonados, y Dios no está guardando nuestro pasado en nuestra contra, por lo que ya no estamos atados por la ley del pecado y la muerte (ver Romanos 8:1-2).

¡Qué gran testimonio es Él para nosotros!

EL RETO DE HOY:

Pídele al Padre que te ayude a apreciar y escuchar el testimonio interior de Su Espíritu Santo hoy.

Profundice más: Estudiar Hebreos 10; Juan 16:7-15; Romanos 8:1-2.

31 de mayo

EL ESPÍRITU DA LA VIDA REAL

Romanos 8:11

"Y si el Espíritu de aquel que levantó a Jesús de entre los muertos vive en ustedes, el mismo que levantó a Cristo de entre los muertos también dará vida a sus cuerpos mortales por medio de su Espíritu, que vive en ustedes."

El Espíritu Santo no solo mora en un cristiano, sino que da vida a nuestros cuerpos mortales de maneras que no podíamos imaginar antes de la salvación.

Antes de mi salvación en prisión, ahora puedo ver que realmente no había vivido la vida al máximo. Incluso cuando tenía un gran trabajo, familia y posesiones materiales, estaba vacía por dentro y no tenía paz ni satisfacción.

Luego, cuando repentina y tontamente me alejé de mi familia y de mi trabajo, y perdí todas esas posesiones, me invadió la depresión, la desesperanza y la desesperación. Yo también estaba todavía vacío, y sin paz. Por dentro, estaba lleno de confusión, indecisión, autoacusación y autodesprecio.

Ahora comprendo cada día más lo que realmente significa tener la vida abundante que Jesús vino a darnos (ver Juan 10:10). El mismo Espíritu poderoso que el Padre usó para resucitar a Jesús (ver el devocional del 26 de abril) vive en mí, ¡y poderosamente provee todo lo que me faltaba antes de Cristo!

A medida que aprendo a rendirme más plenamente a Él, soy bendecido con más de Su fruto: amor, gozo, paz, paciencia, bondad, mansedumbre, fidelidad y dominio propio. Estas son las cualidades de carácter de Cristo, ¡y sólo en Él está la verdadera vida!

EL RETO DE HOY:

Agradezca al Padre por la vida real en Cristo a través de Su Espíritu Santo viviendo en usted. Anota algunas de las diferencias entre tu vida antes de la salvación y la actual. ¡Goza y alégrate!

Profundice más: Estudiar Romanos 8; Juan 10:1-10; Juan 5:24, 39-40.

1 de junio

FUERZA Y ALIENTO

Hechos 9:31

"Mientras tanto, la iglesia disfrutaba de paz a la vez que se consolidaba en toda Judea, Galilea y Samaria, pues vivía en el temor del Señor e iba creciendo en número, fortalecida por el Espíritu Santo".

Cuando estamos en cautiverio de cualquier tipo, hay muchos días en los que necesitamos especialmente fuerza y aliento. Una gran paz mora en nosotros en la forma del Espíritu Santo; y Él provee estas cualidades necesarias si se lo permitimos.

Como ya hemos aprendido, el Espíritu Santo administra todo el poder de Dios en esta tierra, y puesto que Él vive en nosotros, este poder está disponible para nosotros. Él es nuestro Ayudante, Fortalecedor, Maestro, Alentador, Consejero, Amigo y Guía. ¿Cuál es el secreto para que podamos permitirle que Él obre libremente en nuestras vidas?

Creo que este versículo nos dice que el temor del Señor es la clave. "El temor del Señor es el principio de la sabiduría, y el conocimiento del Santo es comprendido." Ver Proverbios 9:10. El temor del Señor es reverencia, respeto y asombro.

¡Albergamos la presencia misma de Dios! A medida que desarrollemos una relación íntima con el Padre, gracias al Hijo, a través del Espíritu Santo, lo conoceremos mejor. En este conocimiento, querremos honrar, amar, reverenciar y respetar la grandeza de Él. Como resultado, querremos hacer todo lo posible por obedecerle.

Cuanto más en sintonía estemos con el Espíritu Santo, más paz, fuerza y aliento nos proporcionará.

EL RETO DE HOY:

Tómate el tiempo para meditar en los muchos y magníficos atributos de Dios y pídele al Padre que te enseñe el temor del Señor por medio de Su Espíritu. La sabiduría, el conocimiento y la comprensión aumentarán, y usted será fortalecido y animado en Cristo por Su Espíritu.

Profundice más: Estudiar Hechos 9; Proverbios 9:10.

2 de junio

FRUTO DE LA VIDA

Gálatas 5:22-23

"En cambio, el fruto del Espíritu es amor, alegría, paz, paciencia, amabilidad, bondad, fidelidad, humildad y dominio propio. No hay ley que condene estas cosas".

Durante demasiado tiempo, la mayoría de nosotros dimos malos "frutos de la carne" que siempre nos llevaban a la muerte descrita en Gálatas 5:19-21, que precede inmediatamente al pasaje de hoy.

El Espíritu Santo en nosotros produce el buen "fruto del Espíritu" que siempre lleva a la vida (ver también el 30 de abril sobre mantenerse conectado a la Vid). Jesús desea que todos demos fruto y que el fruto perdure (Ver Juan 15:16).

¿Cómo podemos participar en la obra del Espíritu Santo de producir todo este gran fruto en nuestras vidas?

Estas cualidades de carácter de Cristo enumeradas en el pasaje de hoy se manifiestan en nosotros en mayor abundancia a medida que aprendemos a rendirnos más completamente al Señorío de Cristo Jesús y a someternos completamente al liderazgo del Espíritu Santo.

Mi experiencia es que cuanto más busco y amo a Dios con todo mi corazón, alma, mente y fuerzas; más deseo ser obediente a Él. Las bendiciones siguen a la obediencia. Para mí, la paz, el gozo, el amor y otros frutos del Espíritu que se manifiestan en mi vida son bendiciones tan buenas que quiero más.

No hay absolutamente ninguna comparación entre el fruto anterior de las tinieblas y la carne que solíamos tener; y la luz y las bendiciones espirituales que tenemos ahora en el fruto de la vida en el Espíritu.

EL RETO DE HOY:

Pídele al Padre que te muestre cómo permitirle producir más fruto espiritual en tu vida. ¿Qué cualidades de carácter enumeradas anteriormente ya son evidentes? ¿Cuáles necesitan crecer?

Profundice más: Estudiar Gálatas 5; Colosenses 3:12-17; Juan 15:16.

3 de junio

GLORIFICANDO A JESÚS

Juan 16:14

"Él me glorificará porque tomará de lo mío y se lo dará a conocer a ustedes".

Puesto que tenemos el Espíritu de Cristo viviendo en nosotros, podemos estar seguros de que el Espíritu Santo siempre nos guiará por caminos que glorifican a Dios, pero siempre debemos estar dispuestos a seguir el Camino.

Jesús dijo que Él es el Camino, así que eso significa que Él es el Camino. Sabemos que entramos por la puerta estrecha sólo por gracia, sólo por fe, sólo en Cristo. Pero somos guiados a lo largo del camino angosto por nuestro Guía, Amigo, Maestro y Consejero, el Espíritu Santo.

Problemas surgen con más frecuencia para nosotros cuando reafirmamos nuestro propio señorío sobre nuestras vidas y queremos hacer las cosas a nuestra manera. Nos alejamos del camino angosto por no escuchar y seguir la inspiración del Espíritu Santo. Él siempre quiere guiarnos en el camino de Jesús, pero Él es un caballero y no nos obligará a obedecer.

Debido a la obra terminada de Jesús en la Cruz, todo lo que el Padre tiene está disponible para los verdaderos creyentes por el Espíritu Santo. El Espíritu recibe todo lo que necesitamos diariamente para permanecer en el camino de la vida abundante ahora, y por toda la eternidad, pero debemos elegir pedir Su liderazgo y seguirlo obedientemente.

Nuestras vidas glorifican a Dios cuando lo hacemos.

EL RETO DE HOY:

Dar gracias al Padre por Jesús y el Espíritu Santo. Dile que quieres escuchar y seguir mejor al Espíritu Santo en todo lo que hagas hoy.

Dar gloria a Dios hoy mientras que caminas por el camino angosto.

Profundice más: Estudiar Juan 16; Mateo 7:13-14.

4 de junio

SEDIENTO PARA MÁS

1 Corintios 12:13

"Todos fuimos bautizados por[a] un solo Espíritu para constituir un solo cuerpo' ya seamos judíos o no, esclavos o libres, 'y a todos se nos dio a beber de un mismo Espíritu."

Hechos 1:5
Jesús dijo: "Juan bautizó con agua, pero dentro de pocos días ustedes serán bautizados con el Espíritu Santo".

El Bautismo del Espíritu Santo opera primero a nivel de hacernos a todos parte del Cuerpo de Cristo. Ninguno de nosotros puede venir a Cristo a menos que el Padre los traiga (Juan 6:44), y esto ocurre cuando el Espíritu nos convence de pecado, justicia y juicio (Juan 16:8). Tras el arrepentimiento genuino y la confesión de fe, nos convertimos en parte del Cuerpo de Creyentes.

Sin embargo, antes de que Jesús ascendiera, les recordó a sus discípulos su promesa de que Él y el Padre les enviarían un Ayudador que les daría el poder que necesitaban para cumplir la Gran Comisión (Hechos 1:8; 2:33; Marcos 16:15-20).

Unos días antes habían recibido el Espíritu Santo del Cristo resucitado en quien ahora creían (Juan 20:22), por lo que luego se convirtieron en parte del Cuerpo de Cristo por el Espíritu. Entonces, justo antes de Su ascensión, Jesús estaba describiendo otro acto del Espíritu: Su bautismo de poder.

A todos se nos da lo mismo que a los discípulos, pero ¿lo queremos? ¿Estamos sedientos de más del Espíritu Santo para poder cumplir nuestra comisión, plan y propósito particular?

EL RETO DE HOY:

Dile al Padre que tienes sed de más del Espíritu Santo. Pídele que te llene de nuevo cada día. Beba profundamente de Su Espíritu hoy.

Profundice más: Estudiar 1 Corintios 12; Juan 6:44; 16:8, 20:22; Hechos 1:8, 2:33; Marcos 16:15-20.

5 de junio

REVESTIDO DE PODER

Lucas 24:49
Jesús dijo: "Ahora voy a enviarles lo que ha prometido mi Padre, pero ustedes quédense en la ciudad hasta que sean revestidos del poder de lo alto".

Hechos 1:8
Jesús dijo: "Pero cuando venga el Espíritu Santo sobre ustedes, recibirán poder y serán mis testigos tanto en Jerusalén como en toda Judea y Samaria, hasta en los confines de la tierra".

¿Qué es lo que realmente hace este poder que recibimos del Bautismo del Espíritu Santo, como se discutió ayer? ¿Por qué es importante para nosotros? ¿Qué diferencia podemos esperar que haga en nuestra vida como cristianos?

Desde el día de Pentecostés, los discípulos recibieron la audacia, la fuerza, el coraje y la perseverancia del Bautismo del Espíritu Santo. Tres mil personas entraron en la fe ese día, y se dedicaron a la enseñanza de los apóstoles y a su comunión mutua. Se llenaron de asombro, y se hicieron muchos prodigios y señales milagrosas (ver Hechos 2:41-43).

Tal vez Pablo se refería a estar "revestidos de poder" cuando instruyó a los colosenses a revestirse de compasión, bondad, humildad, gentileza y paciencia; y caminar en perdón, amor, paz y gratitud (ver Colosenses 3:12-17).

Hermanos y hermanas, en los dos párrafos anteriores, hemos visto que ser revestidos de poder por el Bautismo del Espíritu Santo resultó en audacia, fuerza, coraje, perseverancia, devoción, compañerismo, asombro, maravillas, señales, compasión, humildad, mansedumbre, paciencia, perdón, amor, paz y agradecimiento.

Por mi propia experiencia personal, puedo testificar que todo esto se está manifestando en cantidades y frecuencia crecientes en mi vida. Todos ellos también están disponibles para ti.

EL RETO DE HOY:

Pídele al Padre que te vista de poder. Pídele que te bautice en Su Espíritu Santo, y que te llene hasta rebosar de Él.

Profundice más: Estudiar Lucas 24; Hechos 2:41-43; Colosenses 3:12-17.

6 de junio

FALTABA ALGO

Hechos 8:14-17

"Cuando los apóstoles que estaban en Jerusalén se enteraron de que los samaritanos habían aceptado la palabra de Dios, les enviaron a Pedro y a Juan. Estos, al llegar, oraron por ellos para que recibieran el Espíritu Santo, porque el Espíritu aún no había descendido sobre ninguno de ellos; solamente habían sido bautizados en el nombre del Señor Jesús. Entonces Pedro y Juan les impusieron las manos y ellos recibieron el Espíritu Santo".

¿No es interesante este pasaje? Nuevos creyentes entraron en la fe en Samaria. Los samaritanos no eran étnicamente completamente judíos, por lo que eran menospreciados y tratados como ciudadanos de segunda clase. Aquellos de nosotros que estamos en prisión o en cualquier otra forma de servidumbre podemos identificarnos fácilmente con su trato.

Cuando Pedro y Juan llegaron, debieron de ver fácilmente que faltaba algo en estos nuevos creyentes. Su fe, representada externamente por el bautismo de agua, los llevó al Cuerpo de Cristo, pero les quedaba algo más por recibir.

Quizás lo que faltaba era el proceso de santificación. Uno de los trabajos del Espíritu Santo en un creyente es apartarlos para el servicio de Dios, y comenzar el proceso de hacerlos más santos.

Abandonados a nuestra suerte, somos impotentes para transformarnos a nosotros mismos. Viene solo por el poder del Espíritu Santo que obra en nosotros y a través de nosotros progresivamente a lo largo del tiempo a medida que nos sometemos obedientemente a Su liderazgo.

¿Falta algo en tu vida como creyente?

EL RETO DE HOY:

Dile al Padre que quieres someterte a todo lo que el Espíritu Santo quiera hacer en ti. Pídele que te dé lo que sea que vea que falta en tu vida.

Profundice más: Estudiar Hechos 8.

7 de junio
LAS ESCAMAS CAYERON, LOS OJOS SE ABRIERON

Hechos 9:17-18

"Ananías se fue y cuando llegó a la casa, le impuso las manos a Saulo y dijo: 'Hermano Saulo, el Señor Jesús, que se te apareció en el camino, me ha enviado para que recobres la vista y seas lleno del Espíritu Santo'. [18] Al instante cayó de los ojos de Saulo algo como escamas y recobró la vista. Se levantó y fue bautizado".

Le sugiero que también lea este relato de la conversión de Saulo en Hechos 22:1-16.

Después de su encuentro en el camino de Damasco con el Señor Jesús Viviente, Saulo debe haberse convertido inmediatamente en un creyente, porque no discutió con Jesús y se levantó para hacer lo que se le dijo. Otro indicio de conversión fue que, en Damasco, decidió comenzar un ayuno completo de comida y agua, a pesar de lo impotente que debió sentirse debido a su ceguera.

Lo que está sucediendo en este reino físico temporal es a menudo un reflejo de lo que está sucediendo en el reino espiritual eterno. La ceguera de Saúl debe haberlo llevado a un punto de debilidad y humildad como quizás nada lo había hecho en su vida.

Buscaba la iluminación espiritual mediante el ayuno (versículo 9), lo que lo llevó a mucha oración (versículo 11). Jesús, en respuesta a las oraciones de Saulo, envió a Ananías a imponer las manos sobre Saulo para recibir el Espíritu Santo, sabiendo que necesitaría este poder para proclamar el nombre de Cristo a los gentiles (versículo 15).

Algo parecido a escamas cayó de sus ojos y pudo ver. ¡Comenzó a predicar que Jesús es el Hijo de Dios (versículo 20)!

EL RETO DE HOY:

Pídele al Padre que abra tus ojos al poder del Espíritu Santo.

Profundice más: Estudiar Hechos 9:1-31; Hechos 22:1-16.

8 de junio

EL ESPÍRITU ES PARA TODOS

Hechos 10:44-47

"Mientras Pedro estaba todavía hablando, el Espíritu Santo descendió sobre todos los que escuchaban el mensaje. Los creyentes judíos que habían llegado con Pedro se quedaron asombrados de que el don del Espíritu Santo se hubiera derramado también sobre los no judíos, pues los oían hablar en lenguas y alabar a Dios. Entonces Pedro respondió: '¿Acaso puede alguien negar el agua para que sean bautizados estos que han recibido el Espíritu Santo lo mismo que nosotros?'".

Lo que sucedió en Pentecostés no fue solo para los 120 seguidores reunidos en el Aposento Alto. Y no fue solo para los judíos creyentes en Jesús. El don estaba al alcance de todos, incluso de aquellos que los judíos consideraban extraños, es decir, los gentiles.

Muchos de nosotros que hemos estado en alguna forma de esclavitud nos hemos sentido en un momento u otro como extraños también. Pero Dios no hace acepción de personas, lo que hizo por uno, lo hará por todos.

Este caso en particular es algo notable porque el poder y la unción del Espíritu Santo cayeron sobre aquellos que escucharon el mensaje de Pedro incluso antes de que terminara. Ni siquiera tenía un "llamado al altar". ¡La Palabra salió y el Espíritu se movió!

Los que estaban con Pedro estaban convencidos porque los oían hablar en lenguas y alabar a Dios. El Bautismo del Espíritu Santo emociona y empodera tanto tu espíritu que no puedes evitar alabar a Dios, y cuando te quedes sin palabras, ¡el Espíritu orará a través de ti sobrenaturalmente!

EL RETO DE HOY:

Piensa en el poder del Espíritu Santo y dedica algún tiempo a alabar a Dios desde tu espíritu. Serás elevado, animado, renovado y refrescado.

Profundice más: Estudiar Hechos 10; Romanos 8:26-28.

9 de junio

¿RECIBISTE TÚ?

Hechos 19:1-2

"A su paso, Jesús vio a un hombre que era ciego de nacimiento. Y sus discípulos preguntaron: 'Rabí, para que este hombre haya nacido ciego, ¿quién pecó, él o sus padres?'".

Me entristece conocer a tantos buenos hermanos y hermanas en Cristo que ni siquiera han escuchado que hay un Espíritu Santo.

No puedo dejar de pensar en cuando Pablo le describía a Timoteo cómo sería el hombre en los últimos días, enumeró una larga lista de características inquietantes, y terminó refiriéndose a aquellos que "tienen apariencia de piedad, pero niegan su poder". Ver 2 Timoteo 3:1-5.

¿Podría Pablo haberse estado refiriendo a un gran segmento de verdaderos creyentes que son salvos por la eternidad, pero que no experimentan mucho de la vida abundante disponible para ellos en este momento (ver Juan 10:10) porque no reconocen el mismo poder que necesitan?

Cuando somos salvos, no se espera que nos aferremos por el resto de esta vida en la tierra esperando que el Cielo nos llene. No, la vida eterna comenzó el día en que le entregamos nuestro corazón a Jesús, y podemos recibir el don del poder del Espíritu Santo para que seamos vencedores aquí y ahora, y que continúen por toda la eternidad.

¿Recibiste el Espíritu Santo cuando creíste?

EL RETO DE HOY:

Dile al Padre que quieres entender más acerca de Su Regalo para ti en la forma de Su Espíritu Santo. Pídele que te dé el poder de ser un vencedor hoy.

Profundice más: Estudiar Hechos 19; 2 Timoteo 3:1-5; Juan 10:10.

10 de junio

JESÚS BAUTIZA

Marcos 1:8

"Yo los he bautizado a ustedes con agua, pero él los bautizará con el Espíritu Santo".

En este pasaje, Juan el Bautista estaba hablando de Jesús que vendría después de él. Pasajes similares se encuentran en Mateo 3:11 y Lucas 3:16. Estaba distinguiendo su bautismo de arrepentimiento del bautismo del Espíritu Santo que Jesús traería.

En Juan 4:2, aprendemos que Jesús no bautizó a los creyentes en agua, sino que lo hicieron sus discípulos. A menudo me he preguntado si Jesús hizo esto intencionalmente para que Su bautismo con el Espíritu Santo y fuego (ver 14 de marzo) fuera apartado del bautismo en la fe.

A los 12 años, me bauticé en agua, pero creo que nomas me mojé. ¿Puedes relacionar?

En la cárcel, quería anunciar mi profesión de fe interna por el acto externo del bautismo como una indicación para mí mismo y para los demás de que estaba dispuesto a ser responsable de mi decisión de entregar mi vida a Cristo.

Realmente me había arrepentido de mi pecado y estaba listo para alejarme de los hábitos pecaminosos. El bautismo en agua en ese momento resultó en un conocimiento interno de que realmente era salvo. Sin embargo, todavía luchaba con el pecado en algunas áreas.

No fue hasta que le pedí a Jesús que me bautizara con Su Espíritu Santo que comencé a sentirme empoderada para realmente apartarme del pecado y resistir las muchas tentaciones que el diablo me traía.

¿Has recibido este poder?

EL RETO DE HOY:

Dile al Padre que quieres que Jesús te bautice para que tengas el poder de resistir la tentación y puedas ser purificado con el fuego purificador.

Profundice más: Estudiar Marco 1; Mateo 3:11; Lucas 3:16; Juan 4:2.

11 de junio

AVIVA LA LLAMA

2 Timoteo 1:6-7

"Por eso te recomiendo que avives la llama del don de Dios que recibiste cuando te impuse las manos. Pues Dios no nos ha dado un espíritu de timidez, sino de poder, de amor y de dominio propio".

La última carta de Pablo a su hijo en la fe, Timoteo, es más significativa para mí cuando considero el hecho de que Pablo sabía que pronto daría su vida por el evangelio de Jesús. Su carta fue escrita desde la cárcel, al parecer después de que ya supiera el destino que le esperaba. Supongo que creía que esta podría ser su última oportunidad de escribir.

En ese sentido, le recuerda a Timoteo la fe sincera de su madre y su abuela que Pablo declaró con confianza que residían en Timoteo. Por lo tanto, como creyente sincero, Pablo anima a Timoteo a "avivar el fuego del don de Dios".

En devociones anteriores hemos aprendido sobre el "don de Dios" al que Pablo se refiere, el poder y la unción del Bautismo del Espíritu Santo. En algunas traducciones dice "aviva el don de Dios que yace dentro de ti".

Pablo quiere fortalecer a Timoteo, pero le recuerda a Timoteo que ya tiene todo el poder que necesita para poder andar en amor con sana mente para la disciplina y el dominio propio. Todo esto está disponible a través del Espíritu.

¿Eres tú también un creyente sincero? ¡Aviva la llama, aviva el regalo que está en ti por el Espíritu Santo de Dios!

EL RETO DE HOY:

Dile al Padre que quieres caminar con valentía, amor y autodisciplina hoy a través de la mente sana de Cristo que te ha dado el Espíritu Santo.

Profundice más: Estudiar 2 Timoteo 1; 1 Corintios 12:4-13.

12 de junio

LA EFUSIÓN DE DIOS EN LOS ÚLTIMOS DÍAS

Joel 2:28-29

"Después de esto, derramaré mi Espíritu sobre todo ser humano. Los hijos y las hijas de ustedes profetizarán, tendrán sueños los ancianos y los jóvenes recibirán visiones.En esos días derramaré mi Espíritu aun sobre los siervos y las siervas".

En el contexto de todo el segundo capítulo de Joel, está claro que el Señor mismo está profetizando sobre "el día de Jehová" (Joel 2:1-2), después de que Su pueblo, Israel, sea reunido en la tierra. Te animo a que te detengas y leas todo el capítulo.

Pedro, en el día de Pentecostés, se refirió a este pasaje para explicar lo que había sucedido, por lo que creía que estaban entonces "en aquellos días" debido al derramamiento del Espíritu Santo.

Muchas escrituras proféticas ya se han cumplido con respecto a los últimos días. De hecho, el Dr. David Jeremiah dice que todas las profecías que deben cumplirse antes de la segunda venida de Cristo, de hecho, ya se han cumplido. Podía venir cualquier día.

En vista de esto, el poder y la unción del Espíritu Santo que el Padre quiere derramar sobre sus hijos e hijas se vuelve cada día más importante. Romanos 8:14 dice: *"Porque los que son guiados por el Espíritu de Dios, éstos son hijos de Dios"*.

Hermanos y hermanas en Cristo, en estos últimos días, debemos tener todo el Espíritu Santo y tomar la decisión diaria de ser guiados por el Espíritu.

EL RETO DE HOY:

Pídele al Padre que derrame más de sí mismo a través de su Espíritu Santo para que estés rebosante para el beneficio de los demás hoy, dondequiera que vayas y hagas lo que hagas.

Profundice más: Estudiar Joel 2; Hechos 2:1-22; Romanos 8:14.

13 de junio

PON A PRUEBA LOS ESPÍRITUS

1 Tesalonicenses 5:19-22
"No apaguen el Espíritu, no desprecien las profecías, sométanlo todo a prueba, aférrense a lo bueno, eviten toda clase de mal".

1 Juan 4:1
"Jesús se enteró de que los fariseos sabían que él estaba ganando y bautizando más discípulos que Juan."

Uno de los dones de manifestación del Espíritu Santo es la "distinción de espíritus" (1 Corintios 12:10), y este don está disponible para todos los verdaderos creyentes. El Espíritu hace que esto esté disponible para nosotros, pero tenemos que dejar que Él lo manifieste en nosotros a medida que Él determine que lo necesitamos (1 Corintios 12:11).

Esta es otra razón por la que no debemos apagar el Espíritu, porque tanto Pablo como Juan nos instruyen para probar las profecías y probar los espíritus, para ver si o no son de Dios. Abundan las falsas enseñanzas y los falsos profetas.

Jesús advirtió repetidamente en Mateo 24, Marcos 13 y Lucas 21, que debemos tener cuidado de no ser engañados en los últimos días antes de Su regreso. Él dijo: *"Porque aparecerán falsos mesías y falsos profetas, y harán grandes señales y prodigios para engañar, si es posible, aun a los elegidos".*

Entonces, quiero estar seguro de que estoy entre "los elegidos", ¿no es así? Estoy convencido de que todos necesitamos el don de manifestación de distinguir o discernir los espíritus.

EL RETO DE HOY:

Dígale al Padre que desea ser capaz de discernir mejor los espíritus de falsa enseñanza o falsas profecías por el don de manifestación del Espíritu. Pídele que te ayude a aprender a escuchar y obedecer a Su Santo Espíritu.

Profundice más: Estudiar 1 Tesalonicenses 5; Mateo 24:4-5, 11, 24; Marcos 13:5-6, 22; Lucas 21:8; 1 Corintios 12:10-11.

14 de junio

INSPECCIONA LA FRUTA

Mateo 7:15-17, 20

Jesús dijo: "Cuídense de los falsos profetas. Vienen a ustedes disfrazados de ovejas, pero por dentro son lobos feroces. Por sus frutos los conocerán. ¿Acaso se recogen uvas de los espinos o higos de los cardos? Del mismo modo, todo árbol bueno da fruto bueno, pero el árbol malo da fruto malo. ²⁰Así que por sus frutos los conocerán."

Ayer aprendimos acerca de probar los espíritus para que no seamos engañados. Hoy en día, se nos advierte aún más acerca de los falsos profetas, que creo que incluyen a los falsos maestros y a los falsos pastores.

No debemos dejarnos engañar por la apariencia externa de alguien, por el habla halagadora o por la imagen que proyecta. Por fuera parecen estar bien, incluso sinceros, pero por dentro podrían ser algo completamente diferente.

Los buenos árboles dan buenos frutos, pero los malos árboles dan malos frutos. Jesús quiere que seamos inspectores de frutos. ¿Qué clase de fruto espiritual se está produciendo? El fruto del Espíritu es amor, gozo, paz, paciencia, benignidad, bondad, mansedumbre, fidelidad y dominio propio.

Debemos examinar el fruto espiritual que se produce de aquellos profetas, maestros y pastores que influyen en nosotros como cristianos. Por el poder y el discernimiento del Espíritu Santo en nosotros, seremos capaces de distinguir los frutos buenos de los malos.

Cualquier cosa que no se alinee con la Palabra es falsa. Jesús le dijo al Padre: "Tu palabra es verdad".

EL RETO DE HOY:

Pídele al Padre más de Su discernimiento Espiritual para que puedas juzgar los buenos frutos de los malos frutos. Dígale al Espíritu Santo que escuchará Su inspiración hoy mientras inspecciona cautelosamente el fruto de aquellos que influyen en su caminar cristiano.

Profundice más: Estudiar Mateo 7; Gálatas 5:22-25; Colosenses 3:12-17.

15 de junio

CAYENDO EN EL ESPÍRITU

Apocalipsis 1:17
"Al verlo, caí a sus pies como muerto; pero él, poniendo su mano derecha sobre mí, me dijo: 'No tengas miedo. Yo soy el Primero y el Último.'"

Juan 18:6
"Cuando Jesús dijo: "Yo soy", dieron un paso atrás y se desplomaron".

Ezequiel 44:4
"Después el hombre me llevó por el camino de la puerta del norte, que está frente al Templo. Al ver que la gloria del Señor llenaba el Templo, me postré rostro en tierra".

No me sorprende que cuando alguien se encuentra con la presencia del Señor, a menudo se caiga. Algunos pueden sentirse abrumados por Su gloria, otros pueden caer en un acto de reverencia y respeto. Y otros son vencidos por su poder ungido.

He aquí otros ejemplos: Mateo 17:6; Hechos 9:4-8; Ezequiel 1:28; 3:23 y 43:3; Daniel 8:17-18; y Daniel 10:8-9. Algunos caen hacia adelante, otros retroceden. Otros pueden llegar hasta las rodillas.

A veces, cuando las personas van al ministerio al final de un servicio, la unción de la Presencia es tan fuerte que pueden caer como si se desmayaran. A esto a veces se le llama ser "muerto en el Espíritu", pero no creo que sea un término bíblico real. "Caer bajo la unción" me parece más preciso.

Nunca creí en esto hasta que me pasó a mí, y me ha pasado varias veces, sin que nadie me toque. Mi consejo es, si alguna vez te caes, quédate acostado y deja que el Espíritu te ministre Su amor, paz y sanidad.

Para algunos, el ministerio personal del Espíritu Santo se recibe sin caer. No se trata de caer, sino de recibir lo que el Espíritu quiere darte.

EL RETO DE HOY:

Busca todos los pasajes de las Escrituras a los que se hace referencia anteriormente y pídele al Espíritu Santo que te explique su significado.

Profundice más: Estudiar Mateo 17:6; Hechos 9:4-8; Ezequiel 1:28; 3:23, 43:3; Daniel 8:17-18; 10:8-9.

16 de junio

BORRACHO EN EL ESPÍRITU

Hechos 2:15

"Estos no están borrachos, como suponen ustedes. ¡Apenas son las nueve de la mañana!"

Efesios 5:18-19

"No se emborrachen con vino, que lleva al desenfreno. Al contrario, sean llenos del Espíritu. Anímense unos a otros con salmos, himnos y canciones espirituales. Canten y alaben al Señor con el corazón..."

En Pentecostés, los 120 seguidores dedicados y obedientes de Jesús fueron tan abrumados por el poder del Espíritu Santo que actuaron y sonaron como personas que estaban borrachas. La mayoría de nosotros hemos ido a fiestas en nuestra antigua forma de vida donde había una sobreabundancia de alcohol. Todos podemos dar fe de que una persona definitivamente se comporta y habla de manera diferente cuando está "bajo la influencia".

Pedro les aseguró que no estaban borrachos en el sentido usual de la palabra, sino que se refirió a la profecía de los últimos días de Joel 2:28-29 (Ver el 12 de junio, indicando que el poder del Espíritu de Dios estaba siendo derramado. Parte de la manifestación estaba en su forma de hablar, pero estoy seguro de que también había otros indicios de comportamiento inusual en la madrugada, como dar gracias a Dios, alabarlo y cantar desde lo más profundo de su espíritu canciones nunca antes escuchadas o aprendidas.

Pablo exhorta a los efesios a no emborracharse en el sentido usual de la palabra; más bien, en lugar de estar llenos de alcohol, deberían estar llenos del Espíritu ungido y poderoso de Dios. Cuando lo seamos, dice Pablo, ¡de lo que estamos llenos se desbordará!

EL RETO DE HOY:

Pídele al Padre que te llene con Su unción y que se desborde para darle gloria a Él.

¡Sed llenos y bajo la influencia del Espíritu hoy!

Profundice más: Estudiar Hechos 2:1-22, 32-33; Joel 2:28-29; Isaías 29:9-10.

17 de junio

RISAS Y ALEGRÍA

Romanos 14:17

"...porque el reino de Dios no es cuestión de comidas o bebidas, sino de justicia, paz y alegría en el Espíritu Santo."

Salmo 126:2-3

"Entonces nuestra boca se llenó de risas;nuestra lengua, de canciones jubilosas. Hasta los otros pueblos decían: 'El Señor ha hecho grandes cosas por ellos'. Sí, el Señor ha hecho grandes cosas por nosotrosy eso nos llena de alegría".

Uno de los frutos del Espíritu Santo es la alegría. La verdadera alegría se desborda en una risa genuina y sana. Por ejemplo, el hijo de la promesa, Isaac, significa en hebreo "él ríe". Sara se llenó de gozo y risas y declaró que otros se reirían con ella (Ver Génesis 21:3, 6).

Uno de los Salmo de adoración hebrea, mostrado arriba, declaraba que estaban llenos de risa y gozo cuando consideraban las grandes obras que Dios había hecho en y para ellos.

En Romanos 14:17, Pablo define el Reino de Dios no teniendo que ver con actividades físicas, sino que consiste en cualidades espirituales que resultan del Espíritu Santo: justicia, paz y gozo.

Había oído hablar de la "risa santa" que a veces se manifestaba cuando el poder ungido del Espíritu Santo estaba presente, y no sabía muy bien qué pensar. ¡Pero luego lo experimenté de verdad! No podía detener la risa alegre que brotaba incontrolablemente de mí. Salí de ese servicio más renovado de lo que había estado en muchos años. A veces, ¡la risa es realmente la mejor medicina!

EL RETO DE HOY:

Pasa tiempo a solas en la presencia del Padre considerando todas las grandes cosas que ha hecho. Sentirás que se eleva la verdadera alegría. ¡Incluso podrías reírte a carcajadas!

Profundice más: Estudiar Romanos 14; 1 Tesalonicenses 5:16-18; Filipenses 4:4; John 16:24; Salmo 118:24; Proverbios 17:22; Isaías 55:12; Isaías 61:3; Salmo 33:21; Proverbios 10:28.

18 de junio

TEMBLORES Y TERROR

Daniel 8:17
"Cuando él se acercó al lugar donde estaba, me aterroricé y caí rostro en tierra".

Mateo 17:6
"Al oír esto, los discípulos se postraron sobre su rostro, aterrorizados."

Mateo 28:4
" Los guardias tuvieron tanto miedo de él que se pusieron a temblar y quedaron como muertos".

Estar muy cerca de la Santidad y el Poder de Dios puede llenarnos de terror.

En Mateo 17:6, la palabra griega traducida como "aterrorizado" tiene diferentes significados según el contexto. Por ejemplo, puede significar temer, tener miedo o alarmarse; que son contextos que son un impedimento, o una estorba, para la fe y el amor. En otros contextos, significa reverenciar, respetar o adorar; lo cual indica un temor apropiado de Dios. Te recomiendo que leas Daniel 10:7-11 donde verás los efectos de la Presencia del Ángel del Señor en algunos hombres con Daniel, y en Daniel mismo.

Dependiendo de dónde uno perciba que están con Dios, pueden estar temerosos, o alarmados; e incluso correr y esconderse. Estas, creo, serían reacciones naturales de los incrédulos. Los verdaderos creyentes, sin embargo, pueden temblar, sacudir, y caer de rodillas, pero sospecho que sería más por reverencia, respeto y adoración; tal vez incluso debilidad física frente a un gran poder.

En los servicios en los que el poder de Dios cayó entre la gente, he visto personalmente ambos tipos de reacciones. Caí de rodillas, me incliné lo más que pude y adoré.

EL RETO DE HOY:

Piensa en cómo reaccionarás cuando te enfrentes a Su Presencia Ungida.

Profundice más: Estudiar Mateo 28.

19 de junio

MUDO

Lucas 1:22
"Cuando por fin salió, no podía hablarles, así que se dieron cuenta de que allí había tenido una visión. Se podía comunicar solo por señas, pues seguía mudo".

Ezequiel 3:26
"Yo haré que se te pegue la lengua al paladar; así te quedarás mudo y no podrás reprenderlos, por más que sean un pueblo rebelde".

Daniel 10:15-17
"'Y cuando él me decía esto, yo me incliné de cara al suelo y guardé silencio. Entonces alguien con aspecto humano tocó mis labios y yo los abrí; entonces comencé a hablar. Y dije al que estaba delante de mí: "Señor, por causa de esta visión me siento muy angustiado y sin fuerzas. ¿Cómo es posible que yo, que soy tu siervo, hable contigo? Las fuerzas me han abandonado y apenas puedo respirar'''.

Hay momentos en nuestras vidas en los que pasa algo y nos quedamos sin palabras. Ciertamente, en la Presencia de Dios es probable que nos quedemos sin palabras por un tiempo, ya que estoy seguro de que seremos abrumados por la Majestad y la Belleza de nuestro Amado Rey.

Puedo ser bastante hablador, especialmente acerca de Dios. Sin embargo, hay momentos en los que me siento abrumada por el agradecimiento y la adoración por salvar a alguien como la persona impía que una vez fui, y no sé cómo expresar mis sentimientos en un habla normal. En tiempos como estos, utilizo mi lenguaje de oración en oración y alabanza. El Espíritu sabe orar y alabar por mí. Ver Romanos 8:26-28.

EL RETO DE HOY:

Si no tienes un lenguaje de amor y oración enviado por el cielo, pregúntale a nuestro Padre. Ver Lucas 11:11-13.

Profundice más: Estudiar Daniel 8; Lucas 11:11-13; Romanos 8:26-28; Judas 1:20-21.

20 de junio

LLOROSO

Hebreos 5:7
" En los días de su vida mortal, Jesús ofreció oraciones y súplicas con fuerte clamor y lágrimas al que podía salvarlo de la muerte y fue escuchado por su temor reverente ".

Mateo 26:75
"Entonces Pedro se acordó de lo que Jesús había dicho: 'Antes de que el gallo cante, me negarás tres veces'. Y saliendo de allí, lloró amargamente ".

Apocalipsis 5:4
" Y yo lloraba mucho porque no se había encontrado a nadie que fuera digno de abrir el rollo ni de examinar su contenido ".

Cuando éramos niños, lo más probable es que escucháramos a alguien decir: "Los hombres de verdad no lloran". Nos enseñaron a contener nuestras emociones, especialmente la tristeza, la ira o el dolor; Y podríamos haber sido objeto de una gran vergüenza o ridículo si nos derrumbábamos. Incluso si estábamos solos, nos sometíamos a la autocondenación.

No se puede calcular cuánto daño se ha hecho en nuestras familias, o en la sociedad en general, por el hecho de que los hombres no expresen sus emociones más tiernas en el llorar.

Hay algo en la unción y la presencia de Dios después de la salvación que nos hace llorar de gozo y gratitud mientras nos enfocamos en Su bondad hacia nosotros. A veces puede haber lágrimas de arrepentimiento cuando pensamos en cómo solíamos ser antes de ser salvos y transformados.

No me avergüenzo de mis lágrimas. Cuando considero los pasajes de hoy, tres hombres a los que admiro y respeto profundamente se llenaron de llanto. Estos eran los más fuertes de los hombres.

EL RETO DE HOY:

Expresa tus emociones a tu Padre. No te avergüences de llorar. Estás en buena compañía.

Profundice más: Estudiar Mateo 26; Marcos 14:72; Juan 11:35; Juan 20:11.

21 de junio

VIAJANDO POR EL ESPÍRITU

Hechos 8:39-40
"Cuando subieron del agua, el Espíritu del Señor se llevó de repente a Felipe. El eunuco no volvió a verlo, pero siguió alegre su camino. En cuanto a Felipe, apareció en Azoto y se fue predicando las buenas noticias por todos los pueblos hasta que llegó a Cesarea".

2 Corintios 12:2-4
"Conozco a un seguidor de Cristo que hace catorce años fue llevado al tercer cielo. No sé si en el cuerpo o fuera del cuerpo; Dios lo sabe. Y sé que este hombre —no sé si en el cuerpo o aparte del cuerpo, Dios lo sabe— fue llevado al paraíso y escuchó cosas indecibles que a los humanos no se nos permite expresar".

Apocalipsis 4:1-2
"Después de esto miré y allí en el cielo había una puerta abierta. Y la voz que me había hablado antes con sonido como de trompeta me dijo: 'Sube acá: voy a mostrarte lo que tiene que suceder después de esto'. Al instante vino sobre mí el Espíritu y vi un trono en el cielo y a alguien sentado en el trono."

Aparentemente, el Poder de Dios, el Espíritu Santo, a veces transporta sobrenaturalmente a las personas para Sus propósitos. Lucas describe en el pasaje de los Hechos algo que parece implicar lo que ahora describiríamos como "teletransporte" de todo el cuerpo de Felipe.

Pablo no estaba seguro de si había sido transportado, o arrebatado, al Cielo físicamente en su cuerpo, o simplemente espiritualmente. Juan, en Apocalipsis, describe lo que puede haber sucedido solo en el Espíritu. ¿Los términos recientes para esto incluirían una "experiencia extracorpórea"?

¿No es interesante que las recientes creencias sectarias de la «nueva era» (que creo que son demoníacas) solo ahora están describiendo lo que algunos cristianos experimentaron hace 2.000 años?

EL RETO DE HOY:

Estudia los pasajes de hoy en su contexto. Pídele al Espíritu Santo que te dé una percepción.

Profundice más: Estudiar Ezequiel 3:14; 8:3; 11:24; 2 Corintios 12:1-6.

22 de junio

EL FUEGO Y EL ESPÍRITU

Hebreos 12:29
"porque nuestro 'Dios es fuego consumidor'".

Hechos 2:3
"Aparecieron entonces unas lenguas como de fuego que se repartieron y se posaron sobre cada uno de ellos".

Lucas 3:16
"... Él los bautizará con el Espíritu Santo y con fuego".

La Biblia tiene muchas otras referencias que unen el fuego con el Espíritu de Dios, o el Ángel del Señor. Por ejemplo, también podría consultar: Éxodo 3:2; 24:17, 40:38; Levítico 9:24.

Vea también lo que Pablo escribe en 1 Tesalonicenses 5:12-22 donde implica, en el versículo 19, que podemos disminuir el fuego del Espíritu Santo en nuestras vidas si fallamos en las acciones y palabras cristianas.

La palabra "Fuego" trae a la mente muchas cosas diferentes, incluyendo el poder, la potencia, la santidad, la destrucción, el calor, la seguridad, la llama, la iluminación, la protección, la renovación, el entusiasmo y el celo. Ciertamente, el Espíritu Santo de Dios puede relacionarse con muchas de estas mismas palabras, y puede personalizar varias de ellas para nosotros en nuestras vidas cristianas.

¿Has experimentado la pureza, el poder, la seguridad, la iluminación, la protección, la renovación, el entusiasmo y el celo del Espíritu Santo? ¿Ha refinado Él tu vida quemando algo de tu vieja basura en Su continua obra de santificación en ti? ¿Ha sentido usted personalmente el fuego del bautismo del Espíritu Santo?

EL RETO DE HOY:

Dile a tu Padre que quieres entender mejor los símbolos del fuego asociados con Su Gloria y Su Espíritu Santo.

Profundice más: Estudiar Éxodo 3:1-6, 24:17, 40:38; Levítico 9:24; 1 Tesalonicences 5:12-22.

23 de junio

MUERTE Y VIDA

Romanos 6:23

"Porque la paga del pecado es muerte, mientras que el regalo de Dios es vida eterna en Cristo Jesús, nuestro Señor."

Durante la mayor parte de mi vida, trabajé duro para el diablo por un salario que ahora sé que solo conduce a la muerte. ¿Puedes relacionar?

¿Has sido tú también engañado por el enemigo para que buscara satisfacción en todo lo que pudiera lanzarte hacia ti, dándote cuenta finalmente de que nada de eso realmente importaba?

Piensen en esto. Servir al mundo, a la carne y al diablo es un trabajo muy duro. Las "recompensas" son siempre temporales, y nunca completamente satisfactorias. Uno siempre se siente un poco engañado, un poco más perdido y todavía solo. Una persona siente que el próximo aumento, el próximo golpe, el próximo encuentro sexual o la próxima emoción ilícita, será "el indicado", pero invariablemente, no lo es.

La desesperanza, la depresión y la desesperación siempre están al acecho en nuestras mentes, y solo la automedicación puede evitar que pensemos en lo pobres que somos realmente, y en lo poco que nos aferramos a nuestro salario del pecado. Pero los efectos de la automedicación también son efímeros.

Finalmente, en una cama de prisión, llegué al final de mí mismo y clamé a Dios para que me rescatara. Había sido un muerto viviente durante demasiado tiempo. Si había verdadera vida en Él, yo la quería. Ya no trabajaba ni me esforzaba, simplemente recibía el Don con fe.

EL RETO DE HOY:

Dile al Padre que recibirás Su Don de salvación y vida eterna a través de Su Hijo, Jesús. Pídele al Espíritu Santo que llene el interior vacio con el amor incondicional y la aceptación completa, que solo se encuentra en el Padre.

¿Has recibido Su Don?

Profundice más: Estudiar Romanos 6.

24 de junio

CRISTO VIVE EN MÍ

Gálatas 2:20

"He sido crucificado con Cristo, y ya no vivo yo, sino que Cristo vive en mí. Lo que ahora vivo en el cuerpo, lo vivo por la fe en el Hijo de Dios, quien me amó y dio su vida por mí".

Vuelve a leer este versículo lentamente y piensa realmente en lo que dice. Al principio parece contradictorio y sin sentido. Sin embargo, hay una verdad maravillosa que se puede experimentar cada día más si comenzamos a pensar de esta manera.

Pablo nos dice en otra parte que debemos considerar a nuestro "viejo hombre" como muerto (Romanos 6:11), y que somos "nuevas criaturas" en Cristo Jesús. Debemos recordar que las cosas viejas pasaron, y todas las cosas se hicieron nuevas (2 Corintios 5:17).

Debemos considerar que hemos sido crucificados con Cristo, y que también nosotros fuimos resucitados de entre los muertos con Él en una nueva vida. El Espíritu de Cristo ahora vive en nosotros, el Espíritu Santo. Él quiere vivir Su Vida a través de nosotros. ¡Aquel que nos amó tanto que se dio a sí mismo por nosotros quiere expresar su nueva vida en y a través de nosotros!

Si vivimos diariamente en rendición y sumisión a Su Espíritu en nosotros, y nos dedicamos a obedecer Sus impresiones, realmente estamos viviendo y caminando por fe.

¡Esta escritura es una verdad maravillosa que vale la pena memorizar y confesar diario!

EL RETO DE HOY:

Pídele al Padre que te ayude a comprender más plenamente las verdades expresadas en nuestro versículo de las Escrituras de hoy. Escribe este versículo y llévalo contigo hoy para meditar en él. Esfuérzate por memorizarlo.

Profundice más: Estudiar Gálatas 2; Romanos 6:11; 2 Corintios 5:17-21.

25 de junio

UNA NUEVA CREACIÓN

2 Corintios 5:17

"Por lo tanto, si alguno está en Cristo, (el Mesías), es una nueva creación(el Mesías);. ¡Lo viejo [condición moral y espiritual previa] ha pasado, ha llegado ya lo nuevo!"

¿Has sido injertado en el Árbol de la Vida en Cristo Jesús?

Al considerar esto en mi propia vida, imaginé que anteriormente había sido una rama silvestre en el árbol de la muerte, o el árbol del conocimiento del bien y del mal. Había sido entrenado para hacer el bien, pero cuanto más aprendía y practicaba el mal, más me destruía. Me estaba muriendo y era inútil.

¿Fuiste tú también?

Pero aprendí de Pablo, en Romanos 11:17-24, cómo fuimos injertados en Cristo a través de la fe. Cuando somos injertados en Cristo, todo lo asociado con nuestro pasado se ha ido, y se nos proporciona una nueva vida totalmente de la Fuente de la Vida misma, es decir, Cristo. Ver también Juan 15:1-8.

La respuesta de Dios a la condición de un hombre pecador no es tratar de mejorarlo lentamente con el tiempo. Más bien, Dios mata al viejo hombre y resucita una creación totalmente nueva, una que nunca antes había existido.

A los ojos de Dios, somos instantáneamente hechos nuevos en Cristo Jesús. En Cristo tenemos acceso a una forma totalmente nueva de vivir en libertad, y no tenemos que seguir siendo esclavos de nuestro pasado. Sin embargo, experimentamos esta libertad diariamente solo cuando nos dejamos guiar por el Espíritu.

EL RETO DE HOY:

Dile al Padre cuánto aprecias tener la oportunidad de una vida totalmente nueva en Cristo. Pídele al Espíritu Santo que te enseñe cómo hacer que este versículo sea cada vez más verdadero en tu experiencia diaria.

¿Eres una nueva creación?

Profundice más: Estudiar 2 Corintios 5; Romanos 11:17-24; Juan 15:1-8.

26 de junio

SER LIBRE

Juan 8:34-36

"Les aseguro que todo el que peca es esclavo del pecado —afirmó Jesús. Ahora bien, el esclavo no se queda para siempre en la familia; pero el hijo sí se queda en ella para siempre. Así que, si el Hijo los libera, serán ustedes verdaderamente libres".

Antes de entregar verdaramente mi corazón y mi vida a Cristo, parecía que no podía hacer otra cosa, nomas, pecar. De vez en cuando, hacía un pequeño intento de hacer un acto amable y amoroso y desinteresado, pero después me di cuenta de que tenía un motivo o actitud pecaminosa al hacerlo.

No importaba cuántas veces lo intentara, o cuánto deseara ser diferente, me sentía desesperado, impotente y atrapado. Yo era un esclavo del pecado, y pensaba que nada cambiaría jamás.

Esto condujo a la esclavitud muy oscura de la depresión suicida. Estaba sin hogar y desempleada. No sentía que importara. Era un solitario y no pertenecía a nada ni a nadie, nomas al pecado y al diablo.

Los que me rodeaban no podían ayudarme; Ellos también eran esclavos. Nuestro amo, el diablo, no estaba interesado en liberar a nadie.

Pero cuando llegué a conocer al Hijo, supe que Él había derrotado a mi antiguo maestro. Él tenía el poder de liberarme. Él tenía la voluntad de que yo fuera libre, como lo demostró en Su muerte sacrificial. En Su resurrección victoriosa, Él venció el pecado y liberó para siempre a los cautivos que habían permanecido cautivos durante mucho tiempo.

Yo era uno de ellos. ¿Has sido liberado por el Hijo?

EL RETO DE HOY:

Agradécele al Padre por abrirte camino a través de Jesús para que seas parte de la familia de Dios para siempre. Pídele al Espíritu Santo que te ayude a caminar en libertad hoy de todas las ataduras pasadas.

Profundice más: Estudiar Juan 8.

27 de junio

VEN A TUS SENTIDOS

Lucas 15:17-20

" Por fin recapacitó y se dijo: "¡Cuántos jornaleros de mi padre tienen comida de sobra y yo aquí me muero de hambre! Me levantaré e iré a mi padre y le diré: Papá, he pecado contra el cielo y contra ti. Ya no merezco que se me llame tu hijo; trátame como si fuera uno de tus jornaleros". Así que emprendió el viaje y se fue a su padre."

Uno de mis capítulos favoritos de la Biblia es Lucas 15. Realmente puedo identificarme con la oveja perdida y la moneda perdida. Especialmente me veo a mí mismo en el hijo pródigo descarriado. Te recomiendo que vuelvas a leer todo el capítulo. ¿Con qué parte te identificas más?

Como la mayoría de nosotros, el hijo pródigo pensaba que él era el que mejor sabía cómo dirigir su propia vida. Dejó a su familia y, supongo, se fue a "encontrarse a sí mismo". Durante un tiempo, estuvo viviendo con sus nuevos amigos, pero cuando su dinero se acabó, sus "amigos" no se encontraban por ningún lado. ¿Empieza a sonar esto personalmente familiar?

Como judío, nunca debía estar cerca de cerdos, pero el único trabajo que podía encontrar era el de despachar a los cerdos, por lo que ahora también había abandonado su fe. Fue aquí donde finalmente recobró el sentido.

Sabía que todavía tenía un hogar, así que, en verdadero arrepentimiento, tomó la decisión de regresar, se humilló y pidió perdón. Su padre lo recibió amorosamente, sin hacer preguntas.

EL RETO DE HOY:

Dile al Padre que te das cuenta de que has cometido muchos errores, pero que estás listo para arrepentirte y volver a casa. Él te ama. Ha estado esperando pacientemente para darte la bienvenida.

Profundice más: Estudiar Lucas 15; Salmo 34:18, 51:17.

28 de junio

INVOCA AL SEÑOR

Salmo 118:5

"Desde mi angustia clamé al Señor y él respondió dándome libertad".

Al leer este versículo, se me ocurre que no podemos ser liberados a menos que invoquemos al Señor. Desafortunadamente, la mayoría de las personas no invocan al Señor hasta que se encuentran en un lugar de gran angustia y han agotado todo lo demás que se les ocurre para tratar de liberarse. Ese sería yo. ¿Tú también?

Un lugar de angustia es a menudo uno de cautiverio o esclavitud. Por lo general, es muy restrictivo en el sentido de que parece que no hay escapatoria. Esto podría ser una prisión física o alguna otra esclavitud emocional como la adicción o la depresión.

Fui a la cárcel una vez, tarde en la vida, pero había estado en esclavitud emocional durante años. Había estado en una gran angustia durante bastante tiempo debido a la enfermedad bipolar, la falta de vivienda, el desempleo, la depresión suicida, la depravación, la perversión, el orgullo, la codicia y las adicciones a las drogas. Pero hasta que fui a la cárcel era demasiado orgulloso para invocar al Señor.

En mi litera, diez meses después de mi condena, finalmente me volví sincero conmigo mismo y con Dios. Le dije: "Me doy cuenta de que no estoy haciendo un trabajo tan bueno al dirigir mi propia vida, ¡mira dónde terminé! Dios, por favor ayúdame. Si puedes hacer algo con mi vida ahora, te serviré con todo mi corazón durante todos mis días". ¡El Señor me respondió y me liberó!

EL RETO DE HOY:

Desde tu propio lugar personal de angustia hoy, invoca al Señor. Dile que quieres ser libre.

Profundice más: Estudiar el Salmo 118; Jeremías 33:3; Salmo 40:1-5; Salmo 34:4.

29 de junio

NO HAY AGUA, SOLO LODO

Jeremías 38:6

"Ellos tomaron a Jeremías y, bajándolo con cuerdas, lo echaron en la cisterna del patio de la guardia, la cual era de Malquías, el hijo del rey. Pero como en la cisterna no había agua, sino lodo, Jeremías se hundió en él".

Incluso un creyente verdadero y comprometido no está exento de problemas. A veces, las circunstancias de la vida nos colocan en un lugar del que no podemos ver alivio ni escapatoria. Son momentos como estos los que realmente ponen a prueba nuestra fe.

Tal vez otros nos trajeron a este lugar simplemente porque estábamos en el lugar equivocado en el momento equivocado. Sus malas decisiones y/o pecados nos impactaron tanto a nosotros como a ellos. O tal vez nuestro propio error de juicio nos llevó por el camino equivocado que terminó en un lugar muy difícil.

Otras veces, sin culpa aparente nuestra, nos encontramos en lo que vemos como una situación desesperada, y nos sentimos impotentes para hacer algo al respecto. Independientemente de cómo hayamos llegado allí, necesitamos ser rescatados.

Jeremías fue un siervo dedicado del Señor y uno de los profetas más confiables de Dios para su pueblo, Israel. Había estado proclamando la Palabra del Señor como se le había instruido, pero no era un mensaje popular. A veces, a la gente no le gusta escuchar la verdad.

Jeremías no se dio por vencido y no se apartó de Dios. Dios conocía su situación y usó a un antiguo enemigo para sacarlo del pozo poco antes de que podía ser muerto.

Dondequiera que estés en el lugar difícil en el que te encuentres ahora, no te rindas. Mantente fiel a Dios, Él te sacará.

EL RETO DE HOY:

Dile a Dios que tu única esperanza está en Él. Llámalo hoy con fe.

Profundice más: Estudiar Jeremías 38; Santiago 1:2-5, 12; Juan 16:33; Romanos 5:3-5; Romanos 8:35-39; 1 Pedro 1:6-9; 1 Pedro 4:12-14; 2 Corintios 1:3-7; Mateo 11:23-27.

30 de junio

SEMBRAR Y SEGAR

Gálatas 6:7-8

"No se engañen: de Dios nadie se burla. Cada uno cosecha lo que siembra. El que siembra para agradar a su carne, de esa misma carne cosechará destrucción; el que siembra para agradar al Espíritu, del Espíritu cosechará vida eterna".

Dios no cambia. La palabra que usamos para este atributo de Dios es "inmutable". De manera similar, Dios tiene leyes que Él estableció y que no cambian. Una de ellas es la ley de la siembra y la cosecha.

En esta escritura de hoy, Pablo dice que hay consecuencias naturales confiables para nuestras acciones, y no podemos engañar a Dios para que las cambie, sin importar cuán inteligentes o astutos pensemos que somos.

Por ejemplo, si un agricultor siembra maíz en la tierra, nunca puede esperar cosechar papas en lugar de maíz. Del mismo modo, las semillas de manzana sembradas producen manzanos y, finalmente, se cosecharán manzanas, no naranjas.

En el pasado, muchos de nosotros hemos sembrado actos carnales para complacer nuestras propias lujurias y deseos, y hemos cosechado mucha angustia y destrucción no solo sobre nosotros mismos, sino también sobre nuestros seres queridos. Las malas decisiones siempre tienen malas consecuencias; Tal vez no al principio, pero finalmente es inevitable.

La buena noticia es que esta ley funciona de la misma manera si estamos sembrando buenas decisiones guiadas por el Espíritu de Dios en nuestras vidas y en las vidas de los demás. Siempre obtendremos buenos resultados espirituales.

¿Qué has estado sembrando recientemente?

EL RETO DE HOY:

Dile al Padre que quieres sembrar buena semilla en buena tierra, Pídele al Espíritu Santo que te ayude a evaluar la semilla que has estado plantando.

Profundice más: Estudiar Gálatas 6; Mateo 13:1-23

1 de julio

PERSIGUIENDO EL VIENTO

Eclesiastés 2:10-11

"No negué a mis ojos ningún deseo ni privé a mi corazón de placer alguno. Mi corazón disfrutó de todos mis trabajos. ¡Solo eso saqué de tanto afanarme! Luego observé todas mis obras y el trabajo que me había costado realizarlas. Vi que todo era vanidad, un correr tras el viento, y que no había provecho bajo el sol".

El pasaje de hoy fue escrito tarde en su vida por Salomón, de quien se dice que fue uno de los hombres más sabios del mundo durante su época. También fue uno de los hombres más ricos de su tiempo, tal vez incluso de todos los tiempos.

Aunque comenzó con un corazón dedicado al Único Dios Verdadero, Jehová, con el tiempo fue influenciado por sus muchas esposas y concubinas para honrar a los dioses de sus antepasados paganos y países anteriores. Las riquezas materiales, y su propia importancia a los ojos de los demás, llegaron a ser más importantes para Salomón que el Dios de Israel.

Habiendo estado una vez, a los ojos del mundo, en la cima de la escalera del éxito, estos versículos realmente me parecieron muy ciertos en mi propia experiencia personal. Aunque fui criada en un hogar cristiano por ambos padres, le di la espalda a Dios cuando el orgullo, el dinero y la importancia personal tomaron su lugar.

Cuando llegué a la cárcel, y hice una revisión honesta de mi vida, yo también llegué a la conclusión de que una vida sin Dios como prioridad resultaba en que "todo carecía de sentido, una persecución del viento, no se ganaba nada..."

"Pero Dios..." La vida ahora tiene sentido. Tengo un propósito en el Reino. Dios está solitariamente en el trono de mi vida para siempre. ¡El viento del Espíritu Santo me ha atrapado!

EL RETO DE HOY:

Dile a Dios que harás de Él tu prioridad hoy. Echa un vistazo honesto a tu vida.

Profundice más: Estudiar Eclesiastés 2:1-26, 12:13-14.

2 de julio

PENSAMIENTO FÚTIL

Romanos 1:21-22

"A pesar de haber conocido a Dios, no lo glorificaron como a Dios ni le dieron gracias, sino que se extraviaron en sus inútiles razonamientos y se les oscureció su insensato corazón. Aunque afirmaban ser sabios, se volvieron necios..."

Estoy bastante seguro de que usted personalmente conoce bien al menos a una persona que creció conociendo a Dios y tratando de estructurar sus vidas según Sus principios. Luego, en algún momento de su viaje hacia Dios y el Cielo, dieron media vuelta y siguieron su propio camino. ¿Quizás esa persona eres tú? Ciertamente fui yo. Ver Isaías 53:6.

Tantas personas caen en la categoría que Pablo estaba describiendo en el pasaje de hoy. Cuando fui a la universidad, me alejé de Dios y me puse a trabajar por mi cuenta pensando que podía dirigir mi propia vida. Dejé de reconocer las muchas bendiciones y talentos que tenía como si hubieran venido de Él, y comencé a atribuirme el mérito de todo.

A medida que seguimos nuestros propios caminos, nos adentramos más en el pecado y nuestros propios corazones se oscurecen. La Luz de Dios que una vez conocimos se vuelve cada vez más tenue, reducida a solo un parpadeo de lo que una vez fue. El orgullo y el conocimiento mundano toman el lugar de la sabiduría bíblica que una vez conocimos y aplicamos a nuestras vidas; Y, aunque nos considerábamos sabios en los caminos del mundo, nos hicimos necios.

A menudo se necesitan una serie de fracasos, que nos llevan a un lugar muy oscuro, para que finalmente despertemos a la Bondad eterna y al Amor incondicional de nuestro Padre Celestial. Para mí, la Luz finalmente penetró la oscuridad de mi corazón en una litera de prisión.

EL RETO DE HOY:

Pídele al Padre que envíe la Luz de Jesús a tu corazón por Su Espíritu Santo.

Profundice más: Estudiar Romanos 1; Isaías 53:6.

3 de julio

CAMBIAR LA VERDAD POR LA MENTIRA

Romanos 1:24-25

"Por eso Dios los entregó a los malos deseos de sus corazones, que conducen a la impureza sexual, de modo que degradaron sus cuerpos los unos con los otros. Cambiaron la verdad de Dios por la mentira, adorando y sirviendo a cosas creadas antes que al Creador, quien es bendito por siempre. Amén".

A cada uno de nosotros se nos ha dado libre albedrío para tomar nuestras propias decisiones. Dios no se impone a sus creados.

Pero una semilla de rebelión fue plantada en cada uno de nosotros desde nuestros antepasados en el Jardín, por lo que casi todos tratamos de hacer la vida a nuestra manera en lugar de a la manera de Dios. Muy a menudo, sucumbimos a las tentaciones cada vez mayores del mundo, de la carne y del diablo; Y un poco nunca es suficiente. ¿Puedes relationar?

La verdad es que Dios quiere lo mejor para nosotros, y espera pacientemente que regresemos a Él. Pero, de manera similar a la implicación de la serpiente a Eva de que Dios le estaba negando algo bueno a ella, caemos en la trampa de creer la mentira del enemigo de que lo que el mundo nos ofrece en cosas materiales y tentación sexual es mejor.

Habiendo viajado una vez muy lejos por ese mismo camino, ahora puedo dar fe de la verdad de que Dios es supremamente bueno, y que nos esperan cosas mucho mejores cuando nos arrepentimos y regresamos a Él con todo nuestro corazón.

EL RETO DE HOY:

Habla con el Padre acerca de tu deseo de tener lo mejor que Él tiene para ti a través de tu fe en Jesús. Pídele al Espíritu Santo que te guíe hoy en el camino de la perfecta voluntad de Dios para tu vida.

Síguelo.

Profundice más: Estudiar Romanos 1; Juan 14:6; Lucas 15:11-24; Isaías 53:6.

4 de julio

MANTENTE FIRME EN LA LIBERTAD

Gálatas 5:1

"Cristo nos libertó para que vivamos en libertad. Por lo tanto, manténganse firmes y no se sometan nuevamente al yugo de esclavitud".

Una de las mentiras más grandes del enemigo es que hay total libertad en servir al diablo porque "todo vale". De hecho, "Haz lo que quieras" es el lema luciferino de los humanistas seculares de todo el mundo.

La verdad tarda un tiempo en darse cuenta de nosotros, si es que alguna vez lo hace, pero "hacer lo nuestro" resulta en ataduras de todo tipo. Nos convertimos en esclavos de las mismas cosas que pensábamos que nos ayudarían a vivir libres. Eventualmente, somos encarcelados por la lujuria, el materialismo, el orgullo, el egoísmo, las adicciones, la codicia y muchas otras cosas, mientras buscamos la "libertad" para ser quienes queremos ser. ¿Te suena familiar?

Yo también fui esclavizado al pecado y experimenté muchas formas diferentes de esclavitud. ¡Qué buenas noticias fue cuando supe que Jesús pagó un precio para comprar mi libertad del pecado para que, si tomaba la decisión de ser libre del poder del pecado, pudiera volverme y seguirlo! En lugar de ser un esclavo involuntario del pecado, podría elegir ser un siervo voluntario de la justicia.

Estoy aprendiendo a volver a someterme y volver a comprometerme diariamente con el Señorío de Jesús y el Liderazgo del Espíritu Santo, para que no me "permita ser cargado de nuevo por el yugo de la esclavitud". ¿Estás decidido a seguir siendo libre?

EL RETO DE HOY:

Dile al Padre cuánto aprecias la libertad en Cristo Jesús. Pídele al Espíritu Santo que te señale las ataduras que quedan, y elige apartarte de ellas y vivir libre hoy.

Mantente firme en la libertad.

Profundice más: Estudiar Gálatas 5; 2 Corintios 3:17; 1 Pedro 2:16; Isaías 61:1; Romanos 6:1-2, 7, 11, 18; Romanos 8:1-4; Juan 8:31-32, 36.)

5 de julio

DIOS LOS ENTREGÓ

Romanos 1:24, 26, 28

"Por eso Dios los entregó a los malos deseos de sus corazones, que conducen a la impureza sexual, de modo que degradaron sus cuerpos los unos con los otros. ²⁶ Por tanto, Dios los entregó a pasiones vergonzosas. En efecto, las mujeres cambiaron las relaciones naturales por las que van contra la naturaleza. ²⁸ Además, como estimaron que no valía la pena tomar en cuenta el conocimiento de Dios, él a su vez los entregó a la depravación mental, para que hicieran lo que no debían hacer."

¿Alguna vez has notado el énfasis de Pablo de que «Dios los entregó»? Tres veces en cinco versículos, Pablo enfatizó que Dios da a los hombres el libre albedrío para decidir el curso de sus vidas, pero siempre hay consecuencias peores cada vez.

Le sugiero que lea todo el pasaje de Romanos 1:18-32. Si su Biblia tuviera imágenes, la mía estaría allí en ese mismo pasaje como el ejemplo de ese estilo de vida.

Mi propia espiral constante y descendente hacia la reprobación, la perversión y la depravación comenzó cuando, al igual que en el versículo 21, me negué a reconocer a Dios por más tiempo. Me dejó hacer lo que quería. Él me entregó a los deseos pecaminosos de mi corazón a toda clase de impureza sexual, como se afirma en el versículo 24; las concupiscencias vergonzosas descritas en el versículo 27; y pensamientos depravados y pervertidos de toda clase que conducen al estilo de vida enumerado en los versículos 29-31. Como dice el versículo 32, incluso me complacía ver a otros hacer las mismas cosas. No estoy exagerando.

"¡Pero Dios...!" Oh, cuán agradecido estoy de que, independientemente de lo lejos que cayera, o de cuánto tiempo permaneciera allí, Dios estaba listo para recibirme en casa cuando acudí a Jesús para pedirle perdón en verdadero arrepentimiento.

EL RETO DE HOY:

Da gracias al Padre porque lo que Él hace por uno, lo hará por todos. Si aún no lo has hecho, hoy sería un gran día para dar la vuelta.

Arrepentirse. Recibe Su amor incondicional y su perdón.

Profundice más: Estudiar Romanos 1:18-32; Lucas 15:11-24.

SIN ESPERANZA Y SIN DIOS

Efesios 2:12

"... recuerden que en ese entonces ustedes estaban separados de Cristo, excluidos de la ciudadanía de Israel y ajenos a los pactos de la promesa, sin esperanza y sin Dios en el mundo".

Aunque hay muchos recuerdos muy desagradables y repugnantes, a veces pienso intencionalmente en mi vida antes de Cristo cuando todavía estaba separado de Él.

Recuerdo la absoluta desesperanza y la abyecta desesperación de mis circunstancias, y el hecho de que estaba completamente convencido de que nada mejoraría. De hecho, tenía el miedo constante de que todo empeorara, y así fue.

Me estremezco cuando pienso en mi antiguo lenguaje sucio y blasfemo. Empiezo a sentir vergüenza de nuevo por mi estilo de vida sexualmente inmoral. Mi corazón comienza a llorar de nuevo por las formas despreciables en que traté a las personas, especialmente a mi familia y amigos.

Seguramente yo era una imagen de lo que significaba estar "sin esperanza y sin Dios". ¿Te ves aquí también? Oh, hermanos y hermanas en Cristo, cuán glorioso es ser totalmente perdonado, aceptado para siempre y amado incondicionalmente. ¡Qué maravilloso es estar lleno de gozo, de paz y, sobre todo, de esperanza!

Pablo escribió: *"Que el Dios de la esperanza los llene de toda alegría y paz a ustedes que creen en él, para que rebosen de esperanza por el poder del Espíritu Santo".* Romanos 15:13

¿Sigues sin esperanza y sin Dios? Ven a Cristo.

EL RETO DE HOY:

Pídele al Dios de la Esperanza que te llene una vez más de alegría y paz para que puedas rebosar de esperanza por el poder del Espíritu Santo. Dile que quieres ser Su hijo para siempre. Confía en Él.

Profundice más: Estudiar Efesios 2; Romanos 5:6-10.

7 de julio

SIGUE SIENDO UN HIJO

Lucas 15:20-24

"Así que emprendió el viaje y se fue a su padre. 'Todavía estaba lejos cuando su padre lo vio y se compadeció de él; salió corriendo a su encuentro, lo abrazó y lo besó'. El joven le dijo: "Papá, he pecado contra el cielo y contra ti. Ya no merezco que se me llame tu hijo". Pero el padre ordenó a sus siervos: '¡Pronto! Traigan la mejor ropa para vestirlo. Pónganle también un anillo en el dedo y sandalias en los pies. Traigan el ternero más gordo y mátenlo para celebrar un banquete. Porque este hijo mío estaba muerto, pero ahora ha vuelto a la vida; se había perdido, pero ha sido hallado'. Así que empezaron a hacer fiesta".

Después de que el hijo pródigo finalmente recobró el sentido, se dio la vuelta y se fue a casa. Me encanta cómo Jesús dijo: "Su padre lo vio cuando aún estaba lejos y se llenó de compasión por él".

El hijo fue bienvenido a casa, no como un siervo que tendría que trabajar para ser aceptado; Pero todavía como el hijo que era, y nunca dejó de ser, completamente restaurado al Padre por gracia en amor.

El manto representa la justicia. El anillo representa la autoridad. Los zapatos representan la filiación, no la servidumbre. Aceptación y restauración inmediatas. ¡Qué maravilloso acto de gracia, misericordia y amor por parte del Padre!

Nuestro Padre Celestial es de la misma manera. Y estoy muy agradecido de que Él me viera cuando todavía estaba muy lejos. ¿Todavía te está buscando?

EL RETO DE HOY:

Agradécele al Padre por aceptarte como hijo o hija. Piensa en Su misericordia y amor hacia ti.

Bienvenido a casa. No te alejes.

Profundice más: Estudiar Lucas 15.

8 de julio

FUERA DEL POZO VISCOZO

Salmo 40:1-3

"Puse en el Señor toda mi esperanza; él se inclinó hacia mí y escuchó mi clamor. Me sacó de la fosa fatal, del lodo y del pantano; puso mis pies sobre una roca, y me plantó en terreno firme. Puso en mis labios un cántico nuevo, un himno de alabanza a nuestro Dios. Al ver esto, muchos tuvieron miedo y pusieron su confianza en el Señor".

Cuando finalmente admitimos que estamos en nuestro punto más bajo, y que estamos atrapados sin salida, es allí y entonces cuando se escuchará nuestro genuino grito de ayuda de Dios.

Hasta que una persona se da cuenta de que se está ahogando, no grita pidiendo ayuda. Una persona tiene que saber que está perdida antes de desear ser encontrada.

No importa cuán lejos hayas caído, o cuán irremediablemente hundido estés en el pecado y las circunstancias, Dios es capaz de alcanzarte y levantarte.

Él no solo te saca y te abandona, sino que te limpia por medio de Su Espíritu Santo. Él pone tus pies firmemente en la Roca, que es Cristo, donde puedes estar firmemente en la Palabra. Eres restaurado a Su plan original para tu vida.

En su gratitud, le darán alabanza a través de su testimonio a los demás, para que muchos lo vean, admiren reverentemente su grandeza y pongan su confianza en él.

Únanse a mí para proclamar: «¡Dios es bueno!»

EL RETO DE HOY:

Dile al Padre lo agradecido que estás por haberte sacado de tu propio pozo profundo, y fangoso. Pídele al Espíritu Santo que te ayude a compartir tu testimonio hoy.

Profundice más: Estudiar el Salmo 40

9 de julio

DELEITATE EN LAS DEBILIDADES

2 Corintios 12:9-10
" pero él me dijo: «Te basta con mi gracia, pues mi poder se perfecciona en la debilidad». Por lo tanto, gustosamente presumiré más bien de mis debilidades, para que permanezca sobre mí el poder de Cristo. Por eso me regocijo en debilidades, insultos, privaciones, persecuciones y dificultades que sufro por Cristo; porque, cuando soy débil, entonces soy fuerte".

En este mundo, y especialmente en la cárcel, hay depredadores que buscan signos de debilidad en presas potenciales. Así, en lo natural, tratamos de ocultar nuestras debilidades, a menudo incluso para nosotros mismos. Por lo tanto, a primera vista, los versículos de hoy parecen absurdos.

Ya sea en el mundo libre o confinados, los cristianos todavía aprenden a protegerse de los comportamientos depredadores, y a veces necesitamos unirnos y defendernos unos a otros.

Sin embargo, en el ámbito espiritual, a medida que avanzamos en el Reino, admitir nuestras debilidades es crucial. El orgullo trabaja en contra, de nosotros, pero debemos darnos cuenta de que separados de Cristo no podemos hacer nada (Juan 15:5). En humildad, reconocer un área de la vida en la que luchamos es el primer paso para invitar a la fuerza de Dios a tomar el control por medio de Su Espíritu Santo.

Darme cuenta de que "por mí mismo no puedo hacer nada" (Juan 5:30) es el mejor lugar en el que puedo estar como barro moldeable en las manos del alfarero; o como un vaso rendido y sometido para el uso de Dios para propósitos especiales (2 Timoteo 2:20-21). Cuanto más doy un paso atrás, más Él da un paso adelante. ¡Lo necesito!

EL RETO DE HOY:

Dile al Padre que te das cuenta de que Él quiere obrar en ti y a través de ti. Pídele al Espíritu Santo que te muestre cualquier área en la que no hayas reconocido la necesidad de Su fortaleza en tu debilidad.

Sé fuerte. Reconoce la debilidad.

Profundice más: Estudiar 2 Corintios 12; Juan 15:5; Juan 5:30; 2 Timoteo 2:20-21.

10 de julio

BÚSCALO FERVIENTEMENTE

Hebreos 11:6
"En realidad, sin fe es imposible agradar a Dios, ya que cualquiera que se acerca a Dios tiene que creer que él existe y que recompensa a quienes lo buscan".

Crecí yendo a la iglesia, pero cuando fui a la universidad le di la espalda a Dios y seguí mi propio camino durante la mayor parte de los siguientes 40 años. La única fe real que tenía era en mí mismo, y no estaba tratando de agradar a Dios, solo a las personas. ¿Tú también lo has hecho?

Aunque logré bastante éxito terrenal y tuve la suerte de tener una esposa maravillosa y un hijo pequeño, nunca le di crédito a Dios por la forma en que me había bendecido. Aunque confesé que conocía a Dios, viví como si Él no existiera.

Por orgullo, abandoné tontamente a todos los de mi vida anterior para comenzar una nueva carrera en la industria musical de Nashville. Fracasé miserablemente y lo perdí todo. La fe en mí mismo ya no era posible. Complacer a la gente en Nashville era más que imposible.

Me tomó algunos años, pero cuando finalmente llegué a tocar fondo y dejé a un lado mi orgullo, clamé a Dios. Siempre creí que Él existía, pero por desesperación al final de mi cuerda, llegué a Él. Él no me rechazó.

Comencé a buscarlo con todo mi corazón, y mi deseo de conocerlo mejor solo ha aumentado con el tiempo. Es muy cierto en mi vida que Él recompensa a aquellos que lo buscan ferviente y diligentemente.

EL RETO DE HOY:

Dile al Padre que estás poniendo toda tu fe en Él. Pídele al Espíritu Santo que te enseñe cómo seguir a Dios con ahínco y buscarlo fervientemente hoy.

Profundice más: Estudiar Hebreos 11; Lamentaciones 3:19-26; Jeremías 29:11-14; Hechos 17:26-28; Deuteronomio 4:29-31; Salmo 9:9-10; Proverbios 8:17; Proverbios 2:1-5.

11 de julio

CONOCIMIENTO DE LO SANTO

Proverbios 9:10
"El comienzo de la sabiduría es el temor del Señor;conocer al Santo es tener entendimiento".

En la cárcel, no mucho después de haber entregado mi vida a Cristo, en la mesa de la sala de estar donde todo el mundo sabe que los libros que quedan están "en juego", encontré un libro de bolsillo muy andrajoso, delgado, que se ha convertido en mi libro favorito. Se trata de El Conocimiento de lo Santo, de A.W. Tozer.

El reverendo Tozer escribe capítulos cortos pero muy convincentes que cubren cada uno de los veinte atributos principales de Dios. El versículo principal de su libro es la escritura de hoy.

El temor del Señor a menudo se malinterpreta. Cuanto más lo buscamos con todo nuestro corazón, más comenzamos a aprender y apreciar algunos de Sus atributos más maravillosos. Al hacerlo, nuestro asombro, reverencia, amor y respeto por nuestro Dios Todopoderoso comienzan a aumentar dramáticamente. Este temor del Señor es el prerrequisito para comenzar a aprender la sabiduría de Dios.

La sabiduría del hombre no se compara con la sabiduría de Dios. Es un juego de niños. Tontería. Sin embargo, Dios en Su gracia ha revelado algo de Su sabiduría en Su Palabra; y Jesús se hizo por nosotros sabiduría de Dios (1 Corintios 1:30).

Si deseamos con todo nuestro corazón conocer a Dios, Él nos revela más de Su naturaleza. Él es Santo. No lo somos. Hay que empezar por eso. A medida que comenzamos a conocer al Santo, comenzamos a adquirir un verdadero entendimiento.

Rezo regularmente por el temor del Señor, la sabiduría, el conocimiento y la comprensión.

EL RETO DE HOY:

Pídele al Padre que te ayude a buscar la sabiduría a través del debido temor del Señor; y te conducirá a un mayor conocimiento y comprensión de Su Santidad.

Profundice más: Estudiar Proverbios 9; 1 Corintios 1:30; Efesios 3:10-11; Colosenses 2:2-3.

12 de julio

MEDITA EN LA PALABRA

Salmo 1:1-3

"Dichoso es quien no sigue el consejo de los malvados, ni se detiene en la senda de los pecadores, ni se sienta en la reunión de los burladores, sino que en la Ley del Señor se deleita y día y noche medita en Es como el árbol plantado a la orilla de un río que, cuando llega su tiempo, da fruto y sus hojas jamás se marchitan. Todo cuanto hace prospera".

Creo que la escritura de hoy revela dos de los secretos para vivir constantemente la abundante calidad de vida que Jesús vino a darnos (Juan 10:10). La primera es, deleitarse diariamente en la Palabra de Dios y meditar en ella continuamente. La segunda es, rodéate solo de personas que hagan lo mismo.

Cuando considero las promesas en el versículo 3, para aquellos que cumplen con los requisitos anteriores, me imagino un árbol grande y saludable cuyas raíces están hundidas profundamente en tierra fértil que se extiende por debajo del lecho del río. El agua del arroyo estaría constantemente alimentando las raíces, manteniéndolas en buen estado de salud, permitiéndole producir el fruto que Dios diseñó para ellas y sosteniendo hojas que ni siquiera se marchitan.

Esto es como la provisión, el fruto, el plan y la perseverancia que Dios tiene para aquellos que están completamente comprometidos y dedicados a buscarlo a Él y a Su Palabra diariamente. Al hacerlo, eligen sabiamente a sus amigos y prosperan en todo lo que hacen. El favor de Dios los rodea como un escudo (Salmo 5:12).

EL RETO DE HOY:

Dile al Padre que deseas deleitarte en Su Palabra; Y quieres que penetre profundamente en tu espíritu y alma. Pídele al Espíritu Santo que te ayude a elegir sabiamente a tus compañeros.

Medita en los versículos de hoy.

Profundice más: Estudiar el Salmo 1; Juan 10:10; Salmo 5:12.

13 de julio

EL DESTINO

Juan 14:6

"'Yo soy el camino, la verdad y la vida í', contestó Jesús, 'Nadie llega al Padre sino por mí'".

Al considerar este pasaje de las Escrituras, estoy convencido de que Jesús es el único camino a un destino en particular; y el destino es el Padre. La Verdad y la Vida residen en Él. Jesús, el Hijo, representa y revela perfectamente al Padre.

Jesús estaba respondiendo a una pregunta de Tomás sobre el camino a donde Él iba. Tomás quería saber el destino. Jesús no dijo que el destino era el Cielo; más bien, enfatizó que el destino principal no era un lugar, sino una Persona, ¡el Padre!

En el Antiguo Testamento, Dios había sido revelado como Proveedor, Protector, Juez, Sanador, Vengador y Pastor, así como otros papelas; pero no fue revelado como "Padre". Su pueblo, Israel, no lo conocía de esta manera.

Cuando Jesús vino como el Hijo, pudo presentar a Dios como "Padre". Jesús muchas veces dijo cosas como: "Yo y el Padre somos Uno", "Si me has visto a mí, has visto al Padre", "Solo hago lo que veo hacer al Padre, y solo digo lo que escucho decir al Padre".

Jesús vino a restaurarnos a la relación con el Padre, la misma relación íntima que tuvieron Adán y Eva. Jesús es la Verdad. Él es la Vida. ¡Y Él es el único Camino a Dios Padre!

Si usted murieras hoy, ¿está seguro de su destino?

EL RETO DE HOY:

Da gracias al Padre por Su Hijo, Jesús. Pídele al Espíritu Santo que te ayude a comprender mejor el amor y el carácter del Padre. El Espíritu te señalará a Jesús. Él revela al Padre.

Es un Padre, Muy Buen Padre.

Profundice más: Estudiar Juan 14.

14 de julio

FRUTO DE LA CARNE

Gálatas 5:16, 19-21

"Así que les digo: vivan por el Espíritu y no sigan los deseos de la carne... [19]Las obras de la carne se conocen bien: inmoralidad sexual, impureza y libertinaje; idolatría y hechicería; odio, discordia, celos, arrebatos de ira, rivalidades, desacuerdos, sectarismos y envidia; borracheras, orgías y otras cosas parecidas. Les advierto ahora, como antes lo hice, que los que practican tales cosas no heredarán el reino de Dios".

A menudo enseñamos y compartimos acerca del fruto del Espíritu; por ejemplo, ver el 30 de abril y el 2 de junio.

Sin embargo, antes de revelar el fruto del Espíritu, Pablo primero describe los "actos de la carne", o podríamos decir el "fruto de la carne" (en contraste con Gálatas 5:22-23).

Habiendo sido guiado por "la carne" durante la mayor parte de mi vida, ya tenía una gran familiaridad con casi todo lo que Pablo enumera aquí. De hecho, Pablo dice que son obvios. Si no tuviera la lista de Pablo, me imagino que podría haber nombrado a muchos de ellos por experiencia personal. ¿No podrías?

Hemos pasado muchos años sirviendo al mundo, a la carne y al diablo. Los caminos del mundo y los deseos de la carne vienen naturalmente cuando servimos al diablo en lugar de a Dios.

Después de que elegimos servir a Dios, el Espíritu Santo produce el tipo correcto de fruto para beneficiarnos a nosotros y al Reino. Cualquiera que se haya arrepentido verdaderamente ya no producirá regularmente este "fruto de la carne" porque no continúa practicando el pecado (1 Juan 5:18).

EL RETO DE HOY:

Dile al Padre que te arrepientes de los actos anteriores de la carne. Pídele al Espíritu Su fruto.

Profundice más: Estudiar Gálatas 5; 1 Juan 5:18; 2 Timoteo 3:1-5; Gálatas 6:7-10.

15 de julio

SIGUE ADELANTE

Filipenses 3:13-14

*"Hermanos, no pienso que yo mismo lo haya logrado ya. **Más bien, una cosa hago: olvidando lo que queda atrás y esforzándome por alcanzar lo que está delante, ¹⁴ sigo avanzando hacia la meta para ganar el premio que Dios ofrece mediante su llamamiento celestial en Cristo Jesús".***

Anteriormente compartí mis pensamientos sobre la importancia de "olvidar lo que hay detrás". Ver el 24 de enero. No podemos avanzar si estamos atrapados en nuestro pasado. Sin embargo, Pablo dice que avanzar es el punto.

En parte, esta es una imagen de Pablo corriendo una carrera, tal vez sea una larga distancia. Dice que se está "esforzando" hacia lo que está por venir. ¿Podría ser una corona u otra recompensa?

En este contexto, el Diccionario Miriam-Webster dice que "esforzarse" significa "esforzarse al máximo", o "esforzarse violentamente". Paul está intensamente concentrado y se esfuerza por algo. Es dedicado y decidido; y me imagino que no se rendirá y no se dará por vencido.

Pablo dice que "seguirá adelante". La definición del diccionario en este contexto significa "seguir adelante", "forzar el propio camino" o "requerir prisa o velocidad en la acción". ¡Se está moviendo hacia adelante apresurado y enérgicamente, con un enfoque intenso, para seguir adelante con su objetivo!

Pablo ha revelado previamente en Romanos 8:29 que el propósito final del Padre para cada uno de Sus hijos es ser conformados a la imagen de Cristo para que Jesús sea el "primogénito entre muchos". ¡Este debe ser su premio!

¿Te enfocas intensamente y te esfuerzas por alcanzar este objetivo y premio?

EL RETO DE HOY:

Dile al Padre que redoblarás tu determinación de permitir que el Espíritu Santo te santifique y te conforme a la imagen de Jesús.

Profundice más: Estudiar Filipenses 3; Romanos 8:29.

16 de julio

SETENTA VECES SIETE

Mateo 18:21-22

"Pedro se acercó a Jesús y preguntó: 'Señor, ¿cuántas veces tengo que perdonar a mi hermano que peca contra mí? ¿Hasta siete veces?' 'No te digo que hasta siete veces, sino hasta setenta veces siete', contestó Jesús".

El perdón de Dios es incondicional e ilimitado. El nuestro también debería serlo.

Una de las trampas más grandes que el enemigo usa para atrapar a los creyentes es la "ofensa", es decir, ser ofendido y no tener perdón. Uno de los libros más importantes que John Bevere ha escrito hasta la fecha es El cebo de Satanás. Te recomiendo encarecidamente este libro.

Esto es tan importante que le sugiero que vuelva a leer el material cubierto en tres devocionales anteriores: del 29 al 31 de enero. Adelante, te esperaré aquí mismo. :-)

La obra consumada de Jesús, a través de la cruz y la resurrección, permite a Dios Padre extendernos justificadamente, por su gracia, el perdón y la misericordia ilimitados e incondicionales. Él no se detiene en siete veces, o incluso 490 veces, siempre y cuando realmente nos arrepintamos (ver 9 de enero): "Él es fiel y justo para perdonar nuestros pecados y limpiarnos de toda maldad". Ver 1 Juan 1:9.

Incluso si la persona no acude a ti, admite su culpa y pide tu perdón (y la mayoría de las veces no lo hace), aún debes elegir perdonarlas. No perdonar a nadie por cualquier cosa es pecaminoso y, por lo tanto, obstaculiza tus oraciones y obstaculiza tu relación con Dios. Ver Marcos 11:25. No necesariamente tienes que continuar una relación cercana con alguien que continúa lastimándote, pero debes seguir perdonando.

EL RETO DE HOY:

Pídele al Espíritu Santo que te recuerde a las personas que te han lastimado. Perdónalos y pídele al Padre que te perdone por no perdonarles.

Profundice más: Estudiar Mateo 18; Marcos 11:25; Mateo 6:14-15.

17 de julio

LIBERADOS DEL PECADO

Romanos 6:6-7

"Sabemos que nuestra vieja naturaleza fue crucificada con él para que nuestro cuerpo pecaminoso perdiera su poder, de modo que ya no siguiéramos siendo esclavos del pecado; porque el que muere queda liberado del pecado."

Veamos tres frases clave que Pablo usa en este pasaje: "gobernado por el pecado", "esclavos del pecado" y "liberados del pecado".

Antes de recibir la salvación, todo el mundo es "gobernado por el pecado", aunque en diferentes grados. Yo era prácticamente un pecador a la enésima potencia, ¿y tú? No podíamos evitar pecar porque esa era nuestra propia naturaleza. Nuestro hombre espiritual estaba muerto, al menos en coma, por lo que nuestro hombre del alma siempre siguió a nuestra "carne".

Solo podemos servir a un amo, y antes de Cristo, éramos "esclavos del pecado". Fuimos incapaces de resistir las tentaciones del mundo, de la carne y del diablo. Por mucho que a veces lo hubiéramos intentado, por lo general nos rendíamos. Realmente no teníamos control sobre nuestras vidas; El enemigo lo tenia.

Jesús pagó el precio más alto, Su Vida, Su Sangre, para redimirnos del mercado de esclavos del pecado. Ya no seríamos dominados involuntariamente por el pecado; podríamos elegir ser guiados por Su Espíritu Santo en lugar de nuestra "carne". ¡Ahora tenemos la opción muy real de no seguir pecando!

Pablo nos enseña a recordarnos siempre a nosotros mismos que nuestro "viejo hombre" murió, para que ya no seamos impotentes para resistir las viejas tentaciones. Somos libres.

EL RETO DE HOY:

Agradécele al Padre por enviar a Jesús para comprarte de vuelta de el enemigo. ¡Pídele al Espíritu Santo que te ayude a recordar que tu viejo hombre está muerto!

Todo el que ha muerto ha sido "libertado del pecado".

Profundice más: Estudiar Romanos 6.

18 de julio

LO NUEVO YA ESTÁ AQUÍ

2 Corintios 5:17
"Por lo tanto, si alguno está en Cristo, es una nueva creación. ¡Lo viejo ha pasado, ha llegado ya lo nuevo!"

¡Buenas noticias! Hemos sido injertados en Cristo, ¡y nuestro viejo hombre ha muerto! ¿Puedo sugerirles que repasen los devocionales para el 25 de junio y el 17 de julio?

Este es absolutamente uno de mis versos favoritos. Si aún no lo has hecho, te insto a que lo memorices y lo repitas a diario. ¡Esta es la Verdad, y aplicarla te hará libre en Cristo!

Una de las cosas más notables de venir a Cristo fue que realmente podía empezar de nuevo. No tenía que seguir lamentándome de todos los errores que había cometido. Y no tenía que enterrarme en la vergüenza, la culpa, el remordimiento y la vergüenza de mi pasado. ¡Podría empezar de nuevo porque nací de nuevo!

"¡Lo viejo se ha ido, lo nuevo está aquí!"

Cuando soy guiado por el Espíritu, estoy "en Cristo". Cuando me entrego al viejo hombre, a las tentaciones carnales, no estoy operando en Cristo. No tengo que ceder a ellos ya que mi viejo hombre está muerto, pero necesito declararlo conscientemente en voz alta cuando llegue la tentación. Quiero oírme a mí mismo proclamar esto porque la fe viene por el oír; y, cuando lo hago, me estoy sometiendo a Dios y resistiendo al diablo. Ver el 20 de enero.

Todas las promesas de Dios están disponibles para mí en Cristo. Mi hombre nuevo vive diariamente en Él.

EL RETO DE HOY:

Dile al Padre que estás agradecido de tener la oportunidad de comenzar de nuevo en Cristo Jesús. Pídele al Espíritu Santo que te ayude a memorizar el versículo de hoy y a vivirlo hoy.

Profundice más: Estudiar 2 Corintios 5; 1 Samuel 10:6; Isaías 43:18; Ezequiel 36:26; Juan 8:36; Romanos 6:4; Gálatas 5:1; Filipenses 3:13.

19 de julio

PODEROSAS ARMAS DIVINAS

2 Corintios 10:3-4

"...pues aunque vivimos en el mundo, no libramos batallas como lo hace el mundo. Las armas con que luchamos no son del mundo, sino que tienen el poder divino para derribar fortalezas".

Como cristianos, nos damos cuenta de una guerra espiritual que se libra constantemente a nuestro alrededor en una dimensión que normalmente no podemos discernir con nuestros cinco sentidos. Por ejemplo, ver 2 Reyes 6:15-18.

Las armas que usamos no son las armas mundanas en las que naturalmente pensamos cuando se trata de la guerra; más bien, son poderosas armas divinas. En Efesios 6:10-18, Pablo nos habla de nuestro enemigo, de la armadura que usamos para protegernos de sus ataques y de nuestro arsenal de armas.

Nótese que la armadura es defensiva, pero hay dos armas ofensivas: empuñar la espada del Espíritu que es la Palabra de Dios; y, orando en el Espíritu.

En la escritura de 2 Reyes, Eliseo oró para abrir los ojos de su siervo, y oró para cegar los ojos de sus enemigos. Las oraciones más poderosas son aquellas que usan la Palabra de Dios; y, cuando no sabemos cómo orar, podemos dejar que el Espíritu ore a través de nosotros porque Él ora la perfecta voluntad de Dios el Padre. Ver Romanos 8:26-28.

Las fortalezas son lugares fortificados, y en algunos casos, la palabra griega se traduce como "prisiones". No podemos permitir que el enemigo nos encarcele y establezca fortalezas en nuestras almas. ¡Eres capaz de demoler fortalezas!

EL RETO DE HOY:

Agradezca al Padre por la victoria final de Jesús en la guerra contra el enemigo. Pídele al Espíritu Santo que te ayude a recordar hoy que no estás luchando "por" la victoria, sino "desde" la victoria.

Usa tus armas.

Profundice más: Estudiar 2 Corintios 10; 2 Reyes 6:15-18; Efesios 6:10-18; Romanos 8:26-28.

20 de julio

LA FE VIENE

Romanos 10:16-17

"Sin embargo, no todos los israelitas aceptaron las buenas noticias. Isaías dice: 'Señor, ¿quién ha creído a nuestro mensaje?' Así que la fe viene como resultado de oír el mensaje y el mensaje que se oye es la palabra de Cristo".

¿Has «aceptado las Buenas Nuevas»? ¿Ha «creído usted en nuestro mensaje»?

A todos se nos ha dado una medida de fe (Romanos 12:3), que creo que es al menos suficiente para creer y aceptar las Buenas Nuevas de Jesucristo. Pero a la mayoría de nosotros nos gustaría tener más fe. ¿Eres tú? ¿Alguna vez te has dicho a ti mismo: "Si tuviera más fe..."? Anímate: la fe llega. ¡La fe se puede incrementar!

No nos quedamos solo con la medida inicial de fe que se nos dio para que pudiéramos llegar a Cristo. No, la fe llega. Crece.

¿Cómo? Por la Palabra. Jesús es la Palabra Viva, y Él continúa hablándonos a través de Su Palabra escrita; y, por el Espíritu Santo que nos trae a la memoria todo lo que Jesús nos ha dicho. La Palabra de Dios no regresa sin efecto, y es capaz de cumplir todo lo que Dios quiere (Isaías 55:11).

Memorizar y meditar en las Escrituras pone la Palabra dentro de nosotros. Entonces, el Espíritu Santo es capaz de traerlo a nuestra memoria cuando necesitamos usarlo como un arma (ver 19 de julio). Habla la Palabra en voz alta a tu montaña.

Cuando nos escuchamos a nosotros mismos proclamar la Palabra de Dios sobre nuestra situación y circunstancias, vemos la obra de la Palabra. ¡Cuando vemos los resultados, nuestra fe aumenta!

EL RETO DE HOY:

Dile al Padre que quieres más fe. Agradécele por la fe para creer. Pídele al Espíritu Santo que te ayude a memorizar y meditar en la Palabra que Él inspiró. Ensaya en voz alta con frecuencia.

Profundice más: Estudiar Romanos 10; Josué 1:8-9; Salmo 1:1-3; Isaías 55:10-11.

21 de julio

¿MENTIROSO O SEÑOR?

Juan 14:6
"Jesús respondió: 'Y yo pediré al Padre y él les dará otro Consolador para que los acompañe siempre'."

Algunos no cristianos tienen cosas amables que decir acerca de Jesús, pero no dirán que Él es Dios. Muchos reconocen que fue un "buen maestro". Algunos dicen que fue uno de los "profetas" de Dios. Otros dicen que era un "ser iluminado" o "un maestro ascendido". La mayoría lo señala como un "hombre bueno"; posiblemente incluso el "mejor hombre" que jamás haya existido, y un "buen ejemplo" para que lo sigamos.

Pero, estas mismas personas se ponen muy nerviosas, incluso enojadas, cuando alguien declara su creencia de que Jesús era, y es, Dios. Y realmente se enojan cuando alguien afirma que Jesús es el único camino a Dios.

Jesús se equiparó muy claramente con Dios Padre muchas veces en los Evangelios. De hecho, esta fue la razón principal (o excusa) que dieron los fariseos para querer crucificarlo (Juan 5:18). Jesús dijo: "Si me habéis visto a mí, habéis visto al Padre" (Juan 14:9). En Juan 10:30, Jesús dijo: "Yo y el Padre somos uno".

Si Jesús no es exactamente quien dijo, es un mentiroso, o un lunático, o ambas cosas. En ese caso, Él no es "un buen maestro", un "buen hombre" o un "buen ejemplo"; y ciertamente no vale la pena seguirlo.

No hay duda acerca de Quién afirmó ser Jesús: Dios. Dijo que Él es el Camino al Padre, no una de varias opciones, o una elección entre alternativas aceptables.

EL RETO DE HOY:

Pídele al Padre que te ayude a estar preparado para responder correctamente cuando alguien dude de que Jesús es Dios. Familiarízate con los escritos de Lee Strobel o Josh McDowell.

Di la verdad con amor.

Profundice más: Estudiar Juan 14; Juan 5:18; Juan 14:9; Juan 10:30; Filipenses 2:9-11.

22 de julio

NINGÚN OTRO NOMBRE

Hechos 4:12

"De hecho, en ningún otro hay salvación, porque no hay bajo el cielo otro nombre dado a los hombres mediante el cual podamos ser salvos".

Frente a los discípulos, Pedro proclamó la revelación que Dios le había dado cuando le respondió a Jesús: "Tú eres el Cristo, el Hijo del Dios vivo". Sin embargo, por sus propias fuerzas, fue incapaz de aferrarse a esta verdad, y negó que incluso conociera a Jesús.

Después de ser bautizado con el Espíritu Santo en Pentecostés, Pedro predicó la Verdad audazmente a los que estaban en Jerusalén, ¡y 3.000 almas fueron salvadas! Él y Juan se negaron rotundamente a ser silenciados por el Sanedrín, y fueron encarcelados.

Al día siguiente, cuando fueron llevados a comparecer ante los gobernantes, los ancianos y los maestros de la ley, se les preguntó: "¿En nombre de qué habéis hecho esto?" Pedro proclama audazmente: "Es por el nombre de Jesucristo de Nazaret..." Valientemente, procede a declarar Hechos 4:12 como se muestra arriba.

Pedro, el primer gran evangelista, proclamó audazmente a Jesús bajo la unción del Espíritu Santo de Dios. ¡Él es un buen ejemplo bíblico para nosotros!

Hoy es el cumpleaños de otro gran evangelista, Don Castleberry, fundador de Freedom in Jesus Prison Ministries. Le cuenta a todos los que ve acerca de Jesús. Muchos miles de prisioneros han dado sus vidas a Jesús en y a través del ministerio evangélico de Don desde que él mismo fue salvado en la cárcel del condado de Lubbock a finales de la década de 1970.

Me enorgullece decir que Don es mi mejor amigo y mentor. Él ama a los prisioneros más que cualquier otra persona que conozco, ¡y realmente ama a Jesús!

EL RETO DE HOY:

Ore por Don y la Libertad en los Ministerios de la Prisión de Jesús. Tal vez podrías enviarle una tarjeta a Don. Envíelo a P.O. Box 939, Levelland, TX 79336

Profundice más: Estudiar Hechos 4; Mateo 16:16; Juan 14:6; Isaías 43:11, 44:6-8, 45:22, 46:8-10.

23 de julio

NINGÚN OTRO SALVADOR

Isaías 43:11
"Yo, yo soy el Señor, fuera de mí no hay ningún otro salvador".

Isaías 45:22
"Vuelvan a mí y sean salvos, todos los confines de la tierra, porque yo soy Dios y no hay ningún otro".

Jehová Dios nos está hablando muy claramente. Esto es difícil de malinterpretar. Muchos se niegan a creerlo; algunos lo rechazan de plano; Y otros quieren discutir al respecto.

Pero, un día, todos tendrán que enfrentarse a Aquel que lo dijo: Jehová; el Dios de Abraham, Isaac y Jacob; el Hacedor del Cielo y de la Tierra; el Rey de reyes; el Señor de los señores; el Padre de nuestro Señor Jesucristo; el Gran YO SOY; y, ¡el Rey de la Gloria!

Cada uno se enfrentará a Él a solas. Ni tu madre, ni tu abuela, ni tu papá, ni siquiera tu "cellie", estarán a tu lado. Todos tendremos que rendir cuentas individualmente de lo que hicimos con respecto a esta verdad cuando se nos presentó. Pablo dice que nadie tendrá una excusa. Ver Romanos 1:18-20.

El cristianismo es "todo incluido": cualquier persona en "todos los confines de la tierra" puede invocar el Nombre del Señor y ser salvo (Joel 2:32). Sin embargo, es "exclusivo" en el sentido de que es solo para aquellos que verdaderamente se arrepienten y "se vuelven" únicamente a Jesús (Juan 14:6). Venimos a Dios solo en Sus términos.

No hay término medio, no hay zona gris. Escoge este día a quién vas a servir.

EL RETO DE HOY:

Oren al Padre, en el Nombre de Jesús, para que cada incrédulo que usted conoce llegue a rendirse a Dios, atrayendo sus corazones por el Espíritu Santo. Sé específico. Ore por ellos regularmente.

Observa a Dios obrar.

Profundice más: Estudiar Isaías 43; Romanos 1:18-20; Joel 2:32; Juan 14:6; Hechos 4:12.

24 de julio

LEVANTA TU CABEZA

Lucas 21:28

"Cuando comiencen a suceder estas cosas, cobren ánimo y levanten la cabeza, porque se acerca su redención".

A medida que "el Día del Señor" se acerca rápidamente, debemos recordar las señales que Jesús enumeró tan claramente poco antes de que voluntariamente diera Su Vida por nosotros en la Cruz. Necesitamos estar despiertos y observando.

¡Debemos vivir con nuestros corazones y cabezas levantadas en anticipación de Su pronto regreso! "Mira hacia arriba, tu redención se acerca". ¡Qué momento tan emocionante para estar vivo!

En Mateo 24, Marcos 13 y Lucas 21, Jesús nos dijo que busquemos ciertos eventos y señales, y nos advirtió repetidamente sobre el engaño. Dijo que estuviéramos atentos a las guerras y a los rumores de guerras; y, hambrunas y terremotos en diversos lugares. Habrá una gran persecución; muchos se apartarán de la fe; Y muchos se traicionarán y se odiarán unos a otros.

Los falsos profetas engañarán a muchos; la maldad aumentará; Y el amor de la mayoría se enfriará. El Evangelio será predicado en todo el mundo, y habrá una gran angustia sin igual. Habrá grandes señales en las estrellas, en el sol y en la luna; con acontecimientos espantosos y grandes señales del Cielo.

Habrá pestilencias en varios lugares, y el mundo odiará a los cristianos. Las naciones estarán angustiadas y perplejas por el rugido y la agitación del mar. Los cuerpos celestes serán sacudidos, y los hombres desfallecerán de terror.

Todo esto está sucediendo ahora. No corras. No te escondas. No tengas miedo. No te preocupes por las distracciones mundanas temporales. ¡Mira hacia arriba!

EL RETO DE HOY:

¡Pídele al Padre que te dé discernimiento por Su Espíritu Santo para que no seas engañado, y valentía para contarle a otros acerca de Jesús!

Profundice más: Estudiar Mateo 24; Marcos 13; Lucas 21.

25 de julio

UN LADRÓN EN LA NOCHE

1 Tesalonicenses 5:1-3

"Ahora bien, hermanos, ustedes no necesitan que se les escriba acerca de tiempos y fechas, porque ya saben que el día del Señor llegará como ladrón en la noche. Cuando la gente esté diciendo: 'Paz y seguridad', vendrá de improviso sobre ellos la destrucción, como llegan los dolores de parto a la mujer embarazada. De ninguna manera podrán escapar."

Muchos de los que hemos sido encarcelados conocemos a una o más personas que fueron ladrones profesionales. Supongo que casi todo el mundo es un ladrón en algún aspecto si alguna vez ha robado algo, grande o pequeño. Pero estoy pensando en alguien que tenga mucha experiencia y que no haya sido atrapado.

Por lo general, un ladrón quiere entrar rápidamente cuando nadie está mirando, tal vez mientras todos duermen. Llegan de repente cuando nadie los espera. Si alguien hubiera estado despierto, alerta, esperando y observando, no se sorprendería ni lo tomaría desprevenido.

El día del Señor llegará cuando nadie lo espera. En un sentido espiritual, la mayor parte del mundo estará dormido. Definitivamente se sorprenderán. Este día se acerca rápidamente. Ver el devocional del 24 de julio.

Jesús dijo que nadie sabe la fecha ni la hora, solo el Padre; así que Pablo dice, en el versículo 1, que no necesita abordar esto específicamente. ¡Estemos todos en guardia, despiertos, vigilantes y esperando con entusiasmo el regreso de nuestro precioso Señor y Salvador, Jesús!

¿Estás listo?

EL RETO DE HOY:

Dígale al Padre que espera con ansias la pronta aparición de Su Hijo, Jesús. Pregúntale al Espíritu Santo qué asuntos del Reino deberías estar llevando a cabo hoy.

Profundice más: Estudiar 1 Tesalonicenses 4:13 – 5:11; 2 Tesalonicenses 2:1-12; 1 Corintios 15:51-58.

26 de julio

NO TE ALARMES

2 Tesalonicenses 2:1-3

"Ahora bien, hermanos, en cuanto a la venida de nuestro Señor Jesucristo y a nuestra reunión con él, les pedimos que no pierdan la cabeza ni se alarmen por ciertas profecías, ni por mensajes orales o escritos supuestamente nuestros, que digan: '¡Ya llegó el día del Señor!' No se dejen engañar de ninguna manera, porque primero tiene que llegar la rebelión contra Dio y manifestarse el hombre de maldad, el que está destinado a la destrucción".

Aunque los tiempos en que vivimos son peligrosos, inquietantes y parecen estar cada día más oscuros, se nos exhorta a "no inquietarnos ni alarmarnos fácilmente". ¡Estos son días emocionantes para el Cuerpo de Cristo que anhela la aparición de nuestro gran Dios y Salvador, Jesucristo!

Aquí Pablo advierte de nuevo de un posible engaño, y Jesús mismo lo enfatizó como aprendimos el 24 de julio, y más particularmente el 11 de febrero. Jesús nos dijo que si fuera posible, incluso "los elegidos" serían engañados (Mateo 24:24). ¡Alabado sea Dios, no es posible que los mismos elegidos sean engañados, y queremos estar seguros de que somos parte de "los elegidos", o el remanente de los verdaderos creyentes!

A medida que vemos que la profecía bíblica se cumple ante nuestros propios ojos cada semana, debería animarnos a ocuparnos de los asuntos de nuestro Padre. Debemos orar por nuestros familiares y amigos que no tienen una relación personal íntima con Jesús. Sé valiente al compartir tu testimonio de lo que Dios ha hecho en tu vida.

Creo que Dios quiere que nos concentremos un día a la vez en el plan que Él nos da cada mañana. Lo que sea que Él quiera que hagas hoy, hazlo con un sentido de urgencia y un patrón de excelencia. Mañana, recibe de nuevo tus instrucciones de Él.

EL RETO DE HOY:

Pregúntale al Padre qué es lo que Él tiene en mente para ti hoy que tendría un impacto positivo en el Reino.

Profundice más: Estudiar 2 Tesalonicenses 2; Mateo 24:24.

27 de julio

HOMBRE DE ANARQUÍA

2 Tesalonicenses 2:3-4

"No se dejen engañar de ninguna manera, porque primero tiene que llegar la rebelión contra Dio y manifestarse el hombre de maldad, el que está destinado a la destrucción. Este se opone y se levanta contra todo lo que lleva el nombre de dios o es objeto de adoración, hasta el punto de adueñarse del templo de Dios y pretender ser Dios".

Antes del Día del Señor, Pablo nos dice que el "hombre de iniquidad" será revelado. Muchos creen que se está refiriendo al "Anticristo" que engañará a la mayor parte del mundo. Soy el primero en admitir que no soy un experto en profecías, pero aparentemente el Anticristo será ayudado por el Falso Profeta.

Existe un sinfín de especulaciones sobre si vemos a estos dos en el escenario mundial hoy en día, y quiénes podrían ser. Independientemente de quién sea específicamente, se nos advierte que no nos engañemos.

Este hombre "se exaltará a sí mismo por encima de todo lo que se llama Dios o se preocupa". Ahora hay unos pocos líderes mundiales que básicamente asumen esta posición entre su propio pueblo, pero veremos a este hombre tener influencia a nivel mundial.

En Israel, hay un grupo específico de judíos dedicados y religiosos que han estado planeando durante muchos años reconstruir el Templo Hebreo. Mi entendimiento es que están preparando el camino para la venida del Mesías; pero, los cristianos creen que Jesús el Mesías ya ha venido, y viene de nuevo. Aparentemente, el Templo reconstruido será el escenario para que el anticristo se proclame a sí mismo como Dios.

No dejes que nadie te engañe.

EL RETO DE HOY:

Pídele al Padre el discernimiento de Su Espíritu Santo para continuar buscando, creyendo y permaneciendo en la Verdad que es Jesús.

Profundice más: Estudiar 2 Tesalonicenses 2; Daniel 12.

28 de julio

EL PODER DE LA ANARQUÍA

2 Tesalonicenses 2:7-8

"Es cierto que el misterio de la maldad ya está ejerciendo su poder; pero falta que sea quitado de en medio el que ahora lo detiene. Entonces se manifestará aquel malvado, a quien el Señor Jesús derrocará con el soplo de su boca y destruirá con el esplendor de su venida".

Jesús nos dijo que antes de Su regreso, la iniquidad aumentaría (ver 24 de julio). En nuestra escritura de hoy, Pablo dice que "el poder secreto de la iniquidad ya está en acción". Este poder secreto de la anarquía ha ido en constante aumento durante 2.000 años.

El avance del mal, y la iniquidad y la anarquía solo puede llegar hasta cierto punto mientras "el que ahora lo detiene" esté operando en la Tierra. La mayoría cree que Pablo se está refiriendo aquí al Espíritu Santo. Hasta que el Padre esté listo para enviar a Jesús de regreso por Su Novia, el remanente elegido, la iniquidad no puede reinar libremente en la tierra.

Debemos recordar que a Jesús, a través de la Cruz y la Resurrección, se le ha dado toda autoridad en el Cielo y en la tierra (ver Mateo 28:18). Él nos ha dado Su autoridad para hacer discípulos en medio de lo que sea que el enemigo todavía trate de hacer en la tierra.

Por un tiempo, la restricción de Dios sobre el enemigo será eliminada, ¡pero el Señor Jesús tendrá la última palabra en Su Segunda Venida! Sigamos trabajando mientras es de día, porque se acerca la noche cuando nadie puede trabajar (ver Juan 9:4).

EL RETO DE HOY:

Dile al Padre que quieres ser utilizado por el Espíritu Santo para ejercer la autoridad de Jesús para seguir edificando el Cuerpo de Cristo. Vuelve a dedicar tu vida, y vuelve a comprometer tu corazón, a Él hoy.

Profundice más: Estudiar 2 Tesalonicenses 2; Mateo 28:18-20; Juan 9:4.

29 de julio

MANTENTE FIRME Y AFÉRRATE

2 Tesalonicenses 2:13-15

"Nosotros, en cambio, siempre debemos dar gracias a Dios por ustedes, hermanos amados por el Señor, porque Dios los escogió como los primeros frutos para ser salvos, mediante la obra santificadora del Espíritu y la fe que tienen en la verdad. Para esto Dios los llamó por nuestro evangelio, a fin de que tengan parte en la gloria de nuestro Señor Jesucristo. Así que, hermanos, sigan firmes y manténganse fieles a las enseñanzas que, oralmente o por carta, hemos transmitido".

La Biblia nos dice que en los últimos días habrá muchos falsos profetas y falsas enseñanzas. Es crucial que "estemos firmes y aférranos" en la sólida instrucción y guía bíblica.

El Espíritu Santo continuará santificarnos después de que lleguemos a la fe a través de la creencia en la Verdad. Debemos permitir que el Espíritu Santo haga Su obra en y a través de nosotros para apartarnos para el servicio de Dios y hacernos progresivamente más santos. Nuestro papel es ser entregados, sometidos y obedientes.

El Señor Jesús nos ha llamado a servirle; y, crecer en nuestra fe y en Su semejanza. Cuanto más tiempo pasemos diariamente en oración en la Presencia de Dios, más podremos discernir correctamente los espíritus de esta era. A medida que apartamos tiempo regular todos los días para el estudio serio de Su Santa Palabra, entenderemos y aplicaremos correctamente la Verdad a nuestras vidas.

EL RETO DE HOY:

Pídele al Padre que te dé un corazón hambriento de la Verdad, y pídele al Espíritu Santo que potencie su aplicación en tu vida.

Mantente firme en la Roca. Aférrense a la Verdad.

Profundice más: Estudiar 2 Tesalonicenses; Mateo 7:24-27.

30 de julio

CONCIENCIAS CAUTERIZADAS

1 Timoteo 4:1-2

"El Espíritu dice claramente que, en los últimos tiempos, algunos abandonarán la fe para seguir a inspiraciones engañosas y doctrinas diabólicas. Tales enseñanzas provienen de embusteros hipócritas, que tienen la conciencia endurecida."

Como creyentes, el Espíritu Santo quiere entrenar nuestra conciencia para elegir la santidad que glorifica a Dios, y rechazar las filosofías engañosas que glorifican a uno mismo. Pablo le advierte a Timoteo que algunos cristianos abandonarán su fe en los últimos días.

Habiendo investigado una vez las filosofías de la "nueva era" antes de que yo llegara a Cristo, así como el hinduismo y el budismo, recuerdo que tenían en común la aparición al yo; por ejemplo, la superación personal, la autoiluminación, la autoimagen y la autoconciencia.

Este enfoque orgulloso en uno mismo comienza a abrasar la conciencia hacia las cosas de Dios. Alguien que es consciente de sí mismo no puede ser al mismo tiempo consciente de Dios. Los maestros hipócritas con una conciencia cauterizada tenderán a elevar el "yo" y a aplicar mal las Escrituras para proveer la autojustificación del pecado. Cuidado.

Jesús nos dice que Su Camino es negarse a sí mismo y dejar que el Espíritu Santo nos santifique. Él proporciona iluminación a través de Su Palabra. Debemos dejar que el Espíritu Santo nos conforme a la imagen de Cristo, en lugar de tratar de mejorar nuestra imagen naturalmente pecaminosa de nosotros mismos. Caminar con humildad en lugar de orgullo nos da la perspectiva adecuada de nuestra nueva vida en Cristo.

Tratar de mejorar nuestro "viejo hombre" y volvernos más autodependientes, en lugar de depender del Espíritu Santo para moldear nuestro "nuevo hombre" en Cristo, es enfatizar los principios mundanos sugeridos por espíritus engañadores y enseñados por demonios.

EL RETO DE HOY:

Dígale al Padre que quiere mantener una buena conciencia debidamente guiada por Su Espíritu Santo.

Profundice más: Estudiar 1 Timoteo 4.

31 de julio

AMANTES DE SÍ MISMOS

2 Timoteo 3:1-5

"Se dice, y es verdad, que si alguno desea ser obispo, a noble función aspira. Así que el obispo debe ser intachable, esposo de una sola mujer, moderado, sensato, respetable, hospitalario y capaz de enseñar. No debe ser borracho ni violento, sino respetuoso, apacible y no amante del dinero. Debe gobernar bien su casa y hacer que sus hijos le obedezcan con el debido respeto; porque el que no sabe gobernar su propia familia, ¿cómo podrá cuidar de la iglesia de Dios?".

Es importante señalar que Pablo estaba escribiendo al Pastor de un cuerpo de creyentes, no a un grupo de incrédulos. Al parecer, estos son signos de las condiciones de la Iglesia en los últimos días. El elevado enfoque en el yo del que aprendimos ayer (ver 30 de julio) podría jugar en el engaño de los creyentes desinformados y desprevenidos.

Es desalentador ver cuántos se han vuelto egocéntricos y egoístas. El énfasis y el crecimiento generalizado de las redes sociales ha alimentado esta tendencia a la baja muy inquietante. Es más fácil juzgar y criticar a los demás porque se hace desde una distancia segura. Las oportunidades de provocar divisiones y conflictos, incluso entre miembros de la familia, no tienen precedentes.

El mercantilismo grosero, las comparaciones hedonistas, el menosprecio incendiario y la normalización moralmente desviada se combinan para hacer que la pecaminosidad de todo esto parezca normal. Sin embargo, muchos creen falsamente que su "religión" está intacta. Tener una "apariencia de piedad pero negando su poder", en mi opinión, es cierto para aquellos que no reconocen el poder del Espíritu Santo para convencerlos de pecado y fortalecer su conciencia.

El poder de la piedad es la obediencia al Espíritu Santo.

EL RETO DE HOY:

Pida al Padre que determine las áreas en las que se le podría describir en el versículo de hoy. Arrepiéntete y ríndete al Espíritu Santo para que Él te cambie. Sé obediente.

Profundice más: Estudiar 2 Timoteo 3; Gálatas 5:19-21.

1 de agosto

JESÚS VA A VOLVER

Juan 14:1-3

"No se angustien. Confíen en Dios y confíen también en mí. En el hogar de mi Padre hay muchas viviendas. Si no fuera así, ¿les habría dicho yo a ustedes que voy a prepararles un lugar allí? Y si me voy y se lo preparo, vendré para llevármelos conmigo. Así ustedes estarán donde yo esté".

Jesús regresará por su pueblo. Las señales de su pronto regreso van en aumento. Vea los devocionales del 13 de febrero y el 24 de julio para más información. No debemos estar en ansiedad, miedo o confusión por esto. Sabemos que podemos confiar en Jesús, y Él dice que va a regresar.

En la costumbre del matrimonio judío, una vez que la pareja estaba comprometida (similar al compromiso, pero más vinculante), el hombre volvía a la casa de su padre para preparar un lugar para que él y su novia pasaran la luna de miel. Cuando todo estuvo terminado, amueblado y listo, sólo el padre del novio podia proclamar que todo estaba listo, y que era hora de que el novio fuera a buscar a su novia. Hasta entonces, cuando se le preguntó sobre la fecha, el novio respondió: "solo mi padre lo sabe".

La novia tenía que estar lista porque no sabía cuándo regresaría su novio, pero sabía sin lugar a dudas que él vendría. Jesús usa esta sagrada costumbre para que sus seguidores entiendan la importancia y la seguridad de su regreso.

EL RETO DE HOY:

Dile al Padre que estás esperando el regreso de Jesús para ti como parte de Su Novia, la Iglesia. Pídele a Su Espíritu Santo que te ayude a prepararte a ti mismo y a tus seres queridos para este día.

¡Jesús va a volver!

Profundice más: Estudiar Juan 14; 1 Tesalonicenses 4:13-18.

2 de agosto

JESÚS VIENE RÁPIDAMENTE

Mateo 24:27
"Porque así como el relámpago que sale del oriente se ve hasta en el occidente, así será la venida del Hijo del hombre".

1 Tesalonicenses 5:3
"Cuando la gente esté diciendo: 'Paz y seguridad', vendrá de improviso sobre ellos la destrucción, como llegan los dolores de parto a la mujer embarazada. De ninguna manera podrán escapar".

¡El regreso de nuestro Señor sucederá de repente, tan rápido como un relámpago cruza el cielo! Además, Pablo nos dice que será en un abrir y cerrar de ojos (1 Corintios 15:52).

Entonces, ¿qué tan rápido es el parpadeo de un ojo? Los científicos dicen que esta es la cantidad de tiempo que tarda la luz en entrar en el ojo, reflejarse en la retina y ser vista. La luz viaja a 186,000 millas por segundo, por lo que se estima que un destello es de aproximadamente una milmillonésima de segundo.

¡También se informa que un relámpago viaja a 200,000,000 millas por hora! ¡Eso es rápido! Una persona no tendrá tiempo para arreglar las cosas con el Señor cuando Él venga. ¡En un momento estaremos aquí, pero en el próximo momento estaremos con Él!

Hermanos y hermanas en Cristo, siempre debemos vivir de tal manera que estemos listos para Su regreso. ¡Oremos diligentemente por aquellos que no conocen a Jesús, y vivamos expectantes buscándolo!

EL RETO DE HOY:

Pídele al Padre que te ayude a reflexionar sobre tu vida para asegurarte de que estás viviendo de tal manera que estarás listo para el regreso de Jesús. Pídele al Espíritu Santo que traiga a tu mente a los seres queridos y amigos que aún no están listos, para que puedas orar por ellos diligentemente.

Profundice más: Estudiar Mateo 24; 1 Tesalonicenses 5:1-11; 1 Corintios 15:51-58.

3 de agosto

JESÚS VENDRÁ EN CUALQUIER DIA

Apocalipsis 22:12-13

Jesús dijo: "¡Miren que vengo pronto! Traigo conmigo mi recompensa y le pagaré a cada uno según lo que haya hecho. Yo soy el Alfa y la Omega, el Primero y el Último, el Principio y el Fin".

¡Qué tiempo tan emocionante el que vivimos! Jesús mismo dice que Él vendrá pronto. Como hemos discutido el 13 de febrero y el 24 de julio, estamos siendo testigos de las señales proféticas que suceden ante nuestros ojos.

Todo está contenido en Jesús: todo el conocimiento, toda la prioridad y todo el tiempo. Podemos confiar en Él para cumplir Su Palabra. Él nos anima a no estar ansiosos, sino que cuando veamos que estas cosas suceden, debemos "mirar hacia arriba, porque nuestra redención está cerca" (Lucas 21:28).

Muchas de las señales proféticas, especialmente en los capítulos de Ezequiel 37-39, Zacarías 12-14, Salmo 83 y Daniel 11-12, se centran en Israel. Muchos creen que el milagroso regreso de los judíos a la tierra de Israel en 1948 dio inicio a un reloj profético que se está agotando rápidamente, terminando con el regreso de Jesús, nuestro Mesías.

Nunca antes habíamos visto la alianza militar y política de naciones como Turquía, Rusia e Irán combinándose contra Israel. Incluso los chinos están en Oriente Medio. Casi todas las naciones de la tierra se enfurecen contra Israel y Dios. Ver el Salmo 2.

Estudiar los capítulos mencionados anteriormente y esté preparado, porque Jesús vendrá pronto, ¡cualquier día de ahora!

EL RETO DE HOY:

Pídele al Padre que te muestre cómo orar por Israel. Pídele al Espíritu Santo que te ayude a orar para que Jesucristo, su verdadero Mesías, se les revele, y que ocurra un gran avivamiento de los últimos tiempos entre Sus hijos originales, así como el Cuerpo de Cristo.

Profundice más: Estudiar Apocalipsis 22; Lucas 21:28; Salmo 2.

4 de agosto

VIGILA

Mateo 24:42-44

Jesús dijo: "Por lo tanto, manténganse despiertos porque no saben qué día vendrá su Señor. [43] Pero entiendan esto: si un dueño de casa supiera a qué hora de la noche va a llegar el ladrón, se mantendría despierto para no dejarlo forzar la entrada. [44] Por eso también ustedes deben estar preparados, porque el Hijo del hombre vendrá cuando menos lo esperen".

Uno de mis amigos evangelistas del ministerio de prisiones dijo que podían decirme exactamente cuándo vendría Jesús. Les dije que no podían saber eso precisamente porque Jesús dijo: "solo el Padre sabe". Ellos dijeron: "Viene a la hora en que menos lo esperáis". Bueno, ¡eso es cierto!

El versículo de hoy enfatiza ese mismo hecho. Para más información sobre esto, vea el devocional del 25 de julio. Jesús nos advierte que estemos alerta y vigilemos, y usa la analogía de un ladrón que intenta entrar en una casa.

Al considerar esto, recuerdo que Jesús dijo en Juan 10:10 que "el ladrón viene a hurtar, a matar y a destruir". El enemigo quiere robar el plan que Dios tiene para tu vida, matar tu testimonio cristiano y, por lo tanto, destruir tu efectividad en el Reino.

Al esperar el regreso de nuestro Rey, debemos ser diligentes en utilizar los talentos y habilidades que Dios nos ha dado para cumplir con la obra que se nos ha asignado.

Guarda tu corazón y vigila. Tenemos un trabajo importante por hacer.

EL RETO DE HOY:

Dile al Padre que quieres cumplir todos Sus planes para tu vida. Ríndete hoy al deseo del Espíritu Santo de impactar el mundo que te rodea.

Tú eres Su vaso. Sé obediente y expectante.

Profundice más: Estudiar Mateo 24; 1 Tesalonicenses 5:1-11; 1 Corintios 15:51-58.

5 de agosto

ÉL ES MÁS GRANDE

1 Juan 4:4-5

"Como tenía que pasar por Samaria, llegó a un pueblo samaritano llamado Sicar, cerca del terreno que Jacob había dado a su hijo José".

El contexto completo del versículo de hoy se puede entender más plenamente al leer los pasajes de 1 Juan 4:1-5 en su totalidad. Juan está advirtiendo a la iglesia acerca del discernimiento de los espíritus debido a los falsos profetas que estaban enseñando en contra de la encarnación, es decir, diciendo que Jesús realmente no vino en la carne. Él dice que este es el espíritu del anticristo y que ya estaba sucediendo a finales del primer siglo.

En los tiempos actuales, este espíritu de anticristo solo se ha extendido más ampliamente. El punto de vista de gran parte del mundo es negar o restar importancia a la vida y obra redentora de Jesús. Los cristianos son marginados, burlados y perseguidos. El mundo parece ser "tolerante" con todas las religiones y creencias, excepto con las de los verdaderos cristianos que creen en la Biblia y tratan de llevarla a cabo en su vida diaria.

Debemos recordar que tenemos al Espíritu Santo viviendo dentro de nosotros. Él es más grande que cualquier otro espíritu en el mundo. Él es Quien nos da discernimiento y nos capacita para ser audaces y valientes al mantenernos firmes en Cristo Jesús contra aquellos que disputan la Verdad.

No te dejes intimidar. ¡Tú y Dios son la mayoría!

EL RETO DE HOY:

Da gracias al Padre porque Él es Mayor; y, por el hecho de que Él vive en ti por Su Espíritu Santo. Pídele a Su Espíritu Santo que agudice tu discernimiento de los falsos maestros y del espíritu del anticristo.

Sé audaz y valiente.

Profundice más: Estudiar 1 Juan 4; Romanos 8:31; Salmo 34:7; 2 Crónicas 32:7; 2 Reyes 6:16.

6 de agosto

EL SECRETO DE CONTENTAMIENTO

Filipenses 4:12-13

"Sé lo que es vivir en la pobreza y lo que es vivir en la abundancia. He aprendido a vivir en todas y cada una de las circunstancias, tanto a quedar saciado como a pasar hambre, a tener de sobra como a sufrir escasez. Todo lo puedo en Cristo que me fortalece".

Un estudio de la vida de Pablo revela a un hombre cuyas experiencias habían recorrido todo el espectro. Habiendo sido una vez un hombre de medios económicos, un líder entre los judíos más religiosos, y habiendo ocupado posiciones de estatus y autoridad; Terminó siendo severamente perseguido, golpeado, encarcelado, ridiculizado, sin posesiones materiales, abandonado y finalmente martirizado.

Sin embargo, incluso mientras escribía esta carta en particular desde la prisión, dice que ha aprendido a estar contento en todas las circunstancias. Para aquellos de nosotros que hemos estado encarcelados, creo que sabemos que en ese momento y lugar en particular él no estaba "bien alimentado", y no estaba "viviendo en abundancia". De hecho, estoy seguro de que las prisiones de hace 2.000 años eran mucho peores que las de hoy.

Con la actual obsesión de la sociedad con el materialismo y el bombardeo de todo tipo de publicidad tentadora, se nos influye constantemente para querer más de todo: más nuevo, mejor, más rápido. Afortunadamente, aquellos de nosotros en Cristo tenemos acceso al mismo secreto que Pablo: ¡el Espíritu Santo que nos da poder en nuestro interior!

Mientras confiemos plenamente en Dios, Él será nuestra fuente de paz y contentamiento en toda circunstancia.

EL RETO DE HOY:

Agradécele al Padre por darte Su Espíritu Santo para empoderarte, y que Él te dé Su paz. Pídele al Espíritu Santo que te muestre cualquier área de tu vida hoy en la que no estés manifestando contentamiento y paz. Elige confiar en Él.

Profundice más: Estudiar Filipenses 4; Filipenses 1:6, 2:13; Salmo 138:8; 1 Tesalonicenses 5:24; Juan 3:21.

7 de agosto

A TRAVÉS DEL PODER DEL ESPÍRITU

Romanos 15:17-19

"Por tanto, mi servicio a Dios es para mí motivo de orgullo en Cristo Jesús. No me atreveré a hablar de nada sino de lo que Cristo ha hecho por medio de mí para que los no judíos lleguen a obedecer a Dios. Lo he hecho con palabras y obras, mediante poderosas señales y milagros, por el poder del Espíritu de Dios. Así que, habiendo comenzado en Jerusalén, he completado la proclamación del evangelio de Cristo por todas partes, hasta la región de Iliria".

De todos los santos del Nuevo Testamento, Pablo probablemente tenía la mayor cantidad de razones para hablar bien de sí mismo y de sus logros. Sin embargo, en todos los casos, Pablo se somete a la obra de Cristo en él y a través de él. Permaneció humilde. De hecho, la Biblia dice que aprendió a gloriarse en sus debilidades sabiendo que era en esas mismas debilidades que Cristo se mostraría fuerte (ver 2 Corintios 12:9-11).

Pablo solo habla de "lo que Cristo ha realizado por medio de mí", no de lo que Pablo mismo ha hecho. Sin embargo, fíjese en cómo amplía esta declaración cuando menciona "el poder de las señales y de los prodigios, mediante el poder del Espíritu de Dios".

La vida de Pablo fue un ejemplo para los gentiles que los inspiró a obedecer a Dios. Nuestras vidas deben ser ejemplos para todos aquellos con quienes entramos en contacto que les inspire a querer lo que ven en nosotros. Sin embargo, al igual que Pablo, debemos darnos cuenta de que no somos nosotros, sino el Espíritu Santo en nosotros lo que da poder a nuestro caminar en Cristo.

Glorifiquémonos solo en Cristo Jesús por lo que Él está haciendo por y a través de Su Espíritu Santo en nosotros.

EL RETO DE HOY:

Dile al Padre lo agradecido que estás por Jesús y por el poder del Espíritu Santo en tu vida. Piensa en cómo el Espíritu ha influido positivamente en otras personas a través de ti, y dale el crédito.

Profundice más: Estudiar Romanos 15; 2 Corintios 12:9-11.

8 de agosto

SEGÚN PARA SU PODER

Efesios 3:16-18, 20

"Le pido que, por medio del Espíritu y con el poder que procede de sus gloriosas riquezas, los fortalezca a ustedes en lo íntimo de su ser, para que por fe Cristo habite en sus corazones. Y pido que, arraigados y cimentados en amor, puedan comprender, junto con todos los creyentes, cuán ancho y largo, alto y profundo es el amor de Cristo. Al que puede hacer muchísimo más que todo lo que podamos imaginarnos o pedir, por el poder que obra eficazmente en nosotros..."

En estos pocos versículos, Pablo se refiere dos veces al poder de Dios a través del Espíritu Santo. Como hemos ido aprendiendo, encontramos que esto se enfatiza en muchos de los escritos de Pablo. Se da cuenta de lo importante que es y trata de compartir esta magnífica verdad con todos.

Note que Cristo mora en nuestros corazones, a través de la fe, por el poder del Espíritu Santo en nuestro ser interior. Jesús mismo no mora literalmente allí, ya que está sentado en lugares celestiales con el Padre (Efesios 2:6); más bien, el Espíritu Santo habita allí.

Me encanta cómo Pablo dice que tendremos poder ya que estamos "arraigados y establecidos en el amor". Jesús dijo que debemos amar a Dios y amar a los demás. De hecho, debemos amarnos los unos a los otros de la manera en que Jesús nos ama (Juan 13:34-35).

Finalmente, Pablo nos dice cómo es que Dios "es poderoso para hacer infinitamente más de lo que pedimos o imaginamos". ¿Cómo? ¡De acuerdo con Su poder obrando en nosotros!

Debemos dejar que el Espíritu Santo obre en nosotros.

EL RETO DE HOY:

Da gracias al Padre, y a Jesús, por enviar a su Espíritu Santo para que resida en ti con poder. Pídele al Espíritu Santo que te revele más de Su amor y dile que quieres estar firmemente establecido en él.

Profundice más: Estudiar Efesios 3; Efesios 2:6; Juan 13:34-35.

9 de agosto

ESFORZÁNDOSE CON SU ENERGÍA

Colosenses 1:28-29

"A este Cristo proclamamos, aconsejando y enseñando con toda sabiduría a todas las personas, para presentarlas completamente maduras en su unión con Cristo. Con este fin trabajo y lucho fortalecido por el poder de Cristo que obra en mí".

En el versículo 27, Pablo había revelado el misterio que es "Cristo en vosotros, la esperanza de gloria". Luego, Pablo resume aquí, en el versículo 28, las responsabilidades que todos compartimos después de llegar a la fe en Cristo. ¡Qué maravillosa verdad usa para presentarnos las cosas que podemos y debemos hacer en Cristo Jesús!

Como hemos descubierto en los devocionales de los últimos días, Pablo sabe que no está en su propio poder que él es quien es en Cristo, y hoy aquí nos dice cómo lo hace. Sin duda, trabajó arduamente para hacer avanzar el Evangelio y para discipular a los que estaban llegando a la fe en las ciudades donde viajó.

Dice que trabaja hasta el cansancio y se esfuerza, pero no es por su energía o sabiduría humana, sino por la energía sobrehumana encendida dentro de él por el poder del Espíritu Santo. Así es como es capaz de anunciar el Evangelio; y, advierte, amonesta e instruye con sabiduría a aquellos a quienes quiere ayudar a madurar en Cristo Jesús.

Sigamos su ejemplo de trabajar y esforzarnos por el poder del Espíritu Santo, y no por nuestra propia energía humana.

EL RETO DE HOY:

Pídele al Padre que te ayude a dejar de lado tus propias obras, y someterte, más bien, a la obra del Espíritu Santo en y a través de ti.

Profundice más: Estudiar Colosenses 1.

10 de agosto

MOLDEADO DE LA ARCILLA

Jeremías 18:1-6

"Esta es la palabra que vino a Jeremías de parte del Señor: 'Levántate y baja ahora mismo a la casa del alfarero y allí te comunicaré mi mensaje'. Entonces bajé a la casa del alfarero y lo encontré trabajando en el torno. Pero la vasija que estaba modelando se deshizo en sus manos; así que volvió a hacer otra vasija, hasta que le pareció que había quedado bien. En ese momento la palabra del Señor vino a mí y me dijo: 'Pueblo de Israel, ¿acaso no puedo hacer con ustedes lo mismo que hace este alfarero con el barro?', afirma el Señor. 'Ustedes, pueblo de Israel, son en mis manos como el barro en las manos del alfarero...'"

Me encanta esta historia. ¿Estás permitiendo que Dios te moldee? ¿Estás confiando en que Él hará de ti lo que Él quiere, lo que Él ve en Su mente, para que puedas conocer y cumplir el plan que Él tiene para ti? (Revisión 11 y 12 de enero)

Al pensar en "la casa del alfarero", creo que puede tener un par de significados para nosotros hoy. Sabemos que somos la casa del Espíritu Santo, así que creo que puede ser para nosotros en nuestro tiempo privado con Dios donde Él dice: "Te daré mi mensaje". Pero también pienso en la adoración colectiva en la casa de Dios, donde nos reunimos con otros creyentes, que también puede ser el lugar donde Él puede hablarnos y nos hablará.

Pero, ¿escuchamos? Todos hemos sido "estropeados" en la vida por nuestro pecado y los pecados de los demás. ¿Estás confiando pacientemente en Él para que te rehaga?

EL RETO DE HOY:

Pídele al Padre que haga de ti lo que Él quiere. Deja que Él te moldee y te moldee.

Profundice más: Estudiar Jeremías 18; Romanos 9:20-21.

11 de agosto

PREDESTINADOS A CONFORMAR

Romanos 8:29

"Porque a los que Dios conoció de antemano, también los predestinó a ser transformados según la imagen de su Hijo, para que él sea el primogénito entre muchos hermanos."

Uno de los propósitos principales de Dios como "El Alfarero" (ver 11 y 12 de enero, y devocionales del 10 de agosto) es conformarnos a la imagen de Su Hijo, Jesús. La Palabra de hoy nos dice que Jesús es el "primogénito entre muchos hermanos y hermanas".

La intención final del Padre es que la familia de Dios tenga una semejanza sorprendente con el primogénito de la familia, Jesús, el "segundo hombre" (ver 1 Corintios 15:45-48). Parte de la obra del Espíritu Santo en nosotros a través del proceso continuo de santificación es eliminar todo lo que no se parezca a Cristo.

Cuando le preguntaron a Miguel Ángel cómo hacía sus estatuas, dijo: "La escultura ya está completa dentro del bloque de mármol, antes de que comience mi trabajo. Ya está todo listo, sólo tengo que cincelar el material superfluo.

Cuando renacemos en la familia de Dios, nacemos de simiente incorruptible por la fe en el Hijo a través de la Palabra de Dios (ver 1 Pedro 1:22-24); ¡así que el material de origen está ahí para que el Espíritu Santo trabaje con él para comenzar el proceso de conformarnos a la imagen de Jesús!

Nuestro trabajo, como aprendimos previamente acerca de ser arcilla moldeable para el alfarero, es someternos y cooperar con el Espíritu Santo. ¡Trata de hacer Su trabajo más fácil!

EL RETO DE HOY:

Agradécele al Padre por acogerte en Su familia. Dile que quieres ser más como Jesús hoy, y escucha la guía del Espíritu Santo.

¡Estás predestinado a conformarte!

Profundice más: Estudiar Romanos 8; 1 Corintios 15:45-49; 1 Pedro 1:22-25; Jeremías 18:1-6.

12 de agosto

PARTICIPA EN LA NATURALEZA DIVINA

2 Pedro 1:3-4

"Su divino poder, al darnos el conocimiento de aquel que nos llamó por su propia gloria y excelencia, nos ha concedido todas las cosas que necesitamos para vivir con devoción. Así Dios nos ha entregado sus preciosas y magníficas promesas para que ustedes, luego de escapar de la corrupción que hay en el mundo debido a los malos deseos, lleguen a tener parte en la naturaleza divina".

A veces, para comprender mejor un versículo, es útil examinarlo desde el principio. Así que, comenzando por el final, retrocedamos a través del versículo y desentrañemos algo de esta magnífica verdad.

A medida que escapamos progresivamente de la corrupción en el mundo causada por los malvados, somos capaces de participar en la Naturaleza Divina de Dios. Se nos permite participar en Su naturaleza a través de las grandes y preciosas promesas que el Padre nos ha dado en Su Hijo, y en Su Palabra, después de que nacemos de nuevo.

Somos elegibles para cumplir con las condiciones de estas promesas, si elegimos ser obedientes, porque Jesús nos ha llamado por Su propia gracia, gloria y bondad como resultado de Su obra en la Cruz y Resurrección. Pero, ¿cómo podemos hacer frente a estas condiciones por nuestra cuenta?

¡Ya se nos ha dado todo lo que necesitamos para una vida piadosa en Cristo por Su poder divino, el Espíritu Santo!

Por lo tanto, Dios mismo nos ha dado el poder para vivir una vida piadosa; benefíciate de Sus promesas; y, participar en la Naturaleza Divina, a través de la obra progresiva y santificadora del Espíritu Santo. ¡Es Dios Quien hace esto de principio a fin!

EL RETO DE HOY:

¡Gracias al Padre por Su asombroso plan, promesas y empoderamiento para una vida piadosa, por el Espíritu Santo, en Cristo Jesús!

Profundice más: Estudiar 2 Pedro 1; Hebreos 6:11-12.

13 de agosto

SÉ SANTO EN TODO LO QUE HAGAS

1 Pedro 1:14-16

"Como hijos obedientes, no se amolden a los malos deseos que tenían antes, cuando vivían en la ignorancia. Más bien, sean ustedes santos en todo lo que hagan, como también es santo quien los llamó; ¹⁶ pues está escrito: 'Sean santos, porque yo soy santo' ".

Le sugiero que lea 1 Pedro 1:3-16, que es el pasaje importante que conduce e incluye los versículos de hoy. Esta es una sección con la que debes tomarte tu tiempo y realmente absorber en tu espíritu.

A veces me cuesta creer la increíble transformación (provocada en Pentecostés por el Bautismo del Espíritu Santo) en Pedro, un pescador inculto, hasta tal punto que más tarde pudo escribir cartas tan hermosas y significativas como 1 y 2 Pedro.

El pasaje extendido de hoy es una poderosa presentación de nuestra bienaventuranza en Cristo, de tal manera que somos sobrenaturalmente inspirados, desafiados y empoderados para vivir una vida santa como un flujo natural de esta notable verdad en nuestras vidas. Pedro dice, en el versículo 12, que todo esto es tan espectacular y único que, "Aun los ángeles anhelan mirar estas cosas".

Dios es Santo. Como seres humanos, nunca podríamos acercarnos a Su Santidad. Pedro no dice que debemos ser santos "como" Él es Santo; más bien, se cuida de decir "porque" Él es Santo. Hay una diferencia inconmensurable entre los dos.

Creo que el Espíritu Santo nos ayudará a "ser santos en todo lo que hagamos" si dejamos que Él nos guíe y somos obedientes.

EL RETO DE HOY:

Considera y medita en la santidad absoluta de Dios. Agradécele al Padre que a través de Jesús y Su Espíritu Santo, eres capaz de ser santo en todo lo que haces hoy.

Profundice más: Estudiar 1 Pedro 1; Romanos 12:1-2.

14 de agosto

APROVECHA AL MÁXIMO LA OPORTUNIDAD

Efesios 5:15-17

"Así que tengan cuidado de su manera de vivir. No vivan como necios, sino como sabios, aprovechando al máximo cada momento oportuno, porque los días son malos. Por tanto, no sean insensatos, sino entiendan cuál es la voluntad del Señor".

En estos últimos días tan desafiantes, está claro que la voluntad del Señor es que más almas sean salvadas. El tiempo apremia y, ciertamente, los días se están volviendo cada vez más malvados y oscuros muy rápidamente.

Es especialmente imperativo ahora que los verdaderos creyentes tengan cuidado de "predicar con el ejemplo". Al hacerlo, los incrédulos serán atraídos por el Espíritu Santo al Padre, en parte, por su atracción hacia el fruto que ven producido en su vida.

Creo que pudo haber sido San Francisco de Asís quien dijo: "Debemos predicar el Evangelio en todo momento y, si es necesario, usar palabras". Por lo tanto, ten mucho cuidado con cómo vives.

También debemos buscar oportunidades para compartir nuestro testimonio de lo que la sangre de Jesús ha hecho en nuestra vida. Debemos orar por más audacia y coraje porque, de hecho, hay muchas oportunidades para que compartamos conversacionalmente con otros la esperanza que hemos encontrado en Cristo.

Daniel 12:3 dice que los sabios guiarán a muchos a la justicia y resplandecerán como las estrellas por los siglos de los siglos. Ciertamente, entonces, esta es la voluntad del Señor.

En estos días oscuros, permita que Isaías 60:1 le anime a: *"Levántate, resplandece, porque ha llegado tu luz, y la gloria del Señor se levanta sobre ti".*

EL RETO DE HOY:

Agradécele al Padre por permitirte ser una luz para el mundo que te rodea. Pídele al Espíritu Santo que te ayude a aprovechar al máximo cada oportunidad de hoy para compartir el Evangelio.

Profundice más: Estudiar Efesios 5; Daniel 12:3; Isaías 60:1.

15 de agosto

ABSTENTE DE LOS DESEOS PECAMINOSOS

1 Pedro 2:11
"Queridos hermanos, les ruego como a extranjeros y peregrinos en este mundo que se aparten de los deseos pecaminosos que combaten contra el alma."

Ya sea que estés en prisión o en el mundo libre, después de que nazcamos de nuevo, debemos vernos a nosotros mismos como ciudadanos de otro Reino. Ya no somos "de este mundo"; Más bien, somos "extranjeros y exiliados" que están de paso en el camino a nuestro hogar permanente.

Mientras todavía estamos en este plano terrenal, debemos separarnos de "las personas, los lugares y las cosas viejas" para que no nos veamos tan fácilmente rodeados y tentados por los deseos pecaminosos del pasado. Debido a que somos una nueva creación en Cristo Jesús (ver 2 Corintios 5:17), es muy posible abstenerse de los deseos pecaminosos y ya no practicar el pecado (ver 1 Juan 5:18-19). Esto solo se logra eligiendo ser guiados por el Espíritu en lugar de la carne, y por el poder del Espíritu Santo que vive en nosotros.

Nuestra alma, es decir, nuestra mente, voluntad y emociones, debemos elegir continuamente entre nuestra carne y nuestro espíritu humano que, cuando nacemos de nuevo, es influenciado por el Espíritu Santo. Así que, en cierto sentido, nuestra alma está sujeta a estar en un constante "tira y afloja". Debemos decidirnos a seguir el liderazgo del Espíritu Santo que nos dará el poder de decir "no" a la tentación.

Dios no permitirá que seamos tentados más allá de lo que podemos soportar, sino que siempre proveerá una vía de escape (1 Corintios 10:13), y ese camino es siempre Cristo.

EL RETO DE HOY:

Dile al Padre que quieres abstenerte de los deseos pecaminosos. Pídele al Espíritu Santo que te ayude a decir "no" a la tentación hoy. Sigue su liderazgo.

Profundice más: Estudiar 1 Pedro 2; 2 Corintios 5:17; 1 Juan 5:18-19; 1 Corintios 10:13.

16 de agosto

PURIFICADO POR DIOS

1 Juan 1:9

"Si confesamos nuestros pecados, Dios, que es fiel y justo, nos los perdonará y nos limpiará de toda maldad."

En Cristo Jesús, tenemos la justicia de Dios (2 Corintios 5:21). Cuando cedemos a la tentación o al pecado de cualquier tipo, volvemos a caer bajo nuestra propia justicia, la cual, para Dios, es como trapos repugnantes e inmundos (Isaías 64:6). Ahí es cuando el diablo realmente viene contra nosotros como "el acusador".

El enemigo tiene mucha experiencia en tratar de hacernos creer sus acusaciones, y quiere que empecemos a acusarnos a nosotros mismos. Él usa sentimientos como la vergüenza y la culpa para condenarnos duramente. Tratando de convencernos de que "he ido demasiado lejos" y que "Dios no pudo amarme ni perdonarme", quiere que nos avergonzemos demasiado para arrepentirnos y buscar la purificación de Dios.

Debemos elegir creer en la Biblia; y escuchar la voz apacible y delicada del Espíritu Santo que nos convence gentilmente de que estábamos equivocados y nos anima a ir al Padre para arrepentirnos y confesar (ver el devocional del 9 de marzo). Dios es Fiel y Verdadero. Jesús ha pagado el precio por nuestro perdón, para que el Padre pueda asignar justamente nuestro pecado a Jesús y a la obra de la Cruz, y así limpiarnos de toda maldad.

¡Entonces estamos poseyendo inmediatamente de nuevo la justicia de Dios en Cristo!

EL RETO DE HOY:

Habla con el Padre acerca de cualquier pecado no confesado. Arrepiéntete, apártate del pecado y sigue el liderazgo del Espíritu Santo hoy, y todos los días, en Cristo Jesús.

Profundice más: Estudiar 1 Juan 1; 2 Corintios 5:21; Isaías 64:6; 1 Corintios 1:30.

17 de agosto

NOMBRADO PARA EL MINISTERIO

1 Timoteo 1:12
"Doy gracias al que me fortalece, Cristo Jesús nuestro Señor, pues me consideró digno de confianza al ponerme a su servicio."

Independientemente de tu pasado, Dios todavía tiene un plan único y perfecto, diseñado específicamente para ti. Conozco personalmente a ex asesinos, líderes de pandillas, traficantes de drogas, adictos, secuestradores, ladrones y delincuentes sexuales que realmente se arrepintieron y entregaron sus vidas completamente a Dios.

Muchas de estas personas llegaron a la fe en la cárcel y ahora tienen sus propios ministerios exitosos. Parece que Dios se especializa en usar a los ex marginados y rebeldes para mostrar Su gracia, misericordia y perdón para dar esperanza a otros. No importa lo que hayas hecho en el pasado, Dios realmente está listo, dispuesto y capaz de hacerte una creación totalmente nueva en Cristo Jesús.

Como ex delincuente sexual, todavía me sorprende cómo Dios ha podido usar mi testimonio para ayudar y animar a tantos otros. Si Dios puede cambiarme, y lo ha hecho, ¡puede cambiar a cualquiera! En 2009, cuando llegué a la fe en prisión, no tenía idea de lo que Dios tenía en mente para mí.

Estoy muy agradecido y humilde de que Él me haya puesto bajo la dirección de Don Castleberry como mi mentor y compañero de responsabilidad. Desde hace varios años he tenido el honor y el privilegio de dirigir el ministerio penitenciario que Don comenzó hace más de 35 años, que ahora es uno de los ministerios penitenciarios más activos de Texas. Fui ordenado en el ministerio del Evangelio bajo Don en 2012.

¡A qué Dios tan asombroso servimos!

EL RETO DE HOY:

Busca a Dios con todo tu corazón. Adóralo en espíritu y en verdad. Ríndete porcompleto.

Profundice más: Estudiar 1 Timoteo 1.

18 de agosto

IGNORANCIA EN LA INCREDULIDAD

1 Timoteo 1:13-14

"Anteriormente, yo era un blasfemo, un perseguidor y un insolente; pero Dios tuvo misericordia de mí porque yo era un incrédulo y actuaba con ignorancia. Ciertamente la gracia de nuestro Señor se derramó sobre mí con abundancia, junto con la fe y el amor que hay en Cristo Jesús".

Aunque crecí en un hogar cristiano y en la iglesia bautista, una vez que fui a la universidad le di la espalda a Dios. Creo que elegí no recordar lo que había aprendido de Su misericordia, amor y perdón, y para todos los propósitos prácticos caí en la "ignorancia" de Él.

Aunque todavía afirmaba creer en Dios y la salvación en Jesús, nada en mi vida apoyaba esta afirmación de ninguna manera. Tenía la boca más sucia de casi todos los que conocía, y blasfemaba contra Dios con mis palabras y acciones. La evidencia externa en mi vida gritaba "incredulidad" a los demás. Estoy seguro de que mi vida vergonzosamente inmoral fue insultante a Dios en todos los sentidos.

De todas las personas, ciertamente no merecía la gracia, el favor y la bendición de Dios que resultaron cuando finalmente llegué a la cruda verdad de que no podía dirigir mi propia vida, me arrepentí verdaderamente ante Dios, me humillé y entregué mi vida por completo a Él. No me guardé nada; afortunadamente, ¡Él tampoco lo hizo!

Su gracia hacia nosotros, de hecho, fluirá sobreabundantemente; y Él cambia Su sabiduría y fe por nuestra ignorancia e incredulidad. ¡Eso sí que es una gran oferta!

EL RETO DE HOY:

Dile al Padre lo agradecido que estás por Su gracia sobreabundante, amor, misericordia y perdón hacia ti. Pregúntale al Espíritu Santo si hay algo que estés reteniendo. Dáselo a Dios hoy.

Profundice más: Estudiar 1 Timoteo 1.

19 de agosto

EL PRIMERO DE LOS PECADORES

1 Timoteo 1:15-16

"Este mensaje es digno de crédito y merece ser aceptado por todos: que Cristo Jesús vino al mundo a salvar a los pecadores, de los cuales yo soy el primero. Pero precisamente por eso Dios fue misericordioso conmigo, a fin de que en mí, el peor de los pecadores, pudiera Cristo Jesús mostrar su paciencia infinita. Así llego a servir de ejemplo para los que, creyendo en él, recibirán la vida eterna".

Al principio de este libro, debajo de la foto de mi "anciano" largo y desaliñado antes de Cristo, hay un montón de descripciones vergonzosamente transparentes del pecado y la vergüenza. De hecho, me han recordado algunos que ni siquiera están allí. En el rostro de ese hombre, estoy seguro de que se puede ver arrepentimiento, vergüenza, remordimiento, depresión, rechazo, vergüenza, desesperanza y desesperación. Al principio de mi vida, había estado lleno de orgullo, codicia, arrogancia, egoísmo, presunción, manipulación, engaño y control.

Sabiendo todo lo que había hecho, o pensaba hacer, pensé que estaba más allá de la salvación o la redención. Seguramente no había corazón más negro que el mío. Pero, Dios...

Estoy muy agradecido por Su misericordia. Estuve totalmente de acuerdo con Pablo en cuanto a ser el "primero de los pecadores". Desde entonces, la notable transformación que Dios ha hecho en mí ha dado a muchas personas una esperanza genuina para su futuro eterno y las anima a buscarlo con todo su corazón.

¡Jesucristo seguramente ha mostrado «Su perfecta longanimidad y paciencia», junto con Su misericordia, para con todos nosotros!

EL RETO DE HOY:

Pasa unos minutos con el Padre agradeciéndole por Su paciencia, amor, misericordia y perdón. Pídele al Espíritu Santo que te ayude a hacer una lista de tus pecados y circunstancias de las que estás libre.

Profundice más: Estudiar 1 Timoteo 1.

20 de agosto

MUERTE Y VIDA

Proverbios 18:21
"LaEn la lengua hay poder de vida y muerte; quienes la aman comerán de su fruto."

Santiago 3:9-10
"Con la lengua bendecimos a nuestro Señor y Padre, y con ella maldecimos a las personas, creadas a imagen de Dios. [10] De una misma boca salen bendición y maldición. Hermanos míos, esto no debe ser así".

Hasta que llegué a la fe en Cristo Jesús, nunca consideré cuán poderosas eran mis propias palabras (y pensamientos) en relación con el éxito o el fracaso en todas las áreas de la vida. Sin embargo, durante más de 2.000 años, la Palabra de Dios advirtió a cualquiera que quisiera escuchar que "la muerte y la vida están en el poder de la lengua".

Las maldiciones de la palabra hablada, ya sea involuntaria o no, tienen un gran poder para impactar negativamente la vida de la persona a quien sea que se dirijan, especialmente hacia nosotros mismos. Las cosas negativas que decimos sobre nosotros mismos refuerzan los malos pensamientos que las crearon. Fuimos hechos a la imagen de Dios, y como Él, cuando hablamos se ponen en movimiento toda clase de cosas.

Cuando Dios habló en la Creación, declaró que todo era "bueno", pero en nuestro caso, muchas de nuestras palabras no resultan en nada que podamos clasificar como "bueno". Podemos influir poderosamente para bien en todo y en todos los que nos rodean cuando declaramos la verdad y la esperanza sobre nosotros mismos y sobre los demás en la forma de la Palabra de Dios.

Comienza la práctica de confesar la Palabra de Dios en voz alta a lo largo de tu vida diariamente. Conviértelo en un hábito.

EL RETO DE HOY:

Dile al Padre que estás agradecido por Su Palabra y por su poder inherente para impactar positivamente tu vida. Pídele al Espíritu Santo que te ayude a confesar cosas buenas cuando hables.

Profundice más: Estudiar Proverbios 18; Santiago 3:1-11.

21 de agosto

SABIDURÍA Y VERDAD

Juan 16:13

"Pero cuando venga el Espíritu de la verdad, él los guiará a toda la verdad, porque no hablará por su propia cuenta, sino que dirá solo lo que oiga y les anunciará las cosas por venir".

Santiago 1:5

"Si a alguno de ustedes le falta sabiduría, pídasela a Dios y él se la dará, pues Dios da a todos generosamente sin menospreciar a nadie".

La Palabra de Dios está viva y es poderosa. Cuando lo confesamos y lo aplicamos a nuestras vidas, podemos esperar ver resultados positivos y medibles. Los versículos de hoy prometen que Dios pone a nuestra disposición la verdad y la sabiduría. No tenemos que rogarle por ellos.

El Espíritu de Verdad, el Espíritu Santo, mora en cada seguidor nacido de nuevo de Jesús. Él siempre estará disponible para guiarnos a toda la verdad, pero no nos la impondrá a la fuerza. Debemos preguntarle a Dios sobre todo lo que hacemos. Incluso lo que consideramos pequeñas decisiones pueden tener grandes consecuencias.

Debemos buscar la sabiduría de Dios para que nos ayude a aplicar correctamente los principios de Su Palabra junto con la verdad revelada por Su Espíritu Santo. La Palabra dice que Jesús se ha convertido para nosotros en sabiduría de Dios (1 Corintios 1:30), por lo que mientras vivimos en Cristo, tenemos acceso a toda la sabiduría.

Las promesas de Dios son reales. Créelos, confiésalos y espera que den fruto.

EL RETO DE HOY:

Pon la Palabra de Dios en lo profundo de tu corazón. Confiesa esto en voz alta, y repítelo a menudo hoy:

"El Espíritu de Verdad mora en mí y me enseña todas las cosas, y me guía a todas las verdades. Por lo tanto, confieso que tengo perfecto conocimiento de cada situación y circunstancia a la que me enfrento, porque tengo la sabiduría de Dios".

Profundice más: Estudiar Juan 16; Santiago 1:5-8.

22 de agosto

CONFÍANZA EN EL SEÑOR

Proverbios 3:5-6

"Confía en el Señor de todo corazón y no te apoyes en tu propia inteligencia. Reconócelo en todos tus caminos y él enderezará tus sendas".

Nuestra confianza en el Señor, así como nuestra dependencia diaria de Él, crece en proporción directa a que admitamos humildemente que nuestra propia perspicacia o entendimiento es inferior al de Él. Este reconocimiento, para un creyente, hace que lo busquemos primero a Él para obtener dirección y guía a diario.

Muchos de nosotros pensábamos que teníamos todas las respuestas; pero después de venir a Cristo, nos damos cuenta de lo orgulloso que era pensar que podíamos llevar nuestras vidas sin la ayuda de Dios. Francamente, me parece un alivio buscar primero Su voluntad y guía en todo (Mateo 6:33). Sin Su dirección, me quedo quieto (Salmo 46:10).

Debemos dar humildemente crédito a Dios por todo lo bueno, y proclamar con valentía, a nosotros mismos y a los demás, su bondad, favor y gracia sobre nuestras vidas. Cuanto más le agradezcamos por guiarnos, incluso en las áreas más pequeñas, más nos dirigirá el Espíritu Santo y despejará el camino que tenemos por delante.

Personalmente, me resulta útil dar al Espíritu Santo un reconocimiento agradecido por cada cosa positiva a lo largo de todo el día, por pequeño que me parezca. Es tan sabio y gracioso; ¡todo le importa a Él!

EL RETO DE HOY:

Pon la Palabra de Dios en lo profundo de tu corazón. Confiesa esto en voz alta, y repítelo a menudo hoy:

"Confío en el Señor con todo mi corazón y no me apoyo en mi propio entendimiento. Lo reconozco en todos mis caminos, y Él dirige mi camino".

Profundice más: Estudiar Proverbios 3; Mateo 6:33; Salmo 46:10.

DIOS COMPLETA SU OBRA

Salmo 138:8
"El Señor cumplirá en mí su propósito.[a] *Tu gran amor, Señor, perdura para siempre; ¡no abandones la obra de tus manos!"*

Filipenses 1:6
"Estoy convencido de esto: el que comenzó tan buena obra en ustedes la irá perfeccionando hasta el día de Cristo Jesús".

Dios nunca deja nada sin hacer. Lo que sea que Él comienza, Él termina.

Dios tiene un plan para todos y cada uno de sus hijos. Él quiere vernos caminar en la plenitud de Su intención para nosotros. La parte más asombrosa de esta verdad es que Él nos ha dado Su Espíritu para llevar a cabo la obra en nosotros; simplemente tenemos que rendirnos a Él diariamente y someternos a Su liderazgo.

La obra del Espíritu Santo en nosotros es continua y progresivamente fructífera a medida que nos conforma a la imagen de Cristo Jesús y nos guía por los caminos que Dios en Su Sabiduría ha ordenado para nosotros. A medida que el mundo que nos rodea ve el fruto de Su trabajo en nuestras vidas, los demás naturalmente se sentirán atraídos hacia Él.

Dios ha dicho que nunca nos dejará ni nos abandonará (Hebreos 13:5-6). Él no nos abandonará ni nos dejará huérfanos (Juan 14:18). Dios obra en nosotros para querer y actuar para cumplir Su buen propósito (Filipenses 2:13).

EL RETO DE HOY:

Pon la Palabra de Dios en lo profundo de tu corazón. Confiesa esto en voz alta, y repítelo a menudo hoy:

"El Señor perfeccionará lo que me concierne y cumplirá su propósito para mí. ¡El que comenzó una buena obra en mí, la cumplirá! Dios obra en mí, y nunca me dejará ni me abandonará".

Profundice más: Estudiar Salmo 138; Hebreos 13:5-6; Juan 14:18; Filipenses 2:13; Efesios 2:9.

DEJAD QUE LA PALABRA HABITE RICAMENTE

Colosenses 3:16
"Que habite en ustedes la palabra de Cristo con toda su riqueza: instrúyanse y aconséjense unos a otros con toda sabiduría; canten salmos, himnos y canciones espirituales a Dios, con gratitud de corazón".

2 Timoteo 3:16
"Toda la Escritura es inspirada por Dios y útil para enseñar, para reprender, para corregir y para instruir en la justicia..."

La Palabra de Dios nunca regresa a Él sin haber cumplido exactamente lo que Él pretendía (Isaías 55:10-11). Debemos ponerlo en nuestros corazones y meditar continuamente sobre su significado y aplicación para nuestras vidas. Debemos dejar que la Palabra viva en nosotros.

Puesto que la Palabra está viva (Hebreos 4:12), añade vida a todo nuestro ser: espíritu, alma y cuerpo. Las Palabras de Dios son "vida para los que las encuentran, y salud para el cuerpo" (Proverbios 4:20-22).

La Palabra se vuelve cada vez más activa en nuestras vidas a medida que la confesamos en voz alta y meditamos en ella. Al hacerlo, la Palabra se pone a disposición del Espíritu Santo para que la saque de nosotros en el momento adecuado y para el propósito correcto. El Espíritu usa la Palabra para animarnos, enseñarnos, reprendernos, corregirnos y entrenarnos. A medida que Él nos entrena, podemos ayudar y animar a los demás.

El Espíritu siempre nos guiará de maneras que se alineen con la Palabra. Discernimos más fácilmente Su voz y Su liderazgo por lo bien que conocemos y entendemos Su Palabra. Orar fervientemente la Palabra de Dios a Él hace que nuestras oraciones sean poderosamente efectivas (Santiago 5:16).

EL RETO DE HOY:

Pon la Palabra de Dios en lo profundo de tu corazón. Confiesa esto en voz alta, y repítelo a menudo hoy:

"Permito que la Palabra de Cristo habite en mí abundantemente con toda sabiduría. Su Palabra está viva y activa en mí. Me enseña, me reprende, me corrige y me entrena en justicia. ¡Su Palabra siempre cumple en mí lo que Él se propone!"

Profundice más: Estudiar Colosenses 3; Isaías 55:10-11; Hebreos 4:12; Proverbios 4:20-22; Santiago 5:16.

LAS OVEJAS ESCUCHAN Y SIGUEN

Juan 10:4-5

Jesús dijo: "Cuando ya ha sacado a todas las que son suyas, va delante de ellas y las ovejas lo siguen porque reconocen su voz. [5] *Pero jamás seguirán a un desconocido; más bien, huirán de él porque no reconocen la voz del extraño".*

Juan 10:27

"Mis ovejas oyen mi voz; yo las conozco y ellas me siguen".

Jesús siempre enseñaba usando ejemplos que incluso las personas más comunes entenderían. En aquella época, los pastores eran muy numerosos y la gente los veía a menudo con sus rebaños. Sabían que las ovejas no eran "pastoreadas" en el sentido en que lo pensamos hoy. El pastor no caminaba detrás de sus ovejas atándolas para hacerlas avanzar.

En cambio, solo su voz se usaría para guiar a las ovejas. Reconocieron la voz de sus pastores y no respondieron a ninguna otra voz.

Era común durante ciertas épocas del año reunir los rebaños por la noche en un corral, un aprisco. Se mezclaron varios rebaños. A la luz del día, cada pastor se paraba en la puerta y llamaba a sus ovejas. Solo sus ovejas lo escucharían y lo seguirían a pastar por el día. Confiaban en él y sabían que estarían a salvo bajo su cuidado.

La primera vez que una oveja se encontraba con problemas era cuando dejaba de escuchar la voz de su pastor y, por lo tanto, se alejaba por su cuenta. Eso debería ser una lección para nosotros.

EL RETO DE HOY:

Pon la Palabra de Dios en lo profundo de tu corazón. Confiesa esto en voz alta, y repítelo a menudo hoy:

"Yo sí sigo al Buen Pastor. Lo escucho. Conozco Su voz y obedezco. No seguiré la voz de un extraño".

Profundice más: Estudiar Juan 10.

26 de agosto

SABIDURÍA Y JUSTICIA

1 Corintios 1:30
"Pero gracias a él ustedes están unidos en Cristo Jesús, a quien Dios ha hecho nuestra sabiduría, justificación, santificación y redención;"

2 Corintios 5:21
"Al que no cometió pecado alguno, por nosotros Dios lo trató como pecador, para que en él recibiéramos[b] la justicia de Dios".

¡Qué maravilloso plan tenía el Padre para reconciliar al mundo consigo mismo mediante el sacrificio de Jesús y el poder del Espíritu Santo! Todo lo que necesitamos para todo el tiempo y la eternidad está disponible para nosotros en Cristo Jesús.

Pablo tuvo una revelación excepcionalmente poderosa de Dios acerca de la posición de un creyente nacido de nuevo "en" Cristo Jesús. En el Nuevo Testamento, principalmente en los escritos de Pablo, los términos "en Cristo", "en Él" y "en Quién" se usan más de 130 veces.

Todos los pasajes en los que Pablo usa estos términos son importantes para nosotros porque Pablo nos está animando a vernos a nosotros mismos como una creación totalmente nueva en Cristo Jesús, y usa estos términos para enseñarnos algo más acerca de cómo Dios nos ve una vez que nacemos de nuevo.

Jesús mismo es la sabiduría de Dios, y en Él somos sabios. Jesús mismo es la justicia de Dios, y en Él nosotros somos justos. Jesús es Santo, y en Él somos progresivamente más santos por el Espíritu Santo. Nuestra redención del pecado es solo a través de la Sangre y la Vida de Jesús.

EL RETO DE HOY:

Pon la Palabra de Dios en lo profundo de tu corazón. Confiesa esto en voz alta, y repítelo a menudo hoy:

"Jesús me ha sido hecho sabiduría, justicia, santificación y redención. Por tanto, confieso que tengo la sabiduría de Dios, y soy la justicia de Dios en Cristo Jesús".

Profundice más: Estudiar 1 Corintios 1.

27 de agosto

CONOCIMIENTO DE LA VOLUNTAD DE DIOS

Colosenses 1:9-10

"Por eso, desde el día en que lo supimos, no hemos dejado de orar por ustedes. Pedimos que Dios les haga conocer plenamente su voluntad con toda sabiduría y comprensión espiritual..."

Me imagino que cada uno de nosotros que lea esto diría que queremos tener el conocimiento de la voluntad del Señor para nuestras vidas. ¿Estoy en lo cierto?

Nótese en este pasaje de las Escrituras que este conocimiento está disponible "por toda la sabiduría y el entendimiento que el Espíritu da". El Espíritu Santo de Dios es el que nos da sabiduría, conocimiento y entendimiento. Debemos estar continuamente en comunión y comunicarnos con el Espíritu Santo (ver 2 Corintios 13:14).

Algo que hago a menudo en mis oraciones es pedirle a Dios lo siguiente a través de Su Espíritu Santo en mí: sabiduría, conocimiento, entendimiento, verdad, discernimiento, revelación y aplicación a mi vida. También le pido más audacia y coraje para poder servirle mejor.

Creo que todo esto es crucialmente importante para mí buscar y recibir diariamente para que "pueda vivir una vida digna del Señor y agradarle en todo".

Debemos bañar nuestra mente en la Palabra diariamente. Romanos 12:2 dice que somos transformados por la renovación de nuestra mente para que podamos saber cuál es la voluntad del Señor, Su voluntad buena, agradable y perfecta. Busquemos Su voluntad hoy. Hazlo.

EL RETO DE HOY:

Pon la Palabra de Dios en lo profundo de tu corazón. Confiesa esto en voz alta, y repítelo a menudo hoy:

"Estoy lleno del conocimiento de la voluntad del Señor con toda sabiduría y entendimiento espiritual. Quiero vivir una vida digna del Señor Jesús y agradarle en todo".

Profundice más: Estudiar Colosenses 1; 2 Corintios 13:14.

28 de agosto

LA MENTE DE CRISTO

Efesios 2:10
"Porque somos hechura de Dios, creados en Cristo Jesús para buenas obras, las cuales Dios dispuso de antemano a fin de que las pongamos en práctica."

1 Corintios 2:15-16
"En cambio, el que es espiritual lo juzga todo, aunque él mismo no está sujeto al juicio de nadie, porque '¿quién ha conocido la mente del Señor para que pueda instruirlo?' Nosotros, por nuestra parte, tenemos la mente de Cristo".

Una cosa que debemos recordar diariamente es la verdad que 2 Corintios 5:17 revela: *"Por tanto, si alguno está en Cristo, ha venido la nueva creación; ¡lo viejo pasó, lo nuevo está aquí!"* ¡En Cristo, somos una creación totalmente nueva, una que nunca antes había existido!

En Él, somos creados por Dios para hacer buenas obras. Nuestras buenas obras no nos salvan, pero cualquiera que sea verdaderamente salvo, por el Espíritu Santo, ciertamente cumplirá cosas buenas que ayuden a presentar a Jesús al mundo. Siempre debemos "re-presentarlo". Una y otra vez, el mundo debería ver a Jesús en nosotros.

La Palabra dice, por y a través del Espíritu Santo, ¡ahora somos capaces de hacer buenos juicios sobre todas las cosas porque tenemos la mente de Cristo! Para mí, tomar decisiones acertadas no era algo que hubiera estado haciendo en medio de mi pecado y adicciones. ¿Tengo un testigo?

¡Qué verdades refrescantes e importantes son estas hoy día! Camina en ellos.

EL RETO DE HOY:

Pon la Palabra de Dios en lo profundo de tu corazón. Confiesa esto en voz alta, y repítelo a menudo hoy:

"Soy una nueva creación en Cristo. Yo soy Su hechura creada en Cristo Jesús. Por lo tanto, confieso que tengo la mente de Cristo y la sabiduría de Dios está formada dentro de mí".

Profundice más: Estudiar 1 Corintios 2; Efesios 2.

SABIDURÍA Y REVELACIÓN

Efesios 1:17-18

"Sigo pidiendo que el Dios de nuestro Señor Jesucristo, el glorioso Padre, os dé Pido que el Dios de nuestro Señor Jesucristo, el Padre glorioso, les dé el Espíritu de sabiduría y de revelación, para que lo conozcan mejor. Pido también que les sean iluminados los ojos del corazón para que sepan a qué esperanza él los ha llamado, cuál es la riqueza de su gloriosa herencia entre pueblo santo..."

Romanos 12:2

"No se amolden al mundo actual, sino sean transformados mediante la renovación de su mente. Así podrán comprobar cómo es la voluntad de Dios: buena, agradable y perfecta".

Debido a nuestra fe en Jesús, Dios el Padre se complace en darnos "el Espíritu de sabiduría y revelación" para que podamos conocerlo mejor. ¡El Dios del universo quiere tener una relación íntima y personal con nosotros!

Toda nuestra esperanza está en Él, y Él nos da corazones iluminados para darnos cuenta y caminar en Su llamado lleno de esperanza para nosotros. Él anhela que conozcamos Su voluntad, y se nos anima a transformar y renovar nuestras mentes a través de Su Palabra para que las seducciones del mundo no nos atrapen.

Con una mente renovada, somos capaces de discernir mejor la voz del Espíritu Santo aparte de las voces que compiten entre sí del mundo, la carne y el diablo. ¡Entonces podemos ser guiados en Su voluntad!

EL RETO DE HOY:

Pon la Palabra de Dios en lo profundo de tu corazón. Confiesa esto en voz alta, y repítelo a menudo hoy:

"Recibo el Espíritu de sabiduría y revelación en el conocimiento de Él, siendo iluminados los ojos de mi entendimiento. No me conformo a este mundo, sino que soy transformado por la renovación de mi mente. Mi mente es renovada por la Palabra de Dios".

Profundice más: Estudiar Efesios 1.

30 de agosto

SALVADOS Y PERDONADOS

Efesios 2:8

"Porque por gracia ustedes han sido salvados mediante la fe. Esto no procede de ustedes, sino que es el regalo de Dios..."

Colosenses 1:13-14

"Él nos libró del dominio de la oscuridad y nos trasladó al reino de su amado Hijo, ¹⁴ en quien tenemos redención y perdón de pecados."

Sabiendo muy bien quién solía ser cuando seguía los caminos del mundo, sigo asombrado por la magnificencia del Plan de Salvación de Dios a través de Jesucristo. Lo ha hecho tan simple. ¿Por qué lo hacemos tan difícil, o pensamos que necesitamos agregarle algo en y por nosotros mismos?

¡Qué alivio es saber que no tengo que trabajar para mi salvación! La cristiandad es la única religión del mundo en la que esto es cierto. Es por la libertad que Cristo nos ha hecho libres (ver Gálatas 5:1). A diferencia del resto de las personas que siguen otras religiones, nosotros no estamos esclavizados por el cumplimiento de las reglas y las buenas obras necesarias, en su opinión, para alcanzar el Cielo.

Somos perdonados de todos nuestros pecados, pasados, presentes y futuros, a través del precio de la redención comprado por la Sangre por el precioso sacrificio de nuestro Salvador, Jesucristo. ¡Doy gracias a Dios por haberme rescatado del dominio de las tinieblas! ¿Y tú?

EL RETO DE HOY:

Pon la Palabra de Dios en lo profundo de tu corazón. Confiesa esto en voz alta, y repítelo a menudo hoy:

"Soy salvo por gracia a través de la fe, y esto es un don de Dios. No gané mi salvación. He sido rescatado del dominio de las tinieblas, y ahora vivo en el Reino de la Luz en Cristo Jesús. ¡Soy redimido, liberado y perdonado de todos mis pecados!"

Profundice más: Estudiar Efesios 2; Colosenses 1.

31 de agosto

HIJOS DE DIOS

Juan 1:12
"Mas a cuantos lo recibieron, a los que creen en su nombre, les dio el derecho de ser hechos hijos de Dios".

Romanos 8:14
"Porque todos los que son guiados por el Espíritu de Dios son hijos de Dios".

A menudo escuchamos a los incrédulos decir: "todos somos hijos de Dios". Eso no es cierto. De hecho, es un gran engaño al enemigo. Todos somos "creados" por Dios, pero no todos somos "hijos" de Dios.

Antes de venir a Cristo, era hijo de mi padre, el diablo (ver Juan 8:44), y solo hacía sus obras. Como un esclavo, fui llevado por el mundo, la carne y el diablo.

En la cárcel, cuando finalmente me rendí al amor implacable y abrumador de Dios en Cristo Jesús, mi Salvador, me convertí en un hijo del Único Dios Verdadero. Recibí a Jesús y creo en Su Nombre.

¡Ahora soy guiado por el Espíritu Santo de Dios! Debido a que he sido adoptado en la familia de Dios, soy coheredero con Cristo, y ahora puedo compartir con Él toda la maravillosa y abundante herencia de Nuestro Padre.

Todo esto está disponible para ti. ¿Crees tú? ¿Has recibido? ¿Eres guiado por el Espíritu Santo? ¿Eres un verdadero hijo de Dios?

EL RETO DE HOY:

Pon la Palabra de Dios en lo profundo de tu corazón. Confiesa esto en voz alta, y repítelo a menudo hoy:

"Soy un hijo de Dios. Recibo la obra de Jesús en la Cruz y en la Resurrección hecha en mi nombre. Confío e invoco Su Nombre. ¡Soy guiado por el Espíritu de Dios, y sé que soy uno de los hijos de Dios!"

Profundice más: Estudiar Romanos 8.

1 de septiembre

SEGURO Y PROTEGIDO

Salmo 91:11-12
"Porque él ordenará que sus ángeleste protejan en todos tus caminos. Con sus propias manos te sostendrán para que no tropieces con piedra alguna".

Salmo 27:1
"El Señor es mi luz y mi salvación; ¿a quién temeré? El Señor es el baluarte de mi vida; ¿quién me asustará?"

Nunca los he contado, pero he escuchado que hay 365 referencias en la Biblia que nos dicen: "No tengas miedo" o "No temas". Si es correcto, esto sería interesante y significativo, en parte, porque sería una advertencia para cada día del año.

La Palabra de Dios está llena de versículos que edifican la confianza en Dios; e inspirar confianza, coraje y audacia en nosotros. Tenemos al Espíritu Santo de Dios con nosotros en todo momento, y Él promete nunca dejarnos ni desampararnos.

Una fortaleza es una posición de almena. Para nosotros, como verdaderos creyentes, el Señor mismo es nuestra fortaleza y nuestro refugio (Salmo 91:2). Él es nuestra Luz para penetrar toda oscuridad, y Él es para siempre nuestra salvación.

Creo que tenemos ángeles que nos cuidan y nos mantienen fuera de peligro. Puedo pensar en una serie de ocasiones específicas en las que, en retrospectiva, sé que estaba sobrenaturalmente protegido del daño, e incluso de la muerte. ¿Se te ocurren algunos?

EL RETO DE HOY:

Pon la Palabra de Dios en lo profundo de tu corazón. Confiesa esto en voz alta, y repítelo a menudo hoy:

"Me mantienen a salvo dondequiera que vaya. No temeré porque el Señor es mi luz y mi salvación. El Señor es la fortaleza de mi vida, ¿de quién tendré miedo?"

Profundice más: Estudiar el Salmo 27; Salmo 91.

2 de septiembre

TODO LO QUE NECESITAS

Filipenses 4:19
"Así que mi Dios les proveerá de todo lo que necesiten, conforme a las gloriosas riquezas que tiene en Cristo Jesús".

2 Corintios 9:8
"Y Dios puede hacer que toda gracia abunde para ustedes, de manera que siempre, en toda circunstancia, tengan todo lo necesario y toda buena obra abunde en ustedes".

Es interesante notar que el contexto del pasaje de Filipenses que conduce al versículo 19 tiene que ver con Pablo agradeciendo y exhortando a los creyentes por sus dones que apoyan su ministerio evangélico (Filipenses 4:15-19). Así que, en cierto sentido, la provisión de Dios para nuestras necesidades personales está directamente relacionada con nuestra ofrenda personal.

Muchos señalan correctamente que Filipenses 4:19 se aplica a nuestras verdaderas "necesidades", no necesariamente a nuestros deseos. Sin embargo, el Salmo 37:4 dice que a medida que nos deleitamos en el Señor, Él nos concederá los deseos de nuestro corazón. Creo que esto significa que a medida que buscamos sinceramente la intimidad de la relación con Dios, Él pone deseos apropiados y piadosos en nuestros corazones, ¡y luego se pone a cumplirlos!

Podemos confiar en que nuestro Padre sabrá exactamente lo que necesitamos en todo momento en cada situación. Él no nos negará nada de lo que necesitemos para cumplir Su voluntad y plan para nuestra vida. Su gracia, amor y generosidad son abundantes para reconquistar a aquellos que lo buscan diligentemente (Hebreos 11:6).

Elijamos confiar en Dios diariamente incluso para las necesidades más pequeñas, ¡y expresemos continuamente nuestra gratitud!

EL RETO DE HOY:

Pon la Palabra de Dios en lo profundo de tu corazón. Confiesa esto en voz alta, y repítelo a menudo hoy:

"Estoy logrando que Jesús satisfaga todas mis necesidades. Soy bendecido abundantemente en todo momento. Para todas las cosas, tengo todo lo que necesito, de modo que estoy provisto para toda buena obra que Dios ha planeado para mí".

Profundice más: Estudiar Filipenses 4.

3 de septiembre

NO TE PONGAS ANSIOSO

1 Pedro 5:6-7
"Humíllense, pues, bajo la poderosa mano de Dios para que él los exalte a su debido tiempo. ⁷ Depositen en él toda ansiedad, porque él cuida de ustedes".

Filipenses 4:6
"No se preocupen por nada; más bien, en toda ocasión, con oración y ruego, presenten sus peticiones a Dios y denle gracias."

En 1 Pedro 5:7 arriba, la palabra traducida como "echar" proviene de una palabra griega que significa "tirar". En el Diccionario Merriam-Webster, "lanzar" se define como " arrojar o tirar". Dios no quiere que carguemos cargas; si los arrojamos sobre Él, podemos confiar en Sus manos cariñosas y amorosas para atraparlos.

El Salmo 55:22 dice: "Echa tus preocupaciones sobre el Señor, y él te sostendrá; Él nunca dejará caer a los justos". ¡Él no solo te sostiene, sino que también llevará tus preocupaciones por ti!

Cuando confiamos en Dios, estaremos agradecidos de que Él escuche y responda a nuestras peticiones de oración. Por ejemplo, si alguna vez estuviste demasiado "alterado" para conducir a casa, y le tiraste las llaves de tu auto a tu amigo sobrio, podrías confiar en que Él te ayudará.

¡Pero tienes que ser lo suficientemente sabio como para soltar las llaves y no recuperarlas!

EL RETO DE HOY:

Pon la Palabra de Dios en lo profundo de tu corazón. Confiesa esto en voz alta, y repítelo a menudo hoy:

"Me humillo ante Dios, y Él se preocupa por mí. Arrojo todas mis preocupaciones ansias sobre Él, y Él las llevará por mí. No me inquieto por nada porque hablo con Dios de todo lo que me concierne. Siempre le expreso mi agradecimiento y gratitud".

Profundice más: Estudiar 1 Pedro 5; Salmo 55:22; Salmo 68:19; Mateo 6:25-34; Mateo 11:28-30.

4 de septiembre

FORTALÉCETE EN EL SEÑOR

Efesios 6:10

"Por último, fortalézcanse con el gran poder del Señor".

Filipenses 4:13

"Por último, fortalézcanse con el gran poder del Señor".

En estos días emocionantes, más que nunca, seremos llamados a "ser fuertes en el Señor"; y debemos saber que "Su gran poder" reside en nosotros por Su Espíritu Santo. Al profetizar acerca de los últimos días, el profeta Daniel escribió: *"Corromperá con halagos a los que hayan renegado del pacto, pero los que conozcan a su Dios se le opondrán con firmeza".* (Daniel 11:32)

Dios quiere que estemos seguros de que Él nos dará poder y fuerza desde adentro para que podamos hacer todas las cosas que Él nos pide que hagamos. Él no espera que operemos con nuestras propias fuerzas.

Muchas personas ejercitan sus cuerpos regularmente para desarrollar sus músculos y tonificar su cuerpo para que se vuelvan más fuertes físicamente. Me di cuenta de que esto es especialmente cierto en la prisión. Esto aumenta su confianza en sí mismos para la ocasión en que necesiten llevar a cabo una tarea ardua o defenderse.

De manera similar, cuando ejercitamos nuestro espíritu y alma al pasar tiempo regular en la Palabra y en la Presencia de Dios, construiremos confianza en Dios para los momentos en que estemos realizando la obra del Reino, o defendiéndonos en la guerra espiritual de los ataques del enemigo. Dios nunca nos dará una tarea que no podamos manejar, ¡y el enemigo ya es un enemigo derrotado por Cristo Jesús!

EL RETO DE HOY:

Pon la Palabra de Dios en lo profundo de tu corazón. Confiesa esto en voz alta, y repítelo a menudo hoy:

"Soy fuerte en el Señor y en Su gran poder por el Espíritu Santo. Todo lo hago en Cristo que me fortalece".

Profundice más: Estudiar Efesios 6; Miqueas 3:8; Zacarías 4:6; 2 Corintios 12:9-10.

5 de septiembre

BENDECIDO EN OBEDIENCIA

Deuteronomio 28:6

"Bendito serás en el hogar y bendito en el camino".

Deuteronomio 28:13

"El Señor te pondrá a la cabeza, nunca en la cola. Siempre estarás en la cima, nunca en el fondo, con tal de que prestes atención a los mandamientos del Señor tu Dios que hoy te ordeno y los obedezcas con cuidado".

Dios honra la obediencia. A pesar de que no somos perfectamente obedientes todo el tiempo, Dios anhela ver un corazón cuyo deseo, objetivo y propósito sea obedecer a Él. Si este es nuestro corazón, prestaremos atención a los mandamientos de Dios y trataremos de seguirlos cuidadosamente.

Cuando el rey Saúl desobedeció a Dios y permitió que sus soldados se quedaran con parte del botín en lugar de destruirlo todo, Saúl trató de justificar sus acciones ante el profeta Samuel diciendo que iban a sacrificar lo mejor a Dios. Samuel deja claro que para Dios, *"El obedecer vale más que el sacrificio, y prestar atención, más que la grasa de carneros"* (1 Samuel 15:22).

A menudo se hacían sacrificios por la desobediencia. Le costó a la persona algo valioso para ella como resultado de su desobediencia. Dios habría aceptado la obediencia de Saúl, pero su sacrificio por desobediencia fue rechazado; y Saúl fue rechazado como Rey.

Nuestra obediencia a veces puede ser costosa en un sentido mundano, pero siempre resultará en la bendición de Dios. ¿Prestarás atención a los mandamientos de Dios y los seguirás cuidadosamente?

EL RETO DE HOY:

Pon la Palabra de Dios en lo profundo de tu corazón. Confiesa esto en voz alta, y repítelo a menudo hoy:

"Estoy observando y cumpliendo los mandamientos del Señor, así que siempre soy bendecido al entrar, ¡y soy bendecido al salir! Por obediencia, yo soy la cabeza, y no la cola; ¡Estoy en la cima y nunca en el fondo!"

Profundice más: Estudiar Deuteronomio 28.

6 de septiembre

CADA BENDICIÓN ESPIRITUAL

Efesios 1:3

"Bendito sea Dios, Padre de nuestro Señor Jesucristo, que nos ha bendecido en las regiones celestiales con toda bendición espiritual en Cristo."

¡Qué maravillosa declaración de verdad que Pablo pudo hacer! Tenemos toda bendición espiritual en Cristo Jesús. Todo, repito, todas las bendiciones espirituales que Dios ha puesto a disposición de su pueblo se encuentran para siempre en Cristo Jesús; y nunca deben ser retirados o disminuidos de ninguna manera. Son eternos.

Le sugiero que estudie el pasaje que sigue al versículo de hoy, es decir, Efesios 1:3-14. En este pasaje, Pablo enumera muchas de estas bendiciones espirituales:

Dios nos escogió en Cristo antes de la fundación del mundo para ser santos e irreprensibles a sus ojos. Por su amor ilimitado, nos predestinó para ser elegidos en la familia de Dios a través de (y solo a través de) Jesucristo. Hizo esto porque quería el placer de extender su gracia sobreabundante a aquellos que nunca podrían merecerla o ganarla, si tan solo la recibieran en Cristo Jesús.

En Cristo, tenemos redención, perdón, sabiduría y entendimiento. Dios nos dio a conocer su intención suprema de juntar todas las cosas en el cielo y en la tierra bajo una sola Cabeza, Cristo Jesús.

Dios nos ha hecho trofeos de Su gracia para la alabanza de Su Gloria. Cuando nacimos de nuevo, Dios nos marcó como suyos con un sello, el Espíritu Santo prometido, quien es un pago inicial que garantiza nuestra herencia hasta nuestra redención final por toda la eternidad, nuevamente, ¡para la alabanza de Su gloria!

EL RETO DE HOY:

Pon la Palabra de Dios en lo profundo de tu corazón. Confiesa esto en voz alta, y repítelo a menudo hoy:

"Soy bendecido con TODAS las bendiciones espirituales en Cristo Jesús".

Profundice más: Estudiar Efesios 1.

7 de septiembre

TÚ HAS SIDO SANADO

1 Pedro 2:24

"Él mismo, en su cuerpo, llevó al madero nuestros pecados, para que muramos al pecado y vivamos para la justicia. Por sus heridas ustedes han sido sanados".

Salmo 107:20

"Envió su palabra para sanarlos y así los libró de la fosa".

En el Gran Intercambio de la Cruz, una de las muchas bendiciones que Jesucristo proveyó fue sanar para nosotros los que creemos, a través de Sus llagas y heridas.

En nuestro versículo de hoy, Pedro se está refiriendo a lo que ahora conocemos como Isaías 53, donde 700 años antes de la muerte sacrificial de Jesús, Isaías profetiza con precisión milimétrica al "Siervo Sufriente", nuestro Mesías, Jesús. Allí enumera lo que Jesús lograría por nosotros en la cruz y la resurrección (ver Isaías 53:1-12).

Incluso antes, en los Salmos, se profetizó que Dios "envió su palabra y los sanó", y sabemos que Jesús era la Palabra Viva. El Salmo 103:3, dice que Dios "sana todas nuestras enfermedades".

El enemigo conoce estas verdades, pero ataca a los creyentes de todos modos con enfermedades, dolencias y otras aflicciones. La mayoría de los cristianos no conocen estas verdades, o no las proclamarán con fe a lo largo de sus vidas a las primeras señales de ataque.

Personalmente, he visto la respuesta milagrosa de Dios a las oraciones de sanidad en muchos casos. ¿Es en cada instancia? No, y no sé por qué. Pero confío en Su Palabra y la proclamo sobre mí mismo y sobre los demás, ¡con fe, creyendo!

EL RETO DE HOY:

Pon la Palabra de Dios en lo profundo de tu corazón. Confiesa esto en voz alta, y repítelo a menudo hoy:

"Dios envió Su Palabra y me sanó; Él me ha rescatado de la tumba. Por las llagas y los azotes de Jesús he sido sanado. Alabado sea el Señor, oh alma mía, Dios sana todas mis enfermedades".

Profundice más: Estudiar Isaías 53; Salmo 30:2; Salmo 103:1-5; Mateo 8:17.

8 de septiembre

VENCEDOR Y CONQUISTADOR

Romanos 8:35, 37

"¿Quién nos apartará del amor de Cristo? ¿La tribulación o la angustia, la persecución, el hambre, la desnudez, el peligro o la espada? *³⁷ Sin embargo, en todo esto somos más que vencedores por medio de aquel que nos amó".*

Apocalipsis 12:11
"Ellos lo han vencido por medio de la sangre del Cordero y por el mensaje del cual dieron testimonio; no valoraron tanto su vida como para evitar la muerte".

Jesús es el máximo Vencedor y Conquistador. En Él, nosotros también somos vencedores y conquistadores. En las batallas espirituales que se libran a nuestro alrededor en reinos invisibles, no estamos luchando "por" la victoria, sino que luchamos "desde" la victoria.

Cuando estamos "en Cristo" nada puede separarnos de Él, y de todas las victorias que Él consiguió. Pablo dice, en Romanos 8:39, que absolutamente nada puede separarnos del amor de Cristo: *"ni lo alto ni lo profundo, ni cosa alguna en toda la creación podrá apartarnos del amor que Dios nos ha manifestado en Cristo Jesús nuestro Señor".*

Uno de mis maestros favoritos, Derek Prince, enseñó que Apocalipsis 12:11 también se puede traducir como: "¡Vencemos cuando testificamos de lo que la Sangre de Jesús ha hecho en nuestras vidas!" Sí, debemos testificar a los demás, pero a veces necesitamos testificar a nosotros mismos. Siempre debemos estar dispuestos a agradecer a Dios por lo que ha hecho en nuestras vidas.

Nunca se debe escuchar la descripción de "cristiano derrotado". ¡Es un oxímoron!

EL RETO DE HOY:

Pon la Palabra de Dios en lo profundo de tu corazón. Confiesa esto en voz alta, y repítelo a menudo hoy:

"Soy más que un conquistador. Soy un vencedor por la Sangre del Cordero y la palabra de mi testimonio. Nada me dañará de ninguna manera".

Profundice más: Estudiar Romanos 8.

9 de septiembre

VIVIR POR FE

2 Corintios 5:7
"En efecto, vivimos por fe, no por vista".

2 Corintios 4:8-9
"Nos vemos atribulados en todo, pero no abatidos; perplejos, pero no desesperados; perseguidos, pero no abandonados; derribados, pero no destruidos".

No debemos permitir que nuestra percepción de las circunstancias o los acontecimientos dicten cómo respondemos a ellos. Debemos hacer todo lo posible por imitar "... Dios, que da vida a los muertos, llama a las cosas que no existen como si existieran" (Romanos 4:17).

Confiamos en el Creador que, por Su Palabra y Espíritu, sacó todo de la nada. Nuestros ojos deben estar fijos firme, confiado y seguro en Él y en Sus promesas. La fe es confiar en Dios en y a través de todas las circunstancias; y esta fe nos permite perseverar y vencer a medida que permanecemos leales a Él. Dios es Quien dice ser, ¡y hace lo que dice que hará!

En Cristo, nuestros pecados son perdonados y somos justificados por su gracia; en él somos "justos". Hebreos 10:38 cita a Dios diciendo: *"el que ha de venir vendrá y no tardará. Pero el justo vivirá por la fe. Y si se vuelve atrás, no será de mi agrado".*

Siempre debemos recordar quiénes somos "en Cristo". Todas las promesas y protecciones de Dios están siempre disponibles para nosotros en Cristo Jesús. ¿Estás viviendo por fe?

EL RETO DE HOY:

Pon la Palabra de Dios en lo profundo de tu corazón. Confiesa esto en voz alta, y repítelo a menudo hoy:

"Estoy caminando y viviendo por fe y no por vista. No me conmueve lo que veo. Proclamo cosas que no existen como si existieran. Confío en el Señor con todo mi corazón y no confío en mi propio entendimiento".

Profundice más: Estudiar 2 Corintios 4; Hebreos 11; Romanos 4:17; Hebreos 10:38.

10 de septiembre

VENCER AL DIABLO

2 Corintios 10:4-5
"Las armas con que luchamos no son del mundo, sino que tienen el poder divino para derribar fortalezas. Destruimos argumentos y toda altivez que se levanta contra el conocimiento de Dios, y llevamos cautivo todo pensamiento para que obedezca a Cristo".

1 Juan 4:4
"Ustedes, queridos hijos, son de Dios y han vencido a esos falsos profetas, porque el que está en ustedes es más poderoso que el que está en el mundo".

Todos los días nos enfrentamos a algún tipo de resistencia del enemigo en forma de ideas mundanas, tentaciones pecaminosas, falsas enseñanzas y otros desafíos a nuestras creencias cristianas. A medida que estos entran en nuestras mentes a través de nuestros cinco sentidos, debemos ser proactivos en el uso de las armas que tenemos en Cristo para contrarrestarlos y rechazarlos.

Joyce Meyer dice: "¡Debemos pensar en lo que estamos pensando!" Esto significa que siempre debemos estar conscientes de lo que está pasando por nuestras mentes, bajando a nuestros corazones y saliendo de nuestras bocas. Tenemos la capacidad de examinar cada pensamiento y hacerlo obediente a Cristo.

Tenemos las armas más poderosas del universo en la Palabra de Dios, la oración y el Espíritu Santo. Estas no son las armas del mundo. ¿Los usas?

EL RETO DE HOY:

Pon la Palabra de Dios en lo profundo de tu corazón. Confiesa esto en voz alta, y repítelo a menudo hoy:

"Todos los dias venciendo el diablo, porque el que está en mí es más grande que el que está en el mundo. Mis armas tienen Poder Divino para demoler fortalezas, imaginaciones y pretensiones vanas, y todo lo que se opone al conocimiento de Dios. ¡Tomo cautivo todo pensamiento para hacerlo obediente a Cristo!"

Profundice más: Estudiar 2 Corintios 10; Salmo 119:11; Lucas 4:1-13.

11 de septiembre

ALABADO SEA EL SEÑOR

Salmo 34:1

"Bendeciré al Señor en todo tiempo; lo alabarán siempre mis labios".

Colosenses 3:16
"Que habite en ustedes la palabra de Cristo con toda su riqueza: instrúyanse y aconséjense unos a otros con toda sabiduría; canten salmos, himnos y canciones espirituales a Dios, con gratitud de corazón".

Como creyentes, el amor, la paz y el gozo producidos dentro de nosotros por el Espíritu Santo deben brotar naturalmente de lo más profundo de nosotros en alabanzas a nuestro Dios. Nuestro corazón siempre debe estar en un estado continuo de gratitud por todas nuestras bendiciones.

Piensa en todas las formas en que Dios te ha bendecido a ti y a tu familia. ¿Cómo te sientes al ser liberado de la esclavitud que una vez te esclavizó?

Incluso si una persona piensa que no puede cantar bien, la Biblia dice que hay que hacer un ruido alegre para el Señor. Puede que no cante en tono, pero soy fuerte y puedo hacer un ruido alegre para glorificar a Dios. ¿Eres como yo? Aunque nos avergüence cantar en voz alta en público, podemos alabar a Dios de muchas maneras en un entorno menos público.

Después de todo, no debemos preocuparnos por las críticas de los demás. ¡Estoy seguro de que incluso nuestros intentos más débiles de expresar gratitud y alabanza calientan el Corazón de Dios! ¿Te imaginas cómo se siente cuando estamos entusiasmados y exuberantes? ¡No seas tímido, alabado sea el Señor!

EL RETO DE HOY:

Pon la Palabra de Dios en lo profundo de tu corazón. Confiesa esto en voz alta, y repítelo a menudo hoy:

"Estoy bendiciendo al Señor en todo momento y alabando continuamente al Señor con mi boca. ¡Con salmos, himnos y cantos del Espíritu cantaré a Dios con gratitud en mi corazón!"

Profundice más: Estudiar Salmo 34; Colosenses 3.

12 de septiembre

ORAR LAS ESCRITURAS

Oraciones personalizadas de las Escrituras:

Personalizar las Escrituras y repetirlas a Dios puede ser muy eficaz. Al orar para que la Palabra de Dios regrese a Él, Él está complacido, porque nos ha dicho que lo pongamos en memoria de Su Palabra. ¿Crees que Él necesita que se lo recuerden? ¿Como si se hubiera olvidado?

No, somos nosotros los que necesitamos que se nos recuerde. Reclamamos estas asombrosas promesas para nosotros mismos. Reza estas oraciones desde tu corazón varias veces hoy. Serás ricamente bendecido al hacerlo.

Salmo 103:1-5
Alaba, alma mía, al Señor; alabe todo mi ser su santo nombre. Alaba, alma mía, al Señor y no olvides ninguno de sus beneficios. Él perdona todos tus pecados y sana todas tus dolencias; él rescata tu vida del sepulcro y te corona de gran amor y misericordia; él te colma de bienes y tu juventud se renueva como el águila, Amén.

Isaías 54:17
'...No prevalecerá ninguna arma que se forje contra ti; toda lengua que te acuse tú la refutarás. Esta es la herencia de los siervos del Señor, la justicia que de mí procede', afirma el Señor, Amén.

Filipenses 1:9-11
Esto es lo que pido en oración: que el amor de ustedes abunde cada vez más en conocimiento y en buen juicio. Así podrán discernir lo que es mejor y ser puros e irreprochables para el día de Cristo; llenos del fruto de justicia que se produce por medio de Jesucristo, para gloria y alabanza de Dios., Amén.

EL RETO DE HOY:

Pídele al Espíritu Santo que traiga a tu mente una de tus Escrituras favoritas. Persu- nalízalo por ti mismo.

Profundice más: Estudiar el Salmo 103.

ORANDO LA PROTECCIÓN

¡Reclama estas increíbles promesas personalizadas y bíblicas de protección en oración!

Salmo 91

El que habita al abrigo del Altísimo descansará a la sombra del Todopoderoso. Yo digo al Señor: 'Tú eres mi refugio, mi fortaleza, el Dios en quien confío'.

Solo él puede librarte de las trampas del cazador y de mortíferas plagas, pues te cubrirá con sus plumas y bajo sus alas hallarás refugio. Su verdad será tu escudo y tu baluarte. No temerás el terror de la noche ni la flecha que vuela de día ni la plaga que acecha en las sombras ni la peste que destruye a mediodía. Podrán caer a tu lado mil y diez mil a tu derecha, pero a ti no te afectará. No tendrás más que abrir bien los ojos para ver a los impíos recibir su merecido.

Ya que has puesto al Señor por tu[a] refugio, al Altísimo por tu protección, ningún mal habrá de sobrevenirte, ningún desastre llegará a tu hogar. Porque él ordenará que sus ángeles te protejan en todos tus caminos. Con sus propias manos te sostendrán para que no tropieces con piedra alguna. Aplastarás al león y a la víbora; hollarás al cachorro de león y a la serpiente.

'Yo lo libraré, porque él me ama; lo protegeré, porque conoce mi nombre. Él me invocará y yo le responderé; estaré con él en momentos de angustia, lo libraré y lo llenaré de honores. Lo colmaré con muchos años de vida y le haré gozar de mi salvación', Amén.

EL RETO DE HOY:

Reza esta oración desde tu corazón varias veces hoy. Serás ricamente bendecido al hacerlo.

Profundice más: Estudiar el Salmo 91.

14 de septiembre

PETICIONAR A DIOS

¡Ore estas increíbles peticiones personalizadas de las Escrituras a nuestro Padre Dios!

Efesios 1:17-23

Pido que el Dios de nuestro Señor Jesucristo, el Padre glorioso, les dé el Espíritu de sabiduría y de revelación, para que lo conozcan mejor. Pido también que les sean iluminados los ojos del corazón para que sepan a qué esperanza él los ha llamado, cuál es la riqueza de su gloriosa herencia entre pueblo santo, y cuán incomparable es la grandeza de su poder a favor de los que creemos.

Ese poder es la fuerza grandiosa y eficaz que Dios ejerció en Cristo cuando lo resucitó de entre los muertos y lo sentó a su derecha en las regiones celestiales, muy por encima de todo gobierno y autoridad, poder y dominio, y de cualquier otro nombre que se invoque, no solo en este mundo, sino también en el venidero.

Dios sometió todas las cosas al dominio de Cristo y lo dio como cabeza de todo a la iglesia. Esta, que es su cuerpo, es la plenitud de aquel que lo llena todo por completo, Amén.

Colosenses 1:9-11

Por eso, desde el día en que lo supimos, no hemos dejado de orar por ustedes. Pedimos que Dios les haga conocer plenamente su voluntad con toda sabiduría y comprensión espiritual, [10] para que vivan de manera digna del Señor, agradándole en todo. Esto implica dar fruto en toda buena obra, crecer en el conocimiento de Dios [11] y ser fortalecidos en todo sentido con su glorioso poder. Así perseverarán con paciencia en toda situación y con mucha alegría, Amén.

EL RETO DE HOY:

Reza estas oraciones desde tu corazón varias veces hoy. Serás ricamente bendecido al hacerlo.

Profundice más: Estudiar Efesios 1; Colosenses 1.

15 de septiembre

ORACIONES PARA EL PODER

¡Reza estas oraciones personalizadas para darle poder a nuestro Padre Dios!

Efesios 1:17-23

Le pido que, por medio del Espíritu y con el poder que procede de sus gloriosas riquezas, los fortalezca a ustedes en lo íntimo de su ser, para que por fe Cristo habite en sus corazones. Y pido que, arraigados y cimentados en amor, puedan comprender, junto con todos los creyentes, cuán ancho y largo, alto y profundo es el amor de Cristo. En fin, que conozcan ese amor que sobrepasa nuestro conocimiento, para que sean llenos de la plenitud de Dios.

Al que puede hacer muchísimo más que todo lo que podamos imaginarnos o pedir, por el poder que obra eficazmente en nosotros, ¡a él sea la gloria en la iglesia y en Cristo Jesús por todas las generaciones, por los siglos de los siglos! Amén.

Lucas 4:18-19

El Espíritu del Señor está sobre mí, por cuanto me ha ungido para anunciar buenas noticias a los pobres. Me ha enviado a proclamar libertad a los cautivos y dar vista a los ciegos, a poner en libertad a los oprimidos, a pregonar el año del favor del Señor, Amén.

Hechos 10:38

Me refiero a Jesús de Nazaret: cómo lo ungió Dios con el Espíritu Santo y con poder, y cómo anduvo haciendo el bien y sanando a todos los que estaban oprimidos por el diablo, porque Dios estaba con él, Amén.

EL RETO DE HOY:

Reza estas oraciones desde tu corazón varias veces hoy. Serás ricamente bendecido al hacerlo.

Profundice más: Estudiar Efesios 3.

16 de septiembre

QUE NADA TE CONMUEVA

1 Corintios 15:58

"Por lo tanto, mis queridos hermanos, manténganse firmes e inconmovibles, progresando siempre en la obra del Señor, conscientes de que su trabajo en el Señor no es en vano".

Ir "con todo" por Jesús significa que lo pondremos a Él primero en cada área de nuestra vida: Su carácter, Su amor, Su compasión, Su misericordia, Su perdón.

Debemos mantenernos firmes contra el mundo, la carne y el diablo. Siempre estarán empujando en contra de los principios de Cristo. El asalto a la cosmovisión bíblica y a los cristianos aumenta día a día. Pablo nos exhorta a estar enfocados, incansables y totalmente dedicados a nuestra misión.

Todos somos embajadores de Cristo, y debemos representar Su Reino ante el mundo que nos rodea, dondequiera que estemos todos los días. Cada uno de nosotros tiene el encargo de cumplir la gran comisión de difundir la Buena Nueva de Jesús en nuestros ambientes particulares.

La mejor manera de hacerlo es dejando que nuestras vidas brillen con el amor, la paz, el gozo, la bondad, la fidelidad, la mansedumbre, el dominio propio y la paciencia producidos como fruto por el Espíritu Santo en nuestras vidas totalmente entregadas. Debemos someternos al Señorío de Jesús y al Liderazgo del Espíritu Santo.

No nos daremos cuenta completamente del impacto en los demás de nuestro trabajo para el Señor hasta que estemos frente a Jesús en el Cielo. Pero nuestro trabajo será recompensado magníficamente en la eternidad.

EL RETO DE HOY:

Pídele al Padre que te muestre un área de tu vida donde haya un compromiso entre tus principios cristianos y las formas de vida del mundo. Dile que quieres mantenerte firme por Jesús y hacer lo correcto. Pídele al Espíritu Santo que haga los cambios necesarios a medida que te vuelves a rendir a Él hoy.

Profundice más: Estudiar 1 Corintios 15; Hebreos 6:10-12.

17 de septiembre

PONERLO EN PRÁCTICA

Filipenses 4:9
"Pongan en práctica lo que de mí han aprendido, recibido y oído, además de lo que han visto en mí y el Dios de paz estará con ustedes".

Santiago 1:22
"No se contenten solo con oír la palabra, pues así se engañan ustedes mismos. Llévenla a la práctica".

Desde la cárcel, Pablo enseña y anima a los creyentes de Filipos a hacer realmente lo que él les ha estado enseñando y modelando en su propia vida. Pablo admite libremente la debilidad y la imperfección, pero su revelación personal y su relación con Cristo Jesús han cambiado su vida tan profundamente que quiere que todos experimenten lo que él ha experimentado.

Santiago, el medio hermano de Jesús, no tuvo la revelación completa de Cristo hasta después de Su Resurrección, pero una vez que se encontró con la Verdad de la Palabra Viva, Santiago comparte su revelación de que escuchar la Palabra no es suficiente; más bien, debemos obedecerlo.

Mi experiencia personal después de llegar a la fe en la cárcel fue primero comenzar a aprender la Palabra, lo que dice y lo que significa. Pero la naturaleza activa y viva de la Palabra (Hebreos 4:12) requiere que se crea en ella y se actúe en consecuencia. A medida que comencé a "hacer lo que dice", ¡toda mi vida cambió a un reino completamente nuevo y más poderoso!

Al principio traté de hacer esto con mis propias fuerzas, pero me resultó imposible hacerlo de manera consistente y completa sin rendirme al Espíritu Santo diariamente y pedirle que lo hiciera en y a través de mí. Hay abundante paz y contentamiento en la obediencia.

EL RETO DE HOY:

Dile al Padre que quieres aprender a aplicar las Escrituras en tu vida diaria. Jesús ejemplificó la obediencia. Pídele al Espíritu Santo que te enseñe a ser obediente. Verás grandes resultados y experimentarás Su paz.

Profundice más: Estudiar Santiago 1.

ESTABAS MUERTO

Efesios 2:1-3

"En otro tiempo ustedes estaban muertos en sus transgresiones y pecados, en los cuales andaban conforme a los poderes de este mundo. Se conducían según el que gobierna los aires, según el espíritu que ahora ejerce su poder en los que viven en la desobediencia. En ese tiempo también todos nosotros vivíamos como ellos, impulsados por nuestros deseos pecaminosos, siguiendo nuestra propia voluntad y nuestros propósitos. Como los demás, éramos por naturaleza merecedores de la ira de Dios".

Antes de comenzar a seguir a Jesús, seguíamos al enemigo. Antes de que se nos diera la vida eterna en Cristo Jesús, estábamos muertos en pecado y desesperanza. Todos nuestros caminos fueron desobedientes y rebeldes.

Satanás siempre hace que el mundo y sus caminos parezcan atractivos y prometedores. El vacío de vacío que todos sentíamos en lo profundo de nuestro ser era imposible de llenar, pero seguíamos probando cada tentación que el enemigo lanzaba hacia nosotros. En su mayor parte, cedíamos a todos los deseos carnales, y nuestras mentes estaban llenas de pensamientos y motivos impuros.

Al igual que la mayoría de las personas con las que nos relacionábamos, vivíamos nuestras vidas para el próximo subidón, la próxima emoción o el próximo encuentro a medianoche. Pero nada satisfizo nunca. Nunca fue suficiente. Nos quedamos vacíos todavía. Ese agujero en el fondo se hizo más grande. Merecíamos la condenación y la ira de un Dios Santo.

Teníamos cuerpos vivos y que respiraban, pero nuestras almas eran hombres muertos que caminaban. Nótese, por favor, en el versículo de hoy que Pablo está hablando de lo que solíamos ser, no de lo que somos ahora. ¡Mañana, aprendemos el remedio de Dios para traernos a la vida!

EL RETO DE HOY:

Agradécele al Padre que Él está llenando cada espacio vacío en ti con Su Espíritu debido a la obra terminada de Jesús.

Profundice más: Estudiar Efesios 2.

19 de septiembre

DIOS NOS ISO VIVOS

Efesios 2:4-6

"Pero Dios, que es rico en misericordia, por su gran amor por nosotros, nos dio vida con Cristo, aun cuando estábamos muertos en pecados. ¡Por gracia ustedes han sido salvados! Y en unión con Cristo Jesús, Dios nos resucitó y nos hizo sentar con él en las regiones celestiales..."

Ayer nos enteramos de que éramos hombres muertos caminando. Merecíamos el juicio y la ira de Dios. Pero debido al gran amor de Dios por nosotros, en Cristo Jesús nos mostró misericordia y compasión.

Es por, a través y debido a la magnífica gracia de Dios que fuimos vivificados con Cristo, incluso cuando todavía estábamos muertos en nuestros delitos y pecados. En verdad, Dios no tenía la obligación de salvarnos, sino que nos amó tanto que abrió el camino para que encontráramos y experimentáramos la verdadera vida. Esta vida está en Su Hijo que dijo: "Yo soy el camino, la verdad y la vida".

Dios nos arrebató de las fauces de la muerte cuando finalmente clamamos a Él con quebrantamiento y verdadero arrepentimiento. Él nos ha rescatado del dominio de las tinieblas y nos ha transferido a Su Reino de Luz. En Cristo, tenemos la redención y el perdón de los pecados. Ver Colosenses 1:13-14.

Aunque todavía estemos físicamente en este mundo, debemos aceptar la verdad de nuestra posición espiritual actual como nuestro Padre Dios, habiéndonos sentado con Cristo en los reinos celestiales. Aunque vivamos "en" este mundo, ¡ya no somos "de" este mundo! ¡Son buenas noticias!

EL RETO DE HOY:

Dile al Padre lo agradecido que estás por Su amor incondicional, misericordia y perdón. ¡Gracias a Jesús por recibirte en Su Reino de Luz después de haberte rescatado de las tinieblas!

Profundice más: Estudiar Efesios 2; Colosenses 1:13-14; Hebreos 2:7-9.

20 de septiembre

EL DON DE DIOS

Efesios 2:8-10

"Porque por gracia ustedes han sido salvados mediante la fe. Esto no procede de ustedes, sino que es el regalo de Dios y no por obras, para que nadie se jacte. Porque somos hechura de Dios, creados en Cristo Jesús para buenas obras, las cuales Dios dispuso de antemano a fin de que las pongamos en práctica".

La principal diferencia entre el cristianismo y cualquier otra "religión" que se revela es este pasaje de hoy. El resto del mundo religioso cree que se puede, en cierta medida y de varias maneras, hacer cosas para "ganarse" el buen favor de Dios y, por lo tanto, poder vivir en el Cielo con Él.

En otras palabras, dicen que tus buenas obras deben superar a tus malas acciones. Desafortunadamente, no hay forma de saber cómo se equilibra todo antes de su muerte. No hay seguridad de salvación, y muy poca esperanza real de eternidad. Los buscadores sinceros viven diariamente bajo la condena del enemigo y de su propia conciencia.

Pero nuestro Padre Dios sabe que nunca podemos ser lo suficientemente buenos para acercarnos a Él en Su Santidad. Nada de lo que podamos hacer por nuestra cuenta, en forma de buenas obras, puede compensar nuestra pecaminosidad natural. El pecado produce la muerte.

Pero, alabado sea Jesús, Él vino en la forma de un hombre, vivió la vida perfecta y sin pecado y murió en nuestro lugar. Él pagó el precio por todos nuestros pecados. Nuestra fe en Él, y solo en Él, resulta en salvación y redención solo debido a la maravillosa gracia de Dios. Nuestras "obras" no nos salvan, pero el ser verdaderamente salvos resulta en que hagamos el bien.

EL RETO DE HOY:

Pide al Padre una revelación más profunda del Don de Su gracia; y, la salvación, el descanso y el empoderamiento para hacer buenas obras disponibles solo en Jesús.

Profundice más: Estudiar Efesios 2; Mateo 5:16; Romanos 4:4-5; Tito 3:14; Santiago 2:26; 1 Pedro 2:9-10.

21 de septiembre

DIOS NO ES INJUSTO

Hebreos 6:10

"Porque Dios no es injusto como para olvidarse de las obras y del amor que en su nombre ustedes han demostrado sirviendo a los creyentes, como lo siguen haciendo".

Hacer el bien no gana la salvación como aprendimos ayer. Sin embargo, las buenas obras fluyen naturalmente de un estilo de vida verdaderamente arrepentido y nacido de nuevo.

Coronas y otras recompensas nos esperan en el Cielo por nuestras obras terrenales que dan fruto eterno, pero creo que seremos tan abrumados por el amor y la gratitud por Jesús que le presentaremos con adoración nuestras propias recompensas devolviéndolas a Sus pies.

Nuestro desafío diario es servir al Señor con todo nuestro corazón, representándolo adecuadamente a todos aquellos con quienes entramos en contacto. La mayoría de las veces, es posible que no veamos resultados positivos inmediatos ni recibamos comentarios positivos. Pero, Dios instantáneamente sabe y ve todo, y aprecia incluso el más pequeño acto de bondad.

Ya se nos ha dado tanto en lo que Jesús ha hecho por nosotros, que no merecemos nada, que ni siquiera nos preocupamos realmente por las recompensas futuras. Porque hemos sido perdonados, queremos perdonar a los demás. Ya que hemos recibido amor, misericordia y gracia tan abundantemente, queremos dárselos a los demás libremente. Puesto que Jesús sacrificó su vida por nosotros, debemos negarnos voluntariamente a nosotros mismos y sacrificarnos por los demás.

No te rindas. No te desanimes. Sigue sirviendo a Dios con todo tu corazón. Estás agradando al Señor Jesús al ayudar a Su pueblo.

EL RETO DE HOY:

Dile al Padre que estás agradecido de que Él te permita servirle sirviendo a Su pueblo. Pídele al Espíritu Santo que te permita ver a los demás de la manera en que Jesús los ve, y ríndete al deseo y la capacidad del Espíritu Santo para ayudarlos a través de ti.

Profundice más: Estudiar Hebreos 6; 1 Corintios 15:58.

22 de septiembre

EDIFICA A LOS OTROS

Efesios 4:29

"Eviten toda conversación obscena. Por el contrario, que sus palabras contribuyan a la necesaria edificación y sean de bendición para quienes escuchan".

El Espíritu Santo se entristece cuando hablamos de manera impía. Ver 30 de marzo y 18 de abril. Somos capaces de elegir nuestras palabras, por lo que no debemos dejar salir las equivocadas.

Esto es posible cuando llegamos a tener más éxito en cambiar nuestros corazones y llevar los pensamientos equivocados cautivos a la obediencia de Cristo (2 Corintios 10:3-5). De la abundancia del corazón habla la boca (Mateo 12:34).

El mundo está lleno de negatividad, y el enemigo está constantemente diciendo mentiras deprimentes a todos los que nos rodean. La gente siempre necesita esperanza y aliento, y hay poco, si es que hay alguno, disponible para ellos en la naturaleza. Como seres espirituales, somos capaces de impactar a los demás de maneras que el resto del mundo no puede.

A medida que leemos, estudiamos y meditamos las Escrituras diariamente, estamos depositando en nuestros corazones esperanza, luz y aliento que el Espíritu Santo podrá sacar de nosotros en el momento adecuado para hablar a los oídos y corazones de aquellos que intentan sobrevivir en un mundo sin esperanza, oscuro y desanimado.

Antes de hablar, anticipemos el impacto de nuestras palabras sobre aquellos que están dentro del sonido de nuestra voz. Nos gusta que nos animen y nos fortalezcan. Disfrutamos de las palabras positivas de refuerzo. Nos beneficia. Diga palabras que beneficien a los demás hoy.

EL RETO DE HOY:

Dile al Padre que quieres elegir tus palabras cuidadosamente hoy. Pídele al Espíritu Santo que te enseñe cómo anticipar mejor el efecto de tu discurso en los que te rodean hoy. Piensa en cómo Jesús diría las cosas e imítalo.

Profundice más: Estudiar Efesios 4; 2 Corintios 10:3-5; Mateo 12:34; Proverbios 18:21.

23 de septiembre

FUERA DE LUGAR

Efesios 5:4

"Tampoco debe haber palabras indecentes, conversaciones necias ni chistes groseros, todo lo cual está fuera de lugar; haya más bien acción de gracias".

Profundizando en lo que aprendimos ayer y el 30 de marzo, ¡el versículo de hoy podría pisar algunos dedos de los pies! ¡¡ Ay! Sí, incluso la mía. Todos nosotros podemos aprender algo de la instrucción que Pablo nos dio.

Aquellos de nosotros que hemos estado en prisión sabemos que hay un significado especial y muy negativo en las palabras "fuera de lugar". Estar en el lugar equivocado en el momento equivocado generalmente tiene malas consecuencias. Del mismo modo, hay un tipo de conversación en la que el mundo participa que no debería ser parte de la vida de un cristiano. Para nosotros, ese tipo de charla estaría fuera de lugar.

Nuestras vidas son un sermón constante para los que nos rodean. Nuestras palabras y acciones demuestran dónde estamos en nuestra madurez cristiana y cómo estamos progresando en ser renovados por la Palabra, el Espíritu y Cristo Jesús.

Si bien puede parecer natural quejarse, bromear y hablar tontamente como lo hace el mundo a nuestro alrededor, debemos desear agradar a Dios en lugar de tratar de "encajar". De hecho, aunque todavía estamos "en" el mundo, como cristianos, ya no somos "de" este mundo. Las personas deben escuchar y ver que en realidad somos diferentes, y deben sentirse atraídas a Cristo como resultado.

Seamos voluntariamente responsables ante nuestros hermanos y hermanas cristianos por las palabras que hablamos. Pidámosle a alguien que señale en privado y con amor cualquier discurso malsano.

EL RETO DE HOY:

Dile al Padre que quieres representarlo adecuadamente a Él y a Su Reino en la forma en que conversas con los demás. Pídele al Espíritu Santo que te ayude a encontrar a alguien a quien debas rendir cuentas y pídele su ayuda.

Profundice más: Estudiar Efesios 5.

24 de septiembre

LO QUE AGRADA AL SEÑOR

Efesios 5:8-10

"Porque ustedes antes eran oscuridad y ahora son luz en el Señor. Vivan como hijos de luz (el fruto de la luz consiste en toda bondad, justicia y verdad) y comprueben lo que agrada al Señor".

Este es un versículo muy revelador. No sólo vivimos y caminamos una vez en la oscuridad, sino que en realidad éramos oscuridad. En ese tiempo, éramos "de nuestro padre, el diablo". (Juan 8:44)! Nuestro fruto fueron las obras pecaminosas de la carne.

Sin embargo, ahora somos "hijos de la luz"; es decir, nacemos de nuevo del "Padre de las Luces Celestiales" (Santiago 1:17), y, en el Espíritu, somos hermanos y hermanas de Jesús, la "Luz del Mundo" (Juan 8:12).

La luz y el agua son esenciales para dar frutos. Pablo nos dice que el fruto de la luz es "toda bondad, justicia y verdad". Nuestra Agua Viva, el Espíritu de Cristo, produce este tipo de fruto en la vida de aquellos que caminan y viven como hijos de la luz.

Hemos aprendido previamente sobre el fruto del Espíritu (ver 30 de abril y 2 de junio): amor, gozo, paz, paciencia, bondad, amabilidad, mansedumbre, fidelidad y dominio propio, y es este fruto el que el mundo necesita ver en nuestras vidas. ¡Esto agrada al Señor!

Durante muchos años viví para complacer a los demás, ¿no es así? Pero ahora, a medida que descubrimos más acerca del fruto de la luz y el fruto del Espíritu, seamos más intencionales en agradar al Señor.

EL RETO DE HOY:

Agradécele al Padre por cambiarte de las tinieblas a la luz. Dile que quieres vivir hoy de tal manera que le agrade. Pídele al Espíritu Santo que te ayude a vivir como un hijo de la luz hoy.

Profundice más: Estudiar Efesios 5; Juan 8:12, 44; Santiago 1:17.

25 de septiembre

CONVIÉRTETE EN UNA LUZ

Efesios 5:11-14

"No tengan nada que ver con las obras infructuosas de la oscuridad, sino más bien denúncienlas, porque da vergüenza aun mencionar lo que los desobedientes hacen en secreto. Pero todo lo que la luz pone al descubierto se hace visible, porque la luz es lo que hace que todo sea visible. Por eso se dice: 'Despiértate, tú que duermes, levántate de entre los muertos, y te alumbrará Cristo'".

Ayer aprendimos que una vez fuimos oscuridad, pero ahora somos luz. La luz da fruto: bondad, rectitud y verdad. Me imagino que todos podemos enumerar muchas "obras infructuosas de las tinieblas" de nuestros muchos años antes de nacer de nuevo como hijos de la luz.

No creo que sea útil para nuestro testimonio cristiano seguir repitiendo para nosotros mismos y para los demás los muchos detalles sórdidos y explícitos de nuestro pasado. Debemos usar la discreción al compartir nuestro testimonio para que no estemos glorificando al diablo.

Sin embargo, creo que un gran beneficio se obtiene cuando somos honestos y transparentes sobre nuestras debilidades, pasadas y presentes. Su fuerza se perfecciona en nuestras debilidades (2 Corintios 12:9), pero debemos estar dispuestos a admitirlas y dejar que Él obre en nuestras vidas para cambiarnos. Siempre debemos hacer esto de tal manera que Dios reciba la gloria por nuestra transformación.

Hecho de la manera correcta, exponer nuestro pasado a la luz ilumina nuestro caminar actual en Cristo y proporciona oportunidades futuras para que Su Luz brille a través de nosotros para impactar positivamente a los demás.

EL RETO DE HOY:

Dile al Padre que quieres que tu vida sea iluminada por Su Verdad, Jesús. Pídele al Espíritu Santo sabiduría y discernimiento para vivir tu vida, y comparte tu testimonio, de tal manera que glorifique a Dios.

Conviértete en una luz.

Profundice más: Estudiar Efesios 5; 2 Corintios 12:9.

26 de septiembre

SERVIR DE TODO CORAZÓN

Efesios 6:7-8

"Sirvan de buena gana, como quien sirve al Señor y no a los hombres, sabiendo que el Señor recompensará a cada uno por el bien que haya hecho, sea esclavo o sea libre".

La lectura de este versículo debería recordarnos cómo Jesús se humilló para servir a la humanidad. Esto se ilustró en parte cuando lavó los pies de sus discípulos la noche antes de saber que daría su vida por todos nosotros. Lo hizo como un ejemplo para todos nosotros de que debemos servirnos los unos a los otros. Ver Juan 13:12-17.

A pesar de que Jesús era claramente su profesor y Maestro, muy intencionalmente se humilló a sí mismo y se convirtió en su siervo. Con todo derecho, deberían haberle lavado los pies. Esa misma noche, Jesús dice a sus discípulos: "Como yo os he amado, así debéis amaros los unos a los otros". (Juan 13:34-35). Él estaba mostrando Su amor por ellos.

Una de las mayores demostraciones de amor es servir a otra persona de buena gana, inesperada y de todo corazón. Es importante hacer esto sin esperar reconocimiento, o incluso gratitud. Servimos con un corazón de amor por nuestro Salvador, quien primero nos amó y nos sirvió. El reconocimiento y las recompensas humanas son temporales, pero la recompensa de nuestro Señor es eterna.

Todos los días debemos buscar maneras de servir a los demás por amor con todo nuestro corazón. El mundo necesita ver algo distintivo acerca de aquellos que siguen a Jesús. Que lo vean en nuestro amor y servicio a los demás.

EL RETO DE HOY:

Pídele al Padre que te dé ideas y oportunidades sobre cómo servir a alguien hoy. Tome la decisión de representar a Jesús hoy demostrando a los demás Su ejemplo de servicio con un corazón puro y completo por Su Espíritu Santo.

Sirve de todo corazón.

Profundice más: Estudiar Efesios 6; 1 Corintios 10:31; Colosenses 3:17; Juan 13:12-17, 34-35.

27 de septiembre

DIGNO DE TU LLAMADO

Efesios 4:1-3

"Por eso yo, que estoy preso por la causa del Señor, les ruego que vivan de una manera digna del llamamiento que han recibido, siempre humildes y amables, pacientes, tolerantes unos con otros en amor. Esfuércense por mantener la unidad del Espíritu mediante el vínculo de la paz".

Pablo escribió varias de sus cartas desde la cárcel. Su carta a los Efesios es una de ellas. Se consideraba a sí mismo un "prisionero del Señor". Fue tratado injustamente, acusado falsamente y encarcelado injustamente; sin embargo, estaba decidido a que usaría su tiempo "para" el Señor Jesús.

Pablo sabía que había sido llamado por el Señor, e incluso tras las rejas quería vivir una vida digna de su llamado. Por lo tanto, creo que Pablo comparte con los creyentes en Éfeso, y con nosotros, los secretos que ha aprendido en Su viaje con el Señor.

Dondequiera que nos encontremos en la vida, podemos considerar que nuestra vida es "para" el Señor Jesús. Todos tenemos esferas de influencia entre las personas que están justo donde estamos y que necesitan vernos viviendo nuestra vida de una manera digna de nuestro Señor.

Cuando permitimos que el Espíritu Santo produzca Su fruto en nuestras vidas, mostraremos humildad, gentileza, paciencia, tolerancia, amor y paz. Al leer la exhortación y la enseñanza de Pablo de hoy, vemos que estas son las mismas cualidades que demostrarán la unidad del Espíritu para que todo el mundo lo observe y se sienta atraído por Cristo.

EL RETO DE HOY:

Dile al Padre que estás agradecido por Su perdón y por el llamado del Señor Jesús en tu vida. Dígale que quiere estar absolutamente rendido a Su Espíritu Santo hoy para producir frutos que atraerán al mundo a Jesús.

Profundice más: Estudiar Efesios 4.

28 de septiembre

CRECIENDO HACIA LA MADUREZ

Efesios 4:14-15

"Así ya no seremos niños, zarandeados por las olas y llevados de aquí para allá por todo viento de enseñanza y por la astucia y las artimañas de quienes emplean métodos engañosos. Más bien, al vivir la verdad con amor, creceremos hasta ser en todo como aquel que es la cabeza, es decir, Cristo".

Ayer hablamos de vivir una vida digna de nuestro llamado. Después de responder al llamado del Espíritu Santo para la salvación y una nueva vida en Cristo Jesús, somos llamados a ser embajadores de Cristo (ver 2 Corintios 5:17-20). En esta capacidad, se espera que crezcamos diariamente en Cristo para que "ya no seamos bebés".

El pasaje de hoy está en el contexto de Pablo relatando cómo Jesús mismo dio apóstoles, profetas, evangelistas, pastores y maestros para que nosotros en el cuerpo de Cristo pudiéramos estar equipados para las obras de servicio, para que el Cuerpo de Cristo pudiera ser edificado en unidad y plenitud (ver Efesios 4:11-13).

Como embajadores en el Cuerpo de Cristo, debemos desear estudiar la Palabra diariamente para poder escuchar adecuadamente a nuestros líderes y aplicar la verdad a nuestras vidas. Al hacerlo, el Espíritu Santo nos dará discernimiento para que no seamos descarriados por falsos maestros. En estos últimos días, Jesús nos advirtió que tuviéramos cuidado de no ser engañados (Mateo 24:4-5).

Debemos crecer diariamente en madurez en Cristo para que podamos hablar la verdad en amor a los demás.

EL RETO DE HOY:

Agradécele al Padre por llamarte a ser embajador de Jesucristo. Dile que quieres crecer diariamente hacia la plena madurez en Cristo. Pídele al Espíritu Santo que te enseñe y te dé discernimiento.

Profundice más: Estudiar Efesios 4; 2 Corintios 5:17-20; Mateo 24:4-5; Efesios 4:11-13.

29 de septiembre

UNA NUEVA FORMA DE VIDA

Efesios 4:17-19

"Así que les digo esto e insisto en el Señor: no vivan más con pensamientos frívolos como los paganos. A causa de la ignorancia que los domina y por la dureza de sus corazones, estos tienen oscurecido el entendimiento y están alejados de la vida que proviene de Dios. Han perdido toda vergüenza, se han entregado a la inmoralidad y no se sacian de cometer toda clase de actos indecentes".

Después de que nos hemos convertido en una nueva creación en Cristo Jesús, nuestra vieja vida se ha ido, y somos llamados a una nueva forma de vivir (ver 2 Corintios 5:17). También se nos dice que no podemos seguir conformándonos al mundo y a su forma de hacer las cosas; más bien, debemos ser transformados por la renovación de nuestra mente (ver Romanos 12:1-2).

Estoy muy agradecido de ya no pensar ni actuar de la manera en que solía hacerlo antes de ser salvo. Seguramente, el versículo de hoy se aplicó a mí en esa vida anterior: pensamiento vano, entendimiento oscurecido, separado de Dios, ignorante, codicioso y con un corazón endurecido. Me entregué a la "sensualidad para entregarme a todo tipo de impurezas". ¿Te sientes identificado?

Al reconocer quiénes solíamos ser, debemos ser deliberados e intencionales en cuanto a separarnos de las mismas personas, lugares y cosas de siempre que estábamos antes de la salvación. Si no lo hacemos, se hace casi imposible experimentar la nueva forma de vida a la que estamos llamados.

EL RETO DE HOY:

Dile al Padre que deseas experimentar toda la nueva vida que Él ha planeado para ti. Agradece a Jesús por hacerlo posible y pídele al Espíritu Santo que te ayude hoy.

Profundice más: Estudiar Efesios 4; 2 Corintios 5:17; Romanos 12:1-2.

30 de septiembre

VESTIRSE DE NUEVO

Efesios 4:22-24

"Con respecto a la vida que antes llevaban, se les enseñó que debían quitarse el ropaje de la vieja naturaleza, la cual está corrompida por los deseos engañosos; ser renovados en la actitud de su mente; y ponerse el ropaje de la nueva naturaleza, creada a imagen de Dios, en verdadera justicia y santidad".

Ayer, Pablo nos recordó a nuestro antiguo yo. Hoy, continúa mandándonos a "despojarnos del viejo hombre" y a "revestirnos del nuevo hombre". Esto es algo que debemos recordarnos a diario.

El enemigo estará constantemente tratando de tentarnos a actuar de acuerdo con nuestra vieja naturaleza, "nuestro viejo yo". Debemos ser sabios en sus artimañas, y tomar todo pensamiento cautivo a la obediencia de Cristo. Debemos "ser renovados en la actitud de nuestras mentes". Esto ocurre progresivamente a medida que estamos siendo transformados por la renovación de nuestras mentes (Romanos 12:2) a través de la Palabra de Dios.

Debido a que Jesús tomó todos nuestros pecados sobre Sí mismo, nuestro nuevo hombre recibió la justicia de Dios (ver 2 Corintios 5:21). En Cristo, podemos caminar en Su justicia y santidad, que es la intención del Padre para nosotros. Somos capaces de lograr esto cada día más en la medida en que aprendemos a rendirnos absolutamente al Espíritu Santo cuando Él nos santifica en Cristo y nos aparta para el servicio al Padre.

Todos los días, me recuerdo a mí mismo que soy una persona completamente nueva. ¡A menudo expreso mi profunda gratitud al Padre porque mi viejo yo se ha ido! ¿Y tú?

EL RETO DE HOY:

Agradécele al Padre por hacerte una persona totalmente nueva en Cristo Jesús. Pídele al Espíritu Santo que te muestre más completamente cómo despojarte del viejo ser y vestirte del nuevo.

Profundice más: Estudiar Efesios 4; Romanos 12:2; Colosenses 3:9-10; Tito 2:11-14.

284

1 de octubre

SIN QUEJAS NI DISCUSIONES

Filipenses 2:14-16

"Háganlo todo sin quejas ni contiendas, para que sean intachables y puros, hijos de Dios sin culpa en medio de una generación torcida y depravada. En ella ustedes brillan como estrellas en el mundo, manteniendo en alto[c] la palabra de vida. Así en el día de Cristo me sentiré satisfecho de no haber corrido ni trabajado en vano".

Dios no quiere que murmuremos y nos quejemos, o discutamos. Promueve la contienda y la discordia dentro del cuerpo de Cristo, y da un muy mal testimonio a los que no lo creen. Lee Números 14 para ver lo que les sucedió a los israelitas como resultado de sus murmuraciones y quejas.

Con respecto a discutir, en 2 Timoteo 2:23-24, Pablo nos instruye: "No tengan nada que ver con argumentos necios y estúpidos, porque saben que producen contiendas. Y el siervo del Señor no debe pelear..."

Aunque el camino del mundo es ciertamente quejarse y argumentar, como creyentes nos destacaremos de manera positiva cuando nos neguemos a ceder a estos vicios del enemigo. Debemos recordar que aunque estemos "en" el mundo, ya no somos "de" el mundo.

El Padre quiere que seamos irreprensibles y puros, sin mancha, para que Su Amor demostrado en nosotros nos permita brillar como estrellas. A medida que nos rendimos más y más al Espíritu Santo, Él puede enseñarnos y ayudarnos a aferrarnos firmemente a la Palabra de Vida, Cristo Jesús, en medio de un mundo enojado, pecaminoso, murmurador y discutidor.

EL RETO DE HOY:

Dile a tu Padre Celestial que deseas pasar este día sin quejarte ni discutir. Pídele al Espíritu Santo que te ayude a llevar cautivos rápidamente los malos pensamientos para que no obstaculices tu testimonio cristiano al ser atraído a la trampa del enemigo.

Profundice más: Estudiar Filipenses 2; Números 14; 2 Timoteo 2:23-24.

2 de octubre

DIOS ESTÁ CONTIGO

Josué 1:5
Durante todos los días de tu vida, nadie será capaz de enfrentarse a ti. Así como estuve con Moisés, también estaré contigo; no te dejaré ni te abandonaré".

Mateo 28:20
Jesús dijo: "... enseñándoles a obedecer todo lo que les he mandado a ustedes. Y les aseguro que estaré con ustedes siempre, hasta el fin del mundo".

Hay muchas veces en nuestras vidas en las que nos hemos sentido solos. Es posible que en medio de la noche hayamos derramado lágrimas preguntándonos a quién podríamos acudir en busca de consuelo y compañía.

A veces, nuestras familias y amigos nos han abandonado como resultado de nuestras vidas de pecado, lo que ha impactado negativamente sus propias vidas. En la actualidad, se considera que la soledad es uno de los mayores males de la sociedad que afecta a un gran porcentaje de personas en el mundo.

Como cristianos, se nos promete que aunque el mundo nos abandone, nos olvide y nos deje, ¡Dios nunca lo hará! Jesús y el Padre nos han enviado un "Consolador" en el Espíritu Santo. Él quiere que lo veamos como nuestro compañero constante y nuestro verdadero amigo. Él también es llamado nuestro Maestro y Consejero, y alguien que nos acompaña y está a nuestro lado en cada situación de la vida. He oído decir, ¡una persona con Dios es la mayoría!

Pablo escribe en Romanos 8:31: "Si Dios está con nosotros, ¿quién contra nosotros?" En el Salmo 27:1, David escribió: "El Señor es mi luz y mi salvación, ¿a quién temeré?"

¡Con Dios, nunca estás solo, y nadie podrá oponerse a ti!

EL RETO DE HOY:

Habla con el Padre sobre cualquier sensación de soledad que puedas tener hoy. ¡Pídele a Su Espíritu Santo que te ayude a ver que en Cristo Jesús nunca estás solo! Da gracias al Padre por Su presencia eterna.

Profundice más: Estudiar Josué 1; Deuteronomio 31:8; Sofonías 3:17; Romanos 8:31; Salmo 27:1.

3 de octubre

SER PRÓSPERO Y EXITOSO

Josué 1:7-8

"Solo te pido que seas fuerte y muy valiente para obedecer toda la ley que mi siervo Moisés te ordenó. No te apartes de ella ni a derecha ni a izquierda; solo así tendrás éxito dondequiera que vayas. Recita siempre el libro de la Ley y medita en él de día y de noche; cumple con cuidado todo lo que en él está escrito. Así prosperarás y tendrás éxito".

Aquí tenemos el secreto del éxito y la prosperidad en la vida: ¡obediencia fiel a la Palabra de Dios y meditación continua en ella!

Dios mismo le dio estas instrucciones a Josué antes de guiar a los hijos de Israel a la Tierra Prometida. Nótese que instó a Josué a "ser fuerte y valiente". De hecho, Dios le dijo esto tres veces en cuatro versículos. En los tiempos en los que vivimos ahora, ciertamente se necesita valor y fuerza para servir a Dios y obedecer Su Palabra. Pero como aprendimos ayer, nunca estamos solos.

La Biblia está llena de ejemplos de cómo las bendiciones de Dios siempre siguen a la obediencia a Dios. En este pasaje de hoy, Dios nos dice que nos adheramos estrechamente a la Palabra porque al hacerlo fielmente encontraremos el éxito.

Mi propia experiencia en la cárcel me llevó a empezar a memorizar versículos y a meditar sobre su significado y aplicación diaria a mi vida. Cuanto más he leído, memorizado y meditado sobre la Palabra, más éxito y prosperidad he llegado a mí, ya que he tratado sinceramente de obedecerla diariamente.

¡Pruébalo tú mismo!

EL RETO DE HOY:

Da gracias al Padre por su palabra. Dile que quieres ser capaz de memorizarlo y meditar sobre su significado. Pídele al Espíritu Santo que te ayude a obedecer y a usar Su Palabra para guiar tu vida hoy.

Profundice más: Estudiar Josué 1; Deuteronomio 29:9; Isaías 59:20-21; Salmo 1:1-3.

4 de octubre

SED FUERTE Y VALIENTE

Josué 1:9

" Ya te lo he ordenado: ¡Sé fuerte y valiente! ¡No tengas miedo ni te desanimes! Porque el Señor tu Dios te acompañará dondequiera que vayas".

A lo largo de los años después de haber sido salvado en prisión, este versículo ha sido uno de mis favoritos. Jehová Dios mismo le está hablando a Josué justo antes de que él tenga que guiar a los israelitas a la tierra prometida.

Creo que Dios le está recordando a propósito a Josué que en realidad ha sido Dios quien les ha ordenado mientras estaban en el desierto. Creo que Dios quiere que recuerden Su fidelidad hacia ellos tal como Él los guió. En su fidelidad y habilidad, podemos ser fuertes y valientes.

Por nuestra parte, es difícil tener fe en nuestra propia fuerza o coraje. De hecho, a medida que continuamos nuestro camino cristiano, realmente aprendemos la verdad de lo que Jesús le dijo a Pablo, es decir, "¡Su fuerza se perfecciona en la debilidad!" Ver 2 Corintios 12:9.

Cuanto más aprendamos a creer y recibir el amor incondicional de Dios por nosotros, tendremos cada vez más éxito superando el miedo con el que el enemigo quiere atacarnos. ¡La Biblia dice que el amor perfecto echa fuera el temor! Ver 1 Juan 4:18.

Dios nos insta a recordar quién nos ha estado guiando y cuánto nos ama. No tenemos que tener miedo ni desanimarnos. ¡En Él tenemos una gran fuerza y coraje! Podemos confiar en que Él estará con nosotros dondequiera que vayamos y hagamos lo que hagamos.

EL RETO DE HOY:

Dígale al Padre cualquier área de temor, ansiedad o preocupación que tenga hoy. Piensa en lo fiel que ha sido. Recuerda que tienes al Padre, al Hijo y al Espíritu Santo contigo dondequiera que vayas hoy.

Profundice más: Estudiar Josué 1; 2 Corintios 12:9-10; 1 Juan 4:18; Efesios 6:10; Miqueas 3:8; Zacarías 4:6.

5 de octubre

ELIGE A QUIÉN SERVIRÁS

Josué 24:14-15

"Por lo tanto, ahora entréguense al Señor y sírvanle con integridad y lealtad. Deshágnse de los dioses que sus antepasados adoraron al otro lado del río Éufrates y en Egipto y sirvan solo al Señor. Pero si les parece mal servir al Señor, elijan ustedes mismos a quiénes van a servir: a los dioses que sirvieron sus antepasados al otro lado del río Éufrates o a los dioses de los amorreos, en cuya tierra ustedes ahora habitan. Por mi parte, mi familia y yo serviremos al Señor".

En estas últimas horas de los últimos días antes del pronto regreso de nuestro Rey Jesús, nunca ha sido más importante decidir de una vez por todas a quién servirán con sinceridad y verdad. Ciertamente, NO es el momento de ser "tibio", "indeciso" o "jugar con Dios".

Esta decisión tiene consecuencias eternas, no solo para usted, sino también para su familia y otros seres queridos. Dios tiene mucho reservado para todos aquellos que lo buscarán y le servirán con todo su corazón.

Debemos dar la espalda a nuestro pasado para siempre y destruir todos los ídolos ante los que una vez nos inclinamos. Este debería ser un evento de una vez por todas. Es una decisión de servir a Dios con todo nuestro corazón a pesar de lo que el mundo pueda pensar de nosotros.

¿A quién servirás? Decídete hoy a servir a Dios para siempre con sinceridad y verdad.

EL RETO DE HOY:

Dile al Padre que estás eligiendo servirle con todo tu corazón durante todos tus días con sinceridad y verdad. Pídele al Espíritu Santo que te ayude a identificar los ídolos que quedaron de tu pasado.

Profundice más: Estudiar Josué 24; Deuteronomio 30:15-20; 1 Reyes 18:21; Apocalipsis 3:14-19.

6 de octubre

ELIGE LA VIDA

Deuteronomio 30:19-20

"Hoy pongo al cielo y a la tierra por testigos contra ti, de que te he dado a elegir entre la vida y la muerte, entre la bendición y la maldición. Elige, pues, la vida, para que vivan tú y tus descendientes. Ama al Señor tu Dios, obedécelo y aférrate a él, porque de él depende tu vida, y por él vivirás mucho tiempo en la tierra que juró dar a tus antepasados Abraham, Isaac y Jacob".

Te recomiendo que te detengas y te tomes unos minutos para leer todo el capítulo 30 de Deuteronomio, del cual se selecciona el pasaje de hoy. Adelante, te espero.

Moisés deja muy claro a los israelitas lo que Jehová les está pidiendo. Tremendas promesas están reservadas para cualquiera que siga al Señor de la manera trazada por Moisés a los hijos de Israel.

Muchos de nosotros, durante mucho tiempo antes de ser salvos, participamos en las maquinaciones del diablo para matar, robar y destruir nuestras vidas y las de nuestras familias. En contraste, Jesús nos dijo en Juan 10:10, ¡que Él vino a dar vida abundante!

Se nos da a elegir entre bendiciones o maldiciones, vida o muerte. ¡Debemos elegir la vida! Esta es una elección para nosotros y nuestras familias. La decisión de servir y seguir al Señor de todo corazón abre el camino para que lo amemos plenamente, lo escuchemos atentamente, lo obedezcamos fielmente y nos aferremos tenazmente a Él y a Sus promesas.

Nunca te arrepentirás de tu decisión de elegir la vida. La vida con el Señor es mucho más gratificante, complaciente y satisfactoria que cualquier cosa que haya experimentado cuando estaba sirviendo al diablo.

EL RETO DE HOY:

Dile a tu Padre Celestial que estás agradecido de que Jesús haya sacrificado Su vida por ti. Habla con el Padre acerca de cualquier reserva que tengas al comprometerte de todo corazón a servir y seguir a Cristo Jesús. ¡Elige la vida!

Profundice más: Estudiar Deuteronomio 30; Juan 10:10; Jeremías 21:8; Isaías 1:18-20.

7 de octubre

NADA ES DEMASIADO DIFÍCIL PARA DIOS

Jeremías 32:27

"Yo soy el Señor, Dios de toda la humanidad. ¿Hay algo imposible para mí?"

Génesis 18:14

"¿Acaso hay algo imposible para el Señor?"

¡Estos son pasajes simples pero sorprendentes! Dios mismo está hablando en ambos casos. A veces me lo imagino diciéndolo con un tono un poco sarcástico como: «De verdad???»

A medida que continuamos aprendiendo más sobre el Poder, la Presencia y la Preeminencia de Dios, comenzamos a confiar realmente en Él con todo lo que nos rodea a nosotros y a nuestras vidas. Cuanto más ejercemos nuestra fe, nuestra confianza en Él y en Sus promesas sigue aumentando.

No hay absolutamente nada más allá de Su control. Él tiene poder absoluto en todo el universo. Él no tiene necesidad de nada, sin embargo, desea una relación íntima con nosotros. Eso casi me deja boquiabierto. Él está presente en todas partes todo el tiempo, y lo sabe todo completa y perfectamente.

Todo el tiempo y la eternidad están contenidos en Él. Nada existe fuera de Él. ¡Él sabe todo sobre nosotros y nos ama de todos modos! Su gracia, misericordia, amabilidad, bondad y amor son infinitos e inconmensurables.

A pesar de lo desesperadas que nos parecen las cosas, y de lo impotentes que somos para resolver por nosotros mismos los asuntos más importantes de la vida, debemos recordar que Dios es Capaz, Fiel y Verdadero. A pesar de lo negativo que nos veamos a nosotros mismos o a nuestras circunstancias, debemos saber que Dios puede sacar algo positivo de cualquier mala situación. Ver Génesis 50:20 y Romanos 8:28. Recuerde, ¡estamos hablando de Dios nuestro Creador!

EL RETO DE HOY:

Pasa algún tiempo en silencio en Su Presencia considerando todo lo que acabas de leer. Exprésate tu asombro y sorpresa por Quién es Él, y agradécele por desear una relación contigo.

Confía en Él completamente.

Profundice más: Estudiar Jeremías 32; Génesis 50:20; Proverbios 3:5-6; Romanos 8:26-28.

8 de octubre

DIOS LO QUIERE PARA BIEN

Génesis 50:20
"Es verdad que ustedes pensaron hacerme mal, pero Dios transformó ese mal en bien para lograr lo que hoy estamos viendo: salvar la vida de mucha gente".

A los cristianos no se les promete vidas libres de problemas y tragedias. Jesús mismo dijo: *"En este mundo tendréis problemas. ¡Pero anímate! He vencido al mundo".* (Juan 16:33.)

Pablo nos dice en Romanos 8:28: *"Y sabemos que Dios dispone todas las cosas para el bien de los que le aman, de los que han sido llamados conforme a su propósito".*

En nuestro pasaje de hoy, José les da a sus hermanos una verdad muy esperanzadora y útil: ¡incluso las cosas malas que querían para dañar a José fueron usadas para bien por Dios para salvar sus propias vidas!

Podemos sentirnos muy consolados en esta verdad. En muchas de nuestras vidas hemos estado en lo que sentíamos que era el lado perdedor de las pruebas y tribulaciones. Se han perdido seres queridos y se han hecho añicos las esperanzas. Las familias han sido separadas y las posesiones materiales han desaparecido.

Pero cuando el verdadero arrepentimiento nos lleva de vuelta a Dios, Él tiene el asombroso deseo y la capacidad de sacar el bien de las situaciones desesperadas. Cuando todo nuestro amor, fe y expectativas están firmemente puestos en Él y en Sus habilidades, Él es libre de obrar a nuestro favor de maneras que nunca podríamos haber imaginado.

Al obrar milagros en nuestra vida personal, Dios también puede tener un impacto positivo en nuestra familia. Además, ¡Él puede usar nuestro testimonio para afectar a otros para su propia salvación eterna!

EL RETO DE HOY:

Habla con Dios sobre las situaciones de tu vida que estás convencido de que no tienen esperanza. Vuelve a comprometerte hoy a confiar completamente en Él para obrar como Él lo considere adecuado. Quita tus ojos de tus circunstancias y mantenlos en Él.

Profundice más: Estudiar Génesis 50; Juan 16:33; Romanos 8:26-28; Salmo 40:1-5.

9 de octubre

NO TENEMOS EXCUSA

Éxodo 4:10-12

"–Señor, yo nunca me he distinguido por mi facilidad de palabra – objetó Moisés–. Y esto no es algo que haya comenzado ayer ni anteayer, ni hoy que te diriges a este siervo tuyo. Francamente, me cuesta mucho trabajo hablar. –¿Y quién le puso la boca al hombre? –respondió el Señor–. ¿Acaso no soy yo, el Señor, quien lo hace sordo o mudo, quien le da la vista o se la quita? Anda, ponte en marcha, que yo te ayudaré a hablar y te diré lo que debas decir".

Moisés intentó todas las excusas que se le ocurrieron para tratar de evitar el llamado de Dios en su vida. Puedo relacionarme con Él de varias maneras. Huí de Dios durante muchos años antes de que finalmente me rindiera a Su llamado en mi vida. ¿Has estado huyendo de Dios?

En Éxodo 3 y 4, Moisés tiene uno de los enfrentamientos más asombrosos e interesantes con Dios que se encuentran en cualquier parte de la Biblia. Te recomiendo que leas ambos capítulos.

Al principio, en Éxodo 3:11, Moisés cuestiona su identidad: *"¿Quién soy yo para ir a Faraón y sacar a los israelitas de Egipto?"* Algo así como: "¿Estás seguro de que tienes al hombre adecuado?"

Luego, Moisés dice cosas como: "¿Qué pasa si me hacen una pregunta que no sé?" o, "¿Qué pasa si no me creen ni me escuchan?". Finalmente, Moisés intenta la excusa que vemos en nuestro pasaje de hoy, ¡pero Dios estaba listo para él!

¡He oído decir que Dios no está tan interesado en nuestra capacidad como en nuestra disponibilidad! ¿Estás poniendo excusas a Dios de por qué no puedes cumplir el plan que Él tiene para tu vida?

EL RETO DE HOY:

Dile a Dios que te rindes a Su plan para tu vida y confía en Él para hacerlo realidad.

Profundice más: Estudiar Éxodo 3:1 – 4:17.

10 de octubre

LA SANGRE SERÁ UNA SEÑAL

Éxodo 12:12-13

"Esa misma noche pasaré por todo Egipto y heriré de muerte a todos los primogénitos, tanto de personas como de animales, y ejecutaré mi sentencia contra todos los dioses de Egipto. Yo soy el Señor. La sangre servirá para señalar las casas donde ustedes se encuentren, pues al verla pasaré de largo. Así, cuando hiera yo de muerte a los egipcios, no los tocará a ustedes ninguna plaga destructora".

Los hijos de Israel protegían a sus hogares de la muerte de su primogénito aplicando la sangre de un cordero sacrificado en los postes de las puertas de sus casas. Dios dio instrucciones y detalles muy específicos para que el sacrificio y la aplicación de la sangre fueran efectivos, permitiendo así que el ángel de la muerte pasara por encima de su hogar.

Para nosotros, esta es una imagen del sacrificio del Cordero de Dios, Jesús. Voluntariamente dio su vida para que nosotros pudiéramos vivir. Su muerte, sepultura y resurrección proclamaron la victoria absoluta y total sobre la muerte, el infierno y el sepulcro para siempre. Su Sangre representa Su Vida.

Al igual que los hijos de Israel durante la primera Pascua, debemos reconocer el sacrificio de Jesús y la eficacia de Su Sangre derramada a nuestro favor. No hay nada más precioso o poderoso que la Vida de nuestro Señor y Salvador, Jesús; y la Sangre representa Su sacrificio.

¿Has aplicado la Sangre de Jesús a los postes de tu corazón? ¿Estás eternamente protegido del poder de la muerte, del infierno y de la tumba?

EL RETO DE HOY:

Dile al Padre que estás agradecido por Su amor tan completamente expresado en el sacrificio de Su Hijo, Jesús. Pídele al Espíritu Santo que te revele el poder de aplicar la Sangre a tu vida.

Profundice más: Estudiar Éxodo 12; Levítico 17:11; Hebreos 7:18-28; Hebreos 10:1-12.

11 de octubre

SOLO NECESITAS ESTAR QUIETO

Éxodo 14:13-14

"–No tengan miedo –les respondió Moisés–. Mantengan sus posiciones, que hoy mismo serán testigos de la salvación que el Señor realizará en favor de ustedes. A esos egipcios que hoy ven, ¡jamás volverán a verlos! Ustedes quédense quietos, que el Señor presentará batalla por ustedes.

Cuando los hijos de Israel salían de Egipto bajo el liderazgo de Moisés por instrucción de Dios, se encontraron en lo que les parecía una situación imposible. En lo natural, todas sus circunstancias parecían estar totalmente en su contra, y estaban convencidos de que no había esperanza de una forma de escapar. ¿Alguna vez te has sentido así?

Los israelitas se aterrorizaron al ver acercarse a los ejércitos de Faraón. Se sentían atrapados y temían por su muerte, pero no sabían que en realidad era el plan de Dios atrapar y destruir a sus perseguidores.

Moisés sabía que Dios no los había traído tan lejos para abandonarlos. Exhortó al pueblo a no temer, sino a que se detuviera y viera la liberación del Señor. En respuesta a las instrucciones de Dios, Moisés ejerció su fe, levantó su vara y extendió su brazo sobre el mar y las aguas se abrieron para que los israelitas pudieran pasar con seguridad.

¿Cuántas veces te has convencido de una situación desesperada? ¿Quizás tus circunstancias te parecen imposibles incluso ahora: una montaña demasiado grande o un océano demasiado profundo? Ejerza su fe. Manténganse firmes y vean la liberación del Señor.

EL RETO DE HOY:

Habla con el Padre acerca de cómo ves tus circunstancias y por qué te parecen imposibles. Pídele al Espíritu Santo que te dé paz en la tormenta y paciencia para esperar en Dios. Creer.

Lo único que tienes que hacer es quedarte quieto.

Profundice más: Estudiar Éxodo 14; Josué 1:9; Salmo 46:10; Jeremías 1:19.

12 de octubre

AYUDA A GANAR LA BATALLA

Éxodo 17:11-13

"Mientras Moisés mantenía los brazos[c] en alto, la batalla se inclinaba en favor de los israelitas; pero cuando los bajaba, se inclinaba en favor de los amalecitas. Cuando a Moisés se le cansaron los brazos, tomaron una piedra y se la pusieron debajo para que se sentara en ella. Luego Aarón y Hur sostuvieron sus brazos, uno el izquierdo y otro el derecho, y así Moisés pudo mantenerlos firmes hasta la puesta del sol. Fue así como Josué derrotó al ejército amalecita a filo de espada".

¡Qué poderosa ilustración y lección tenemos hoy en este pasaje de las Escrituras! Los israelitas habían sido objeto de un intenso ataque por parte de los amalecitas. El hombre de Dios, Moisés, le dio instrucciones a Josué para que tomara algunos hombres y saliera a pelear contra ellos. Le aseguró a Josué que llevaría el «bastón de Dios» a la cima de la colina que dominaba la batalla.

Mientras Moisés sostenía el bastón de Dios, los israelitas estaban ganando, pero cada vez que bajaba el bastón en señal de debilidad, la batalla se desplazaba hacia el enemigo. El hombre de Dios fue ungido para el liderazgo, y tenía la sabiduría para ejercer su fe con el séquito de Dios, pero por sí solo no tenía la fuerza para prevalecer. Necesitaba que otros lo ayudaran.

Dondequiera que te encuentres involucrado en el cuerpo de Cristo hoy, haz que tu objetivo sea servir humildemente a los líderes que Dios te ha proporcionado. Nunca se pretendió que llevaran solos toda la carga del liderazgo. Hazte útil y ayuda a ganar la victoria.

EL RETO DE HOY:

Dile al Padre que quieres ser utilizado de la manera que Él considere apropiada para ayudar a Sus líderes nombrados. Pídele al Espíritu Santo que te ayude a ver dónde puedes echar una mano para marcar la diferencia.

Ayuda a ganar la batalla.

Profundice más: Estudiar Éxodo 17.

DISTINGUIDO POR LA PRESENCIA

Éxodo 33:15-16

"–O vas con todos nosotros –respondió Moisés–, o mejor no nos hagas salir de aquí. Si no vienes con nosotros, ¿cómo vamos a saber, tu pueblo y yo, que contamos con tu favor? ¿En qué seríamos diferentes de los demás pueblos de la tierra?"

Moisés sabía muy bien que no podía guiar al pueblo solo. Le pidió a Dios en Éxodo 33:13 que "me enseñe tus caminos para que te conozca y siga hallando gracia contigo". El Señor respondió en el versículo 14: "Mi presencia irá contigo, y te haré descansar".

Moisés se dio cuenta de lo impotente que estaba sin Dios. Con verdadera humildad, se sometió totalmente a Dios porque se dio cuenta de la importancia del favor de Dios y, por encima de todo, deseaba aprender Sus caminos. La respuesta de Dios fue dar a Moisés mismo.

Como verdaderos seguidores de Jesús, debemos admitir que sin Él no podemos hacer nada (Juan 15:5), pero con Él todo es posible (Mateo 19:26). Dios nos ha dado Su Presencia para que permanezca con nosotros en todo momento. El Espíritu Santo es nuestro Ayudador, Maestro, Consejero, Amigo y Guía.

Para los israelitas, la Presencia de Dios iba delante de ellos en una llama de fuego. ¡Hoy tenemos el fuego de Dios residiendo en nosotros! Ciertamente, el mundo ve una diferencia en aquellos que acogen bien Su Presencia. ¿Esto te distingue de los que te rodean?

EL RETO DE HOY:

Dile al Padre que quieres aprender Sus caminos y recibir Su favor. Pídele al Espíritu Santo que te muestre cómo hospedar Su Presencia de manera efectiva todos los días. Toma la decisión de buscar la dirección del Espíritu en todo lo que hagas hoy.

Profundice más: Estudiar Éxodo 33; Mateo 19:26; Juan 14:25-27; Juan 15:5.

14 de octubre

ACCESO SIN RESTRICCIONES

Levítico 16:2

"Dijo el Señor a Moisés: 'Dile a tu hermano Aarón que no entre a cualquier hora en la parte del santuario que está detrás de la cortina, es decir, delante de la tapa que está sobre el arca, no sea que muera cuando yo aparezca en la nube por encima de la tapa del arca' ".

En el Tabernáculo, y más tarde en el Templo, la presencia real de Dios se manifestó en el Lugar Santísimo. El acceso a ella estaba severamente restringido. Una cortina muy gruesa y pesada encerraba el Lugar Santísimo.

Había limitaciones estrictas con respecto específicamente a quién podía entrar en el Lugar Santísimo y también cuándo, y bajo qué condiciones, podían entrar de manera segura. La consecuencia más severa, la muerte, esperaba a cualquiera que no se adhiriera precisamente a las limitaciones y cumpliera con las condiciones.

Cuando Jesús entregó Su Espíritu en la cruz, la Palabra nos dice que la cortina del Templo fue rasgada de arriba hacia abajo para mostrar que no fue abierta por el hombre. El Padre mismo estaba reconociendo la obra terminada de Jesús, y mostrando al mundo que es solo a través de Él que ahora podemos entrar en la Presencia de Dios.

Como cristianos, Hebreos 10:19-20 nos dice: *"Así que, hermanos, mediante la sangre de Jesús, tenemos confianza para entrar en el Lugar Santísimo ²⁰ por el camino nuevo y vivo que él nos ha abierto a través de la cortina, lo cual hizo por medio de su cuerpo"*. Hebreos 4:16 nos dice que podemos, *"Así que acerquémonos confiadamente al trono de la gracia para recibir la misericordia y encontrar la gracia que nos ayuden oportunamente"*.

¡Ahora tienes acceso sin restricciones a Dios! Ten confianza. Entra.

EL RETO DE HOY:

Agradécele al Padre por hacer el Camino a través de Jesús para que encuentres la Verdad y la Vida en Su Presencia por Su Espíritu Santo. Dedique tiempo hoy a considerar estas implicaciones en oración.

Profundice más: Estudiar Levítico 16; Mateo 27:51-54; Hebreos 4:16; Hebreos 10:19-20.

15 de octubre

EXPIACIÓN DE SANGRE

Levítico 17:11

"Porque la vida de toda criatura está en la sangre. Yo mismo se la he dado a ustedes sobre el altar, para que obtengan el perdón de sus pecados, ya que el perdón se obtiene por medio de la sangre".

Dios nos enseña aquí que la fuerza vital de una criatura está en su sangre. Derramar la sangre es quitar la vida de la criatura y resulta en la muerte. Pablo nos dice que la paga del pecado es muerte (Romanos 6:23), y el sistema de sacrificios del Antiguo Testamento usaba el sacrificio de sangre para lograr la expiación por el pecado.

El pecado requiere reparación, o pago, para reconciliar a la parte culpable con Dios. Esto es lo que se entiende por "expiación". El escritor de Hebreos nos enseña que es imposible que la sangre de los toros y los machos cabríos quite los pecados, solo se cubrieron temporalmente por un año más, y los adoradores todavía se sentían culpables.

En Jesucristo, el sacrificio final perfecto, aprendemos que los sacrificios del Antiguo Testamento eran un presagio de la única expiación que satisfará a Dios el Padre: la sangre vital del Hijo, ofrecida voluntariamente por Jesús. Por su único sacrificio, "ha hecho perfectos para siempre a los que han de ser santificados". (Hebreos 10:14.)

Los pecados solo se diferían de un año a otro bajo el antiguo sistema. Pero, en Jesús, el perdón de los pecados se logra para siempre, no se difiere. Donde los pecados han sido perdonados, "el sacrificio por el pecado ya no es necesario". Ver Hebreos 10:1-18.

Nuestra reconciliación permanente con Dios el Padre, y nuestra restauración de la relación, se logró de una vez por todas, finalmente y para siempre, a través de la expiación de la sangre de Jesús.

EL RETO DE HOY:

Alabado sea el Padre por proveer el plan perfecto, y agradécele a Jesús por ejecutar el plan, que a través del Espíritu Santo te lleva para siempre a una relación correcta con Dios.

Profundice más: Estudiar Levítico 17; Romanos 6:23; Hebreos 10:1-18.

16 de octubre

POSEER LA PROMESA

Números 13:30, 14:7-8, 24

"Caleb hizo callar al pueblo ante Moisés y dijo: —Subamos a conquistar esa tierra. Estoy seguro de que podremos hacerlo. 14 ⁷ ...y dijeron a toda la comunidad israelita: —La tierra que recorrimos y exploramos es increíblemente buena. Si el Señor se agrada de nosotros, nos hará entrar en ella. ¡Nos va a dar una tierra donde abundan la leche y la miel! ²⁴ En cambio, a mi siervo Caleb, que ha mostrado un espíritu diferente y me ha sido fiel, le daré posesión de la tierra que exploró y su descendencia la heredará".

¡Cuán importante es presentar un buen informe, confesarlo con fe y creer que Dios cumplirá lo que ha prometido! La Biblia está llena de promesas para su pueblo que cumple con las condiciones específicas.

Josué y Caleb fueron los únicos que regresaron con un buen informe de los doce hombres enviados por Moisés a explorar la tierra prometida. Creían que Dios podía cumplir su promesa de darles la tierra, y fueron valientes en su confesión. A pesar de que el suyo era el informe de la minoría, no se acobardaron con incredulidad. Querían agradar a Dios y no temían a los hombres.

Como cristianos de hoy, siempre debemos querer agradar a Dios, no al hombre. Siempre debemos tener un espíritu de fe y valentía, declarar con valentía las promesas de Dios, cumplir con Sus condiciones y seguir a Dios con todo nuestro corazón. Al igual que Caleb, debemos tener un "espíritu diferente" del mundo.

No estoy de acuerdo con ningún informe negativo. ¡Ten fe!

EL RETO DE HOY:

Pídele al Padre que te dé un espíritu de fe, audacia y coraje. Agradécele por las muchas promesas que ha puesto a tu disposición a través de Jesús.

Posee la promesa.

Profundice más: Estudiar Números 13:1 – 14:45; Hebreos 10:38-39.

300

17 de octubre

EL INFORME DE LA MAYORÍA

Números 14:37-38

"Por eso los responsables de haber difundido esta información falsa acerca de aquella tierra murieron delante del Señor, víctimas de una plaga. De todos los hombres que fueron a explorar el país solo sobrevivieron Josué, hijo de Nun, y Caleb, hijo de Jefone".

Ayer nos enteramos del informe de la minoría dado por Caleb y Josué. Hoy, aprendemos el resto de la historia.

Diez de los doce espías enviados por Moisés a la tierra prometida regresaron temerosos y dieron un informe negativo de una derrota segura. A pesar del hecho de que Dios había prometido llevarlos a salvo a la tierra, estos diez hablaron desde la desesperanza y la incredulidad. Dejan que su propia percepción de la "realidad" abrume la realidad de Dios para ellos.

Estos diez hombres miraron su situación y circunstancias, y se sintieron temerosos y derrotados, en lugar de mantener sus ojos en Dios y Su victoria prometida. A pesar de la cantidad de veces que ya habían visto a Dios moverse a su favor en su viaje desde Egipto, pensaron que este era un trabajo demasiado grande para Dios.

¿No es una tontería pensar que podría haber algo demasiado difícil para Dios? Ver Jeremías 32:27. Estos hombres deberían haber quitado sus ojos del problema y enfocarse en Dios. Pero debido a que no lo hicieron, y creyeron el informe negativo que ellos mismos escucharon confesar de sus propias bocas, estos diez hombres fueron derribados y murieron de una plaga.

"En la lengua hay poder de vida y muerte; quienes la aman comerán de su fruto". (Proverbios 18:21.)

EL RETO DE HOY:

Dile al Padre que quieres ver las cosas desde Su perspectiva. Pídele al Espíritu Santo que te enseñe cómo aumentar tu fe proclamando la Palabra y las promesas de Dios sobre cada situación.

Profundice más: Estudiar Números 14; Jeremías 32:27; Proverbios 18:21.

18 de octubre

UNA SERPIENTE EN UN POSTE

Números 21:8-9

Moisés intercedió por el pueblo, "y el Señor le dijo: —Hazte una serpiente y ponla en un asta. Todos los que sean mordidos y la miren, vivirán. Moisés hizo una serpiente de bronce y la puso en un asta. Los que eran mordidos miraban a la serpiente de bronce y vivían".

En el desierto, los israelitas a menudo expresaban impaciencia con Dios murmurando y quejándose contra sus líderes, Moisés y Aarón, así como contra Dios mismo. Como aprendimos el 1 de octubre, a Dios no le agrada que hagamos esto. Por ejemplo, ver Números 14:20-23.

En este caso, el pueblo había dicho: *"¿Por qué nos has sacado de Egipto para morir en el desierto? ¡No hay pan! ¡No hay agua! ¡Y detestamos esta miserable comida!"* (Números 21:5). Dios respondió enviando serpientes venenosas entre ellos que mordieron a la gente y muchos murieron.

En respuesta al arrepentimiento del pueblo, y a la oración de Moisés, Dios instruye a Moisés, como vemos en los versículos 8-9 del pasaje de hoy. Cualquiera que, con fe, mirara la serpiente de bronce levantada, vivía.

Antes de que Jesús fuera a la cruz, se refirió dos veces a esta misma historia al declarar que el Hijo del Hombre sería levantado, y todos los que creyeran tendrían vida eterna (Juan 3:14-15). Él dijo que cuando Él sea exaltado, Él atraerá a todos los hombres hacia Sí mismo (Juan 12:32).

Toda la humanidad tiene una sentencia de muerte sobre ellos debido a su pecado, y su única esperanza es mirar con fe a Aquel que es levantado, Jesús.

EL RETO DE HOY:

Habla al Padre acerca de tu fe en Su Hijo, Jesús, Quien fue levantado por ti. Míralo y vive para siempre.

Profundice más: Estudiar Números 21; Números 14:20-23; Juan 3:14-15; Juan 12:32.

19 de octubre

OVEJAS SIN PASTOR

Números 27:16-17

"Dígnate, Señor, Dios de todos los seres vivientes, a nombrar un jefe sobre esta comunidad, uno que vaya delante de ellos, y que los guíe en sus entradas y salidas. Así el pueblo del Señor no se quedará como rebaño sin pastor".

En los versículos que preceden al pasaje de hoy (versículos 12-14), Dios instruye a Moisés a subir a la montaña que domina la tierra prometida y ver la tierra que Dios les había dado a los israelitas. Él podía mirar, pero no podía entrar debido a su desobediencia anterior, y después de verlo, Dios dijo que él también "sería reunido a tu pueblo como lo fue tu hermano Aarón".

Moisés no discutió, ni se quejó. En cambio, su primera preocupación fue por la gente que había estado liderando durante los últimos cuarenta años en el desierto. Él sabía lo importante que era para ellos tener un líder escogido por Dios mismo, alguien que sería ungido con la misma clase de espíritu que Moisés. No quería que fueran como ovejas sin pastor.

En tu propia esfera de influencia entre tu familia, entorno laboral o dondequiera que pases la mayor parte de tu tiempo, ¿Dios te está llamando a ser un líder, un influyente o un pastor? Si no es así, ¿estás ayudando a los que desempeñan estos roles?

En estos tiempos tan difíciles, es más importante que nunca que el cuerpo de Cristo se una para proteger, alimentar, nutrir y guiar al rebaño. ¿Cómo vas a ayudar?

EL RETO DE HOY:

Pregúntale al Padre cómo puedes ayudar a pastorear Sus ovejas. Al igual que Pedro, ¿te comprometerás con Jesús a alimentar a sus corderos y a cuidar de sus ovejas? Pídele al Espíritu Santo que te dé poder para el servicio.

Profundice más: Estudiar Números 27; Ezequiel 34; Juan 10:1-30; Juan 21:15-19.

20 de octubre

BUSCA AL SEÑOR TU DIOS

Deuteronomio 4:29-31

"Pero si desde allí buscan al Señor su Dios con todo su corazón y con toda su alma, lo encontrarán. Y al cabo del tiempo, cuando hayan vivido en medio de todas esas angustias y dolores, volverán al Señor su Dios y escucharán su voz. Porque el Señor su Dios es un Dios compasivo que no los abandonará ni los destruirá; tampoco se olvidará del pacto que mediante juramento hizo con sus antepasados".

En los versículos que preceden al pasaje de hoy (versículos 21-28), Moisés les está hablando a los israelitas poco antes de que entraran en la tierra prometida sin él. Les advierte que no olviden el convenio que el Señor había hecho con ellos, y les advirtió que "no se hagan un ídolo en forma de cosa que el Señor su Dios haya prohibido" (versículo 23).

Luego, como si Moisés supiera que no obedecerían, les advierte de las graves consecuencias de la desobediencia: serían esparcidos entre las naciones y solo unos pocos de ellos sobrevivirían. Pero incluso con esta verdad inquietante, les recuerda la bondad, la fidelidad y la misericordia de Dios. Si, entre los que sobreviven, hay quienes volverán a buscarlo con todo su corazón, Dios será misericordioso y los recibirá cuando regresen a Él.

A pesar de que conocí al Señor en mi adolescencia, mis muchos ídolos y mi desobediencia durante los siguientes cuarenta años me llevaron lejos de Él. Cuán agradecido estoy de que cuando comencé a buscarlo con todo mi corazón, Él me recibió amorosamente. ¿Tú también has experimentado esto?

EL RETO DE HOY:

Dile al Padre lo agradecido que estás de que Él te acepte amorosamente a pesar de lo lejos o por mucho tiempo que estuviste lejos. Búscalo hoy con todo tu corazón y con toda tu alma.

Profundice más: Estudiar Deuteronomio 4.

21 de octubre

NO HAY OTRO

Deuteronomio 4:39-40

"Reconozcan y consideren seriamente hoy que el Señor es Dios arriba en el cielo y abajo en la tierra; no hay otro. Obedezcan sus estatutos y mandamientos que hoy te mando cumplir. De este modo, a ustedes y a sus descendientes les irá bien y permanecerán mucho tiempo en la tierra que el Señor tu Dios te da para siempre".

A lo largo de muchos años me encontré con muchos dioses. Sí, dioses del yo, del éxito, del dinero, del sexo y de las drogas. Escuché sobre dioses nórdicos, dioses griegos, dioses hindúes y dioses del inframundo. Con algunos de ellos tuve experiencia personal, otros sobre los que sólo leí.

Tenía casi 57 años cuando verdaderamente me encontré con el Señor que es Dios. Ahora, sé que no hay otra. Mi único hijo, que fue adoptado y luego abandonado por mí a la edad de 2 años, ya era un adulto antes de que realmente conociera al único "Dios en el cielo arriba y en la tierra abajo". No hay otro".

Desde que comencé una relación íntima con Él, he aprendido por experiencia la verdad del principio bíblico de que las bendiciones siguen a la obediencia. No es al revés. Al hacer todo lo posible por ser obediente, seguramente me ha ido bien. Solo desearía, por el bien de mi hijo y mi ex esposa, haberme arrepentido verdaderamente y haber conocido a Dios antes en la vida.

Mi pasión es compartir la verdad en el pasaje de hoy con muchos jóvenes, y ayudarlos a implementarlo en sus vidas por el bien de sus familias actuales y futuras.

¿Has conocido verdaderamente a Dios?

EL RETO DE HOY:

Pídele a Dios Padre que te ayude, por Su Espíritu Santo, a guardar Sus decretos y mandamientos para tu bien y el de tus hijos.

Profundice más: Estudiar Deuteronomio 4.

22 de octubre

AMARÁS AL SEÑOR TU DIOS

Deuteronomio 6:4-5

"Escucha, Israel: El Señor nuestro Dios es el único Señor. Ama al Señor tu Dios con todo tu corazón, con toda tu alma y con todas tus fuerzas".

Cuando se le preguntó a Jesús cuál era el mandamiento más importante, citó este mismo pasaje de la Torá judía que hemos incluido en lo que llamamos nuestro Antiguo Testamento. Su énfasis merece una consideración muy seria.

. En una época en la que todo el resto del mundo adoraba a más de un dios, el hecho de que los judíos profesaran un solo Dios era notablemente único. Creemos que nuestro Dios Único se ha manifestado a nosotros en tres personas: el Padre, el Hijo y el Espíritu Santo, pero todos son Uno.

El énfasis que Jesús hizo en Mateo 22:37 fue principalmente de amor absoluto y devoción con cada fibra del ser. Cuando nos referimos a "amar a Dios con todo nuestro corazón", nos referimos a la parte más profunda y significativa de nosotros, que es nuestro espíritu, la parte de nosotros que está a semejanza de Dios mismo, que es Espíritu.

"Amándolo con toda nuestra alma" se refiere a nuestra mente, voluntad y emociones. Tomamos la decisión definitiva de amarlo en nuestra vida de pensamientos e invertir nuestra energía emocional en la adoración. "Amar a Dios con todas nuestras fuerzas" implica que nuestra vida física se dirija hacia el servicio y la obediencia.

El uso de la palabra "todos" frente al corazón, el alma y la fuerza es quizás la parte más significativa de este mandamiento. ¿Eres "todo" acerca de amar a Dios? ¿Es Él el primero en todas las áreas de tu vida?

EL RETO DE HOY:

Dile a Dios que quieres darle a Él la primera prioridad en cada parte de ti. Pídele al Espíritu Santo que te ayude.

Profundice más: Estudiar Deuteronomio 6; Mateo 22:37-40.

23 de octubre

DISCIPLINA DIVINA

Deuteronomio 8:2,5

"Recuerda que durante cuarenta años el Señor tu Dios te llevó por todo el camino del desierto, para humillarte y ponerte a prueba. Así llegaría a conocer lo que había en tu corazón y vería si cumplirías o no sus mandamientos. ⁵ Reconoce en tu corazón que, así como un padre disciplina a su hijo, también el Señor tu Dios te disciplina a ti".

Al mirar hacia atrás en mi vida, veo ahora que hubo una serie de etapas muy difíciles que creo que Dios realmente usó para mi bien para disciplinarme; aunque en ese momento, no reconocí que tuvieran ningún propósito útil a largo plazo. Ir a la cárcel ciertamente califica como uno de estos períodos. ¿Te sientes identificado?

En retrospectiva, veo la verdad de que Dios disciplina a aquellos a quienes ama; a los que Él trata como hijos (ver Proverbios 3:11-12; y Hebreos 12:5-13). Él no quiere que nos desanimemos; más bien, Él desea que aprendamos lecciones de estas pruebas.

Por ejemplo, una lección de vida importante es que las decisiones tienen consecuencias: las buenas decisiones tienen buenas consecuencias y las malas decisiones tienen malas consecuencias.

La desobediencia a los principios y mandamientos de Dios siempre tendrá malas consecuencias. Esta es una ley natural. Dios no causa los resultados, pero nuestras decisiones tienen consecuencias naturales. Si somos humildes y nos arrepentimos, Dios puede usar estas circunstancias para enseñarnos y fortalecernos.

También es importante entender que Dios ya conoce nuestros corazones, pero las pruebas nos muestran lo que hay en nuestro corazón. Cuando reconocemos la condición de nuestro corazón, la sabiduría y el entendimiento vienen a ayudarnos a hacer los cambios necesarios.

EL RETO DE HOY:

Agradezca al Padre por los tiempos de prueba y disciplina. Pídele al Espíritu Santo que te dé sabiduría y perspicacia de tus pruebas para conocer tu propio corazón y hacer ajustes.

Profundice más: Estudiar Deuteronomio 8; Proverbios 3:11-12; Hebreos 12:5-13; Job 5:17-18; Salmo 94:12-13.

24 de octubre

LO QUE DIOS NOS PIDE

Deuteronomio 10:12-13

"Y ahora, Israel, ¿qué te pide el Señor tu Dios? Simplemente que le temas y andes en todos sus caminos, que lo ames y le sirvas con todo tu corazón y con toda tu alma, y que cumplas los mandamientos y los estatutos que hoy el Señor te manda cumplir, para que te vaya bien".

A primera vista, el pasaje de hoy puede ser intimidante; pero responde a la pregunta que muchos de nosotros nos hemos hecho: ¿qué quiere Dios de mí? ¿Cuál es mi respuesta apropiada a la abrumadora gracia, misericordia y amor de Dios?

Si realmente entendiéramos y cumpliéramos con el primer requisito, "temer al Señor tu Dios", creo que todo lo demás vendría naturalmente con poco esfuerzo. Este no es el tipo de miedo que hace que uno quiera correr y esconderse, o que lo congela a uno de cualquier acción. Más bien, se trata de acercarse al Señor Dios con santa reverencia, asombro infantil y máximo respeto.

Esta es la actitud apropiada que necesitamos para comenzar a comprender el amor ilimitado e incondicional que Dios tiene por todos y cada uno de nosotros como Sus únicos hijos e hijas. Cuanto más seamos capaces de creer y recibir progresivamente este increíble regalo, más naturalmente querremos complacerlo con todo nuestro ser.

Es a partir de este amor que aprendemos que es para nuestro propio bien supremo que observamos los mandamientos y decretos del Señor, caminamos en obediencia a Él y le servimos con todo nuestro corazón y toda nuestra alma.

EL RETO DE HOY:

Agradecemos al Padre por Su amor incondicional expresado en el sacrificio de Su Hijo, Jesús. Pídele al Espíritu Santo que te enseñe el temor del Señor y que te dé poder para servirle obedientemente.

Profundice más: Estudiar Deuteronomio 10; Miqueas 6:8.

25 de octubre

UN PROFETA COMO MOISÉS

Deuteronomio 18:15, 18-19

"(Moisés dijo) El Señor tu Dios hará surgir para ti y en medio de ti, de entre tus hermanos, un profeta como yo. A él sí lo escucharás. Eso fue lo que pediste al Señor tu Dios en Horeb, el día de la asamblea, cuando dijiste: 'No quiero seguir escuchando la voz del Señor mi Dios ni volver a contemplar este enorme fuego, no sea que muera'. [18] 'Por eso levantaré entre sus hermanos un profeta como tú; pondré mis palabras en su boca y él les dirá todo lo que yo le mande. Si alguien no presta oído a las palabras que el profeta proclame en mi nombre, yo mismo le pediré cuentas' ".

Al pueblo de Israel se le dijo que esperara un profeta como Moisés en su futuro. No había duda de que este profeta sería enviado a ellos por Dios mismo. A esto es a lo que se referían cuando le preguntaron a Juan el Bautista: "¿Eres tú el profeta?", a lo que Juan respondió: "No". Ver Juan 1:21 y 25.

La mayoría de los eruditos creen que este pasaje de las Escrituras es una profecía de Jesucristo de Nazaret. Se informa que alrededor del 25% o más de las Escrituras eran proféticas en el momento en que fueron escritas. El hecho de que la mayoría de estas profecías ya se hayan cumplido a lo largo de los años con una precisión milimétrica distingue a la Biblia de cualquier otro libro en el mundo.

Dios el Padre claramente asigna gran importancia y autoridad a este profeta que Él levanta. Jesús repetía a menudo que solo decía lo que oía decir al Padre. En la Transfiguración, el Padre dijo: "Este es mi Hijo, escúchenlo".

Jesús es llamado la "Palabra Viva" por Juan; y Pedro dijo: "Tú tienes palabras de vida".

¿Estás escuchando a Jesús?

EL RETO DE HOY:

Dile al Padre que quieres escuchar mejor a Jesús. Pídele al Espíritu Santo que te ayude a aprender a escuchar y obedecer a Jesús cada vez más.

Profundice más: Estudiar Deuteronomio 18; Juan 1:21, 25, 45.

26 de octubre

COSAS SECRETAS

Deuteronomio 29:29

"Lo secreto pertenece al Señor nuestro Dios, pero lo revelado nos pertenece a nosotros y a nuestros hijos para siempre, para que obedezcamos todas las palabras de esta ley".

Estoy convencido de que por toda la eternidad aprenderemos más acerca de Dios: Su amor, Sus pensamientos, Sus caminos, Su carácter, Su creación y Sus planes. Aun así, nunca seremos capaces de comprenderlo plenamente.

Sin embargo, por ahora, Él ha revelado mucho de Sí mismo a través de Su Palabra. Él sabe que nuestros débiles cerebros no pueden entender mucho de Su majestad, pero ha revelado lo suficiente para que podamos decidir si queremos tener una relación íntima y personal con Él en este mundo y que se extienda a través de toda la eternidad.

Hasta que uno nace de nuevo, la Biblia no tiene mucho sentido para la mayoría de las personas. Pero después de que el Espíritu de Dios mora en el creyente, el Espíritu Santo comienza a revelar preceptos, promesas y principios que, cuando se aplican a nuestras vidas, nos bendicen con sabiduría, conocimiento y entendimiento genuinos.

Jesús dijo que aquellos que tienen hambre y sed de justicia serán saciados (Mateo 5:6), y es el Espíritu de Dios quien nos da hambre de la Palabra para que podamos aprender cada vez más sobre Dios y Sus planes para nuestra vida.

¿Hay muchas situaciones y conceptos en la vida que no entendemos, y tal vez nunca comprenderemos? Ciertamente, hay «cosas secretas que pertenecen al Señor nuestro Dios».

EL RETO DE HOY:

Dile al Padre que confías en Él para que te revele todo lo que puedas comprender acerca de Sí mismo. Pídele al Espíritu Santo que te dé un hambre de la Palabra como nunca antes la has tenido, y que te ayude a aplicarla.

Profundice más: Estudiar Deuteronomio 29; Proverbios 25:2; Isaías 55:8-9; Eclesiastés 3:11, 11:5; Daniel 2:22.

27 de octubre

CONSAGRATE

Josué 3:5

"Josué ordenó al pueblo: 'Conságrense, porque mañana el Señor va a realizar grandes prodigios entre ustedes' ".

2 Corintios 6:17-18

"Por tanto, el Señor añade: '¡Salgan de en medio de ellos y apártense! No toquen nada impuro y yo los recibiré'. Y: 'Yo seré un Padre para ustedes y ustedes serán mis hijos y mis hijas, dice el Señor Todopoderoso.' "

Aquí hay una verdad importante para todos los que han nacido de nuevo. Aplicar esto diligentemente en tu vida resulta en grandes recompensas. La Biblia es clara en cuanto a que Dios es un recompensador de aquellos que lo buscan diligentemente (ver Hebreos 11:6). ¡Verás al Señor hacer muchas cosas asombrosas!

La palabra "Consagrar" significa separarse para un propósito santo. También significa ser apartado como dedicado a Dios; Puesto a un lado como sagrado; y, dedicarse solemnemente a un propósito.

No se trata de una actividad "religiosa"; más bien, es cada vez más una forma de vida para aquellos que aman a Dios y lo buscan diligentemente. Si quieres profundizar más en Dios, esta es una opción de estilo de vida. Las actividades cotidianas de la vida requieren naturalmente nuestra atención; pero apartar más tiempo con Dios en lugar de permitir que las actividades mundanas dominen nuestro tiempo "libre" es parte de lo que queremos decir con separarse. No es irse a vivir a un monasterio a algún lugar, ni renunciar a todas las responsabilidades mundanas.

Una parte importante de consagrarte a ti mismo es proteger lo que permites que entre en tu mente, ojos y oídos. Debemos ser deliberados acerca de las cosas que permitimos que influyan en nuestro pensamiento, habla o acciones.

EL RETO DE HOY:

Dile al Padre que deseas buscarlo diligentemente y te dedicarás a Él.

Profundice más: Estudiar Josué 3; Hebreos 11:6; 2 Corintios 6:14-7:1; Romanos 12:1; Santiago 4:4-5, 8-9; Romanos 8:5-7; 1 Juan 2:15-17; Juan 15:19; 1 Juan 5:19, 21; 1 Pedro 1:13-17; 1 Pedro 2:11-12.

28 de octubre

DESECHA A LOS DIOSES EXTRANJEROS

Josué 24:22-23

"Y Josué dijo una vez más: Ustedes son testigos contra ustedes mismos de que han decidido servir al Señor. Sí, sí lo somos respondió toda la asamblea. Josué respondió: Deshágansе de los dioses ajenos que todavía conservan. ¡Vuélvanse de todo corazón al Señor, Dios de Israel!"

Nuestro pasaje de hoy se entiende mejor después de un repaso de todo Josué 24. Le recomiendo que se tome unos minutos para leerlo. Para más información, ver el devocional del 5 de octubre.

Después de que la tierra prometida fue conquistada y poseída por todas las tribus israelitas, Josué los reunió para su discurso final al pueblo. Josué les recuerda cómo Dios obró a través de Su pacto con sus antepasados Abraham, Isaac y Jacob durante muchos años para finalmente establecerlos como una nación grande y victoriosa en la tierra prometida.

Les recordó que Dios les dio una tierra productiva y fructífera por la que no tenían que trabajar; viñedos y huertos que no plantaron; y ciudades que no tuvieron que construir (v. 13).

Como creyentes nacidos de nuevo, nosotros también tenemos acceso a muchas bendiciones similares después de que elegimos estar "totalmente involucrados" en nuestro caminar cristiano diario. Un repaso de los devocionales anteriores de la última semana más o menos habla de la dedicación y consagración que resulta cuando realmente amamos y obedecemos a Dios.

Sin embargo, parte de ese compromiso renovado implica purgar nuestras vidas de todos "los dioses extranjeros" a los que servimos anteriormente. También podrían ser llamados "ídolos", que en realidad es cualquier cosa que valoramos o "adoramos" más que a Dios.

¿Dónde inviertes tu tiempo, energía y recursos?

EL RETO DE HOY:

Pídele al Espíritu Santo que te ayude a considerar honestamente cualquier "dios extranjero" o "ídolo" en tu vida. Dile al Padre que le rendirás tu corazón completamente a Él.

Profundice más: Estudiar Josué 24.

29 de octubre

NO ABANDONES AL SEÑOR

Jueces 2:10-12

"También murió toda aquella generación y surgió otra que no conocía al Señor ni sabía lo que él había hecho por Israel. Esos israelitas hicieron lo malo ante los ojos del Señor y adoraron a los ídolos de Baal. Abandonaron al Señor, Dios de sus antepasados, que los había sacado de Egipto, siguieron a otros dioses —dioses de los pueblos que los rodeaban— y los adoraron, provocando así la ira del Señor".

Nuestro pasaje de hoy se entiende mejor después de leer el texto más amplio de Jueces 2:6-23. Te recomiendo que te tomes unos minutos para leerlo.

Después de que la tierra prometida fue conquistada y poseída por todas las tribus israelitas, Josué murió. El devocional de ayer reveló poco de el – trasfondo de su último mensaje a ellos. Hoy nos enteramos de lo que sucedió en los años que siguieron, y de los repetidos patrones perturbadores de desobediencia, rebelión y apostasía.

La clave de los ciclos repetitivos del pecado nacional fue que los israelitas "abandonaron a Jehová, el Dios de sus antepasados". La generación que presenció la milagrosa liberación del Señor, y que sirvió al Señor, murió sin haber entrenado a la siguiente generación en los caminos y el carácter de Dios.

Gran parte de nuestros peores males sociales hoy en día son el resultado de generaciones de niños que no están siendo entrenados para honrar, servir y adorar a Dios. En Estados Unidos, hemos eliminado a Dios y la oración de nuestras escuelas, tribunales, eventos públicos y, lamentablemente, incluso de algunas "iglesias".

Supongo que has nacido de nuevo; y, si estás estudiando estos devocionales a diario, ya debes estar tomando en serio la idea de profundizar en Dios. Ten cuidado de seguir aferrándote a Dios a diario, y haz que tu objetivo de toda la vida sea inspirar a la próxima generación a hacer lo mismo.

EL RETO DE HOY:

Habla con el Padre acerca de tu compromiso con Él. Pídele al Espíritu Santo que te entrene para inspirar a la generación que viene detrás de ti.

Profundice más: Estudiar Jueces 2.

30 de octubre

PODEROSO GUERRERO

Jueces 6:12, 14-16

"Cuando el ángel del Señor apareció ante Gedeón, dijo: ¡El Señor está contigo, valiente guerrero! [14] *El Señor lo encaró y le dijo: Ve con la fuerza que tienes y salvarás a Israel del poder de Madián. Yo soy quien te envía. Pero, señor objetó Gedeón, ¿cómo voy a salvar a Israel? Mi clan es el más débil de la tribu de Manasés y yo soy el más insignificante de mi familia. El Señor respondió: Tú derrotarás a los madianitas como si fueran un solo hombre, porque yo estaré contigo".*

La historia de Gedeón es una historia fascinante e inspiradora y te sugiero que la leas toda en Jueces 6 y 7. El pasaje de hoy es una gran ilustración de cómo Dios nos ve cumpliendo Su plan para nuestras vidas. Gideon pensó que era demasiado débil, demasiado insignificante y poco valiente. ¡Pero Dios lo vio como un "guerrero poderoso"!

Dios usa las cosas débiles de este mundo para avergonzar a los fuertes, y elige a los humildes y despreciados para cambiar el mundo, para que el hombre mismo no pueda jactarse (1 Corintios 1:27-29). En realidad, el mejor lugar en la humildad para nosotros es darnos cuenta de que cuando somos débiles, entonces Él es fuerte (2 Corintios 12:10).

Dios no revelará su plan de una sola vez. Él espera que confiemos en Él un día a la vez. Él quiere que nos veamos a nosotros mismos de la manera en que Él nos ve. Esto viene progresivamente a medida que estudiamos Su Palabra y elegimos creer lo que Él dice, en lugar de lo que el mundo y el enemigo quieren que creamos acerca de nosotros mismos. Busca y sigue el plan de Dios para tu vida. ¡Él estará contigo!

EL RETO DE HOY:

Pídele al Padre que te ayude a verte a ti mismo de la manera en que Él lo hace. Confía en que Él estará contigo.

Profundice más: Estudiar Jueces 6:1–7:25; 1 Corintios 1:27-29; 2 Corintios 12:10.

31 de octubre

MENOS ES MÁS

Jueces 7:2, 7-8

"El Señor dijo a Gedeón: 'Tienes demasiada gente para que yo entregue a Madián en sus manos. A fin de que Israel no vaya a jactarse contra mí y diga que su propia fortaleza lo ha librado...' ⁷ El Señor dijo a Gedeón: 'Con los trescientos hombres que lamieron el agua, yo los salvaré; entregaré a los madianitas en tus manos. El resto, que se vaya a su casa'.

Entonces Gedeón mandó a los demás israelitas a sus tiendas de campaña, pero retuvo a los trescientos, los cuales se hicieron cargo de las provisiones y de las trompetas de los otros. El campamento de Madián estaba situado en el valle, más abajo del de Gedeón".

Continuando hoy con la historia de Gedeón, aprendemos cómo con Dios menos es más. Gedeón partió con 32.000 hombres para ir en contra de los madianitas y amalecitas, que eran demasiado numerosos para contarlos. Ya sabemos que Gideon está muy superado en numero.

Dios quiere hacer que las probabilidades sean aún más imposibles, y reduce la fuerza de Gedeón a 10.000, pero Dios dice que todavía son demasiados. ¡Así que lo redujo a solo 300! Dios quería estar seguro de que el pueblo de Israel supiera más allá de toda duda que era solo la obra del Señor la que hacía posible la abrumadora victoria.

A menudo nos encontramos en lo que parece ser una situación absolutamente desesperada contra probabilidades abrumadoras. En lo natural, no vemos ninguna posibilidad de victoria. Puede ser la falta de vivienda, la enfermedad, el encarcelamiento, el desempleo o cualquiera de los cientos de otras situaciones. Pero debemos recordar que Dios tiene la última palabra, la autoridad suprema, todo el poder y el tiempo perfecto.

Debemos clamar a Él, confiar en Él y hacer lo que Él nos está guiando a hacer. ¡La victoria es suya!

EL RETO DE HOY:

Habla con el Padre sobre las montañas a las que te enfrentas y que parecen insuperables. Agradécele que Jesús ha vencido todo en este mundo. Pídele al Espíritu Santo que te ayude a dejar a un lado todo lo que pueda estar retrasando la liberación de Dios.

Profundice más: Estudiar los Jueces 6 y 7.

1 de noviembre

MOMENTOS DÉBILES

Jueces 16:19-21

"Después de hacerlo dormir sobre sus rodillas, ella llamó a un hombre para que le cortara las siete trenzas de su cabello. Así comenzó a dominarlo. Y su fuerza lo abandonó. Luego ella gritó: '¡Sansón, los filisteos se lanzan sobre ti!' .Sansón despertó de su sueño y pensó: 'Me escaparé como las otras veces y me los quitaré de encima'. Pero no sabía que el Señor lo había abandonado. Entonces los filisteos lo capturaron, le arrancaron los ojos y lo llevaron a Gaza. Lo sujetaron con cadenas de bronce y lo pusieron a moler en la cárcel. Pero en cuanto cortaron su cabello, comenzó a crecer de nuevo".

La historia de Sansón en Jueces 13-16 ofrece una serie de excelentes ilustraciones para nosotros, y el pasaje de hoy no es una excepción. Sansón tenía la unción del Espíritu Santo en su vida, y fuerza sobrenatural. Pero dejó que las tentaciones del mundo y su orgullo lo destruyeran.

Parecería que Sansón tenía todo a su favor a pesar de varias malas decisiones en el camino. Pero él sabía de dónde venía su fuerza, caminó en arrepentimiento y no dejó que el mundo lo detuviera. Todo eso cambió cuando pasó la noche con una prostituta y más tarde se enamoró de Dalila, quien lo traicionó.

Aquellos de nosotros que hemos sido salvos en prisión, y buscamos al Señor diligentemente mientras estábamos encarcelados, nos damos cuenta de que el enemigo está esperando afuera después de ser liberados. El diablo sabe en qué tentaciones caímos anteriormente, y no pasa mucho tiempo antes de que comience a tentarnos.

Tres cosas que a menudo conducen a la cárcel: la participación sexual fuera del matrimonio, las sustancias que alteran la mente y el orgullo. Todo esto llevó a Sansón a la prisión, y pronto a la muerte. Asegúrese de que esto no le suceda a usted.

EL RETO DE HOY:

Pídele al Padre que te revele Su amor abrumador cada día más. Pídele al Espíritu Santo, en respuesta al amor de Dios, que te fortalezca diariamente para caminar en obediencia.

Profundice más: Estudiar Jueces 13:1 – 16:31.

2 de noviembre

UN SIERVO QUE ESCUCHA

1 Samuel 3:10-11

"Entonces el Señor se acercó, se detuvo y lo llamó de nuevo: —¡Samuel! ¡Samuel! —Habla, que tu siervo escucha —respondió Samuel. —Mira — dijo el Señor—, estoy por hacer en Israel algo que a todo el que lo oiga le quedará retumbando en los oídos".

Samuel era un muchacho muy joven que servía al sacerdote Elí. Aprendemos en 1 Samuel 3:7 que Samuel aún no conocía al Señor, y que la Palabra del Señor aún no le había sido revelada.

Mientras Samuel estaba acostado y Elí ya se había acostado, Samuel oye una voz que lo llama por su nombre. Esto sucede tres veces y cada vez que va a ver a Eli, le dicen que no era Eli quien lo llamaba. La tercera vez, Elí le dice que debe ser Dios y le indica cómo responder si vuelve a suceder.

Esta vez, el Señor en realidad apareció en una visitación a Samuel, y Samuel respondió como se le instruyó: "Habla, porque tu siervo está escuchando". El Señor comparte con él importantes acontecimientos futuros por primera vez, y Samuel pasa a ser uno de los profetas más importantes de Dios que jugó un papel decisivo en la coronación de los dos primeros reyes de Israel, Saúl y David.

Podemos aprender algunas cosas de este cuento. Muchas veces pienso que el Señor trata de hablar con nosotros a través de Su Espíritu Santo, pero no reconocemos Su voz. Debemos dejar a un lado las distracciones de la vida y escuchar Su voz. Dios quiere hacer cosas dramáticas en nuestras vidas, un día a la vez, si tan solo escuchamos y obedecemos.

EL RETO DE HOY:

Dile al Padre que tratarás de dejar a un lado las distracciones para que puedas escuchar mejor Su voz. Permite que el Espíritu Santo te guíe hoy, y sé obediente a Su llamado.

Profundice más: Estudiar 1 Samuel 3

317

3 de noviembre

LA OBEDIENCIA ES MEJOR QUE EL SACRIFICIO

1 Samuel 15:22-23

"'Samuel respondió: '¿Qué agrada más al Señor: que se le ofrezcan holocaustos y sacrificios o que se obedezca lo que él dice? El obedecer vale más que el sacrificio, y prestar atención, más que la grasa de carneros. La rebeldía es tan grave como la adivinación, y la arrogancia, como el pecado de la idolatría. Y como tú has rechazado la palabra del Señor, él te ha rechazado como rey'".

Dios habló a través de su profeta, Samuel, al primer rey de Israel, Saúl. Saulo comprendió que la Palabra del Señor le llegaba de esta manera. En 1 Samuel 15, Samuel le da a Saúl instrucciones muy específicas de Dios acerca de un ataque que Saúl debía emprender contra los amalecitas en nombre de Dios.

Contra las instrucciones de Dios de destruir todo y a todos, Saúl permitió a sus hombres que se quedaran con lo mejor de los rebaños de ovejas y vacas. Saúl sabía que no era así, pero tenía miedo de su propio pueblo y cedió a sus deseos. Trataron de justificar sus acciones prometiendo sacrificar a algunos de ellos al Señor.

Cuando Samuel se enfrentó a Saúl, estaba erigiendo un monumento en su propio honor en Carmel. La rebelión, el orgullo y la arrogancia, junto con el temor del pueblo, hicieron que Saúl desobedeciera la Palabra del Señor.

La brujería y la adivinación eluden deliberadamente la ley de Dios y el orden natural. La rebelión también. La arrogancia y el orgullo se comparan con la idolatría porque esencialmente nos estamos haciendo dios en nuestras vidas.

Dios valora la obediencia por encima de los ritos religiosos, y castiga la rebelión y el orgullo. ¿Obedecerás?

EL RETO DE HOY:

Pídele al Padre que te muestre áreas de tu vida en las que eres rebelde, desobediente u orgulloso. Pídele al Espíritu Santo que te revele dónde te preocupa más lo que piensan los hombres que Dios.

Profundice más: Estudiar 1 Samuel 15.

4 de noviembre

DIOS MIRA EL CORAZÓN

1 Samuel 16:7

"Pero el Señor le dijo a Samuel: 'No te dejes impresionar por su apariencia ni por su estatura, pues yo lo he rechazado. La gente se fija en las apariencias, pero yo me fijo en el corazón'".

Después de que Dios rechazó a Saúl como rey, envió a Samuel a Belén, a la casa de Isaí, diciendo que había elegido a uno de los hijos de Isaí para ser rey. Samuel está preocupado porque esto podría ser visto como un acto de sedición o traición, pero Dios le asegura que Él tiene el control.

Cuando Samuel ve al primer hijo, Eliab, asume que él es el indicado. Debió de tener un aspecto impresionante y un gran historial de logros. Samuel está impresionado y piensa que su obra está hecha, pero el Señor le enseña algo muy importante en el pasaje de hoy.

Dios no se impresiona con la mayoría de las cosas que el mundo considera importantes. Las apariencias externas y los logros pasados no significan nada si el corazón de una persona no está bien. Curiosamente, 1 Samuel 9:1-2 dice que Saúl tenía una apariencia impresionante, pero ayer leímos más acerca de la condición de su corazón. El pueblo quería un rey, y Dios les dio lo que querían. Su reemplazo sería diferente.

A menudo, nos quedamos demasiado atrapados en las apariencias y los logros, y nos perdemos la singularidad de aquellos que nos rodean con mucho que ofrecer en el Reino. Tratemos de mirar más profundamente. Muchas joyas de valor incalculable pasan desapercibidas. David fue un excelente ejemplo de alguien a quien el mundo habría pasado por alto.

EL RETO DE HOY:

Dile al Padre que deseas un corazón de discernimiento y amor hacia los demás. Pídele al Espíritu Santo que te ayude a ser considerado e inclusivo con aquellos a tu alrededor que el mundo podría estar rechazando.

Profundice más: Estudiar 1 Samuel 16; 1 Samuel 9:1-2.

5 de noviembre

EN EL NOMBRE DEL SEÑOR TODOPODEROSO

1 Samuel 17:45-46

"David contestó: 'Tú vienes contra mí con espada, lanza y jabalina, pero yo vengo a ti en el nombre del Señor de los Ejércitos, el Dios de los escuadrones de Israel, a quien has desafiado. Hoy mismo el Señor te entregará en mis manos; y yo te mataré y te cortaré la cabeza. Hoy mismo echaré los cadáveres del ejército filisteo a las aves del cielo y a las fieras del campo, y todo el mundo sabrá que hay un Dios en Israel'".

Ayer aprendimos cómo Dios vio el corazón de David antes de ungirlo como el futuro rey de Israel. El pasaje de hoy nos muestra algo de lo que Dios vio en el corazón de David: valentía, fe y liderazgo.

Los hermanos de David, los candidatos más probables para el trono, se encontraban entre los muchos guerreros israelitas que ya habían sido intimidados durante cuarenta días por Goliat y los filisteos. Jesse envió a David como chico de los recados al frente con provisiones para los hermanos y regalos para sus comandantes, con la intención de que regresara con un informe. Poco sabía lo importante que sería este "recado" para la batalla.

David, el pastorcillo, conocía íntimamente al Dios de Israel a quien Goliat estaba contaminando. Había pasado mucho tiempo conociendo a Dios y su fidelidad en aquellos campos solitarios. Cuando se enfrentó a Goliat, fue con gran confianza en Dios que corrió hacia su gigante declarando en voz alta la fidelidad de Dios y defendiendo Su Nombre.

EL RETO DE HOY:

Pasa tiempo con el Padre recordando Su fidelidad, poder y amor. Declara con furia la Palabra de Dios, en el Nombre del Señor Todopoderoso, sobre los gigantes en tu vida hoy. ¡Que el mundo sepa que hay un Dios en el Cielo!

Profundice más: Estudiar 1 Samuel 17.

6 de noviembre

ENCUENTRA FUERZA EN DIOS

1 Samuel 30:3-4, 6

"Cuando David y sus hombres llegaron, encontraron que la ciudad había sido quemada y que sus esposas, hijos e hijas habían sido llevados cautivos. David y los que estaban con él se pusieron a llorar y a gritar hasta quedarse sin fuerzas. ⁶David se angustió, pues la tropa hablaba de apedrearlo; y es que todos se sentían amargados por la pérdida de sus hijos e hijas. Pero cobró ánimo y puso su confianza en el Señor su Dios".

Mientras esperaba muchos años para convertirse en rey, David tuvo muchas pruebas, tiempos desalentadores y situaciones difíciles que podrían haberle quitado la vida. Claramente, la mano de Dios estaba sobre él. El pasaje de hoy describe uno de los días más oscuros de David.

David y sus 600 hombres, y sus familias, habían huido de Israel para evitar al rey Saúl y los había llevado a la tierra de los filisteos para vivir bajo el mando de Aquis, hijo del rey de Gat. Fueron rechazados de una batalla en la que habrían estado ayudando a los filisteos contra Saúl y su ejército porque los líderes filisteos no confiaban en su lealtad.

Al regresar a Siclag, encontraron su aldea saqueada, incendiada, y sus familias habían sido tomadas cautivas por un grupo de amalecitas. Todos lloraron en voz alta y hablaron de matar a David. David se fue solo a buscar al Señor y a ser consolado de la pérdida de sus dos esposas.

David se animó a sí mismo y encontró fortaleza en el Señor, recordó Su fidelidad y recibió instrucciones para perseguir y recuperar todo lo que se había perdido. Encontraron a sus enemigos y los destruyeron. David trajo todo de vuelta, incluyendo a sus familias ilesas.

¿Estás en un momento desalentador de la vida? Puedes encontrar fuerza en Dios.

EL RETO DE HOY:

Cuéntale a Dios acerca de tu situación y pídele que te guíe. Recibe el aliento del Espíritu.

Profundice más: Estudiar 1 Samuel 30.

7 de noviembre

ALABANZA DESENFRENADA

2 Samuel 6:14-16, 21-22

"Vestido con un efod de tela de lino, se puso a bailar ante el Señor con gran entusiasmo. Así que entre vítores y al son de trompetas, David y todo el pueblo de Israel llevaban el arca del Señor. Sucedió que al entrar el arca del Señor a la Ciudad de David, la hija de Saúl, Mical, se asomó a la ventana y, cuando vio que el rey David estaba saltando y bailando delante del Señor, sintió por él un profundo desprecio. ²¹ David respondió: Lo hice en presencia del Señor, quien en vez de escoger a tu padre o a cualquier otro de su familia, me escogió a mí y me hizo gobernante de Israel, que es el pueblo del Señor. De modo que seguiré bailando en presencia del Señor, y me rebajaré más todavía, hasta humillarme completamente. Sin embargo, esas mismas esclavas de quienes hablas me rendirán honores".

David puso al Señor en primer lugar en cada aspecto de su vida. Cuando llegó el momento de llevar el Arca de Dios a la Ciudad de David, todo Israel se regocijó con David y sus hombres. Hubo una gran ceremonia alrededor de la procesión, y David no se avergonzó de bailar ante el Señor con todas sus fuerzas.

David sabía que la acción de gracias y la alabanza nos llevaban a la presencia de Dios. Estaba celebrando la bondad y la fidelidad de Dios. Su acto de adoración en ese momento era todo un baile alegre, y no le importaba lo que pensaran los demás, o lo indigno que pudiera haber sido que su rey no tuviera restricciones en su alabanza.

¿Por qué deberíamos avergonzarnos de adorar y alabar a nuestro Dios abierta y exuberantemente? Jesús le da gran importancia a reconocerlo ante los demás, tanto que si no lo hacemos, no nos reconocerá ante Su Padre Celestial (Mateo 10:32-33).

Los Salmos están llenos de aliento para cantar, gritar y bailar ante el Señor. ¡Sé audaz y no te avergüences!

EL RETO DE HOY:

¡Dile al Padre que no tendrás miedo de alabarlo exuberantemente incluso frente a otras personas!

Profundice más: Estudiar 2 Samuel 6; Mateo 10:32-33; Salmo 100:1-5; Salmo 47:1, 5-6; Salmo 32:11; Salmo 95:1-7; Zacarías 2:10; Juan 7:37-39; Juan 11:43.

8 de noviembre

EL PECADO TIENE CONSECUENCIAS

2 Samuel 12:9-11

"¿Por qué, entonces, despreciaste la palabra del Señor haciendo lo que le desagrada? ¡Asesinaste a Urías el hitita para apoderarte de su esposa! ¡Lo mataste con la espada de los amonitas! Por eso la espada jamás se apartará de tu familia, pues me despreciaste al tomar la esposa de Urías el hitita para hacerla tu mujer».

Pues bien, así dice el Señor: "Yo haré que el desastre que mereces surja de tu propia familia, y ante tus propios ojos tomaré a tus mujeres y se las daré a otro, el cual se acostará con ellas en pleno día".

El rey David honró a Dios, y Dios lo honró a él. Al leer los Salmos, no cabe duda de que David amaba a Dios con todo su corazón. Sin embargo, cayó en algunos pecados significativos a través de una serie de decisiones muy débiles y pobres.

En un momento en que debería haber estado luchando con sus hombres, se quedó en Jerusalén. ¿Podría haber sido su conciencia la que lo dejó sin dormir y en su techo por la noche? No apartó la vista cuando vio a Betsabé bañándose; Y lo que es peor, cedió a la tentación de mandar a buscarla y se acostó con ella. Cuando ella descubrió que estaba embarazada, David mandó matar a su muy leal amigo, Urías, porque era su esposo.

El Salmo 51 registra el arrepentimiento de David, y Dios extendió el perdón. Pero el pecado tiene consecuencias. Durante el resto de la vida de David, su familia y su trono fueron asediados con toda clase de problemas imaginables. La segunda mitad de 2 Samuel registra estas trágicas consecuencias.

Cuando llegan pensamientos tentadores, debemos tomarlos cautivos, rechazarlos y tomar la decisión correcta. Las consecuencias del pecado no valen la pena.

EL RETO DE HOY:

Pídele al Espíritu Santo que te ayude a aprender a decir "no" a la tentación rápidamente.

Profundice más: Estudiar 2 Samuel 12; Gálatas 6:7-8.

323

9 de noviembre

NO PERMANEZCAS DESTERRADO

2 Samuel 14:14
"Así como el agua que se derrama en tierra no se puede recoger, así también todos tenemos que morir. Pero Dios no nos arrebata la vida, sino que provee los medios para que el desterrado no siga separado de él para siempre".

2 Pedro 3:9
"El Señor no tarda en cumplir su promesa, según entienden algunos la tardanza. Más bien, él tiene paciencia con ustedes, porque no quiere que nadie perezca, sino que todos se arrepientan".

Somos un espíritu (nuestra verdadera esencia); poseemos un alma (mente, voluntad, emociones); Y vivimos en un cuerpo físico. Nuestro espíritu vivirá para siempre en algún lugar, pero nuestro cuerpo va a morir. No hay forma de evitarlo.

Si fuéramos al espacio exterior, tendríamos que tener un "traje espacial", de lo contrario no podríamos maniobrar ni existir. Del mismo modo, nuestro cuerpo es nuestro "traje terrestre" para que nuestro espíritu pueda maniobrar y vivir en este mundo temporal tridimensional. Un día lo dejaremos a un lado y regresaremos al mundo de los espíritus. Nuestra decisión de recibir o no a Jesús, y amar a Dios, en esta tierra determina dónde viviremos por toda la eternidad.

Dios da a todos numerosas oportunidades para elegir a Su Hijo y buscar una relación íntima con el Padre. Él nos da libre albedrío, por lo que no nos obligará a elegir el Cielo. Cuanto más comprendamos y recibamos el amor incondicional del Padre, querremos buscar más intimidad con Él.

Jesús vino a darnos vida abundante, comenzando ahora mismo y extendiéndose por toda la eternidad. El pecado nos separa de Dios, y somos desterrados de Su Presencia a menos que vengamos a través de Jesús. Oren diligentemente por aquellos que aún están desterrados.

EL RETO DE HOY:

Habla con alguien hoy que todavía esté desterrado, y hazle saber cuánto Dios lo ama.

Profundice más: Estudiar 2 Samuel 14; 1 Tesalonicenses 5:23; Zacarías 12:1; Hechos 7:59.

10 de noviembre

¡EL SEÑOR – EL ES DIOS!

1 Reyes 18:21, 38-39

"Elías se presentó ante el pueblo y dijo: —¿Hasta cuándo van a seguir indecisos? Si el Dios verdadero es el Señor, deben seguirlo; pero si es Baal, síganlo a él. El pueblo no dijo una sola palabra. ³⁸ En ese momento, cayó el fuego del Señor y quemó el holocausto, la leña, las piedras y el suelo, y hasta lamió el agua de la zanja. Cuando vieron esto, todos se postraron y exclamaron: '¡El Señor es Dios! ¡El Señor es Dios!'"

Uno de los capítulos más interesantes y emocionantes de la Biblia es 1 Reyes 18. Te animo a que te detengas y leas todo el capítulo ahora.

Elías exhibió una tremenda fe y valentía en el Monte Carmelo al enfrentarse a los 450 profetas de Baal y a los 400 profetas de Asera, todos ellos apoyados por la reina más malvada, Jezabel. Este era el tiempo para mostrar a todo Israel quién era su verdadero Dios, Jehová, o los dioses falsos de Baal y Asera. La vida de Elías estaba en juego.

Elías desafió a los otros profetas a una demostración de poder. Con el mismo sacrificio en los dos altares, ¿qué Dios enviaría fuego del cielo para consumir el sacrificio?

Los falsos profetas clamaron a sus dioses, se cortaron y bailaron febrilmente durante horas, pero nada sucedió. Elías les dio tiempo de sobra, pero finalmente le tocó a él.

Después de empapar la leña y el sacrificio tres veces con abundantes cantidades de agua, Elías clamó al Señor una vez, ¡y cayó fuego del cielo para consumir el sacrificio y toda el agua estancada en las zanjas! No había duda de quién era Dios en Israel y en toda la Tierra.

EL RETO DE HOY:

Pasa tiempo con el Padre contemplando y celebrando Su Poder y Majestad.

Profundice más: Estudiar 1 Reyes 18.

SUPERADO EN NÚMERO

2 Reyes 6:15-17

"...revistió las paredes interiores con tablas de cedro, artesonándolas desde el piso hasta el techo; el piso lo recubrió con tablones de ciprés. En el santuario interior, al fondo del templo, acondicionó el Lugar Santísimo, recubriendo el espacio de veinte codos con tablas de cedro desde el piso hasta el techo. Frente al Lugar Santísimo estaba la nave central, la cual medía cuarenta codos".

Por instrucción de Dios, Elías el Profeta escogió a Eliseo para sucederlo como profeta del Señor en Israel. ¡Eliseo pidió y recibió una porción doble de la unción de Elías! Ver 2 Reyes 2.

En 2 Reyes 6, aprendemos que Eliseo estaba interceptando sobrenaturalmente los planes de guerra del Rey de Aram. En repetidas ocasiones, los ejércitos de Israel fueron advertidos por Eliseo, por lo que cada vez los planes del enemigo fueron frustrados.

El rey de Aram se enfureció cuando se enteró de Eliseo, y finalmente descubrió dónde estaba. *"Luego envió allí caballos, carros y un ejército fuerte. Fueron de noche y rodearon la ciudad".* (versículo 14). Eliseo solo tenía un siervo con él. En el natural, eran superados en número. ¿O sí?

El sirviente entró en pánico cuando vio cuántos de los soldados enemigos estaban allí con todos sus carros. Pero Eliseo podía ver en el reino de los espíritus para ver la poderosa fuerza de los ángeles guerreros que rodeaban al enemigo. ¿Quiénes eran realmente superados en número?

Si pudiéramos ver en el reino espiritual que nos rodea, donde siempre se libran las verdaderas batallas (ver Efesios 6:10-18), ¡sabríamos que siempre estamos protegidos y asistidos sobrenaturalmente!

EL RETO DE HOY:

¡Gracias al Padre por Su abrumadora superioridad sobre el enemigo! Mantente de Su lado.

Profundice más: Estudiar 2 Reyes 6; Efesios 6:10-18.

12 de noviembre

BUSCA SIEMPRE SU ROSTRO

1 Crónicas 16:8-11

"Alabanza al Señor: 'Den gracias al Señor; proclamen su nombre. ¡Den a conocer sus obras entre las naciones ¡Cántenle, entónenle salmos! ¡Hablen de todas sus maravillas! ¡Gloríense en su santo nombre! ¡Alégrese el corazón de los que buscan al Señor! ¡Busquen al Señor y su fuerza; anhelen siempre su rostro!›"

Después de que el rey David preparó una tienda para albergarlo, ¡el Arca de Dios finalmente fue trasladada a Jerusalén! ¡Qué maravillosa celebración tuvieron, y David presentó regalos a cada hombre y mujer israelita! *"Y designó a algunos de los levitas para que sirvieran delante del arca del Señor, para que exaltaran, agradecieran y alabaran al Señor, Dios de Israel"*. (versículo 4).

David fue el primero en cantar una canción de agradecimiento a Asaf y a los cantores ese día. Nuestro pasaje de hoy es la primera parte de un maravilloso salmo de acción de gracias y alabanza que se extiende a lo largo de la mayor parte del capítulo 16. Serás bendecido al leer y meditar todo el Salmo.

¡Hay tanto poder, paz y gozo en tomarse un tiempo personal para agradecer genuinamente a Dios por todo lo que ha hecho, está haciendo y hará en nuestras vidas! Debemos levantar el Nombre por encima de todos los nombres en alabanza. ¡Debemos celebrar todas las formas en que Dios es real para nosotros como Proveedor, Sanador, Consolador, Protector, Levantador de nuestras cabezas, Salvador y Libertador!

Debemos mirar al Señor cada día como nuestra fortaleza. Todas las cosas son posibles para Dios. En cada situación de la vida, busquemos siempre su rostro.

EL RETO DE HOY:

Pasa tiempo con el Padre reflexionando sobre Su Gran Poder, Sus majestuosos caminos y Su amor incondicional por ti. Busca Su consejo para lo que sea que estés enfrentando hoy.

Profundice más: Estudiar 1 Crónicas 16.

13 de noviembre

ME HAS TRAÍDO HASTA AQUÍ

1 Crónicas 17:16-17

"Luego el rey David se presentó ante el Señor y dijo: 'Señor y Dios, ¿quién soy yo y qué es mi familia para que me hayas hecho llegar tan lejos? [17] Como si esto fuera poco, oh Dios, has hecho promesas a este tu siervo en cuanto al futuro de su casa. ¡Me has tratado como si fuera yo un hombre muy importante, Señor y Dios!'".

A David le molestaba que el Arca de Dios residiera debajo de una tienda mientras él moraba en un palacio. David quería construir una casa más permanente y hermosa para Dios. Al principio, el profeta Natán lo animó a hacer lo que tuviera en mente porque el Señor estaba con él.

Sin embargo, esa misma noche el Señor se le apareció a Natán en un sueño para darle un mensaje para David. El Señor le dijo a David que no quería que él fuera el que construyera Su casa, sino que Dios permitiría que uno de sus hijos la construyera después de que los días de David terminaran.

Pero Dios sorprendió a David, cuando dijo, en lugar de que David le construyera una casa a Dios, Dios dijo: "Te declaro que el Señor te edificará una casa". (versículo 10). Dios prometió establecer la Casa de David para siempre.

Con esa abrumadora sorpresa y bendición en mente, tenemos el pasaje de hoy cuando David comenzó una larga oración de agradecimiento y alabanza (versículos 16-25). ¡Cuán humillado estaba delante del Señor!

Debemos entender que cuando ponemos nuestros corazones a seguir a Dios por el resto de nuestras vidas, Dios bendecirá a nuestra familia ahora y por las generaciones venideras.

EL RETO DE HOY:

Vuelve a encomendar tu corazón al Padre y dale gracias por haberte traído hasta aquí.

Profundice más: Estudiar 1 Crónicas 17.

14 de noviembre

DAR GENEROSAMENTE

1 Crónicas 29:9, 14

"El pueblo estaba muy contento de poder dar voluntariamente[i] sus ofrendas al Señor; también el rey David se sentía muy feliz. [14] 'Pero ¿quién soy yo y quién es mi pueblo, para que podamos darte estas ofrendas voluntarias? En verdad, tú eres el dueño de todo y lo que te hemos dado, de ti lo hemos recibido...' ".

A David no se le permitió construir el Templo para Dios porque "era un guerrero y había derramado sangre" (1 Crónicas 28:3). Sin embargo, el Espíritu de Dios le dio a David las ideas y la capacidad de trazar todos los planes, hacer todos los arreglos, y lo inspiró a dar gran parte de su fortuna para pagarla.

Cuando los líderes de Israel oyeron los planes de David y vieron que su corazón estaba dispuesto a dar a Dios, también dieron generosamente de manera extravagante. Vemos en el pasaje de hoy cómo el pueblo de Israel respondió a esta gran empresa y a los dones que se habían dado libremente con amor y honor de todo corazón a Dios.

En los versículos 10-13, se nos dice cómo David alabó al Señor en presencia de toda la asamblea de Israel. ¡Oh, cuán bendecidos somos al tener todas las maravillosas obras de alabanza de David como ejemplos de cómo nosotros también debemos honrar y alabar a nuestro Dios!

David reconoce humildemente la bendición que es poder dar al Señor. Después de todo, todo lo que tenemos proviene de Él, y solo le estamos devolviendo una porción de lo que Él nos ha dado.

Sé siempre generoso con Dios. ¡No puedes darle más que Él!

EL RETO DE HOY:

Pídele al Padre que te dé un corazón de generosidad hacia Él y hacia todo Su pueblo.

Profundice más: Estudiar 1 Crónicas 29; 1 Crónicas 28:3; Malaquías 3:10; Proverbios 3:9-10; Proverbios 11:24; Lucas 6:38; Lucas 21:1-4; 2 Corintios 9:6-8; Gálatas 6:7; Hebreos 7:8.

15 de noviembre

ESCUCHA DESDE EL CIELO

2 Crónicas 6:20-21

"¡Que tus ojos estén abiertos día y noche sobre este templo, el lugar donde decidiste poner tu Nombre, para que oigas la oración que tu siervo eleva hacia ese lugar! [21] Oye las súplicas de tu siervo y de tu pueblo Israel cuando oren en este lugar. Oye desde el cielo, donde habitas; escucha y perdona".

Una vez que Salomón hubo terminado el Templo, hubo una gran ceremonia de dedicación. Después de bendecir a toda la asamblea de Israel, Salomón se volvió hacia el altar del Señor en el Templo, extendió sus manos y oró su propia oración de dedicación (ver el texto completo en 2 Crónicas 6).

El pasaje de hoy es solo una de las partes poderosamente ungidas de su oración, pero esta sección es clave para nosotros hoy. Como cristianos, nos beneficiamos de que Jesús derribe el velo de la separación de Dios a través de su muerte y resurrección. No vamos a un lugar en particular, como un Templo donde Dios mora en la Tierra, para ofrecer nuestras oraciones a través de un sacerdote. ¡No, nosotros somos el templo!

Como cristianos del Nuevo Testamento, somos la morada misma de Dios en la Tierra a través de Su Espíritu Santo que reside en nosotros. Ver 1 Corintios 6:19. De manera similar a este pasaje, sabemos que los ojos de Dios siempre están abiertos hacia nosotros porque todo el Cielo es atraído por el Espíritu de Cristo dentro de nosotros. Cuando elevamos nuestras voces a Él, con corazones humildes y arrepentidos, sabemos que Él nos escucha (1 Juan 3:21-22):

"Queridos amigos, si nuestro corazón no nos condena, tenemos confianza delante de Dios [22] y recibimos de él todo lo que pedimos, porque cumplimos sus mandamientos y hacemos lo que le agrada".

EL RETO DE HOY:

Dile al Padre lo agradecido que estás de ser Su morada en la Tierra por Su Espíritu Santo.

Profundice más: Estudiar 2 Crónicas 6; 1 Corintios 6:19; 1 Juan 3:21-22.

16 de noviembre

SI MI GENTE

2 Crónicas 7:13-14

"Cuando yo cierre los cielos para que no llueva, o le ordene a la langosta que devore la tierra, o envíe plaga sobre mi pueblo, si mi pueblo, que lleva mi nombre, se humilla y ora, y me busca y abandona su mala conducta, yo lo escucharé desde el cielo, perdonaré su pecado y restauraré su tierra".

Después de que Salomón terminó de rezar su oración dedicatoria para el Templo, *"descendió fuego del cielo y consumió el holocausto y los sacrificios, y la gloria del Señor llenó el Templo".* (2 Crónicas 7:1.)

Después de unas dos semanas de celebrar la fiesta y la dedicación, y después de que Salomón hubo hecho todo lo que se había propuesto hacer con respecto al Templo, el Señor se le apareció por la noche. Dios dijo que escuchó su oración y que había "escogido este lugar para mí como templo para sacrificios". (versículo 12)

Dios continúa en el pasaje que tenemos ante nosotros hoy, parte del cual (versículo 14) es muy familiar para muchos cristianos. Pero muchas personas no se dan cuenta de que la oración completa comienza en el versículo 13. Dios nos recuerda que es Él, y solo Él, quien manda a la naturaleza para juzgar a las naciones o grupos de personas.

Cuando nos vemos acosados por pruebas o juicios, ya sean causados por Dios o por las consecuencias de malas decisiones humanas, tenemos la responsabilidad de hacer cuatro cosas si queremos que Dios escuche, perdone y sane; es decir, debemos humillarnos, orar, buscar Su rostro y apartarnos de nuestros malos caminos.

Asegúrate de hacer tu parte cuando clames a Él.

EL RETO DE HOY:

Dile al Padre que estás humildemente arrepentido y pídele a Su Espíritu que te dé el poder de apartarte del mal.

Profundice más: Estudiar 2 Crónicas 7; 1 Pedro 5:5-6; Santiago 4:4-10; Salmo 51:17; Isaías 57:15; Isaías 66:1-2.

17 de noviembre

TOTALMENTE COMPROMETIDO CON DIOS

2 Crónicas 16:9
"El Señor recorre con su mirada toda la tierra y está listo para ayudar a quienes le son fieles. De ahora en adelante tendrás guerras, pues actuaste como un necio".

Jesús dejó muy claro lo que sentía por los cristianos tibios en el sentido de que los vomitaría de su boca (Apocalipsis 3:16). Dios el Padre dijo: *"Este pueblo se acerca a mí con su boca y me honra con sus labios, pero su corazón está lejos de mí".* (Isaías 29:13). Estas son personas que no están completamente comprometidas con Dios.

Por otro lado, el pastor Mark Batterson exhorta a los cristianos a ir "con todo adentro, y con todo fuera, por el Todo en Todo". (Yendo por todo). Esta es una persona que está totalmente comprometida con Dios; y, es aquel acerca de quien el pasaje de la Escritura de hoy describe como fortalecido por Dios.

Dios promete bendecir, fortalecer y proteger a todos aquellos que lo buscan seriamente y desean servirle. El Salmo 5:12 dice: *"Ciertamente, Señor, tú bendices a los justos; los rodeas con tu favor como con un escudo".*

Cuando ponemos nuestros corazones firmemente en Dios, y lo seguimos a diario con ahínco, es muy alentador pensar que Dios tiene sus ojos sobre nosotros para fortalecernos en nuestro viaje. ¿Por qué habríamos de buscar fuera de Él algún estímulo, satisfacción o refuerzo?

Permítanme animarles a ir "de todo" con Jesús. No te preocupes por complacer a los hombres durante esta estancia temporal en la Tierra; más bien, toma la decisión de servir a Dios de todo corazón, y sin reservas, durante todos los días que te quedan. Nunca te arrepentirás.

EL RETO DE HOY:

Dile al Padre que te estás volviendo a dedicar a servirle con todo tu corazón, en total rendición a lo que sea que Su voluntad sea para ti hoy. Sométete completamente a Su liderazgo del Espíritu Santo.

Profundice más: Estudiar 2 Crónicas 16.

18 de noviembre

BUSCA LA AYUDA DEL SEÑOR

2 Crónicas 20:2-4, 12

"y alguien fue a informarle: 'Del otro lado del mar Muerto y de Edoⁱ viene contra ti una gran multitud. Ahora están en Jazezón Tamar, es decir, en Engadi'. Atemorizado, Josafat decidió consultar al Señor y proclamó un ayuno en todo Judá. Los habitantes de todas las ciudades de Judá llegaron para pedir juntos la ayuda del Señor. ¹² Dios nuestro, ¿acaso no vas a dictar sentencia contra ellos? Nosotros no podemos oponernos a esa gran multitud que viene a atacarnos. ¡No sabemos qué hacer! Pero en ti hemos puesto nuestra esperanza".

Cuando un ejército superior de moabitas, amonitas y meunitas vino a hacer la guerra a Judá y Josafat, el rey supo exactamente qué hacer. Proclamó un ayuno y reunió al pueblo.

Hay un considerable poder sobrenatural disponible para el pueblo de Dios cuando se unen de común acuerdo para ayunar, consultar a Dios y buscar Su ayuda.

El Espíritu del Señor descendió sobre su profeta, Jahaziel, *"Y dijo Jahaziel: «Escuchen, habitantes de Judá y de Jerusalén, y escuche también usted, rey Josafat. Así dice el Señor: "No tengan miedo ni se acobarden cuando vean ese gran ejército, porque la batalla no es de ustedes, sino mía. ¹⁶ Mañana, cuando ellos suban por la cuesta de Sis, ustedes saldrán contra ellos y los encontrarán junto al arroyo, frente al desierto de Jeruel. ¹⁷ Pero ustedes no tendrán que intervenir en esta batalla. Simplemente, quédense quietos en sus puestos, para que vean la salvación que el Señor les dará. ¡Habitantes de Judá y de Jerusalén, no tengan miedo ni se acobarden! Salgan mañana contra ellos, porque el Señor, estará con ustedes".* (2 Crónicas 20:15, 17.)

Al día siguiente, el rey envió a los cantores para que dirigieran sus fuerzas. Ni siquiera pelearon. ¡Todo el ejército enemigo yacía muerto frente a ellos!

EL RETO DE HOY:

Dile a Dios Padre lo asombroso que es al responder a las oraciones sinceras y a la alabanza de su pueblo.

Profundice más: Estudiar 2 Crónicas 20.

19 de noviembre

DE TODO CORAZÓN

2 Crónicas 25:2

"Amasías hizo lo que agrada al Señor, aunque no de todo corazón".

Hace dos días, nuestra devoción consistía en estar totalmente comprometidos con Dios. ¿Podrías tomarte unos minutos para repasar el devocional del 17 de noviembre?

El versículo de hoy lleva esta idea un poco más allá, pero nos da un ejemplo de alguien que no está completamente comprometido con el Señor. El rey Amasías tenía sólo 25 años cuando se convirtió en rey, y el versículo de hoy es una introducción inquietante a sus veintinueve años de reinado. *"Hizo lo que era recto a los ojos del Señor, pero no de todo corazón".*

Al estudiar todo el capítulo 25, descubrirá que Amasías se enorgullecía de la forma en que reunía un ejército. En lugar de confiar en el pueblo de Dios, contrató mercenarios que terminaron traicionándolo, matando a 3.000 personas y llevándose gran parte del botín.

Luego, después de ganar una batalla, le fue infiel a Dios y trajo de vuelta los ídolos de los dioses extranjeros del pueblo derrotado. Amasías era muy terca y no escuchaba el consejo del profeta del Señor (versículos 16 y 20). Sabía "lo que era recto a los ojos del Señor", pero quería hacer las cosas a su manera, con solo débiles intentos de seguir a Dios.

Era orgulloso, infiel, testarudo, ignorante, poco entusiasta y egocéntrico. Desafortunadamente, esto podría describir a muchos que afirman ser parte del Cuerpo de Cristo hoy en día.

A medida que el Día del Señor se acerca rápidamente, comprometámonos nuevamente a buscar a Dios de todo corazón, humilde, fiel y atentamente en un compromiso con nuestra fe que sea abnegada y centrada en Cristo.

EL RETO DE HOY:

Dile a Dios Padre que sabes que Él es digno de tu devoción de todo corazón. Pídele al Espíritu Santo que te ayude a identificar cualquier área de tu vida que aún no esté completamente comprometido con Dios.

Profundice más: Estudiar 2 Crónicas 25.

20 de noviembre

UN PRISIONERO HUMILLADO

2 Crónicas 33:10-12

"El Señor habló a Manasés y a su pueblo, pero no le hicieron caso. Por eso el Señor envió contra ellos a los comandantes del ejército del rey de Asiria, los cuales capturaron a Manasés y lo llevaron a Babilonia sujeto con garfios y cadenas de bronce. Estando en tal aflicción, imploró al Señor, Dios de sus antepasados, y se humilló profundamente ante él".

Manasés, hijo del rey Ezequías, ascendió a rey cuando solo tenía 12 años, y reinó en Jerusalén cincuenta y cinco años. La Biblia dice que hizo más mal que todas las naciones que Dios destruyó antes de los israelitas (versículo 9).

El pasaje de hoy señala que Dios le habló a Manasés y a su pueblo, pero no quisieron escuchar. A veces, Dios se vale de circunstancias crueles e inusuales para llamar nuestra atención. Generalmente, algo malo sucede como consecuencia directa de malas decisiones y pecado. Dios hizo prisionero a Manasés y lo ató con grilletes y cadenas. Para algunos de nosotros, ¿esto parece familiar?

¡Pero espera! El plan de Dios debe haber funcionado porque, desde la prisión, Manasés se volvió a Dios, se arrepintió y oró. Dios escuchó su súplica, se conmovió por su corazón y llevó a Manasés de regreso a Jerusalén. 2 Crónicas 33:14-20 describe a un rey totalmente convertido, «vendido a Dios», bueno, que verdaderamente se había humillado a sí mismo, y luego sirvió a Dios el resto de su vida.

¡Qué cambio tan milagroso! La «religión de la cárcel» era «la cosa real» para Manasés.

¿Te sientes identificado? Puedo.

EL RETO DE HOY:

Agradezca al Padre por la forma en que usó las circunstancias para llamar su atención. Agradécele a Jesús por pagar el precio para redimirte del mercado de esclavos del pecado. Pídele al Espíritu Santo que te ayude a mantenerte humilde.

Profundice más: Estudiar 2 Crónicas 33.

21 de noviembre

NO HABÍA REMEDIO

2 Crónicas 36:15-16

"Por amor a su pueblo y al lugar donde habita, el Señor, Dios de sus antepasados, con frecuencia les enviaba advertencias por medio de sus mensajeros. Pero ellos se burlaban de los mensajeros de Dios, tenían en poco sus palabras, y se mofaban de sus profetas. Por fin, el Señor desató su ira contra el pueblo y ya no hubo remedio".

La paciencia de Dios con Judá finalmente se agotó. 2 Crónicas 36 relata las breves historias de los últimos cuatro reyes de Judá, quienes sirvieron un total de veinticinco años. Está muy claro que todos hicieron lo malo a los ojos del Señor.

El último rey de los cuatro, Sedequías, no escuchó al profeta de Dios, Jeremías, ni se humilló. Se volvió muy terco y no se volvía al Señor Dios de Israel (versículos 12-13).

El versículo 14 continúa:
"Además, todos los jefes de los sacerdotes y del pueblo se volvieron cada vez más infieles, siguiendo todas las prácticas detestables de las naciones y profanando el templo del Señor, que él había consagrado en Jerusalén".

Finalmente, Dios entregó a los líderes y al pueblo de Judá al rey Nabucodonosor de Babilonia para que los llevara cautivo durante setenta años. El Templo fue incendiado, la muralla de Jerusalén fue derribada y todos los artículos de servicio del Templo y todos sus tesoros fueron saqueados.

Lamentablemente, el estado de las cosas en Jerusalén y Judá en el pasaje de hoy se parece mucho a nuestro mundo en este momento, especialmente en Estados Unidos. ¿Nos arrepentiremos y volveremos al Señor antes de caer bajo el juicio de Dios? Rezo para que lo hagamos.

EL RETO DE HOY:

Pregúntale al Padre qué necesitas hacer para comenzar un avivamiento personal para ti y tu familia. Pídele al Espíritu Santo que te dé el poder de influir positivamente en el mundo que te rodea antes de que sea demasiado tarde.

Profundice más: Estudiar 2 Crónicas 36.

UNA NUEVA BASE

Esdras 3:11-12

"Todos daban gracias al Señor y a una le cantaban esta alabanza: 'Él es bueno; su gran amor por Israel perdura para siempre'. Y todo el pueblo alabó con grandes aclamaciones al Señor, porque se habían echado los cimientos del templo. Muchos de los sacerdotes, levitas y jefes de familia, que eran ya ancianos y habían conocido el primer templo, prorrumpieron en llanto cuando vieron los cimientos del nuevo templo, mientras muchos otros gritaban de alegría".

El rey Ciro de Persia capturó Babilonia después de que los israelitas habían estado setenta años en cautiverio. Ciro permitió que Zorobabel llevara a un gran grupo de unos 42.000 israelitas de vuelta a Jerusalén para reconstruir el Templo que había sido destruido por los babilonios. Esto fue exactamente como lo profetizó Isaías casi doscientos años antes (ver Isaías 44:28; 45:1, 13).

En el segundo año después de su regreso a Israel, se comenzó trabajo en la nueva fundación del Templo. Para muchas de las personas, este fue un gran momento histórico de alegría y expectación. Sin embargo, los planes para el nuevo Templo no cran ni de lejos tan grandiosos como el Templo de Salomón, por lo que cuando llegó la celebración de la colocación de los cimientos, los sacerdotes más viejos, los levitas y las cabezas de familia lloraron en voz alta.

Es importante dejar atrás nuestro pasado, de lo contrario, el enemigo puede usarlo en nuestra contra para la depresión o para comparaciones injustas y poco realistas. Francamente, los "buenos viejos tiempos" nunca fueron tan buenos como los recordamos.

Pablo dice que "se olvida de las cosas que quedaron atrás" (Filipenses 3:13); y Dios dice: "Olvidad las cosas pasadas, no os detengáis en el pasado" (Isaías 43:18). Si seguimos viviendo en el pasado, no podemos disfrutar de hoy y tenemos un impacto negativo en nuestro futuro.

EL RETO DE HOY:

Dile al Padre que estás agradecido por el presente y contento de ser liberado de tu pasado.

Profundice más: Estudiar Esdras 3; Isaías 44:28; Isaías 45:1, 13; Filipenses 3:13; Isaías 43:18

23 de noviembre

CON LA AYUDA DE NUESTRO DIOS

Nehemías 6:15-16

"La muralla se terminó el día veinticinco del mes de elul. Su reconstrucción había durado cincuenta y dos días. Cuando todos nuestros enemigos se enteraron de esto, las naciones vecinas se sintieron atemorizadas y humilladas, pues reconocieron que ese trabajo se había hecho con la ayuda de nuestro Dios".

Unos ochenta años después de que Zorobabel llevara al primer grupo de exiliados de vuelta a Jerusalén para reconstruir el Templo, Nehemías, todavía en Babilonia, recibió un informe de que "el muro de Jerusalén ha sido derribado y sus puertas han sido quemadas con fuego". También se informó que la gente de Jerusalén estaba en "gran tribulación y deshonra" (ver Nehemías 1:3).

Cuando Nehemías oyó todas estas cosas, se sentó y lloró. Lloró, ayunó y oró ante el Señor durante días (Nehemías 1:4-11). Nehemías recibió la bendición de Dios y el favor del Rey para llevar algunos hombres y suministros a Jerusalén para reconstruir el muro.

Sin un muro para la defensa, Jerusalén era muy accesible a los enemigos. Después de inspeccionar la muralla y evaluar la situación política con hombres nobles que competían entre sí y que tenían lealtades mixtas, Nehemías se puso manos a la obra. A través de la oración, la protección de Dios, las buenas habilidades de liderazgo y los recursos del emperador, Nehemías y su equipo completaron el muro en solo cincuenta y dos días. Esto se logró frente a un gran cinismo y oposición.

Cuando nos enfrentamos a dificultades, pruebas y senderos, si seguimos el ejemplo de Nehemías, seremos vencedores y los que nos rodean le darán a Dios la gloria y el reconocimiento que Él merece.

Después de que oremos, ayunemos y busquemos la voluntad del Señor, Dios utilizará los dones que puso en nosotros para cumplir Sus propósitos.

EL RETO DE HOY:

Agradece al Padre por los talentos y habilidades que te ha dado. ¡Dile que quieres ser utilizada!

Profundice más: Estudiar Nehemías 1:3-11; Nehemías 6.

24 de noviembre

UN MOMENTO COMO ESTE

Ester 4:14

"Si ahora te quedas absolutamente callada, de otra parte vendrán el alivio y la liberación para los judíos, pero tú y la familia de tu padre perecerán. ¡Quién sabe si precisamente has llegado al trono para un momento como este!"

El libro de Ester contiene una tremenda historia de protección y liberación para el pueblo de Dios. Hay elementos de grandeza, intriga, engaño, astucia, coraje, venganza y victoria.

La reina Ester está en una posición única para ser usada por Dios en un momento muy particular de la historia de su pueblo. A pesar de su propio peligro personal, con la posibilidad incluso de perder su propia vida, decide hacer lo que Dios la está llamando a hacer. Ella buscó la sabiduría y el favor de Dios, y Él utilizó su voluntad sometida y su vida entregada.

Ciertamente parecía que Dios la había colocado en el lugar correcto en el momento correcto para que pudiera elegir hacer lo correcto. Su primo, Mardoqueo, era un hombre importante en el reino y se enteró de un complot secreto urdido al más alto nivel para exterminar a los judíos. Las circunstancias la habían convertido recientemente en reina, y Mardoqueo la instó a persuadir al rey para que interviniera en favor de los judíos.

Al igual que Ester, los cristianos se encuentran hoy en un mundo muy peligroso y malvado. Falta poco de tiempo para que llegue el Día del Señor. Dondequiera que nos encontremos en la vida en este momento, ¿podría ser que cada una de nuestras vidas fue planeada por Dios para estar aquí mismo, ahora mismo, "para un tiempo como este"?

EL RETO DE HOY:

Dile al Padre que estás listo para ser utilizado en la obra de Su Reino hoy. Agradécele por preposicionarte en este momento tan crítico.

Profundice más: Estudiar Esther 4.

25 de noviembre

JOB NO PECÓ

Job 1:20-22

"Al llegar a este punto, Job se levantó, se rasgó las vestiduras, se rasuró la cabeza y se dejó caer al suelo en actitud de adoración. Entonces dijo: 'Desnudo salí del vientre de mi madre y desnudo he de partir. El Señor ha dado; el Señor ha quitado ¡Bendito sea el nombre del Señor!' A pesar de todo esto, Job no pecó ni le echó la culpa a Dios".

La Biblia nos dice que Job era "irreprensible y recto; temía a Dios y se apartaba del mal". (Job 1:1). Solo hay un puñado de personas en la Biblia que recibieron un respaldo tan bueno de su vida. Dios lo había bendecido abundantemente, y la Palabra dice: "Era el hombre más grande entre todos los pueblos de Oriente". (versículo 3).

Dios estaba muy complacido con Job, diciendo: "No hay nadie en la tierra como él..." (versículo 8). Satanás buscó el permiso de Dios para poner a prueba a Job y tratar de demostrar que, sin todas sus muchas bendiciones, rechazaría y maldeciría a Dios. Dios lo permitió.

En el espacio de una tarde, Job perdió todo su ganado, ovejas y camellos; y, lo que es peor, la vida de todos sus hijos e hijas. Prácticamente todo lo que definía su día a día le fue arrebatado. Nuestro pasaje de hoy registra su respuesta a esta terrible serie de tragedias. No culpó a Dios y no abandonó su fe.

Al pueblo de Dios no se le promete una vida sin pérdidas ni tragedias, pero se nos asegura la ayuda para superar las pruebas y tribulaciones. Con demasiada frecuencia, las personas quieren culpar a Dios, e incluso alejarse de Él, cuando deberíamos estar corriendo hacia Él.

EL RETO DE HOY:

Habla con Dios sobre cualquier tormenta que enfrentes hoy, y refúgiate en Su bondad y misericordia.

Profundice más: Estudiar Job 1.

26 de noviembre

NECESITAMOS UN MEDIADOR

Job 9:32-35

"Dios no es hombre como yo, para que le responda y juntos comparezcamos ante un tribunal. ¡No hay un mediador aquí que decida el caso entre nosotros dos! ¡No hay quien aleje de mí la vara de Dio para que ya no me asuste su terror! Quisiera hablar sin temor, pero no puedo hacerlo".

En el pasaje de hoy, Job reconoce su gran necesidad y deseo de encontrarse directamente con Dios Todopoderoso. Puesto que reconoce y honra la Santidad de Dios, sabe que no podría acercarse a él debido a su propia condición imperfecta, incluso si fuera físicamente posible hacerlo.

Se cree que Job vivió al menos dos mil años antes que Jesús. Muchos ven el pasaje de hoy como una profecía de Jesús nuestro Mesías. Job reconoció que necesitaba a alguien que mediara entre Dios y él. Un "mediador" es un intercesor o portavoz. "Mediar" es actuar como intermediario, o intervenir, o interponer.

Aunque Job todavía no conocía a Jesús en estas capacidades, declaró muy claramente su reconocimiento de la necesidad de las futuras funciones de nuestro Salvador. Jesús vino a ocupar nuestro lugar, a interponerse en nuestra situación desesperada. Él no vino a intervenir en nuestra muerte; Vino a morir en nuestro lugar.

Solo Jesús podía satisfacer la necesidad descrita por Job. *"Por tanto, él puede salvar completamente a los que se acercan a Dios por medio de él, porque vive siempre para interceder por ellos".* (Hebreos 7:25).

EL RETO DE HOY:

Gracias al Padre por enviar a Su Hijo, Jesús, como nuestro máximo Salvador, Mediador e Intercesor.

Profundice más: Estudiar Job 9; Hebreos 7.

27 de noviembre

MI REDENTOR VIVE

Job 19:25-27

"Yo sé que mi Redentor vive y que al final se levantará sobre el polvo. Y, cuando mi piel haya sido destruida, todavía veré a Dios con mis propios ojos. Yo mismo lo veré con mis propios ojos; yo lo veré, no otro. ¡Este anhelo me consume las entrañas!"

En ninguna otra parte de nuestra Biblia hay una descripción tan atormentadora de los pensamientos atormentadores de una persona en extrema angustia y sufrimiento, como la hay en este Libro de Job.

Sus supuestos amigos quieren ayudarlo, pero en su mayor parte lo hacen sentir aún peor. Su comprensión de Dios, en la mayoría de los casos, ni siquiera es correcta. Nunca ayuda que alguien diga que nuestro sufrimiento es nuestra culpa, incluso cuando podría ser causado por nuestro propio pecado; pero en este caso, Job no había pecado, y sus acusaciones solo desanimaron aún más.

Estaba muy frustrado por no poder defenderse ante sus amigos o ante Dios. Job se siente absolutamente perdido, desamparado y abandonado: *"A todos mis amigos les resulto abominable; mis seres queridos se han vuelto contra mí. La piel y la carne se me pegan a los huesos; ¡a duras penas he salvado el pellejo!"* (Job 19:19-20.)

El devocional de ayer reconoció la sabiduría de Job de que necesitaba un Mediador. ¡El pasaje de hoy registra la comprensión llena de fe de Job de que tiene un Redentor! Job sabía que un día entraría en el Cielo y sería completamente vindicado. Esperaba con ansias el día en que vería a su Redentor con sus propios ojos.

¡Qué gran declaración de fe de un hombre que estaba en el fondo de la desesperación, la desesperanza y el desaliento! Aprendamos de Job a tener fe en situaciones desesperadas.

EL RETO DE HOY:

Dile al Padre lo agradecido que estás de haber sido redimido por la Sangre de Jesús.

Profundice más: Estudiar Job 19; Colosenses 1:13-14; Tito 2:14.

28 de noviembre

LEVÁNTALOS

Job 22:27-29

"Cuando ores, él te escuchará y tú le cumplirás tus promesas. Tendrás éxito en tus decisiones y en tus caminos brillará la luz. Cuando sean humillados y les digas "Levántense", Dios salvará a los humildes".

En esta sección del capítulo 22, Elifaz describe a un hombre justo que se ha sometido a Dios y está en paz con Él, lo que le trae prosperidad (versículo 21). Alguien que se arrepiente, se vuelve al Todopoderoso y deja atrás la maldad, puede mirar a Dios por su recompensa y tesoro (versículos 23-24).

Sabemos que nunca podemos ser justos por nuestros propios méritos o acciones. Pero, como creyentes nacidos de nuevo, la Biblia dice que somos la justicia de Dios en Cristo Jesús (2 Corintios 5:21). Aunque nunca podemos alcanzar nuestra propia justicia, tenemos al Espíritu Santo que nos santifica progresivamente para que comencemos a vivir más y más en la justicia de Cristo.

A través de Cristo y el poder del Espíritu Santo, se nos ha dado todo lo que necesitamos para una vida piadosa a través de las grandes y preciosas promesas de Dios (2 Pedro 1:3-4). En la justicia de Cristo, Dios escucha nuestras oraciones y nos exhorta a vivir una vida santa.

En Cristo, la gracia y el favor de Dios se aplican a través de Su Espíritu Santo a medida que somos capaces de tomar buenas decisiones. Nuestras oraciones son efectivas, y podemos interceder por alguien y esperar que Dios responda a nuestra oración y actúe en su nombre.

Dale a alguien una palabra de aliento hoy, e intercede por ellos. Dios escuchará y responderá.

EL RETO DE HOY:

Remítete a ti mismo y al Padre que no tienes justicia propia. Agradécele a Jesús por haberte acreditado con Su justicia. Déjate guiar por Su Espíritu hoy.

Profundice más: Estudiar Job 22; 2 Corintios 5:21; 2 Pedro 1:3-4.

29 de noviembre

HAZ UN PACTO CON TUS OJOS

Job 31:1

"Yo había convenido con mis ojos no mirar con lujuria a ninguna mujer joven".

Antes de entregar mi vida a Jesús mientras estaba en prisión, tenía muchas adicciones. Es posible que estén familiarizados con mi testimonio. Una de las peores fue mi adicción a la pornografía. El diablo me metió un gran garfio en la mandíbula y me arrastró durante años.

Me sentía como si estuviera absolutamente impotente para evitar las muchas tentaciones que el enemigo lanzaba como cebo frente a un pez. Las revistas, los teatros para adultos, la pornografía en línea, las líneas de chat para adultos y las conversaciones sexualmente sugerentes ocupaban un porcentaje cada vez mayor de mi día, todos los días.

Había caído en la reprobación, la perversión y la depravación de todo tipo. Participé en casi todas las formas de inmoralidad sexual. Romanos 1:18-32 ciertamente me describió, especialmente los versículos 24-28. Antes de Cristo, estaba llena de vergüenza, arrepentimiento y vergüenza por la vida que estaba viviendo, pero me sentía impotente para detenerme. ¿Alguna vez te has sentido así?

¡Alabado sea Dios por la libertad! Jesús me perdonó por mis muchos pecados de ayer, pero también pagó el precio para liberarme del poder del pecado hoy y mañana. Pero tengo la responsabilidad de cooperar con Su Espíritu Santo mientras me enseña cómo resistir la tentación y mantenerme libre.

Debemos querer dejar nuestro pecado y volvernos a Dios. Debemos elegir llevar todo pensamiento cautivo a la obediencia de Cristo (2 Corintios 10:4-5). Memorizar y citar las Escrituras específicas de la tentación es una de las mejores maneras de lograr esto. El versículo de hoy sigue siendo un arma eficaz para mí.

EL RETO DE HOY:

Dile al Padre lo agradecido que estás por haber sido liberado del poder del pecado. Sé intencional en mantenerte libre.

Profundice más: Estudiar Job 31; Romanos 1:18-32; 2 Corintios 10:4-5.

30 de noviembre

DISPUESTOS Y OBEDIENTES

Isaías 1:19-20

"'¿Están ustedes dispuestos a obedecer? ¡Comerán lo bueno de la tierra ¿Se niegan y se rebelan? ¡Serán devorados por la espada!' El Señor mismo lo ha dicho".

Uno de los más grandes profetas del Señor fue Isaías. Vivió unos setecientos años antes de Cristo.

Un verdadero profeta tenía la responsabilidad de decir la verdad revelada directamente por Dios, sin importar las consecuencias. Isaías ciertamente sabía cómo hacer saber a la gente lo que Dios estaba pensando y diciendo, y no le preocupaba lo que la gente pensara de él por ello.

El primer capítulo de Isaías es una acusación punzante de la condición del país y de su gente en ese momento. Te recomiendo que te tomes unos minutos para leerlo. En realidad, se parece mucho al estado de nuestro mundo hoy en día, incluso en lo que respecta a muchos dentro del Cuerpo de Cristo.

Dios no está interesado en nuestras actividades "religiosas", Él espera nuestra obediencia. Su Corazón no es ver a Su pueblo luchar, sino que están cosechando lo que sembraron en desobediencia. ¿Cuándo aprenderán que hay consecuencias muy definidas de pecado y malas decisiones?

La rebelión es una herramienta poderosamente útil del enemigo, y hay muchos pecados resultantes y efectos terribles. El dolor, la enfermedad, la pérdida y la muerte son solo algunas de las formas en que vemos que destruye a las personas.

El pasaje de hoy deja claro lo que espera a aquellos que se someten voluntariamente a Dios en obediencia; y, desgraciadamente, lo que les sucede a los que insisten en la resistencia y la rebelión frente a Dios. Una persona cosecha lo que siembra.

EL RETO DE HOY:

Pídele al Padre que te perdone en cualquier área en la que hayas sido desobediente, terco o rebelde. Toma la decisión de permitir que el Espíritu Santo te guíe hoy a ser obediente.

Profundice más: Estudiar Isaías 1.

1 de diciembre

LLAMANDO EL MAL BIEN

Isaías 5:20

"¡Ay de los que llaman a lo malo bueno y a lo bueno malo, que tienen las tinieblas por luz y la luz por tinieblas, que tienen lo amargo por dulce y lo dulce por amargo!"

Realmente no deberíamos sorprendernos de lo rápido que el mundo se está deslizando hacia el infierno. Jesús nos dijo que las cosas empeorarían cada vez más a medida que nos acercábamos al final de la era y a la próxima venida del Día del Señor. Pero mi corazón se rompe por lo pecaminoso que se ha vuelto el mundo, especialmente en Estados Unidos.

A pesar de que los "progresistas" quieren continuamente ocultar o reescribir la historia de Estados Unidos, la verdad es que nuestro país fue fundado sobre principios, valores y ética judeocristianos. Sin embargo, hoy en día, toda semblanza de influencia cristiana en nuestra cultura está siendo atacada y destruida.

Todos los valores que han sido buenos y amorosos en nuestro país ahora se llaman malvados y odiosos. Las malas acciones que antes se cometían en las tinieblas, ahora se celebran abiertamente en la luz. El enemigo está haciendo grandes incursiones para trastornarlo todo, sustituyendo las falsificaciones y perversiones por las cosas reales y decentes de Dios.

El juicio se acerca rápidamente. Le recomiendo que estudie el contexto circundante del pasaje de hoy, Isaías 5:8-30. Como sucedió con el pueblo de Israel en los días de Isaías, así es ahora en nuestros días. La paciencia y la misericordia de Dios se están agotando. Su justicia y venganza por la maldad y el mal se acercan rápidamente.

Nunca ha habido un momento más importante para que los verdaderos cristianos sean audaces y valientes. Debemos decir la verdad en amor. No podemos quedarnos callados.

EL RETO DE HOY:

Oremos por un verdadero avivamiento del Espíritu Santo en nuestro país y en este mundo turbulento; y que la gente se sienta abrumada por la necesidad de un verdadero arrepentimiento. Pídele al Espíritu valor y audacia.

Profundice más: Estudiar Isaías 5; Efesios 4:15; Hechos 4:29-31.

2 de diciembre

ENVÍAME

Isaías 6:8

"Entonces oí la voz del Señor que decía: '¿A quién enviaré? ¿Quién irá por nosotros? Y respondí: !Aquí estoy. ¡Envíame a mí!'".

No todos los cristianos están llamados a ser pastores, maestros o evangelistas; pero cada uno de nosotros está llamado a ser embajador de Cristo. Todos deberíamos responder como lo hizo Isaías en el pasaje de hoy.

Un embajador es generalmente un representante oficial de un gobierno; y, un agente del más alto rango designado para una misión especial. Como creyentes nacidos de nuevo, Dios nos ha designado oficialmente para representar Su Reino Celestial ante la gente de la tierra. Ver 2 Corintios 5:20.

Como Sus designados, debemos representar el mensaje, la verdad, los valores y la ética de Su Reino. Llevamos Su autoridad a donde quiera que vayamos a cada hora del día. Siempre debemos estar listos para responder a Su liderazgo por medio de Su Espíritu Santo, esperando plenamente que Él nos brinde oportunidades para influir positivamente en alguien con el mensaje del Reino.

Nuestra área de influencia e impacto más importante está en nuestra vida cotidiana, donde pasamos la mayor parte de nuestras horas de vigilia. ¡El Reino de los Cielos no está destinado a ser experimentado únicamente dentro de las cuatro paredes de un edificio que llamamos una "iglesia" el domingo por la mañana! De hecho, sugiero, debe ser principalmente avanzado en nuestro lugar de trabajo y entornos de vida.

Escuché decir que: "Dios no llama a los entrenados; ¡Él entrena a los llamados!" Ustedes están en entrenamiento todos los días mientras oran, estudian la Palabra y son guiados por el Espíritu Santo. ¡Mantente preparado!

EL RETO DE HOY:

Agradécele al Padre por nombrarte para que lo representes ante el mundo. Usa la autoridad que Jesús te dio al elegir ser guiado por el Espíritu hoy.

Represéntalo bien.

Profundice más: Estudiar Isaías 6; 2 Corintios 5:20

3 de diciembre

LOS SIETE ESPÍRITUS DE DIOS

Isaías 11:2-3
"Del tronco de Isaí brotará un retoño; un renuevo nacerá de sus raíces. El Espíritu del Señor reposará sobre él: Espíritu de sabiduría y de entendimiento, Espíritu de consejo y de poder, Espíritu de conocimiento y de temor del Señor. Él se deleitará en el temor del Señor."

¿Alguna vez has notado que la Biblia dice que hay siete Espíritus de Dios? ¿No? A mí también me sorprendió.

Deténgase un minuto y lea estos pasajes de las Escrituras: Apocalipsis 1:4; Apocalipsis 3:1; y, Apocalipsis 4:5. Me pregunté específicamente cuáles serían estos siete Espíritus, y el Espíritu Santo me guió al pasaje de hoy en Isaías 11:2-3.

Entonces, ¿están los siete Espíritus del Señor enumerados aquí por Isaías? Yo creo que sí. Si es así, serían el Espíritu de sabiduría, el Espíritu de entendimiento, el Espíritu de consejo, el Espíritu de poder, el Espíritu de conocimiento y el Espíritu del temor del Señor. Esperar. ¿No son solo seis?

Le pregunté al Espíritu Santo, ¿cuál es la séptima? Me hizo enfocarme en la primera línea, "el Espíritu del Señor..." Eso parece demasiado general, pero nuestro Señor Jesús dijo: "Yo soy la Verdad". Eso es todo, pensé, debe haber un Espíritu de Verdad porque el Señor nos dijo que Él es la Verdad, ¡y esa es la única cosa que está notoriamente ausente de la lista de los otros seis!

Ahora, no estoy diciendo: "Así dice el Señor...", solo estoy compartiendo lo que creo que el Espíritu Santo compartió conmigo: la verdad, la sabiduría, el entendimiento, el consejo, el poder, el conocimiento y el temor del Señor. ¡Quiero más de todos los siete Espíritus de Dios por y a través del Único Espíritu Santo!

EL RETO DE HOY:

Pídele al Padre que te revele más de cada uno de Sus Siete Espíritus a través de Su Santo Espíritu.

Profundice más: Estudiar Isaías 11; Apocalipsis 1:4, 3:1, 4:5.

4 de diciembre

COSAS PLANEADAS HACE MUCHO TIEMPO

Isaías 25:1, 9
"Señor, tú eres mi Dios; te exaltaré y alabaré tu nombre porque has hecho maravillas. Desde tiempos antiguos tus planes son fieles y seguros. ⁹ *En aquel día se dirá:* '¡Sí, este es nuestro Dios; en él confiamos y él nos salvó! *¡Este es el Señor, en él hemos confiado; regocijémonos y alegrémonos en su salvación!'"*.

Mateo 25:34
"Entonces dirá el Rey a los que estén a su derecha: 'Vengan ustedes, a quienes mi Padre ha bendecido; reciban su herencia, el reino preparado para ustedes desde la creación del mundo'".
¿Podríamos detenernos unos minutos para pensar en la eternidad en el Cielo con nuestro Señor y Salvador?

Como hijos nacidos de nuevo de nuestro Padre Dios, tenemos mucho que esperar en la eternidad. Dios planeó *"cosas desde hace mucho tiempo"* (Isaías 25:1) concerniente a *"el reino preparado para vosotros desde la creación del mundo"*. (Mateo 25:34).

Piénsalo. Dios siempre supo que necesitaríamos un Salvador desde el día en que el Padre, el Hijo y el Espíritu dijeron: *"Hagamos al hombre a nuestra imagen"*. (Génesis 1:26). A lo largo de toda la Biblia, podemos rastrear el hilo escarlata de la redención desde el sacrificio requerido para cubrir a Adán y Eva en el huerto (Génesis 3:21), hasta el Cordero en Apocalipsis "que fue inmolado desde la creación del mundo". (Apocalipsis 13:8).
Nosotros, los que hemos confiado en Jesús, podemos estar seguros de que heredaremos *"la ciudad que tiene cimientos, cuyo constructor y hacedor es Dios"*. (Hebreos 11:10). ¡Oh, hermanos y hermanas en Cristo, regocijémonos y alegrémonos en su salvación!

EL RETO DE HOY:

Agradece al Padre, al Hijo y al Espíritu Santo por planear tu herencia desde la creación del mundo. ¡Recibe el Reino!

Profundice más: Estudiar Isaías 25; Mateo 25; Génesis 1:26, 3:21; Apocalipsis 13:8; Hebreos 11:10.

5 de diciembre

PAZ PERFECTA

Isaías 26:3-4, 12

"Al de carácter firme lo guardarás en perfecta paz, porque en ti confía. Confíen en el Señor para siempre, porque el Señor, el Señor mismo, es la Roca eterna. [12] Señor, tú estableces la paz en favor nuestro, porque tú eres quien realiza todas nuestras obras".

Durante muchos años estuve buscando algo que llenara el vacío interior. En mi vida escolar, la satisfacción temporal se encontraba en la popularidad entre los demás, los logros académicos y los roles de liderazgo elegidos. Principalmente provenía de "amigos" volubles, y todo era fugaz. Nada llenaba el agujero interior.

En mi vida profesional, estaba seguro de que el próximo aumento de sueldo, el ascenso temprano u otro "buen trabajo" del jefe satisfaría el vacío. El éxito de la "cima de la escalera" en Park Avenue en la ciudad de Nueva York no fue suficiente. Tampoco lo hicieron la bella esposa y el hijo adoptivo.

La insatisfacción con el éxito mundano, y una crisis de la mediana edad, llevaron a buscar la finalización en las drogas, el alcohol, la pornografía y la inmoralidad sexual. El agujero en lo profundo de mí solo se hizo más y más ancho. Nada funcionó y pensé que solo había una manera de dejar de sufrir: el suicidio. No pude hacerlo.

Mirando hacia atrás, alabo a Dios regularmente por evitar mi muerte y permitirme ir a prisión. Solo, en mi litera, clamé a Dios desde los recuerdos que tenía de Él mientras crecía en la iglesia bautista, recibí Su amor y perdón, y le pedí a Jesús que entrara en mi corazón.

Al instante me llené de paz y dulce alivio del Espíritu Santo de Dios. No he estado perdido, solo, deprimido o vacío desde entonces. ¿Tienes Su Paz?

EL RETO DE HOY:

Reafirma tu confianza en el Padre y dale gracias por tu Roca Eterna, Jesús. Descansa en el Espíritu.

Profundice más: Estudiar Isaías 26; Filipenses 4:4-9; Romanos 8:6; 2 Timoteo 1:7; 1 Juan 4:18; Hebreos 13:5-6; Juan 14:27, 16:33; Isaías 32:17-18, 48:17-18; Salmo 34:14, 119:165; 1 Pedro 5:6-7; 2 Tesalonicenses 3:16; 1 Corintios 14:33; Gálatas 5:22-23.

6 de diciembre

DEJEN DE CONFRONTARNOS

Isaías 30:9-11

"Porque este es un pueblo rebelde; son hijos mentirosos, hijos que no quieren escuchar la Ley del Señor. A los videntes les dicen: '¡No tengan más visiones! ', y a los profetas: '¡No nos sigan profetizando la verdad! Dígannos cosas agradables, profeticen ilusiones ¡Apártense del camino, retírense de esta senda y dejen de enfrentarnos con el Santo de Israel!'"

En el pasaje de hoy, Dios estaba hablando a través de Isaías acerca de Sus hijos israelitas. De hecho, comienza el capítulo 30 diciendo: *"¡Ay de los hijos obstinados... a los que llevan a cabo planes que no son los míos..."* (versículo 1). Sus hijos no escucharon, y finalmente fueron atacados por naciones impías, llevados al cautiverio y finalmente dispersados entre las naciones.

No querían oír la verdad profetizada sobre ellos. No querían ser confrontados por su pecado. De acuerdo con nuestro pasaje de hoy, solo querían escuchar mensajes alentadores y agradables de los falsos pastores (ver Ezequiel 34:1-10). Querían seguir su propio camino.

En el cuerpo de Cristo, Pablo advirtió que en los últimos días, *"Porque vendrá el tiempo en que la gente no tolerará la sana doctrina. En cambio, para satisfacer sus propios deseos, reunirán a su alrededor a un gran número de maestros para decir lo que sus oídos con comezón quieren escuchar".* (2 Timoteo 4:3).

Mi corazón se rompe por tantos en los Estados Unidos que están sentados bajo falsos pastores escuchando ansiosamente mensajes que les hacen cosquillas en los oídos y condonan el pecado. Estados Unidos no quiere ser confrontado con la verdad bíblica porque es ofensiva a sus sensibilidades y estilos de vida.

Dios castigó a sus hijos antes. ¿Cómo escaparemos?

EL RETO DE HOY:

Oremos para que un espíritu de arrepentimiento y avivamiento venza a nuestra nación, y que todos busquen incansablemente la verdad y la santidad antes de que sea demasiado tarde.

Profundice más: Estudiar Isaías 30; Ezequiel 34:1-10; 2 Timoteo 4:3.

7 de diciembre

ESTE ES EL CAMINO

Isaías 30:19, 21

"Pueblo de Sión, que habitas en Jerusalén, ya no llorarás más. ¡El Dios de piedad se apiadará de ti cuando clames pidiendo ayuda! Tan pronto como te oiga, te responderá. ²¹ Ya sea que te desvíes a la derecha o a la izquierda, tus oídos percibirán a tus espaldas una voz que te dirá: 'Este es el camino; síguelo'".

Isaías está escuchando a Dios y escribiendo bajo la unción del Espíritu Santo mientras predice el día en que todos tendrán fácil acceso al Espíritu Santo. Tal vez esté mirando hacia el día en que Jesús dijo que enviaría a sus discípulos el Consolador, Maestro y Ayudador, el Espíritu Santo:

"Y yo pediré al Padre y él les dará otro Consolador para que los acompañe siempre: ¹⁷ el Espíritu de verdad, a quien el mundo no puede aceptar porque no lo ve ni lo conoce. Pero ustedes sí lo conocen, porque vive con ustedes y estará[c] en ustedes". (Juan 14:16-17.)

Una vez que el Espíritu Santo vino a vivir en nosotros como creyentes, obtuvimos acceso permanente a Aquel que quiere guiarnos todo el día, todos los días. Romanos 8:14, *"Porque los que son guiados por el Espíritu de Dios, éstos son hijos de Dios".* Creo que esta es la voz que Isaías estaba profetizando en el versículo 21 de arriba, la voz del Espíritu Santo.

La suya es la voz apacible y delicada, o el susurro suave, que Elías escuchó en 1 Reyes 19:12, cuando el Señor le instruyó. Para mí, Él habla en voz baja desde el centro de mi espíritu. Hago todo lo posible por escucharlo y obedecerle.

EL RETO DE HOY:

Dile al Padre que deseas escuchar mejor la voz de Su Espíritu Santo dirigiendo tu vida diariamente.

Este es el camino, camina por él.

Profundice más: Estudiar Isaías 30; Juan 14:16-17; Romanos 8:14; 1 Reyes 19:11-13.

8 de diciembre

EL FRUTO DE LA JUSTICIA

Isaías 32:17-18
"El producto de la justicia será la paz; tranquilidad y seguridad perpetuas serán su fruto. Mi pueblo habitará en un lugar de paz, en moradas seguras, en serenos lugares de reposo".

Romanos 14:17
"...porque el reino de Dios no es cuestión de comidas o bebidas, sino de justicia, paz y alegría en el Espíritu Santo".

¡Qué maravillosas verdades se revelan en estos dos pasajes! Antes de ser salvado, nunca soñé que la paz y la plenitud estuvieran tan pronta y fácilmente disponibles para mí (ver el devocional del 5 de diciembre). Sin embargo, he sido tan ricamente bendecido de estar experimentándolo durante años.

Me doy cuenta de que no tengo justicia propia, pero en Cristo tengo la justicia de Dios (2 Corintios 5:21). Antes de nacer de nuevo, pensaba que debía ser bastante aburrido ser cristiano siempre tratando de hacer lo correcto, y probablemente imposible de lograr de todos modos.

Jesús le dijo: *"...Buscad primeramente su reino y su justicia, y todas estas cosas os serán añadidas".* Isaías, en el versículo 18 de arriba, dice: *"Mi pueblo vivirá en moradas pacíficas, en hogares seguros, en lugares de descanso tranquilos".* Pablo nos asegura: *"el reino de Dios no es cuestión de comer y beber, sino de justicia, paz y gozo en el Espíritu Santo..."*

¿Puedo decirles que, en mi experiencia, este es un maravilloso camino de vida abundante del Reino de Dios?! Antes de entregar mi vida a Jesús, nunca conocí realmente la paz, el gozo y la justicia. ¿Lo tienes?

EL RETO DE HOY:

Dile al Padre que quieres experimentar todo el fruto del Reino que Él ha puesto a tu disposición en la justicia de Su Hijo, Jesús, por Su Espíritu Santo.

Profundice más: Estudiar Isaías 32; 2 Corintios 5:21; Juan 10:10.

9 de diciembre

CAMINOS ANTIGUOS

Jeremías 6:16
"Así dice el Señor: 'Deténganse en los caminos y miren; pregunten por los senderos antiguos. Pregunten por el buen camino, ¡y sigan por él! Así hallarán el descanso anhelado. Pero ellos dijeron: '¡No lo seguiremos!'"

Cuando nos enfrentamos a una encrucijada, nos vemos obligados a tomar una decisión. ¿Qué camino debo tomar? Dios dice que tomemos estas decisiones en serio. Párate, mira y examina las opciones. Habla con el Padre sobre la mejor manera. ¿Qué han descubierto las personas que han estado aquí antes? ¿Qué camino tomaron para llegar al éxito? Pregúntale a Dios cuál es el buen camino. ¿Cuál es el camino en Su perfecta voluntad?

Robert Frost escribió un poema, "El camino no tomado", que termina con esta estrofa:

"Estaré diciendo esto con un suspiro en algún lugar de aquí a siglos y siglos:
Dos caminos se bifurcaban en un bosque, y yo... tomé el menos transitado,
Y eso ha marcado la diferencia".

Todos podemos pensar en oportunidades en el pasado para elegir entre dos caminos diferentes y, por lo general, elegimos el más fácil, el que tiene más placer o gratificación inmediata. Estaba muy gastado. La mayoría de las veces, probablemente podríamos estar de acuerdo, no funcionó demasiado bien. Por lo general, veíamos "el buen camino", pero deliberadamente decíamos: "No caminaremos por él".

El buen camino es estrecho y menos transitado, pero conduce a abundante descanso y paz. Es el antiguo camino que eligieron nuestros padres espirituales. Tómalo. Es mucho más gratificante.

EL RETO DE HOY:

Habla con el Padre acerca de tus decisiones hoy. Pide sabiduría y discernimiento para elegir correctamente.

Profundice más: Estudiar Jeremías 6; Mateo 11:28-30; Juan 14:6; Isaías 30:21.

10 de diciembre

LA VERDAD HA PERECIDO

Jeremías 7:28-29

"Entonces dirás: 'Esta es la nación que no ha obedecido la voz del Señor su Dios ni ha aceptado su corrección. La verdad ha muerto, ha sido arrancada de su boca. Córtate la cabellera y tírala; eleva tu lamento en las lomas desoladas, porque el Señor ha rechazado y abandonado a la generación que provocó su ira.'"

Este pasaje podría aplicarse fácilmente a nuestro mundo actual, aunque fue escrito hace unos 2.600 años y se aplicó a Israel. La frase más impactante para mí: *"La verdad ha perecido; se ha desvanecido de sus labios"*. Consideremos el estado actual de la sociedad. ¿No nos describe esto?

A menudo escucho frases como: "Él tiene su propia verdad" o "Ella está viviendo su verdad a su manera". La sociedad trata la verdad como "subjetiva" y "relativa", lo que significa que está determinada por la propia mente o está relacionada con las circunstancias del momento. De hecho, deberíamos decir: "Él tiene su percepción de la verdad", o "Ella vive basada en su interpretación de la verdad".

La verdad es "objetiva". Es decir, existe fuera e independiente de la propia mente. Se ocupa de hechos reales sin la distorsión de sentimientos personales o prejuicios.

¡La verdad es una persona, y Su Nombre es Jesucristo de Nazaret! Él es la Palabra Viviente de Dios, y tenemos la Biblia como la norma de la verdad determinada independientemente del hombre por Dios mismo. En el fondo, las personas saben distinguir el bien del mal, pero cuando interfiere con sus deseos, justifican por qué debería ser diferente para ellos.

Decidámonos a buscar la verdad objetiva de la Palabra de Dios, recibirla como nuestra norma y obedecerla.

EL RETO DE HOY:

Dile al Padre que quieres conocer mejor a la Persona que es la Verdad, Jesús; y que vivirás de acuerdo a Su instrucción por el Espíritu Santo.

Profundice más: Estudiar Jeremías 7; Juan 14:6.

11 de diciembre

ALARDE DE ESTO

Jeremías 9:23-24

"Así dice el Señor: 'Que no se gloríe el sabio de su sabiduría, ni el poderoso de su poder, ni el rico de su riqueza. Si alguien ha de gloriarse, que se gloríe de conocerme y de comprender que yo soy el Señor, que actúo en la tierra con gran amor, derecho y justicia, pues es lo que a mí me agrada', afirma el Señor'".

Para la mayoría de nosotros, la mayor parte de nuestra vida se consume en aprender, hacer cosas para apoyar o fortalecer nuestro cuerpo físico y trabajar para pagar facturas y acumular riqueza. En sí mismos, no hay nada de malo en nada de esto; De hecho, consideramos que estas cosas son evidencia de vivir una vida responsable.

Sin embargo, nuestra tendencia natural es enorgullecernos de nuestra inteligencia, fuerza física y posesiones. Es posible que no siempre nos jactemos de ellos abiertamente, pero por dentro, para nosotros mismos, lo hacemos.

Pero todas estas cosas son temporales. Nuestra inteligencia y fuerza física se deterioran con el tiempo; y han desaparecido totalmente con nuestra muerte física. Del mismo modo, no podemos llevarnos nuestras posesiones a la eternidad con nosotros. Alguien dijo: "Nunca hay un remolque de U-Haul conectado a un coche fúnebre".

Preferiría hablar de quién soy en Cristo ahora que de quién fui una vez antes de ser salvo. El éxito y el dinero de mi vida anterior no duraron mucho; pero lo que tengo ahora en Cristo durará por toda la eternidad. Mi vida nunca ha sido más plena ni ha tenido más sentido.

No lo creé ni me lo gané. Todo fluye de mi creciente conocimiento, amor y aprecio por Dios.

EL RETO DE HOY:

Dile al Padre que quieres establecer buenas prioridades; y, sobre todo, quieres conocerlo mejor.

Profundice más: Estudiar Jeremías 9.

12 de diciembre

DIOS ESCUDRIÑA EL CORAZÓN

Jeremías 17:9-10

"Nada hay tan engañoso como el corazón. No tiene remedio. ¿Quién puede comprenderlo? 'Yo, el Señor, sondeo el corazón y examino los pensamientos, para darle a cada uno según sus acciones y según el fruto de sus obras'".

El corazón de las tinieblas, de Joseph Conrad, es un clásico de la literatura. Explora la oscuridad simbólica del corazón del hombre cuando dos hombres experimentan las profundidades de la oscuridad literal en el Congo en África. Las últimas palabras de uno de los personajes principales fueron: "¡El horror! ¡El horror!"

Ciertamente, la mayoría de los problemas de la humanidad a lo largo de la historia pueden atribuirse a la mala interpretación, lectura errónea, de las verdaderas intenciones o condiciones del corazón humano. Puedo pensar en Hitler o Stalin, por ejemplo. Más cerca de casa, los hombres siempre han tenido problemas para entender el corazón del sexo opuesto. ¿Tengo un testigo?

Cuando Samuel fue enviado a la casa de Isaí para encontrar al próximo rey de Israel, Dios dijo: *"La gente mira las apariencias, pero el Señor mira el corazón"*. (1 Samuel 16:7). Sólo Dios es capaz de ver, comprender y juzgar el corazón humano. Nuestra escritura de hoy dice que Dios escudriña el corazón y examina la mente con el propósito de recompensar a cada persona de acuerdo con lo que sus obras merecen.

Eso debería llamar nuestra atención. Cuando no vivía para el Señor, justificaba mis acciones pecaminosas diciendo: "Dios conoce mi corazón". ¡Ese es el problema! Dios vio mi corazón y lo evaluó con sinceridad, lo que, afortunadamente, finalmente me llevó a la convicción de que necesitaba la salvación.

Es solo un corazón que ha sido regenerado en el nuevo nacimiento que incluso se acerca a representar adecuadamente a Dios y, por lo tanto, está sujeto a recibir buenas recompensas.

EL RETO DE HOY:

Pídele al Padre que te ayude a examinar tu corazón hoy y purgarlo de cualquier cosa que no sea como Jesús.

Profundice más: Estudiar Jeremías 17; 1 Samuel 16:7; Mateo 12:34; Proverbios 4:23; Filipenses 4:4-9.

13 de diciembre

GRANDE ES SU FIDELIDAD

Lamentaciones 3:19-23

"Recuerda que estoy afligido y ando errante,   que estoy saturado de hiel y amargura. ²⁰ Recuerdo esto bien y por eso me deprimo. Pero algo más me viene a la memoria, lo cual me llena de esperanza:Por el gran amor del Señor no hemos sido consumidos y su compasión jamás se agota. Cada mañana se renuevan sus bondades; ¡muy grande es su fidelidad!"

En el pasado, si dejaba que mi mente se detuviera en los días antes de nacer de nuevo a los 57 años, mi corazón se hundía en el arrepentimiento, el remordimiento y la vergüenza. Podía recordar la desesperanza y la desesperación que me llevaban a tener pensamientos e intentos suicidas. No pude evitar recordar la impotencia de mis adicciones y la oscuridad del mal en los lugares a los que iba en busca de placer. ¿Te a pasado esto alguna vez?

Hoy, cuando el enemigo me recuerda lo pecadora que realmente fui, me detengo en ese momento y llevo esos pensamientos cautivos a la obediencia de Cristo. De mi propia boca, declaro agradecido a Dios porque ya no soy esa vieja persona. Doy gracias a Dios verbalmente porque mi viejo hombre ha muerto, y porque soy un hombre totalmente nuevo en Cristo Jesús. Doy gracias a Dios porque no me dejó morir en mi pecado y porque me siguió amando a pesar de mí mismo.

En los años que han pasado desde 2009, cuando fui salvado, he visto a Dios ser siempre tan fiel, paciente y amable conmigo. Todavía somos obras en progreso y podemos estar sinceramente agradecidos por la fidelidad completa y constante de Dios. ¿Amén?

EL RETO DE HOY:

Dile al Padre lo agradecido que estás por Su amor, paciencia, bondad y fidelidad hacia ti. Agradécele por hacerte una nueva creación en Cristo Jesús.

Profundice más: Estudiar Lamentaciones 3; Deuteronomio 7:9; Salmo 89:8, 98:3; Joel 2:23-27; 1 Corintios 1:9; 2 Corintios 10:3-5; 2 Corintios 5:17.

14 de diciembre

SIGUE ADELANTE

Daniel 6:10

"Cuando Daniel se enteró de la publicación del decreto, se fue a su casa y subió a su dormitorio, cuyas ventanas se abrían en dirección a Jerusalén. Allí se arrodilló y se puso a orar y alabar a Dios, pues tenía por costumbre orar tres veces al día".

La honestidad, la integridad y el obvio favor de Daniel con Dios hacían que quienes lo rodeaban se sintieran incómodos y envidiosos. No pudieron encontrar nada que estuviera haciendo mal, por lo que crearon una ley "religiosa" diseñada para atraparlo, perseguirlo y eliminarlo. Persuadieron al rey Darío para que aprobara una ley que requería que la gente no rezara a ningún dios ni a ningún hombre, excepto al rey, durante treinta días, de lo contrario, el ofensor sería arrojado a los leones.

Ciertamente, esto fue algo disfrazado, pero fue una persecución abierta por la fe de Daniel en Dios. Daniel se mantuvo firme en sus convicciones, siguió poniendo a Dios en primer lugar en su vida como siempre lo había hecho, fue arrestado y arrojado con los leones. En lugar de negar a Dios, Daniel se enfrentó a la muerte en silencio y con valentía. Estoy seguro de que usted sabe lo que sucedió, pero la emocionante historia está completamente contenida en el capítulo 6 de Daniel.

La persecución de los cristianos en todo el mundo ha sido un problema muy grave durante años, y Estados Unidos está empezando a ver sus propios ejemplos, aunque todavía no son tan graves. El ministerio internacional, Puerta Abierta, informó que 1 de cada 9 cristianos en todo el mundo ya enfrenta altos niveles de persicución. En 2018, hubo 4.136 cristianos asesinados por razones relacionadas con la fe en todo el mundo; y 1.266 iglesias u otros edificios cristianos fueron atacados.

Cuando nos enfrentamos a una persecución similar, ruego que todos redoblemos nuestros esfuerzos para seguir sirviendo fielmente a Dios.

EL RETO DE HOY:

Pídele al Padre el mismo tipo de espíritu valiente que poseía Daniel. ¡Sigue adelante!

Profundice más: Estudiar Daniel 6; Daniel 3:13-30; Hechos 4:13-20.

15 de diciembre

BRILLA COMO UNA ESTRELLA

Daniel 12:3
" Los sabios resplandecerán con el brillo del cielo; los que guían a muchos en el camino de la justicia brillarán como las estrellas por toda la eternidad".

Santiago 5:19-20
"Hermanos míos, si alguno de ustedes se extravía de la verdad y otro lo hace volver a ella, recuerden que quien hace volver a un pecador de su extravío lo salvará de la muerte y cubrirá muchísimos pecados".

Dios llama a todos los hombres en todas partes a arrepentirse (Hechos 17:30), y sabemos que Él no está dispuesto a que nadie perezca (2 Pedro 3:9). Ningún hombre puede venir a Cristo a menos que el Espíritu lo lleve (Juan 6:44). Sin embargo, Dios nos da la oportunidad de involucrarnos con Él en la salvación de las almas. Estoy seguro de que Él podría hacerlo todo por su cuenta, ¡pero me imagino que siente un gran placer en recompensar a Sus hijos!

En 1 Corintios 3:8, Pablo dice: *"El que planta y el que riega tienen un mismo propósito, y cada uno será recompensado según su propio trabajo".* A menudo, podemos pensar que no podemos ayudar con la salvación de alguien, pero incluso los esfuerzos más pequeños pueden ser usados por Dios como un acto de plantar o regar la semilla.

Algunos tienen el don ministerial de evangelismo, pero yo sugeriría que la mayor parte del trabajo preparatorio para preparar un corazón es realmente realizado por otros. Cualquiera puede orar por los perdidos, dejar un tratado en un lugar estratégico, darle a alguien una Biblia o animar a alguien con un versículo de las Escrituras.

Dios te recompensará por ayudar de alguna manera a traer a alguien a Él. Involúcrate.

EL RETO DE HOY:

Pídele al Padre que te ayude a mantenerte alerta para encontrar maneras de animar a otros a venir a Cristo.

Profundice más: Estudiar Daniel 12; Hechos 17:30; 2 Pedro 3:9; Juan 6:44; 1 Corintios 3:8; Santiago 5:19-20.

16 de diciembre

SIEMBRA JUSTICIA

Oseas 10:12

"¡Siembren para ustedes justicia! ¡Cosechen el fruto del amor inagotable y abran surcos en terrenos no labrados! ¡Ya es tiempo de buscar al Señor!, hasta que él venga y les envíe lluvias de justicia".

Gálatas 6:7

"No se engañen: de Dios nadie se burla. Cada uno cosecha lo que siembra".

¿Qué significa «sembrar justicia»? Para mí, una forma de verlo sería que cuando me enfrento a una decisión entre dos acciones, siempre querría elegir «hacer lo correcto». Además, dado que la justicia significa «estar en una posición recta», me gustaría ser intencional en cuanto a hacer las cosas con las que Dios está complacido.

El amor incondicional de Dios siempre se extiende hacia nosotros, pero creo que si somos proactivos en cuanto a permanecer en una posición correcta ante Dios, estaríamos en condiciones de experimentar más plenamente Su amor inagotable. Por supuesto, hacer cosas buenas por los demás con la motivación correcta eventualmente resultará en que los demás nos envíen más amor.

Puesto que el versículo de hoy nos anima a "romper vuestra tierra sin arar", esto podría significar examinar aquellas áreas de mi vida en las que no se está produciendo justicia, y luego tomar medidas para rendir esa parte de mi vida a Dios. Es decir, la "tierra sin arar" podrían ser partes de mi vida que aún no he comprometido completamente con Dios.

No nos engañemos, siempre estamos sembrando y cosechando. Lo que está sucediendo en nuestras vidas hoy es el resultado de lo que sembramos en algún momento del pasado. Escoge sembrar justicia.

EL RETO DE HOY:

Dile al Padre que siempre quieres estar en una posición correcta con Él. Pídele al Espíritu Santo que identifique cualquier terreno sin arar y te enseñe cómo hacerlo productivo.

Profundice más: Estudiar Oseas 10; Gálatas 6.

17 de diciembre

SÉ SABIO Y DISCERNIR

Oseas 14:9

"¿Quién es sabio?, el que entiende estas cosas; ¿quién tiene discernimiento?, el que las comprende. Ciertamente son rectos los caminos del Señor: en ellos caminan los justos, mientras que allí tropiezan los rebeldes".

Antes de ser salva en 2009, no me habría referido a mí misma como "sabio" o "perspicaz". Tenía mucho conocimiento de los libros y una buena cantidad de sentido común, pero por lo general no ejercía la sabiduría o el discernimiento. La prueba fue una mala decisión tras otra que resultó en un rastro de destrucción; y, en general, yo era un "blanco" fácil porque a menudo era muy confiado. De hecho, era bastante crédulo, especialmente cuando se trataba de una historia triste.

Por supuesto, en ese momento no estaba de ninguna manera buscando a Dios o Sus caminos, así que realmente no tenía idea de lo que era correcto a Sus ojos. De vez en cuando, intentaba hacer el bien, o ser bueno, pero eso nunca duraba mucho porque en el fondo quería hacer las cosas a mi manera en mi tiempo. Ese es el signo seguro de un espíritu rebelde. En consecuencia, nunca pasó mucho tiempo antes de que volviera a mis viejas costumbres.

Pablo nos dice en 1 Corintios 1:30, que Jesucristo *"se ha hecho para nosotros sabiduría de Dios, es decir, nuestra justicia, santidad y redención"*. Después de que le di mi vida a Jesús, el Espíritu Santo ha estado haciendo que la sabiduría y la justicia de Cristo sean cada vez más reales y estén disponibles para mí. El Espíritu Santo también trae discernimiento cuanto más tiempo uno camina en Cristo.

¿Tropiezas en Sus caminos? ¿Eres rebelde en algún ámbito de tu vida?

EL RETO DE HOY:

Pídele al Padre que te revele cualquier área de tu vida en la que no estés ejerciendo sabiduría y discernimiento. Pídele al Espíritu Santo que te ayude a escoger los caminos del Señor.

Profundice más: Estudie Oseas 14; 1 Corintios 1:30.

DIOS TE LO PAGARÁ

Joel 2:25-26

"Yo los compensaré a ustedes por los años en que todo lo devoró ese gran ejército de langostas que envié contra ustedes: las grandes, las pequeñas, las jóvenes y los saltamonte Ustedes comerán en abundancia, hasta saciarse, y alabarán el nombre del Señor su Dios, que hará maravillas por ustedes.¡Nunca más será avergonzado mi pueblo!"

Jesús nos dijo que el diablo vino a robar, matar y destruir (Juan 10:10), pero muchos de nosotros cooperamos con él y le dimos todo porque estábamos participando intencionalmente en el pecado. Dudo que sea el único. ¿Derecha?

Sin embargo, el versículo de hoy también dice que Dios mismo envía un "gran ejército" de langostas destructivas a nuestras vidas. Creo que Dios permite que Su ley de causa y efecto (o de sembrar y cosechar) haga un boomerang natural en nosotros debido a nuestro pecado y otras malas decisiones. De esta manera, tal vez, Él finalmente podría llamar nuestra atención y podríamos elegir volvernos a Él y ser salvos (Isaías 45:22).

Es realmente sorprendente la cantidad de ejemplos de la vida real que conozco personalmente, incluido el mío, en los que Dios ha bendecido increíble y ricamente a aquellos que volvieron sus vidas a Él. En todos los aspectos que importan, tengo mucho más espiritual, emocional y materialmente de lo que nunca tuve cuando estaba sirviendo al diablo.

Dios verdaderamente "ha hecho maravillas" por nosotros y nos ha quitado la vergüenza. ¡Nuestra copa se desborda (Salmo 23)!

¿Quizás aún no lo has visto? Sírvele con todo tu corazón. Te sorprenderá absolutamente.

EL RETO DE HOY:

Da gracias al Padre por Su bondad y gracia eternas para contigo. Cuente sus bendiciones hoy y alabe a Dios.

Profundice más: Estudiar Joel 2; Juan 10:10; Isaías 45:22; Salmo 23.

19 de diciembre

DIOS REVELA SUS PLANES

Amós 3:7
"En verdad, nada hace el Señor y Dios sin antes revelar sus planes a sus siervos los profetas".

Parece que Dios nos da muchas advertencias antes de hacer algo realmente significativo. Esto incluye, por supuesto, la venida del Mesías, Jesús; trayendo juicio sobre la tierra; liberando a su pueblo de Egipto; restaurar la tierra después de un período de cautiverio; etcetera.

El maestro de la Biblia, Jack Kelley, cree que al menos el 25-30% de las escrituras eran realmente proféticas cuando fueron escritas:

"Cuando se incluyen las partes de la Biblia que eran profecía cuando se escribieron por primera vez, pero que posteriormente se han cumplido (como las profecías del cautiverio en Babilonia, la primera venida del Señor y la destrucción de Jerusalén) con las partes que eran profecía cuando se escribieron por primera vez y que aún no se han cumplido (como las profecías de los juicios de los últimos tiempos, la segunda venida del Señor y el milenio) la mayoría de los expertos están de acuerdo con el 25-30% estimato que utilicé. Algunos incluso lo colocan más alto".

El valor de estudiar las profecías que ya se han cumplido es que validan la promesa de Dios de que las profecías de eventos que aún están en nuestro futuro también se cumplirán. También confirman que Él es quien dice ser; el que conoce el fin desde el principio".[1]

A medida que continúes estudiando la Biblia y leas las mejores investigaciones de los apologistas cristianos más importantes del mundo, tu aprecio por la belleza y la precisión de la Palabra solo seguirá creciendo.

EL RETO DE HOY:

Agradezca al Padre por la magnificencia de Su Palabra, y por su exactitud y relevancia a lo largo del tiempo.

Profundice más: Estudiar Amós 3; Apocalipsis 19:10.

[1] https://gracethrufaith.com/ask-a-bible-teacher/much-bible-prophecy-2/ (a partir del 6/9/19)

20 de diciembre

LLAMAR A DIOS URGENTEMENTE

Jonás 3:8-10

"'Personas y animales vestirán telas ásperas y clamarán a Dios con todas sus fuerzas. Ordena así mismo que cada uno se convierta de su mal camino y de sus hechos violentos. ¡Quién sabe! Tal vez Dios cambie de parecer y aplaque el ardor de su ira, y no perezcamos›. Al ver Dios lo que hicieron, es decir, que habían abandonado su mal camino, cambió de parecer y no llevó a cabo la destrucción que había anunciado».

Cuando Dios llamó por primera vez a Jonás para que fuera a Nínive con la advertencia de que pronto vendría el juicio, Jonás corrió en la dirección opuesta. Me identifico con la historia de Jonás porque huí de Dios durante años. ¿Y tú?

Siempre hay ramificaciones de negarse a servir a Dios, pero las de Jonás fueron especialmente extremas y rápidas (Jonás 1). No pasó mucho tiempo para que Dios llamara la atención de Jonás, y él clamó a Dios con verdadero arrepentimiento (Jonás 2). Creo que empeoramos mucho las cosas para nosotros mismos cuanto más esperamos para arrepentirnos y obedecer.

Dios le dijo a Jonás por segunda vez que fuera a Nínive y esta vez fue. Cuando Jonás entró en la gran ciudad, que según se dice tardó tres días en atravesarla, hizo sonar la advertencia que Dios le dio: "Cuarenta días más y Nínive será anulado". Los ninivitas creyeron que Dios y el Rey enviaron un mensaje urgente de luto nacional y ayuno, como vemos en el pasaje de hoy.

Dios se arrepintió, retiró Su Mano de Juicio y Nínive se salvó en ese momento. La misericordia y la compasión de Dios en respuesta al llamado urgente de las personas verdaderamente arrepentidas me dejan con una medida de esperanza para nuestro país y el mundo. ¿Nos arrepentiremos con el tiempo?

EL RETO DE HOY:

Clama urgentemente a Dios en tu nombre, en el de tu familia y en el de nuestro mundo. Arrepentirse. El tiempo apremia.

Profundice más: Estudiar Jonás 1:1 – 4:11.

21 de diciembre

DIOS REÚNE A LOS EXILIADOS

Miqueas 4:6-7

"En aquel día, afirma el Señor, 'reuniré a las ovejas lastimadas; reuniré a las exiliadas y las maltratadas por mí. Con las ovejas lastimadas formaré un remanente y con las exiliadas, una nación poderosa. El Señor reinará sobre ellas en el monte Sión desde ahora y para siempre Y tú, torre del rebaño, colina fortificada de la hija de Sión: a ti volverá tu antiguo poderío, la soberanía de la ciudad de Jerusalén'".

Jesús señala en Lucas 7:41-50, que aquellos que han sido perdonados mucho, aman mucho; Pero a los que se les ha perdonado poco, aman poco. Eso realmente toca mi corazón, porque sé cuánto he sido perdonado, y estoy radicalmente enamorado de mi Salvador.

También me identifico con Mateo 25:31-40, donde Jesús habla de un juicio de los últimos días que se basará en cómo fueron tratados "los más pequeños de éstos". El "más pequeño de estos" incluye a los prisioneros, los hambrientos, los necesitados y los enfermos. Después de haber sido una vez una persona hambrienta y sin hogar que finalmente fue a prisión, mi corazón ahora es muy tierno hacia aquellos que sufren de esta manera.

Dado que sufrí durante años de enfermedad bipolar y depresión suicida, me identifico con aquellos que se mencionan anteriormente como "llevados al dolor". Habiendo sido etiquetado como un delincuente sexual por el delito de solicitación de un menor, simpatizo con aquellos que han sido lisiados figurativamente por la sociedad; Y, por supuesto, también con aquellos que tienen discapacidades físicas.

Por lo tanto, el pasaje de hoy me hace amar aún más al Señor. Un día Él levantará un ejército de aquellos que han sido marginados, desanimados, exiliados y desafiados física o emocionalmente. Yo lo veo haciéndolo ahora en las prisiones.

¡Aquellos que son olvidados por el mundo son una nación gloriosa, amada y remanente para el Señor!

EL RETO DE HOY:

Piensa en lo mucho que el Señor te ama. Recíbelo y compártelo con alguien.

Profundice más: Estudiar Miqueas 4; Lucas 7:36-50; Mateo 25:31-46.

22 de diciembre

CAMINA HUMILDEMENTE CON TU DIOS

Miqueas 6:8
"Y tú, torre del rebaño, colina fortificada de la hija de Sión: a ti volverá tu antiguo poderío, la soberanía de la ciudad de Jerusalén".

"Él te ha mostrado, oh mortal, lo que es bueno". ¿Cómo lo ha hecho Dios? Él nos lo ha mostrado en Su Hijo, Jesús. Él vino del Cielo y tomó nuestro cuerpo carnal para vivir entre nosotros y así poder mostrarnos el camino al Padre.

Él vino a liberarnos del poder del pecado para que podamos «actuar con justicia». En y por nosotros mismos somos incapaces de la justicia requerida para actuar con justicia hacia los demás. Sin embargo, en Cristo somos la justicia de Dios (2 Corintios 5:21). Era justo.

Jesús amaba la misericordia. Uno de los muchos ejemplos sería la mujer sorprendida en el acto de adulterio (Juan 8:1-11). Legalmente, podría haber estado de acuerdo con los fariseos en que su crimen se castigaba con la muerte. En cambio, convenció sabiamente a sus acusadores de que fueran misericordiosos, aunque lo hicieron a regañadientes; y le mostró tiernamente el amor puro, el perdón y la misericordia de Dios. Incluso fue amoroso cuando le dijo que dejara de pecar.

No hay un mejor ejemplo de humildad para que podamos modelar que Jesús mismo. Aquí estaba el Rey de reyes, sin embargo, se humilló para lavar los pies de Sus discípulos. Podría haber entrado victorioso en Jerusalén en un semental blanco; En cambio, montó sin ceremonias en el potro de un burro. Hay muchos otros ejemplos.

No es realmente difícil cumplir con el requisito que el Señor nos da si hacemos lo mejor que podemos para vivir cada día como Jesús.

EL RETO DE HOY:

Pídele al Padre, por medio de Su Espíritu, que te enseñe cómo puedes imitar mejor a Jesús hoy.

Profundice más: Estudiar Miqueas 6; 2 Corintios 5:21; Juan 8:1-11; Filipenses 2:1-13.

23 de diciembre

UN DIOS CELOSO Y VENGADOR

Nahúm 1:2-3

"El Señor es un Dios celoso y vengador. Señor de la venganza, Señor de la ira. El Señor se venga de sus adversarios; es implacable con sus enemigos. El Señor es lento para la ira, pero grande en poder. El Señor no deja sin castigo al culpable. Camina en el huracán y en la tormenta; las nubes son el polvo de sus pies".

El pueblo de Nínive clamó urgentemente a Dios y se arrepintió después de que Jonás les advirtiera del juicio inminente (ver el devocional del 20 de diciembre).

Desafortunadamente para ellos, en un tiempo relativamente corto regresaron a sus viejas formas de idolatría y pecaminosidad desenfrenada. En nuestro pasaje de hoy, Dios les está hablando a través de otro profeta, Nahúm, cien años después. Esta vez no se arrepintieron y fueron completamente destruidos.

Nínive era la capital de Asiria, y el imperio asirio no había hecho más que volverse más malvado desde el tiempo de su anterior indulto de Dios. Fueron conocidos como los conquistadores más brutales y violentos de su época, y algunos historiadores dicen que desde entonces nunca ha habido un imperio que superara su crueldad. Ellos fueron los conquistadores del reino del norte de Israel.

Hay un solo Dios y no deja lugar para los ídolos. Los asirios veían a Jehová como uno más de los muchos dioses que adoraban. Ciertamente el Señor es lento para la ira, y misericordioso, pero finalmente Su justicia debe ser ejercida. Dios es seguridad para los que se refugian en Él, pero peligro para los que lo desprecian. Y debido a que los asirios lo desprecian, no pueden estar seguros.[1]

Dios no cambia. Ore para que nuestra nación y este mundo se arrepientan y se vuelvan al Único Dios Verdadero.

EL RETO DE HOY:

Ora al Padre para que un espíritu de arrepentimiento reine en esta tierra.

Profundice más: Estudiar Nahum 1.

---

[1] https://overviewbible.com/nahum/ (a partir del 6/10/19)

24 de diciembre

SORPRÉNDETE POR COMPLETO

Habacuc 1:5

"¡Miren a las naciones! ¡Contémplenlas y quédense asombrados! Estoy por hacer en estos días una obra, que si se la contara, no la creerían".

Desde el momento en que le entregué mi corazón a Jesús en 2009, no he dejado de asombrarme de lo que Dios ha hecho, ¡completamente asombrado! No solo en mi propia vida, sino en la vida de nuestros voluntarios del ministerio penitenciario, muchos de los cuales son ex delincuentes como yo. Además, Él continúa moviéndose dramáticamente en todos los ministerios con los que estamos asociados, no solo en el nuestro.

Dios no hace acepción de personas, ¡lo que hace por uno, lo hará por todos! Echa un vistazo a estos pasajes de las Escrituras: Deuteronomio 10:17; Salmo 36:7-8; Mateo 22:16; Hechos 10:34; Romanos 2:11; Efesios 6:9; Santiago 2:1-3; y 1 Pedro 1:17. ¡Dios es capaz de hacer mucho más de lo que usted puede pedir o imaginar (Efesios 3:20)!

Él es capaz de devolverle hijos, reparar matrimonios rotos, proporcionar oportunidades de empleo, mejorar la vivienda, aumentar las finanzas y revelar Su voluntad perfecta para su vida. Restaura la esperanza, el propósito y la pasión por vivir. Él revela su amor y anhelo de tener una relación íntima contigo.

Cuando estás totalmente comprometido a servir a Dios tan obedientemente como sabes hacerlo, a pesar de tus circunstancias, pruebas y senderos, Dios honra tu devoción de todo corazón. Jesús dijo, en Juan 15:7-8, *"Si permanecéis en mí, y mis palabras permanecen en vosotros, pedid lo que queráis, y os será hecho. Esto es para la gloria de mi Padre, que deis mucho fruto, mostrándoos discípulos míos"*. ¡Quedarás completamente asombrado!

EL RETO DE HOY:

Habla con el Padre acerca de tus esperanzas y sueños para tu vida. Sírvele de todo corazón hoy.

Profundice más: Estudiar Habacuc 1; Deuteronomio 10:17; Salmo 36:7-8; Mateo 22:16; Hechos 10:34; Romanos 2:11; Efesios 6:9; Santiago 2:1-4; 1 Pedro 1:17; Efesios 3:20; Juan 15:7-8.

25 de diciembre

CONSEJERO MARAVILLOSO

Isaías 9:6-7

"Porque nos ha nacido un niño, se nos ha concedido un hijo; la soberanía reposará sobre sus hombros y se le darán estos nombres: Consejero Admirable, Dios Fuerte, Padre Eterno, Príncipe de Paz. Se extenderán su soberanía y su paz y no tendrán fin. Gobernará sobre el trono de David y sobre su reino, para establecerlo y sostenerlo con justicia y rectitud desde ahora y para siempre. Esto lo llevará a cabo el celo del Señor de los Ejército".

Más de 700 años antes del nacimiento de nuestro Señor Jesús, Isaías escribió esta profecía. Hoy es el día que ha sido designado como la celebración de Su nacimiento, aunque nadie sabe con certeza cuándo fue Su fecha real de nacimiento. Francamente, ¡deberíamos celebrar su nacimiento todos los días!

Jesús nos ha sido dado para restaurarnos a la relación con nuestro "Padre Eterno" a través del perdón de los pecados. Él es el "Dios Poderoso" y el "Príncipe de la Paz". Su justicia y rectitud no conocen límites; y Su amor por nosotros es eterno, ilimitado e incondicional. Él es el Rey de reyes y Señor de señores.

Hoy, estoy especialmente agradecido de que Él sea "Consejero Maravilloso"; y recuerdo que el ángel anunció a María que Su Nombre sería "Emanuel", que significa "Dios con nosotros" (Mateo 1:23). Para mí, "Dios con nosotros", predijo el don que el Padre y el Hijo nos enviarían en la forma de su Espíritu, el Espíritu Santo (Hechos 1:4), que nunca nos abandonaría (Mateo 28:20).

Jesús dijo que era mejor que Él se fuera porque Él enviaría al Consejo, el Espíritu Santo (Juan 16:7). ¡Hoy estoy especialmente agradecida de que lo haya hecho!

EL RETO DE HOY:

Gracias al Padre por enviar al Hijo, y por los dos enviando al Espíritu Santo.

Profundice más: Estudiar Isaías 9; Mateo 1:23; Mateo 28:20; Hechos 1:4; Juan 16:7.

26 de diciembre

DIOS SE REGOCIJA SOBRE TI

Sofonías 3:17
"porque el Señor tu Dios, está en medio de ti como poderoso guerrero que salva. Se deleitará en ti con gozo, te renovará con su amor, se alegrará por ti con cantos".

"¡El Señor tu Dios está contigo!" Ayer, celebramos a Aquel que es Emanuel, "Dios con Nosotros", y al Espíritu Santo que nos fue dado cuando Jesús ascendió al Padre. El Espíritu Santo siempre está con nosotros, y Él es nuestro Consejero, Maestro, Amigo, Ayudante y Guía.

"El Poderoso Guerrero que salva". Nuestro Dios es el Señor de las Huestes Celestiales en el sentido de que ordena a innumerables ángeles que guerreen en el reino espiritual. Nunca pierde. ¡Jesús derrotó para siempre a la muerte, al infierno y al sepulcro! *"¿Qué diremos frente a esto? Si Dios está de nuestra parte, ¿quién puede estar en contra nuestra?"* (Romanos 8:31).

"Él se deleitará mucho en ti". Desde la creación del mundo, Dios te ha amado y tu nombre fue escrito en Su libro (Apocalipsis 17:8). Su plan siempre ha sido ofrecerte una relación íntima porque Él disfruta de Sus Criaturas y solo quiere que elijamos estar con Él para siempre.

"En su amor ya no te reprenderá". Toda la ira de Dios hacia los pecadores fue derramada sobre Su Hijo, Jesús. Como creyentes, no incurrimos en Su ira (1 Tesalonicenses 5:9).

Dios *"se regocijará por ti con cánticos".* Esta es una imagen magnífica de Su gozo y amor por nosotros. ¿Puedes imaginarlo sosteniéndote, sonriendo amorosamente en tus ojos y cantando sobre ti como un papá orgulloso?

Imagínate eso; ¡Dios se regocija por ti!

EL RETO DE HOY:

Dile al Padre cuánto lo amas, y háblale sobre el versículo de hoy desde tu corazón.

Profundice más: Estudiar Sofonías 3; Romanos 8:31; Revelación 17:8; 1 Tesalonicenses 5:9.

27 de diciembre

PIENSA CUIDADOSAMENTE EN TUS CAMINOS

Hageo 1:5-7
"Así dice ahora el Señor de los Ejércitos: ';Reflexionen sobre su proceder! Ustedes siembran mucho, pero cosechan poco; comen, pero no quedan satisfechos; beben, pero no llegan a saciarse; se visten, pero no logran calentarse; y al jornalero se le va su salario como por saco roto'. Así dice el Señor de los Ejércitos: ';Reflexionen sobre su proceder!'"

Mi primer pensamiento al leer este pasaje hoy es acerca de mi vida antes de los 57 años, cuando finalmente fui salvo. Piensa en tu vida antes de Cristo. ¿Te sientes identificado?

En mis primeros años de vida profesional, era un "adicto al trabajo". Todo mi enfoque estaba en salir adelante, ser el mejor y subir a la cima de la escalera del éxito. Joyce Meyers dijo una vez: "A veces puedes pasar toda tu vida llegando a la cima de la escalera solo para darte cuenta una vez que estás allí de que tu escalera estaba apoyada contra el edificio equivocado". Ese era yo.

Las posesiones materiales nunca se satisfacen por mucho tiempo. Siempre había algo más nuevo, o algo mejor, que codiciar y poseer. Ya sea intencional o no, tratar de "mantener un buen frente" era costoso e interminable. No importaba cuánto dinero ganara, siempre parecía que había "todavía un mes más al final del dinero". Tener algo guardado para "un día lluvioso" parecía imposible.

Con Cristo Jesús, ahora experimento verdadero gozo, plenitud, paz y satisfacción. Desde que aprendí a dar generosamente los diezmos y las ofrendas, he ahorrado más dinero del que nunca antes había tenido.

Si usted es "salvo", pero no experimenta algo similar, *"considere cuidadosamente sus caminos"*.

EL RETO DE HOY:

Pídele al Padre que te muestre cualquiera de tus caminos que no le agraden a Él.

Profundice más: Estudiar Hageo 1; 1 Crónicas 29:9, 14; Malaquías 3:10; Proverbios 3:9-10; Proverbios 11:24-25; Lucas 6:38; Lucas 21:1-4; 2 Corintios 9:6-8; Gálatas 6:7; Hebreos 7:8.

28 de diciembre

ENEMIGOS DE LA CRUZ

Filipenses 3:18-19

"Como he dicho a menudo, y ahora lo repito hasta con lágrimas, muchos se comportan como enemigos de la cruz de Cristo. Su destino es la destrucción, su dios es el estómago y se enorgullecen de lo que es su vergüenza. Solo piensan en lo terrenal".

Mi corazón se rompe por tantas almas perdidas que incluso ahora son como yo fui una vez antes de Cristo. Pablo podría haber estado describiéndome. Gracias, Jesús, ya no es verdad de mí, y te ruego que tú también puedas decir lo mismo.

Estamos llamados a ser embajadores de Cristo (ver devocional del 2 de diciembre), y como tales, es nuestro deber hablar a tantos como sea posible sobre el amor y el perdón de Dios. Debemos orar diligentemente por aquellos que están perdidos, y también debemos orar por valentía y confianza para compartir las Buenas Nuevas con ellos.

Especialmente en estos últimos días, nuestra vida diaria debe dar testimonio de la realidad del poder de Dios para transformar verdaderamente una vida del tipo de persona que una vez fuimos, tal como se describe en el pasaje de hoy. Uno de los padres de nuestra fe dijo una vez: "Predica el Evangelio en todo tiempo, y solo si es necesario, usa palabras". Las personas deben ver algo en nosotros que las atraiga a Cristo.

Las personas que no se han arrepentido verdaderamente y se han apartado de su pecado para seguir obedientemente a Jesús, de hecho, se dirigen a la destrucción. Si no me hubiera dado la vuelta para recibir amor y perdón en Cristo, seguramente habría terminado donde me dirigía: al infierno.

Nadie tiene que terminar allí. Hagamos todo lo posible para animarlos a dar vuelta.

EL RETO DE HOY:

Pídele al Padre coraje y audacia para contarle a alguien acerca de Jesús hoy.

Profundice más: Estudiar Filipenses 3.

29 de diciembre

TOMA LAS RIENDAS DE HOY

Filipenses 3:12-14

"No es que ya lo haya conseguido todo o que ya sea perfecto. Sin embargo, sigo adelante esperando alcanzar aquello para lo cual Cristo Jesús me alcanzó a mí. Hermanos, no pienso que yo mismo lo haya logrado ya. Más bien, una cosa hago: olvidando lo que queda atrás y esforzándome por alcanzar lo que está delante, sigo avanzando hacia la meta para ganar el premio que Dios ofrece mediante su llamamiento celestial en Cristo Jesús.

"Olvidar lo que hay detrás" ... Para mí, esta puede ser la mayor revelación que me liberó. Dios me ha perdonado todo mi pasado. Él no está guardando mi pasado en mi contra, así que ¿por qué debería hacerlo yo? Solía decir "no me puedo perdonar"; pero, Dios me mostró que la Sangre de Jesús era lo suficientemente buena para que Él me perdonara, entonces, ¿quién soy yo para decir que no puedo perdonarme? ¿Eso significaría que soy mejor que Dios?

Deja de dejar que tu pasado impacte hoy o arruine tu futuro. Dejen que sus lápidas sean peldaños. Debes vivir el hoy y esperar con ansias la mañana. La memoria te permite revivir tu pasado, ¡pero puede convertirse en tu carcelero! ¡No te aferres a lo que Dios ha dejado ir!

Dios es un Dios omnipresente, lo que significa que está presente en todas partes, todo el tiempo. Solo puedes tener una relación con el Padre en el presente. Estaba en tu pasado. Él estará en tu futuro. Pero, Él siempre está disponible para ti en el siempre presente ahora.

Si el enemigo te mantiene viviendo en la culpa, la vergüenza, el arrepentimiento y el remordimiento de tu pasado, no puedes disfrutar de Dios en el presente. Pon el pasado en el pasado y deja que se quede ahí.

EL RETO DE HOY:

Dile al Padre que quieres echar mano de ti hoy. Agradécele por perdonar tu pasado.

Profundice más: Estudiar Filipenses 3; Isaías 42:9, 43:18; Génesis 19:26; Lucas 9:60-62.

30 de diciembre

COMPLETAR LA TAREA

Hechos 20:24

"Sin embargo, considero que mi vida carece de valor para mí mismo, con tal de que termine mi carrera y lleve a cabo el servicio que me ha encomendado el Señor Jesús, que es el de dar testimonio del evangelio de la gracia de Dios".

A nadie se le promete el mañana. No sabemos cuándo daremos nuestro último aliento en la Tierra y nuestro primer aliento en la eternidad. La vida es muy frágil y el tiempo es muy corto. Comparado con nuestra vida en la eternidad, nuestro corto tiempo aquí en la Tierra es como un abrir y cerrar de ojos.

Entonces, ¿cuánto vale realmente nuestra vida? Tal vez Dios lo mida por si nosotros impactamos almas para la eternidad en el Cielo. Jesús dijo que el valor de un alma vale más que todo lo que hay en el mundo (ver Mateo 16:26. Jesús también dijo que todo el Cielo se regocija por una sola alma que se arrepiente (Lucas 15:7. ¿Influiré positivamente en al menos una alma por la eternidad en el Cielo? ¿Y usted?

Dios ha impresionado en mí lo avanzado de la hora. Yo creo que Jesús podría regresar en cualquier momento. El Espíritu Santo me dice que me concentre en el hoy. Lo que sea que Él me haya dicho que haga hoy, debo hacerlo con un sentido de excelencia y urgencia. Mañana, Él me dará nuevas órdenes de marcha.

Tal vez esa es la razón principal por la que el pasaje de hoy resuena tan profundamente dentro de mí. Nada más importa realmente si no puedo ayudar a hacer que la eternidad le importe a una persona más. Mi propósito y mi pasión, toda mi razón para estar aquí en este momento, es dar testimonio de lo que la Sangre de Jesús ha hecho en mi vida. Esa es mi tarea.

Quiero terminar fuerte. ¿Y tú?

EL RETO DE HOY:

Dile al Padre que quieres servirle hoy con un sentido de excelencia y urgencia.

Profundice más: Estudiar Hechos 20; Mateo 16:26; Lucas 15:7.

31 de diciembre
REZA POR LOS VOLUNTARIOS DEL MINISTERIO DE PRISIONES

Efesios 6:19-20

"Oren también por mí para que, cuando hable, Dios me dé las palabras para dar a conocer con valor el misterio del evangelio, por el cual soy embajador en cadenas. Oren para que lo proclame valerosamente, como debo hacerlo".

Al terminar el año, oremos por cada persona que es voluntaria del ministerio de prisiones o capellán de la prisión. Está ocurriendo un gran avivamiento en las prisiones por todo Estados Unidos. Se han difundido muchas profecías de que el gran avivamiento de Estados Unidos comenzará allí. Creo que lo estamos viendo ahora.

Dios está levantando un poderoso ejército de ex ofensores que no se avergüenzan del Evangelio de Jesucristo. Antes de ser salvos, no temían servir al diablo; y hoy, ¡están sirviendo a Jesús con valentía! A mis hermanos y hermanas encarcelados en Cristo, por favor sepan que son cruciales para este avivamiento.

No hay nadie más importante para el ministerio de las prisiones que los creyentes que todavía están detrás del alambre de púas. ¡Estás en la mejor posición para ver lo que hay que hacer, y quién necesita ayuda, en la batalla en curso para atar al hombre fuerte y llevar sus posesiones!

¡Es cierto que los creyentes comprometidos en la cárcel pueden ser considerados como si estuvieran detrás de las líneas de enemistad! Ustedes son las fuerzas especiales de Dios que operan secretamente en pequeñas cantidades para estropear los planes del enemigo y organizar la resistencia a sus malvados planes. Al igual que los Navy SEALS, o los Airborne Rangers del Ejército, los prisioneros cristianos están en la punta de la lanza, la vanguardia de nuestro ataque contra Satanás y sus fuerzas. Prepárate. Esté atento. Sé fuerte y muy valiente (Josué 1:5-9). Esfuérzate en el Señor y en Su gran poder (Efesios 6:10).

EL RETO DE HOY:

Por favor, recen a menudo por mí, por Stephen Canup y por los Ministerios de Libertad en la Prisión de Jesús. ¡Que dios te bendiga!

Profundice más: Estudiar Efesios 6; Josué 1:5-9; Jeremías 29:11-14; Efesios 6:10.

Toma acción

PUEDES TENER "LO REAL"

"Lo Real" no tiene nada que ver con "religión."

Más bien, es una relación personal íntima con nuestro Padre Celestial, debido a la obra terminada de Jesús en la Cruz. El Espíritu Santo viene y nos sella como Suyos, y comienza una obra continua en nosotros para conformarnos a la imagen de Cristo Jesús.

Puede comenzar esta vida abundante y emocionante hoy. Continuará por toda la eternidad.

Primero, reconozca y confiese que ha pecado contra Dios.

En segundo lugar, renuncia a tus pecados, determina que no vas a volver a ellos. Apártate del pecado. Vuélvete a Dios.

Tercero, por fe recibe a Cristo en tu corazón. Entregue su vida completamente a Él. El vendrá a vivir en tu corazón por el Espíritu Santo.

Puedes hacer esto ahora mismo.

Empiece simplemente hablando con Dios. Puedes rezar una oración como esta:

"Oh Dios, soy un pecador. Lamento mi pecado. Quiero apartarme de mi pecado. Por favor perdoname. Creo que Jesucristo es Tu Hijo; Creo que murió en la Cruz por mi pecado y Tú lo resucitaste. Quiero confiar en Él como mi Salvador y seguirlo como mi Señor desde este día en adelante, para siempre. Señor Jesús, en Ti confío y te entrego mi vida. Por favor, ven a mi vida y lléname de tu Espíritu Santo. En el nombre de Jesus. Amén."

Si acaba de decir esta oración, y lo dijo en serio con todo su corazón, creemos que acaba de ser salvo y ahora ha nacido de nuevo en Cristo Jesús como una persona totalmente nueva.

"Por lo tanto, si alguno está en Cristo, es una nueva creación. ¡Lo viejo ha pasado, ha llegado ya lo nuevo! (II Corintios 5:17)

¡Le instamos a que vaya "con todo por el Todo en Todo"! (Pastor Mark Batterson, Todo incluido)

Le sugerimos que siga al Señor en el bautismo en agua lo antes posible. El bautismo en agua es un símbolo externo del cambio interno que sigue a su salvación y renacimiento.

La gracia de Dios mismo te da el deseo y la capacidad de rendirte completamente a la obra del Espíritu Santo en ti y a través de ti (Filipenses 2:13).

El bautismo en el Espíritu Santo es su empoderamiento para ti.

PUEDES RECIBIR EL BAUTISMO EN EL ESPÍRITU SANTO

El Bautismo en el Espíritu Santo es una experiencia separada y un privilegio Santo concedido a aquellos que lo piden. Este es el propio poder de Dios para permitirte vivir una vida abundante y vencedora. La Biblia dice que es el mismo poder que resucitó a Jesús de entre los muertos (Romanos 1:4; 8:11; II Corintios 4:13-14; 1 Pedro 3:18).

¿Le has pedido al Padre que Jesús te bautice (te sumerja) en el Espíritu Santo (Lucas 3:16)? Si le pides al Padre, Él te lo dará (Lucas 11:13). ¿Has permitido que los «ríos de agua viva» fluyan desde tu interior (Juan 7:38-39)? Nuestro Padre desea que caminemos en toda Su plenitud por Su Espíritu Santo.

El poder de dar testimonio y vivir tu vida de la manera en que Jesús lo hizo en íntima relación con el Padre, proviene de pedirle a Jesús que te bautice en el Espíritu Santo. Para recibir este bautismo, ora de la siguiente manera:

Abba Padre y mi Señor Jesús,

Gracias por darme tu Espíritu para que viva dentro de mí. Soy salvo por gracia a través de la fe en Jesús. Te pido ahora que me bautices en el Espíritu Santo con Tu fuego y poder. Lo recibo plenamente a través de la fe, tal como lo hice con mi salvación. Ahora, Espíritu Santo, ven y levántate dentro de mí mientras alabo a Dios. ¡Lléname Jesús! Espero recibir plenamente mi lenguaje de oración a medida que Tú me das la expresión. En el Nombre de Jesús. Amén.

Ahora, en voz alta, comiencen a alabar y glorificar a JESÚS, ¡porque Él es el Bautista del Espíritu Santo! Desde lo profundo de tu espíritu, dile: "Te amo, te agradezco, te alabo, Jesús".

Repite esto mientras sientes que la alegría y el agradecimiento brotan desde lo más profundo de ti. Di las palabras y sílabas que recibas, no en tu propio idioma, sino en el lenguaje celestial que te dio el Espíritu Santo. Permite que esta alegría salga de ti en sílabas de un idioma que tu propia mente aún no conoce. Ese será tu lenguaje de oración que el Espíritu usará a través de ti cuando no sepas cómo orar (Romanos 8:26-28). No es el "don de lenguas" para uso público, por lo tanto, no requiere una interpretación pública.

Tienes que rendirte y usar tus propias cuerdas vocales para expresar verbalmente tu nuevo lenguaje de oración. El Espíritu Santo es un caballero. Él no te obligará a hablar. No te preocupes por cómo suena. ¡Es un idioma celestial!

¡Adóralo! ¡Alábalo! ¡Usa tu lenguaje celestial orando en el Espíritu todos los días! Pablo nos insta a "orar en el Espíritu en toda ocasión con toda clase de oraciones y peticiones". (Efesios 6:18.)

CONTÁCTENOS

Nos encantaría escuchar sus comentarios o responder a sus preguntas.

- Nos gustaría saber especialmente si tomaste la decisión de recibir a Jesús en tu corazón y rezaste la oración de Salvación en la página 379. O tal vez habías hecho una oración similar antes, pero esta es la primera vez que realmente lo decías desde tu corazón. Cuéntanos sobre tu decisión.

- Tal vez tomaste la decisión de volver a dedicar tu vida a Cristo: ¡ir "con todo y con todo" por Jesús! Si es así, nos gustaría saberlo para poder animarte. Por favor, escríbenos.

- Si hiciste la oración para pedirle a Jesús que te bautizara en el Espíritu Santo, por favor dínoslo. Cuando lo hagas, te enviaremos más material sobre el Espíritu Santo.

- Como ayuda y aliento adicional, nos gustaría enseñarle más sobre cómo seguir a Jesús, cómo ser un verdadero discípulo. Un discípulo es un "aprendiz disciplinado" y queremos compartir con usted muchas verdades sobre cómo tener una relación íntima con Dios el Padre, por el Espíritu Santo. Jesús vino a reconciliarnos con el Padre. Queremos ayudarte a desarrollar una relación significativa con Él.

Por favor, pídenos que te incluyamos en nuestro Programa de Discipulado, mediante el cual recibirás una enseñanza alentadora cada tres meses más o menos. Este no es el tipo de lección que se requiere que complete y nos envíe. Lo único que debes desear es ser animado regularmente en el Señor, y estar dispuesto a estudiar los materiales con espíritu de oración. Es todo.

Envíe sus comentarios, preguntas a:

**Libertad en los Ministerios
de la Prisión de Jesús a la atención de:
Stephen – DD
Apartado Postal 939
Levelland, TX 79336**

Pida a sus seres queridos que visiten el sitio web de nuestro ministerio:
www.fijm.org

¡Oramos para que sean bendecidos abundantemente por nuestro Padre todos los días, en todos los sentidos, en Cristo Jesús mientras lo buscan diariamente en y por el Espíritu Santo!

¡¡TE RETO!!

Dios es capaz de transformar tu vida de la misma manera que lo hizo con la mía.

Pero debes entender que Él recompensa a aquellos que diligente y fervientemente lo buscan (Hebreos 11:6); y que usted es transformado al renovar su mente a través de la aplicación de los principios de Su Palabra a su vida diaria (Romanos 12:1-2).

Te reto a que:

- Comienza cada día con la Palabra y el Espíritu. Pídele al Espíritu Santo que te ayude a aplicar Su Verdad a tu vida. Concéntrate en el pasaje de las Escrituras con atención. Deja que el Espíritu use la Palabra para transformarte.

- Busca todas las referencias de las Escrituras en este libro. Marque los versículos en su propia Biblia. Memoriza los que más significan para ti.

- Estudiar los principios de las Escrituras de este libro en grupos pequeños. Compartir conceptos de la Palabra con otras personas te ayuda a aprenderlos y aplicarlos a tu vida.

- Comparta su propio testimonio con los demás. Usted "vence" cuando personalmente testifica a sí mismo y a los demás lo que la Sangre de Jesús ha hecho en su propia vida (ver Apocalipsis 12:11).

- Preste este libro a por lo menos otras tres personas si su centro se lo permite. Como embajador de Cristo (ver II Corintios 5:18-20), por favor use este libro como una herramienta para alcanzar a los perdidos. Después de compartirlo con ellos, dígales que me escriban y soliciten su propio ejemplar del libro para que puedan estudiarlo y prestarlo a otros. Cada persona que quiera uno debe escribirme individualmente porque solo puedo enviar un libro a cada persona.

- Recen diariamente por mí y por nuestro ministerio. Necesitamos sus oraciones. En su primera oportunidad, comience un programa de ofrendas regulares para que podamos ministrar mejor a otros que desean ser libres de toda forma de esclavitud.

INFORMACIÓN PARA ESTUDIOS Y APLICACIONES ADICIONALES

ORACIONES DE SUMISIÓN

Oración Diaria de Entrega y Sumisión

Dios Padre, humildemente me rindo y me someto completamente a Ti y a tu liderazgo por Tu Espíritu Santo.

Señor, por favor perdóname tanto por mis pecados deliberados como por mis pecados no intencionales. Ayúdame a perdonar libre y plenamente a los demás como Tú me perdonas a mí.

Padre, me someto voluntaria y completamente a tu Mano como El Alfarero. Vuelve a convertirme en la persona que quieres que sea para el plan que tienes para mí en Tu perfecta voluntad. Al hacerlo, conformame a la imagen de Jesús por la obra santificadora de Tu Santo Espíritu.

Padre, por Tu gracia ayúdame a ser siempre un heredero agradecido y humilde de todas Tus promesas; siervo obediente y fiel de todos tus mandamientos; un testimonio perseverante y audaz de Tu salvación a través de Jesús; y, un niño amoroso y confiado lleno de Tu amor. Me rindo al liderazgo de Tu Espíritu Santo.

Permíteme ser paciente y perseverante en la oración, siempre vigilante y atento a las oportunidades de bendecir a los demás como Tú me has bendecido a mí. Dame el poder de Tu gracia, a través del Espíritu de Jesús en mí, para buscarte diligentemente a Ti y a Tu Reino eterno, para que no me distraiga y venza con las tentaciones y los placeres temporales de este mundo extraño. En todo lo que pienso, digo y hago hoy, Padre, permíteme glorificarte y honrarte continuamente.

Te amo, Jesús. Te alabo y te adoro por amarme primero. Gracias por ser hecho pecado por mí para que yo sea hecho justo en Ti. Por favor, ama y bendice a los demás a través de mí hoy mientras busco conocer y hacer Tu perfecta voluntad para mi vida. Quiero ser guiado hoy por Tu Espíritu Santo en mí.

Oro en el poder de la sangre de Jesús y en la autoridad de Su Nombre. Amén.

Oración de obediencia sumisa en un área particular

Padre, Tú eres digno de toda alabanza, honor y gloria. Te adoro. Te adoro. Alabo Tu Santo Nombre.

Señor, has sido tan paciente conmigo, y te doy gracias. También reconozco Tu voz apacible y delicada, que me habla de un área de mi vida que necesita resolución. Me has estado recordando mi necesidad de avanzar en esta cierta área, y confieso que aún no te he obedecido. Por favor, perdóneme por mi vacilación.

Hoy, declaro que daré el paso de fe del que me has hablado. Señor, con respeto a este paso que he dudado en dar, ahora dejo a un lado toda mi renuencia y te prometo que te obedeceré.

Y Señor, en aquellos asuntos en los que he estado haciendo lo que Tú preferirías que no hiciera, los dejo a un lado, para poder hacer espacio para hacer lo que Tú quieres que haga.

Este es el camino que elijo para caminar contigo de ahora en adelante. Dejando a un lado mi vacilación y terquedad, doy un paso audaz, eligiendo Ti y Tus propósitos para mi vida. Declaro que Te seguiré en obediencia.

¡Gracias, Señor! En el Nombre de Jesús oro. Amén.

Nota: La oración de arriba fue tomada de una enseñanza de Derek Prince, www.derekprince.org

CONFESSIONES PARA TODOS LOS DÍAS

Amado en Cristo: Edifique su fe y reclame las promesas de Dios para usted mismo leyendo estas confesiones de la Palabra de Dios en voz alta (con atención y oración, con convicción) todos los días. ¡Sigue haciéndolo hasta que sean tus pensamientos para que puedas usar la Palabra contra Satanás para "llevar cautivo todo pensamiento" cuando ataca tu mente! "Confesar" es decir lo mismo que Dios, para que a medida que la Palabra transforme tu mente, ¡Sus pensamientos se conviertan en tus pensamientos! Confiesa esto todos los días a lo menos una vez; lo mejor es temprano en la mañana para estar "armado y ser peligroso" cuando Satanás ataque durante el día. Antes de acostarse también es bueno para que esté protegido mientras descansa.

- No soy solo un hombre/mujer común. Soy un hijo del Dios viviente.

- No soy solo una persona; Soy heredero de Dios y coheredero con Jesucristo. No soy "solo un pecador viejo," yo soy una nueva creación en Jesús, mi Señor. Soy parte de una generación elegida, un sacerdocio real, una nación santa. Yo soy del pueblo de Dios. Soy su. ¡Soy un testigo vivo de su gracia, misericordia y amor!

- ¡He sido crucificado con Cristo y ya no vivo, pero Cristo vive en mí! La vida que vivo en el cuerpo, la vivo por la fe del Hijo de Dios, quien me amó y se entregó a sí mismo por mí. Cuando el diablo intente resucitar al "hombre viejo," lo reprenderé y le recordaré severamente que soy consciente de sus trucos, señuelos, mentiras y engaños. El "hombre viejo" está muerto. Mi "nuevo hombre" sabe que todas las cosas viejas pasaron, ¡todas son nuevas!

- No me siento culpable ni condenado. Rechazo el desánimo, porque no es de Dios. Dios es el Dios de todo ánimo. Por tanto, ahora no hay condenación para los que están en Cristo Jesús. Satanás es un mentiroso. No escucharé sus acusaciones.

- Ciño los lomos de mi mente. Estoy limpiado en la Sangre. Ningún arma forjada contra mí prosperará, y condenaré toda lengua que se levante contra mí en juicio. Soy aceptado en el amado. Si Dios es por mí, ¿quién contra mí?

- Mi mente está siendo renovada por la Palabra de Dios. Derribo fortalezas; Arrojo la imaginación; Llevo cautivo todo pensamiento a la obediencia de Cristo.

- Como el Padre ama a Jesús, Jesús me ama a mí. Soy la justicia de Dios en Cristo. No soy esclavo del pecado; Soy esclavo de Dios y esclavo de la justicia. Continúo en Su Palabra; Sé la verdad y la practico, entonces la verdad me libera.

- Porque el Hijo me libera, soy verdaderamente libre. El que es nacido de Dios me guarda, por tanto, el maligno no me toca. Me liberé del reino de las tinieblas. Ahora soy parte del Reino de la Luz, el Reino de Dios. Ya no sirvo al pecado. El pecado no tiene dominio sobre mí.

- No creeré las mentiras del enemigo. No me intimidará. Es un mentiroso y el padre de la mentira. Satanás está derrotado. Con este propósito, el Hijo de Dios vino a este mundo para destruir las obras del diablo. Ya no me oprimirá. Sin duda, la opresión enloquece al sabio. Me enojaré con el diablo. Lo derroto por la Sangre del Cordero, por la palabra de mi testimonio de lo que ha hecho por mí, sin amar mi vida, ni siquiera hasta la muerte.

- Me someteré a Dios. Resistiré al diablo y él huirá. No me sobrevendrá ninguna tentación que no sea común al hombre. Dios es fiel y veraz; No permitirá que sea tentado más allá de mis fuerzas, pero con la tentación también proporcionará la vía de escape (Jesús) que podré soportar.

- Me mantendré firme en la libertad con la que Cristo me ha hecho libre. Donde está el Espíritu del Señor, hay libertad, no libertad para hacer lo que "quiero," sino libertad para hacer lo que "debo." La ley del Espíritu de vida en Cristo Jesús me ha librado de la ley del pecado y de la muerte.

- Nada puede separarme del amor de Dios que es en Cristo Jesús, mi Señor. ¡Su Espíritu Santo es mi guía, consolador, maestro y mejor amigo! Jesús es mi Protector, mi Libertador, mi Recompensador, mi Refugio, mi Torre Fuerte, mi Pastor, mi Luz, mi Vida, mi Consejero, mi Roca, mi Libertad! ¡El es todo para mi!

- Cristo me hace triunfar. Reinaré como un rey en vida por medio de Cristo Jesús. Como hombre/mujer joven soy fuerte. La Palabra de Dios permanece en mí, y he vencido al maligno. Soy más que un vencedor por Cristo que me ama. Soy un vencedor. Soy invencible. Puedo hacer todas las cosas en Cristo que me fortalece. ¡Gracias a Dios que me da la victoria a través de Jesucristo, mi Señor!

CONFESSIONES DE SABIDURÍA Y ORIENTACIÓN

- El Espíritu de la verdad habita en mí y me enseña todas las cosas, y me guía a todas las verdades. Por lo tanto, confieso que tengo un conocimiento perfecto de cada situación y circunstancia con la que me enfrento, porque tengo la sabiduría de Dios. (Juan 16:13; Santiago 1:5)

- Confío en el Señor con todo mi corazón y no me apoyo ni confío en mi propio entendimiento. En todos mis caminos lo reconozco y Él dirige mi camino. (Proverbios 3: 5-6)

- El Señor perfeccionará lo que me concierne y cumplirá Su propósito para mí. (Salmo 138: 8)

- Dejo que la Palabra de Cristo more en mí ricamente en toda sabiduría. (Colosenses 3:16)

- Sigo al Buen Pastor y conozco Su voz. No seguiré la voz de un extraño. (Juan 10:4-5)

- Jesús se me ha hecho sabiduría, justicia, santificación y redención. Por tanto, confieso que tengo la sabiduría de Dios y soy la justicia de Dios en Cristo Jesús. (I Corintios 1:30; II Corintios 5:21)

- Estoy lleno del conocimiento de la voluntad del Señor con toda sabiduría y entendimiento espiritual. (Colosenses 1:9)

- Soy una nueva creación en Cristo. Soy su hechura creada en Cristo Jesús. Por lo tanto, tengo la mente de Cristo y la sabiduría de Dios se forma dentro de mí. (II Corintios. 5:17; Efesios 2:10; I Corintios. 2:16)

- Recibo el Espíritu de sabiduría y revelación en el conocimiento de Él, los ojos de mi entendimiento son iluminados. No me amoldo a este mundo pero soy transformado por la renovación de mi mente. Mi mente es renovada por la Palabra de Dios. (Efesios 1:17-18; Romanos 12:2)

SOY YO...

- Estoy perdonado. (Colosenses 1:13-14)
- Soy salvo por gracia a través de la fe. (Efe. 2:8.)
- He sido liberado de los poderes de las tinieblas. (Colosenses 1:13.)
- Soy guiado por el Espíritu de Dios. (Romanos 8:14.)
- Me mantienen a salvo dondequiera que vaya. (Salmo 91:11-12.)
- Estoy logrando que todas mis necesidades sean satisfechas por Jesús. (Filipenses 4:19.)
- Estoy echando todas mis preocupaciones sobre Jesús. (I Pedro 5:7.)
- No estoy ansioso ni preocupado por nada. (Filipenses 4:6.)
- Soy fuerte en el Señor y en el poder de Su fuerza. (Efe. 6:10.)
- Todo lo hago en Cristo que me fortalece. (Filipenses 4:13.)
- Observo y cumplo los mandamientos del Señor. (Deuteronomio 28:13.)
- Me siento bendecido al entrar y bendecido al salir. (Deuteronomio 28:6.)
- Yo estoy solo por encima y no por debajo. (Deuteronomio 28:13.)
- He sido bendecido con todas las bendiciones espirituales. (Efe. 1:3.)
- Soy sanado por Sus llagas. (I Pedro 2:24)
- Soy más que un conquistador. (Romanos 8:37.)
- Soy un vencedor por la Sangre del Cordero y la palabra de mi testimonio. (Apocalipsis 12:11.)
- No me conmueve lo que veo. (II Corintios 4:8-9)
- Estoy caminando por fe y no por vista. (II Corintios 5:7)
- Estoy venciendo diariamente al Diablo. (I Juan 4:4)
- Estoy derribando vanas imaginaciones. (II Corintios 10:4)
- Estoy llevando cada pensamiento al cautiverio. (II Corintios 10:5)
- No me conformo a este mundo, pero estoy siendo transformado al renovar mi mente. (Romanos 12:1-2.)
- Estoy bendiciendo al Señor en todo momento y alabando continuamente al Señor con mi boca. (Salmo 34:1.)
- Soy un hijo de Dios. (Romanos 8:16.)

ORACIONES DIARIAS PERSONALIZADAS

Amado en Cristo: Estos pasajes de las Escrituras de Pablo, David e Isaías han sido personalizados para usted. ¡Son oraciones poderosas, por hombres poderosos, al Más Poderoso! Al orar para que la Palabra de Dios regrese a Él, Él está complacido, porque nos ha dicho que lo pongamos en memoria de Su Palabra. ¿Crees que Él necesita que se lo recuerden? ¿Como si se hubiera olvidado? No, somos nosotros los que necesitamos que se nos recuerde. Reclamamos estas asombrosas promesas para nosotros mismos. Reza estas cosas diariamente según el Espíritu te guíe. Serás ricamente bendecido al hacerlo.

En el nombre de Jesús,

Te alabo Señor desde mi alma. Desde lo más íntimo de mi ser alabo tu Santo Nombre. Te alabo Señor desde mi alma. No olvidaré todos tus beneficios, perdonas todos mis pecados y sanas todas mis enfermedades. Redimiste mi vida del pozo y me coronaste con tu amor y compasión. Satisfaces mis deseos con cosas buenas para que mi juventud se renueve como la águila. Amén. (Salmo 103:1-5.)

En el nombre de Jesús,

Al morar en el abrigo del Altísimo, descansaré a la sombra del Todopoderoso. Diré de ti, Señor: "Tú eres mi refugio y mi fortaleza. Tú eres mi Dios y en ti confiaré". Ciertamente me salvarás de la trampa del cazador y de la peste mortal. Me cubrirás con tus plumas, y debajo de tus alas encontraré refugio; Tu fidelidad será mi escudo y mi baluarte.

No temeré el terror de la noche, ni la flecha que vuela de día, ni la pestilencia que acecha en las tinieblas, ni la peste que destruye al mediodía. Caerán mil a mi lado, diez mil a mi diestra, pero no se acercarán a mí.

Observaré con mis ojos y veré el castigo de los impíos. Pondré al Altísimo mi morada, el Señor es mi refugio, para que no me suceda ningún mal, ni se acerque a mi tienda ninguna calamidad. Dios, tú mandarás a tus ángeles acerca de mí que me guarden en todos mis caminos; me levantarán en sus manos, para que no tropiece mi pie con una piedra. Pisaré al león y a la cobra; Pisotearé al gran león y a la serpiente.

Señor, dijiste que porque te amo, me rescatarás. Tú me protegerás, porque yo reconozco tu nombre. Te invocaré y tú me responderás. Tú estarás conmigo en la angustia, me librarás y me honrarás. Con larga vida me saciarás y me mostrarás tu salvación. Amén. (Salmo 91.)

En el nombre de Jesús,

Ninguna arma forjada contra mí prevalecerá y yo refutaré toda lenguaque me acusa. Esta es mi herencia como siervo del Señor, y esta es mi vindicación de ti. Amén. (Isaías 54:17.)

En el nombre de Jesús,

Sigo pidiendo que tú, Dios de mi Señor Jesucristo, mi glorioso Padre, me des el Espíritu de sabiduría y revelación para que te conozca mejor. Ruego también que los ojos de mi corazón sean iluminados a fin de que pueda conocer la esperanza a la que me has llamado, las riquezas de tu gloriosa herencia en los santos, y tu incomparablemente grande poder para nosotros los que creemos. Ese poder es semejante a la obra de tu gran fuerza, la cual ejerciste en Cristo cuando lo resucitaste de entre los muertos y lo sentaste a tu diestra en los reinos celestiales, muy por encima de todo gobierno y autoridad, poder y dominio, y todo título que se pueda dar, no solo en la edad presente, sino también en la venidera. Y tú, Dios, pusiste todas las cosas debajo de Sus pies y lo designaste para que estuviera sobre todas las cosas por la iglesia, que es Su cuerpo, la plenitud de Aquel que todo lo llena en todo. Amén. (Efesios 1:17-23.)

En el nombre de Jesús,

Te pido que de tus gloriosas riquezas me fortalezcas con poder por medio de tu Espíritu en mi ser interior, para que Cristo pueda habitar en mi corazón por medio de la fe. Y ruego que, al estar arraigado y establecido en el amor, tenga poder, junto con todos los santos, para comprender cuán ancho, largo, alto y profundo es el amor de Cristo, y que pueda conocer este amor que sobrepasa todo conocimiento, para que pueda ser lleno a la medida de toda su plenitud.

Y a ti, Dios, que puedes hacer infinitamente más de lo que te pido o imagino, según el poder que actúa en mí, a ti sea la gloria en la iglesia y en Cristo Jesús por todas las generaciones, por los siglos de los siglos. Amén. (Efesios 3:16-21.)

En el nombre de Jesús,

Esta es también mi oración: que mi amor abunde cada vez más en conocimiento y en profundidad de entendimiento, para que pueda discernir lo que es mejor y sea puro e irreprensible hasta el día de Cristo, lleno del fruto de justicia que viene por medio de Jesucristo, para gloria y alabanza de vosotros, Dios. Amén. (Filipenses 1:9-11.)

En el nombre de Jesús,

Te ruego que me llenes con el conocimiento de tu voluntad a través de toda sabiduría espiritual y entendimiento. Ruego esto para que pueda vivir una vida digna del Señor Jesús y agradarle en todo: dando fruto en toda buena obra, creciendo en el conocimiento de ti, o Dios, para que sea fortalecido con todo poder conforme a tu glorioso poder, a fin de tener gran paciencia y darte gracias con alegría. Amén. (Colosenses 1:9b-11.)

DIEZ PODEROSAS ORACIONES PARA LOS PRISIONEROS BASADAS EN ESCRITURAS ESPECÍFICAS

Orar la Palabra de Dios puede ser una de las oraciones más poderosamente efectivas. Shonda Whitworth, de Fortress of Hope Ministries, compiló y adaptó estas oraciones de las Escrituras, y dio permiso para compartirlas. Su sitio web es www.fortressofhopeministries.com.

Favor

Señor, así como estuviste con José y le mostraste misericordia y le diste favor con el director de la prisión, te pido que me muestres misericordia y me des favor con el director de la prisión y los oficiales de ceremonia. En el nombre de Jesús, Amén.

(Adaptado de Génesis 39:21.)

Prosperidad de la Unidad Penitenciaria

Señor, levanto esta unidad carcelaria (nombra la unidad) donde he sido exiliado. Rezo por la paz y la prosperidad de la unidad. Así como prospera, así viviré en paz y prosperaré. En el nombre de Jesús, Amén.

(Adaptado de Jeremías 29:7.)

Misericordia

Señor, ten piedad de mí, según Tu amor inagotable; y conforme a Tu gran compasión, borra mis transgresiones. Lava toda mi iniquidad y límpiame de todos mis pecados. En el nombre de Jesús, Amén.

(Adaptado del Salmo 51:1-2)

Protección

Señor, guárdame de las manos de los impíos y protégeme de los violentos. El Señor es una fortaleza y un refugio en mi día de angustia. Señor, que Tu amor y fidelidad me protejan siempre. En el nombre de Jesús, Amén.

(Adaptado de Salmo 140:4; 59:16; 40:11)

Curación

Señor, gracias porque Jesús mismo llevó mis pecados en Su cuerpo por mí en la cruz, para que pudiera morir al pecado y vivir en justicia, porque por Sus heridas he sido sanado. En el nombre de Jesús, Amén.

(Adaptado de 1 Pedro 2:24)

Miedo

Señor, echo sobre ti todas mis cargas, porque tú me sostendrás. Porque nunca permitirás que los justos sean movidos. Señor, no me has dado un espíritu de temor, sino de poder, de amor y de dominio propio. En el nombre de Jesús, Amén.
(Adaptado del Salmo 55:22; 2 Timoteo 1:7.)

Paz con los enemigos

Señor, te ruego que viva de una manera que te agrade. Porque cuando yo viva de una manera que te agrada, entonces todos mis enemigos vivirán en paz conmigo.
(Adaptado de Proverbios 16:7.)

Planes y Propósito

Porque Tú tienes pensamientos que tienes para conmigo, pensamientos de paz y no de mal, para darme un futuro y una esperanza. Porque yo soy hechura tuya, creado en Cristo Jesús para buenas obras, las cuales tú, o Dios, preparaste de antemano para que yo anduviera en ellas. *(Adaptado de Jeremías 29:11; Efesios 2:10)*

Ayuda

Señor, alzo mis ojos a las colinas, ¿de dónde viene mi ayuda? Mi ayuda viene del Señor, el creador del cielo y de la tierra. El Señor es mi ayudador. No temeré. ¿Qué puede hacerme el hombre? El Señor es mi fuerza y mi escudo; Mi corazón confía en Él y soy ayudado. Mi corazón se regocija y canto canciones o alabanzas a Él.
(Adaptado del Salmo 121:1-2; Hebreos 13:6; Salmo 28:7)

Ora por los que tienen autoridad

Señor, te doy gracias por Tu Palabra que me enseña a vivir. Señor, vengo ante Ti hoy como Tú lo instruyó para elevar súplicas, oraciones, intercesión y dar gracias por los oficiales correccionales y guardianes que tienen autoridad sobre mí. Te pido que tengas misericordia de ellos y te agradezco por todo lo que harás por ellos. Señor, te pido que los guíes en Tu conocimiento y entendimiento, dándoles sabiduría para cada situación que enfrenten. Te pido que los protejas del maligno y satisfagas todas sus necesidades de acuerdo con Tus gloriosas riquezas. Ruego que te sirvan con integridad y honestidad. Señor, mientras oro por aquellos que tienen autoridad sobre mí, te pido que pueda vivir con paz y tranquilidad para que pueda pasar mi tiempo dentro viviendo una vida piadosa y sirviéndote de todo corazón. En el nombre de Jesús te rezo, Amén.

(Adaptado de 2 Timoteo 3:16; 1 Timoteo 2:1-2; Lucas 6:36; Proverbios 2:6-8; Mateo 6:13; Filipenses 4:19

Notas

Notas

Notas

Notas

DESDE PARK AVENUE

ARA APARCAR EL BANCO... ¡A LA CÁRCEL!

Después de estar en la cima del mundo con una oficina de CPA en Park Avenue, Stephen Canup lo perdió todo y se encontró sin hogar y encarcelado. **Religión de la Casa de la Cárcel** es la verdadera historia de su vida sobre el amor y la gracia redentores de Dios.

El segundo libro de Stephen, **Buceando A Mayor Profundidad**, es una guía de campo diaria de discipulado que anima y desafía al lector a una vida más abundante de libertad y renovación.

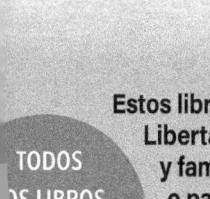

Aprenda lo que significa **Nacer de Nuevo en Cristo** y los primeros pasos principales hacia una relación con Dios.

Conocer a Aquel Que Te Guía te lleva a un viaje de 100-day con el Espíritu Santo que puede ayudarte a lograr intimidad en tu relación con Dios.

Obtén Tu Libertad mientras profundizas en el pl[...] de Dios para tu vida con esta guía de campo diaria de discipul[...]

Buceando A Mayor Profundidad demuestra cómo obtener [...] libertad de toda forma de esclavitud y cómo lograr resultad[...] positivos y medibles en la vida diaria a través del empoderamie[...] personal del Espíritu Santo. Además, esta guía de cam[...] proporciona la guía del Espíritu Santo para la aplicaci[...] personal de las Escrituras en cada desafío de la vida.

Buceando A Mayor Profundidad está escrito en un forma[...] diario para fomentar el hábito de buscar a Dios todos l[...] días para que el crecimiento espiritual personal pue[...] tener lugar.

EL "HOMBRE VIEJO"
SEIS MESES ANTES DE LA CÁRCEL
2007

EL "HOMBRE NUEVO"
UN AÑO DESPUÉS DE LA CÁRCEL
2012

Stephen Canup es el presidente de Freedom in Jesus Pris[...] Ministries y autor del libro Religión de la Casa de la Cárcel : [...] Parque Avenue... y el Banco del Parque... a la Cárcel, de la q[...] se han impreso más de 350.000 ejemplares. Su libro m[...] reciente es Conociendo a Aquel que te Guía: 100 Días [...] Comunión del Espíritu Santo.

Freedom
IN JESUS
PRISON MINISTRIES

P.O. Box 939 - Levelland, TX 79336

info@fijm.org | www.fijm.org

ISBN 979-8-9918406-1-3

90000>

9 798991 840613

www.ingramcontent.com/pod-product-compliance
Lightning Source LLC
Chambersburg PA
CBHW070544130626
46556CB00001B/15